中國文化通史

晚清卷·下冊

目錄
C O N T E N T S

第三章 新舊、中西之爭

第四章 中西文化和國內各民族文化交流

第五章　語言文字的改革

第六章　從「變易」觀到進化論 —— 晚清哲學的演變

第七章　變革時代的儒學與諸子學

第八章　晚清社會的宗教文化

第九章　晚清時期的倫理道德

第十章　近代新史學的提倡

第十一章　晚清文學新景觀

第十二章　藝園新貌

第十三章　新舊教育的興替

第十四章　新人耳目的聲光化電 —— 晚清時期的科學技術

第十五章　近代文化傳播業的確立

第十六章　晚清社會的移風易俗

參考書目

再版後記

第九章

晚清時期的倫理道德

　　晚清時期，中國傳統倫理道德領域因社會的變遷而發生了深刻的變化。一方面延綿千百年之久的傳統舊道德在各種社會變革潮流的衝擊下走上衰敗的道路，另一方面反映近代社會發展要求的新道德逐漸形成，引起了道德領域發生變革。這種變革的發生儘管不平衡，但卻給晚清時期的倫理道德領域帶來新的氣象。

封建傳統
道德的困窘

　　鴉片戰爭以後，中國社會並沒有立即轉變為近代社會，而在一個較長的階段裡仍然保持著傳統封建社會的形態。由於清王朝的極力提倡，封建舊道德一度出現強化的趨向。當然這並不表明封建舊道德具有強大的生命力，只不過是其衰敗中的迴光返照而已。封建制度的衰朽，統治者的奢華，官場的腐敗，理學的僵化、虛偽，社會風氣的江河日下，早已經顯露出封建傳統道德的危機與末途。為了挽救封建道德的危機，清朝統治者不斷發出「勵道德、正人心、興教化」的呼籲，企圖以此規範人們的思想言行，維持封建統治秩序。一些正統官僚士大夫大力提倡程朱理學，強調強化封建道德教化的作用。曾國藩的《討粵匪檄》、唐鑑的《省身日課》、羅澤南的《姚江學辨》、倭仁的《為學大指》、李棠階的《志節編》、《四書約解》等書，都是宣揚「忠、孝、節、義」，「修、齊、治、平」的作品，一度產生過不小的影響。然而，鴉片戰爭後，西方思潮及學術的湧入使中國傳統道德面臨著新的挑戰，而新興的資本主義生產關係的出現，又為中國封建舊道德的更新準備了內在的根據。這樣，中國傳統倫理道德的變化已經成為不可逆轉之勢。概而言之，封建舊道德在鴉片戰爭後受到來自三方面的衝擊：一是來自地主階級改革派的批評，二是來自民間反抗勢力的衝擊，三是來自新興資產階級的批判。

一、地主階級改革派的道德反思

鴉片戰爭前後，在統治階級內部發出「勵道德、正人心」的呼籲聲中，存在著一種與正統道德觀念不同的呼聲，這就是龔自珍、魏源等地主階級改革派所提出的振興傳統道德的主張。他們認為，中國社會危機的發生不是來源於綱常名教被削弱，而是由於正統道德過分地束縛人心，反而使人們失掉了恥辱心；而挽救道德的辦法不能單純依靠強化正統道德來實現，必須要提倡一種更符合人的本性、與正統道德有異的道德規範。為此，他們一方面尖銳批評當時社會上的種種道德墮落的現象，另一方面大膽提出自己的道德主張。

龔自珍用犀利的筆調對統治階級腐化墮落，少廉寡恥進行了揭露，他指出：

> 歷覽近代之士，自其敷奏之日，始進之年，而恥已存者寡矣！官益久，則氣愈媮；望愈崇，則諂愈固；地益近，則媚亦益工。至身為三公，為六卿，非不崇高也，而其於古者大臣巍然岸然師傅自處之風，匪但目未，耳未聞，夢寐亦未之久。臣節之盛，掃地盡矣。[1]

他還一針見血地指出官僚士大夫道德墮落的嚴重危害性，說：

> 農工之人、肩荷背負之子則無恥，則辱其身而已；富而無恥者，辱其家而已；士無恥，則名之曰辱國；卿大夫無恥，名之曰辱社稷。[2]

一旦人們都不講道德，社會將處於「水火之中也，則何以國？」

魏源在揭露社會道德淪落時指出：

> 鄙夫胸中，除富貴而外不知國計民生為何事，除私黨而外不知人才為何物；所陳諸上者，無非膚瑣不急之談，紛飾潤色之事；以宴安酖毒為培元氣，以養癰貽患為舊章，以緘默固寵為保明哲。[3]

1　龔自珍：《明良論二》，《龔自珍全集》上冊，31 頁。
2　同上書，31-32 頁。
3　魏源：《默觚·治篇十二》，《魏源集》上冊，66 頁。

所謂「鄙夫」乃指少廉寡恥，道德墮落之人。魏源同樣看到社會道德危機的嚴重性，說：「使人不暇顧廉恥，則國必衰。」[4]

　　地主階級改革派不僅揭露了中國封建社會固有的種種道德墮落的現象，而且還指出了這種情況發生的原因。龔自珍指出，封建統治者的專制獨裁是導致社會道德墮落的重要原因。他說：

　　昔者霸天下之氏，稱祖之廟，其力強，其志武，其聰明上，其財多，未嘗不仇天下之士，去人之廉，以快號令，去人之恥，以嵩高其身；一人為剛，萬夫為柔……積百年之力，以震盪摧鋤天下之廉恥。[5]

他敢於從封建君主專制中尋找道德敗壞的原因，其見解可謂高人一籌。龔自珍的道德思想很重要的一個觀點就是強調人的個性。他對封建舊道德壓抑人的個性極為反感，強調「私」和「自我」。在他看來，「私」是人本來就有的，具有普遍性和永恆性，甚至把「有私」與「大公無私」視為人禽的根本區別。他說：

　　禽之相交，徑直何私？孰疏孰親，一視無差。尚不知父子，何有朋友？若人則必有孰薄孰厚之氣誼，固有過從游，相援相引，款曲燕私之事矣。今曰大公無私，則人耶，則禽耶？[6]

他很強調人的主觀自我意識，主張發揮人的主觀能動性，以使人們在精神上獨立起來。他說：

　　天地，人所造，眾人自造，非聖人所造。聖人也者，與眾人對立，與眾人為無盡。眾人之宰，非道非極，自名曰我。我光造日月，我力造山川，我變造毛羽肖翹，我理造文字言語，我氣造天地，我天地又造人，我分別造倫紀。[7]

他所說的「我」是一種主觀精神，是與程朱理學中的「道」與「極」相對立的道

4　魏源：《默觚·治篇十四》，《魏源集》上冊，72 頁。
5　龔自珍：《古史鉤沈論一》，《龔自珍全集》上冊，20 頁。
6　龔自珍：《論私》，《龔自珍全集》上冊，92 頁。
7　龔自珍：《壬癸之際胎觀第一》，《龔自珍全集》上冊，12-13 頁。

德精神觀念。很明顯，龔自珍是在用主觀唯心論的道德主張反對封建統治者推崇的程朱理學所主張客觀唯心主義的道德精神，具有進步意義。

龔自珍、魏源等地主階級改革派關於道德問題的論述，不僅在抨擊舊道德、揭露道德危機方面有著社會震撼作用，而且發出個性解放的呼聲。這種呼聲儘管很微弱，但成為他們倫理思想中具有新意的內容，包含著近代「道德革命」的思想萌芽。

二、太平天國農民起義對傳統道德的衝擊

下層民眾對傳統道德的衝擊，也是不容忽視的。其突出表現是太平天國農民起義在倫理道德領域產生的重大影響。

洪秀全等太平天國領導人把基督教教義與農民平等觀念、傳統儒學中的一些思想結合起來，提出了帶有濃厚宗教色彩的倫理道德觀念，對清朝統治階級尊奉的正統道德體系進行了激烈的批判。一八四三年，洪秀全接受《勸世良言》中的宗教宣傳後，把村塾中的孔子牌位撤去。孔子是封建時代綱常名教、正統道德精神的總代表，洪氏的這一舉動對於封建道德是一種大膽的藐視和不恭。在《太平天日》一文中，洪秀全編排了一個皇上帝鞭撻孔子的神話故事，明白地告訴人們，他試圖用經過改造之後的西方基督教教義，來批判和改造中國舊的倫理道德說教。洪秀全不僅做出一系列反傳統的舉動，而且還提出自己的宗教道德觀念。他「將基督教與中國人熟悉的傳統觀念與信仰聯繫起來，使互相適應，以便於傳入民眾而已」。[8] 他認為，天下人皆為上帝的子女，應該像兄弟姐妹一樣彼此平等。他在《原道救世歌》中主張：「天父上帝人人共，何得君王私自專」，「普天之下皆兄弟，上帝視之皆赤子」。世界上強凌弱，富欺貧的現象，都是不平等、不合理的，亟應改變。這些主張不僅體現了廣大農民群眾對封建專制制度的不

8　簡又文：《太平天國典制通考》中冊，1126 頁。

滿，而且也是對強調等級尊卑的封建倫理道德的一種批判。尤其在起義之初，太平天國的樸素平等思想得到較好的貫徹，在起義隊伍中建立起較為和諧的內部關係。如所有參加起義的人一律以「兄弟姐妹」相稱。《原道醒世訓》云：「天下多男人，盡是兄弟之輩；天下多女子，盡是姊妹之群」；《原道覺世訓》云：「天下總一家，凡間皆兄弟」。《天朝田畝制度》規定了人們在經濟上的平等：「天下人人不受私，物物歸上主」；「有田同耕，有飯同食，有衣同穿，有錢同使，無處不均勻，無人不飽暖」。儘管這些規定和主張未能真正貫徹，但它畢竟反映了農民群眾渴望擺脫封建經濟剝削、精神壓迫、道德束縛，嚮往新生活的良好願望，對於純潔起義隊伍的道德，鼓舞鬥志，增強戰鬥力起了重要作用。

此外，太平天國採取的婦女政策，也具有一定的進步性，如允許女子同男子一樣參軍參政，禁止封建買賣婚姻，廢除娼妓、納妾、買賣奴婢、纏足等摧殘婦女身心健康的封建陋習，使婦女在一定程度上衝破了封建禮教的束縛，這也是下層民眾衝擊傳統道德牢籠的一種表現。

然而，太平天國對封建舊道德的衝擊基本停留在形式上，並未完成中國社會新舊道德的更替。太平天國在提倡樸素平等思想的同時，也在宣揚封建倫常，在道德建設上表現出明顯的兩重性。天朝印行的《天父詩》、《天條書》等文件，都系統地宣揚封建傳統道德，《太平禮制》則建立起一套極為森嚴、繁瑣的等級制度和禮儀制度。太平天國當局一方面在一定程度上解放婦女，另一方面又強調「嚴別男女，整肅後宮」。天王洪秀全在一道詔旨中說：「咨爾臣工，當別男女。男理外事，內非所宜聞。女理內事，外非所宜聞。朕故特詔，繼自今，外言永不准入，內言永不准出……臣下有稱及談及後宮姓名位次者，斬不赦也。後宮而〔面〕永不准臣下見，臣下宜低頭垂眼。臣下有敢起眼窺看後宮面者，斬不赦也。」[9]太平天國起義走上封建化的道路，在道德上出現了向綱常名教復歸的傾向，不是偶然的。這是因為農民不是新的生產方式的代表，而是小生產者，在各方面都與落後的生產方式相聯繫。這就決定了他們不可能完全擺脫封建主義的影

9　太平天國歷史博物館編：《太平天國文書彙編》，38 頁。

響，提出一套全新的倫理道德體系來取代封建的綱常名教，實現中國近代社會的道德重建。

三、新興資產階級的道德批判

中日甲午戰爭以後，神州大地興起了兩場影響深遠的政治運動，一場是戊戌維新變法運動，另一場是辛亥革命。這兩場運動都是帶有資產階級性質的進步政治鬥爭。無論是維新派，還是革命派，他們都接受了從西方輸入的進化論、民權說、自由平等觀念，形成了新的倫理道德主張，具有嶄新的批判封建舊道德的思想武器。這是地主階級改革派、太平天國起義者所不能比擬的。正是由於維新派、革命派擁有新的思想武器，他們才能在十九世紀末、二十世紀初高舉「道德革命」的旗幟，對封建舊道德展開一場前所未有的猛烈批判，而批判最猛烈的是「三綱」道德觀念。下面作分別敘述。

（一）對「君為臣綱」的批判

「君為臣綱」是「三綱」中的核心內容，也是封建君主專制制度最重要的理論基礎。因而，它遭到的批判也最為集中。

維新派譚嗣同在《仁學》一書中，把批判的鋒芒主要對準封建君主專制制度。他認為，在三綱五倫之中，「君臣一倫，尤為黑暗否塞，無復人理，沿及今茲，方愈劇矣。」[10]他從要求「民權」這一近代政治倫理的角度出發，反對封建君主專制制度和封建主義「忠君」觀念。譚嗣同用「社會契約論」的基本理論解釋國家和君主的起源，以及君、臣、民三者之間的倫理關係。他說：

生民之初，本無所謂君臣，則皆民也。民不能相治，亦不暇治，於是共舉一

---

10 譚嗣同：《仁學》，《譚嗣同全集》（增訂本）下冊，337 頁。

民為君……夫曰共舉之，則因有民而後有君；君末也，民本也。天下無有因末而累及本者，亦豈可因君而累及民哉？夫曰共舉之，則且必可共廢之。君也者，為民為事者也；臣也者，助民辦事者也。賦稅之取於民，所以為辦民事之資也。如此而事猶不辦，事不辦而易其人，亦天下之通義也。[11]

譚嗣同在這段文字中明確地指出，君主是由人民推舉出來為百姓辦事的人，所謂「君權神授」純屬君主為維護君權而虛設，明確提出「廢君權，興民權」的命題，繼承和發展了古代歷史上「重民輕君」、「民本君末」的社會倫理思想。

譚嗣同還批駁了「忠君」、「死節」這一在封建制度下似乎是天經地義、不可悖逆的道德準則。他說，統治者將反對「忠君」、「死節」等封建道德教條的言行視為「叛逆」，並列於「十惡」之首，這種做法違背了「天理」。因為「君者，公位也。……彼君之不善，人人得而戮之，初無所謂叛逆也。叛逆者，君主創之以恫嚇天下之名。不然，彼君主未有不自叛逆來者也。」[12]如果說天下有叛逆之事，那麼君主就是最大的叛逆者。君主為所欲為就是對百姓的叛逆。

在譚嗣同看來，封建綱常名教並不是「天理」的體現，也不是人的本性所固有的東西，而是「由人製造」出來的以適應封建統治階級奴役人民需要的精神枷鎖。因而，所謂「君為臣綱」一說，完全是無稽之談。

嚴復也用西方資產階級的「天賦人權」的倫理學說攻擊封建君主專制制度的封建倫理道德、綱常名教，伸張資產階級民權，為此，他專門寫了《闢韓》一文，批判韓愈在《原道》一文中所宣揚的封建君權論。嚴復認為，人類在原始社會之初，本無所謂君臣，只是由於「民不相治，亦不暇治」，不得已而推舉出一位「公且賢者，立而為之君」，置君的目的，在於為民除弊興利。嚴復說：「君也，臣也，刑也，兵也，皆緣為民之事而後有也。」君權並非神授，而是民授；君權並不是神聖不可侵犯的，而是可以由授權之民廢黜的。在君臣、君民的倫常關係中，應當以民為「天下之真主」。因為「民為貴，社稷次之，君為輕」的觀

---

11 譚嗣同：《仁學》，《譚嗣同全集》（增訂本）下冊，339 頁。
12 同上書，334 頁。

點是古今之通義，任何人都不能違背。嚴復對於「君權神授論」的大膽否定，閃爍著資產階級民主主義倫理思想的火花，他提出的「君權民授」，「主權在民」的思想給了封建綱常之首的「君為臣綱」以沉重的打擊。

譚嗣同、嚴復對封建君權的批判，在資產階級改良派中頗具代表性。

隨著民主革命運動的興起，近代倫理學說通過各種途徑得到傳播。抨擊封建君權，即批評封建君主專制制度，是當時民主主義思想文化與封建主義思想文化交鋒的主要內容。在倫理道德方面，民主主義者提出「革天」[13]的口號，對封建君權和「君為臣綱」封建禮教提出挑戰。他們以近代自然科學為武器，揭穿了「君權神授」、「君乃天子」的神話。鄒容說：歷代君主「私其國，奴其民，為專制政體，多援符瑞不經之說，愚弄黔首，矯誣天命，攘國人所有而獨有之，以保其子孫帝王

鄒容像

萬世之業。」[14]專制君主身上披著的以「愚民」為目的的封建禮教的神聖袈裟，被無情地撕破。還有人指出，所謂「君要臣死，不得不死，父要子亡，不得不亡」這種「神聖不可侵犯之綱常主義」，使得「君權之無限，雖日日殺人不為過。」[15]柳亞子更激憤地說：「君為臣綱」是「一般腐儒，來拍皇帝的馬屁，立出的種種荒謬絕倫的邪說。說什麼『普天之下，莫非王土，率土之濱，莫非王臣』；又說什麼『君使臣死，不得不死』，任他把你渾身剁成肉醬，不敢喊一聲冤，叫一聲痛；任他把你妻女來搶奪，還要三跪九叩首的謝恩。咳！看到這樣世界，還能夠講人道麼！」[16]鄒容更指出：「數千年來，名公巨卿，老師大儒，所以垂教萬世之二大義：曰忠，曰孝。更釋之曰：忠於君，孝於親。吾不解忠君之謂何？……吾見夫法、美等國之無君可忠也，而其國人民盡瘁國事之義務，殆一日

13 《革天》，《辛亥革命前十年間時論選集》第一卷，下冊，714-719 頁。
14 鄒容：《革命軍》，《辛亥革命前十年間時論選集》第一卷，下冊，652 頁。
15 《箴奴隸》，《辛亥革命前十年間時論選集》第一卷，下冊，704 頁。
16 辛疾：《民權主義！民族主義！》，《辛亥革命前十年間時論選集》第二卷，下冊，813-814 頁。

不可缺焉。」[17]民主主義者對「君為臣綱」的批判較之維新志士又深化了一步。

有的學者認為，辛亥革命時期民主主義者對君權和「君為臣綱」的批判同戊戌維新思想家的批判相比有兩大特點：第一，他們將對君權和「君為臣綱」的批判在理論上的辯駁與革命實際行動相結合。維新派抨擊君主專制和君為臣綱的言論不可謂不激烈，但在政治實踐中卻主張仍舊維護聖君明主的統治地位；第二，民主主義者基本上拋棄了「託古改制」的舊框子，直接運用西方近代的「社會契約論」、「天賦人權」和自由、平等、博愛的理論武器，批駁封建君權和與此相聯繫的道德規範，在深度上又向前邁進了一步。[18]這種看法是正確的。

（二）對封建父權、夫權的批判

家族是封建宗法社會的基礎，三綱之中的「父為子綱」、「夫為妻綱」都是維護封建家族穩定的封建倫理綱常。因此，對封建社會倫理道德的革新和改造，就必然要觸及封建父權和夫權問題。清末新興資產階級代表人物出於維新或革命的需要，都在不同程度上對封建父權、夫權展開了批判。

康有為站在人道主義立場上批判了封建父權和夫權。他說：

人天所生也，託藉父母生體而為人，非父母所得專也，人人直隸於天，無人能間制之。蓋一人身有一人身之自立，無私屬焉。然或父聽後妻之言而毒其子，母有偏愛之性而虐其孫，皆失人道獨立之義而損天賦人權之理者也。[19]

這裡，康有為明確地用「天賦人權論」的思想評價了在傳統綱常道德束縛中人喪失了獨立自主人格的問題，從道德的角度譴責封建專制主義和封建禮教對人們的壓抑與摧殘。康有為還對「夫為妻綱」的倫理道德進行了批判，從「天賦人權」等近代道德觀念的角度，指出男女平等、各自獨立合乎天道也合乎人道。他

---

17 鄒容：《革命軍》，《辛亥革命前十年間時論選集》第一卷，下冊，672 頁。
18 張豈之、陳國慶：《近代倫理思想的變遷》，290-291 頁。
19 康有為：《大同書》，44 頁，北京，中華書局，1956。

甚至還認為，男女同為天生，而女子最有功於人道，因為：

今世界進化，日趨文明，凡吾人類所享受以為安樂利賴，而大別於禽獸及野蠻者，非火化、熟食、調味、和齊之食乎？非範金、合土、編草、削木之器乎？非織麻、蠶絲、文章、五彩之服乎？……凡此皆世化至要之需，人道至文之具，而其創始皆自女子為之，此則女子之功德孰有量哉！豈有涯哉！[20]

康有為從女子對人類社會發展的推動作用的角度，批判了「男尊女卑」，「夫為妻綱」等封建道德，具有一定的積極意義。

譚嗣同認為「父為子綱」說是「泥於體魄之言也」[21]，就身體而言，兒子固然為父親所給予，但從靈魂上父與子同為上天之子「子為天之子，父亦為天之子」，因而二者的地位都是平等的。譚嗣同公開地提出父子地位應該平等；應該以朋友之道為倫理準則的主張，對於幾千年來人們「捲舌而不敢議」的「父為子綱」一倫，是一種衝擊和否定。

二十世紀初，資產階級革命派在思想界掀起了更為激烈的批判封建父權、夫權的高潮。《新世紀》發表的署名「真」的《三綱革命》一文指出：「就偽道德言之，父尊而子卑；就法律言之，父得殺子而無辜；就習慣言之，父得毆詈其子，而子不敢復。」這種「父為子綱」的封建綱常道德是極不公正的，而且其消極影響深遠：

暴父之待其子也，當其幼時，不知導之以理，而動用威權，或詈或毆，幼子之皮膚受害猶輕，而腦關之損失無量，於是卑鄙相習，殘暴成性。更使之崇拜祖宗、信奉鬼神以成其迷信，而喪其是非，更教以敬長尊親，習請安拜跪，以其奴隸禽獸畏服之性質。及其壯也，婚配不得自由，唯聽父母之所擇。夫男女兩人之事，他人亦竟干涉，此乃幼時服從性質之結果而已。及其父母死，而復以繁文縟節以累之，臥草食素，寬衣縛其身，布冕蔽其目，逢人哭拜，稱曰罪人……總之

20 同上書，149 頁。
21 譚嗣同：《仁學》，《譚嗣同全集》下冊，348 頁。

為子者，自幼及長，不能脫於迷信與強權之範圍。己方未了，又以教人，世世相傳，以阻人道之進化，敗壞人類之幸福。其過何在？在人愚。乘其愚而長其過者，綱常倫紀也。[22]

　　因此，欲推進人道進化，增進人類幸福，就必須破除綱常倫紀之說。文章指出，從科學的角度講，父與子之間「故有長幼之遺傳，而無尊卑之義理」，父子關係應是平等關係。養育子女，這是父母的義務、子女的權利；反之，贍養父母，這是子女的義務、父母的權利。如此，父母與子女的義務和權利是同樣平等的，父母與子女在倫理上的地位也應該是平等的。另一篇署名「家庭立憲者」的《家庭革命說》一文中也說：「今吾中國普通社會之家督，其權力實如第二之君主。」[23]家庭成了社會發展的嚴重桎梏。為此，「家庭革命」必須與社會政治革命同步進行，因為國民不自由，所以一定要進行政治革命，因為個人不自由，所以一定要進行「家庭革命」。二者「其事同其目的同」。《家庭革命說》和《三綱革命》等文章對「父為子綱」等封建家庭倫理觀的批判，在當時知識分子中屬於較為激烈的言論。

　　資產階級革命派在批評「父為子綱」封建禮教的同時，又對「夫為妻綱」的舊道德進行了抨擊。《三綱革命》一文的作者指出「夫為妻綱」的「綱常之義，不外乎利於暴夫而已。」[24]他認為，「男女之相合，不外乎生理之一問題」，從人的角度看，男女都是平等的，人生於世間，「各有自立之資格，非屬於甲，亦非屬於乙，婦不屬於夫，夫不屬於婦，此自由也。」[25]這是站在自由平等博愛的立場上論證男女的自由與平等。另一篇發表於《克復學報》上署名「憤民」的《論道德》一文，對「夫為妻綱」影響之下男女間的種種不嚴等進行了揭露，指出：所謂女德、女道，「不過使女子放棄權利，貶損人格，伏於男子萬重壓制之下，稍有踰越，即刑戮隨之矣。」廣大中國婦女在封建家庭倫理道德和封建禮教的摧殘下，「出入無自由，交友無自由，婚姻無自由」，實際上處於「為奴為隸，為

22 《三綱革命》，《辛亥革命前十年間時論選集》第二卷，下冊，1017 頁。
23 《家庭革命說》，《辛亥革命前十年間時論選集》第一卷，下冊，834 頁。
24 《三綱革命》，《辛亥革命前十年間時論選集》第一卷，下冊，1019 頁。
25 同上書，1020 頁。

牛為馬，為花為草」，為「禁獄之囚徒」的卑賤地位。在這「沉沉黑獄」之中，多少婦女成為「廢人病夫」，「愚頑怯惰」之人。

革命派還批評了以女子絕對服從男子為根本準則的「三從四德」、恪守貞節的封建道德和婦女纏足的道德風習，批判「三從」道德對婦女「奴之、物之、殘之、賊之，不以人類相待」的罪惡，三從四德是培養奴隸性的溫床。二十世紀初期資產階級代言人把對封建婚姻與家庭倫理道德的批駁與對封建專制主義的批駁結合起來，把爭取婚姻自主同個性解放、人格獨立聯繫起來，反映了新時代衝擊封建倫理道德束縛與制約的新境界。

總之，十九世紀末二十世紀初，新興資產階級代表人物對傳統綱常道德的抨擊和批判，是傳統道德處於困境中的最主要的表徵。雖然，他們並沒能有效地打垮封建主義的倫理道德，但卻極大地動搖了舊道德，為近代新道德的確立奠定了思想基礎。

第二節 ·
近代新道德
的提倡

提倡新道德是中國近代社會發展的內在要求，也是近代思想啟蒙運動的重要構成內容之一。在民國成立之前，由戊戌維新志士和辛亥革命志士構成的近代新興社會力量，是倡導新道德的主體。由一批進步思想家所寫的闡述「道德革命」

的著述，標誌著這一時期近代新道德的提倡與發軔。這些著述有康有為的《大同書》、《實理公法全書》，梁啟超的《新民說》，嚴復的《天演論》、《闢韓》，譚嗣同的《仁學》，孫中山的《同盟會宣言》，鄒容的《革命軍》，等等。這些思想菁英們的道德建構起到了巨大的理論先導作用。而他們主動進行的改造國民性活動以及關於新道德的推行工作，又加強了道德理論的實踐性，加之晚清社會生活的變遷以及新道德觀的滲透，使晚清最後十年間的社會道德領域發生了深刻的變化。

資產階級代表人物在抨擊舊道德的同時，積極從事新道德的構建工作，提倡新道德，其內容包括國民公德、自由平等、權利義務觀、獨立自尊觀、競爭進取精神、重商與功利觀等。而其核心內容是民主、自由和平等的精神。

一、國民「公德」觀

國民「公德」觀，是近代啟蒙思想家們積極倡導的新道德之一。所謂「公德」指的是處理個人與社會、群體、國家之間的關係時遵循的倫理準則，「人人相善其群者謂之公德」，[26]也就是個人對於社會、群體、國家應盡的各種義務。梁啟超、康有為、蔡元培等都是「公德」觀的積極倡導者。

梁啟超認為，所謂「公德者，誠人類生存之基本哉。」[27]一個群體、一個社會、一個國家的生死存亡，最基本的問題就是人們是否具備「公德」。公德的基本精神是犧牲個人之私利，以保持團體之公益。人類為了生存而聚居在一起，但是，在社會生活中，個人利益與群體利益又常常是相互矛盾的。為使群體得到鞏固壯大，就必須犧牲個人利益，維護集體利益，也就是要發揚公德。他認為，一個民族有無公德和公德之盛衰，是關係到這個民族存亡盛衰的大問題，「公德盛

---

26 梁啟超：《新民說》，《飲冰室合集》專集之四，12 頁。
27 梁啟超：《論中國國民之品格》，《飲冰室合集》文集之十四，3 頁。

者其群必盛，公德衰者其群必衰。」[28]但是，幾千年來，中國社會和中國的臣民百姓最缺乏的就是公德，「中國民所最缺者，公德其一端也。」[29]自古以來，中國人「皆知有私德，不知有公德」，「國民中無一人視國事如己事者」，這種狀況造成中國數千年「政治之不進，國華之日替」的嚴重後果。[30]因此欲振興中國社會，就應該在國民中大力提倡公德，培養國民講究公德的品質。在梁啟超看來，公德的基本準則是「利群」，「公德之大目的，既在利群，而萬千條理即由是生焉。」[31]所謂「益群」、「利群」，實際上就是人們所應擁有的「愛群」、「愛國」、「愛真理」的「熱誠之心」。

提倡「報效社會」是蔡元培公德思想的理論基石。他認為，人生活在社會上的兩個最基本的責任即為「公義」和「公德」。「公義者，不侵他人權利之謂也。」[32]每個人都有自己的權利，「我」既不想侵犯別人，那麼當然也不希望別人侵犯「我」。當人人互不相侵犯之時，那麼「公義」也就成立了。所以尊重社會公德是「公義」成立的前提。在蔡元培看來，僅僅做到不侵犯他人的權利還不足以盡對社會的「本務」。他說：「廣公益，開世務，建立功業，不顧一己之利害，而圖社會之幸福，則可謂能盡其社會一員之本務者矣。」[33]明確指出報效社會，服務公益事業，才是每一位公民應盡的本務。蔡元培主張每個公民都有「隨分應器各圖公益」的義務，只要每個人都能立足於本職業為社會做好事，社會公共事業才能發展。蔡元培還強調要愛護公共事物，認為「國民公德之程度，視其對於公共事物如何，一木一石之微，於社會利害，雖若無大關係，而足以表見國民公德之淺深，則其關係，亦不可謂小矣。」[34]認定對於公共事物的愛護程度可以判斷一國國民的公德程度。

在許多進步思想家那裡，「公德」又被稱為「群德」或「合群之德」。許多

---

28 同上。
29 梁啟超：《新民說》，《飲冰室合集》專集之四，12 頁。
30 同上書，14 頁。
31 同上書，15 頁。
32 《蔡元培全集》第二卷，208 頁。
33 同上。
34 同上書，220 頁。

思想家受進化論「物競天擇，適者生存」等思想的影響，出於強國生存的需要，都特別強調「合群」的重要性。康有為認為「群則強」、「合則強」、「多則強」、「公則強」，[35]主張合、聚、多、公的重要性，強調合群與強國的依存關係。嚴復也說「天演之事」，「將使能群者存，不群者滅；善群則存，不善群者滅」，[36]所以能否合群是一國能否強大的標誌。日本「以小國寡民而能強，實由能捨身以御外侮，能合群以衛種族之故」，[37]而近代中國人受辱，主要是「吾同胞分群角立，安分守己，與自掃己門休管他人之成效所至也。」[38]在近代思想家那裡，「萬死不顧一生之計以保群」、「捨己為群」、「捨身以御外侮」等說法都可以概括為「群德」。因為，當國民不具有合群之德的時候，即使強行把許多不能為群的人集結起來，也不能稱之為真正的合群，因為缺乏群的精神，只能稱之為「無群之國」、「無民之國」。那麼，何為「合群之德」呢？按梁啟超的話即是「以一身對於一群，常肯紐身而就群，以小群對於大群，常肯紐小群而就大群。夫然後能合內部固有之群，以敵外部來侵之群。」[39]從中可以看出，強國保種講求愛國主義是近代思想家提倡公德、群德的目的。而在十九世紀末二十世紀初的中國，強調「合群」、提倡公德、群德的重要性，具有喚起民族覺醒的重要意義。

二、自由平等觀

「自由平等」學說是歐洲資產階級民主革命時期的戰鬥口號和鬥爭目標，也是政治倫理道德原則。在西方，這些政治倫理原則在反對封建主義專制制度和等級制度、批判封建主義倫理道德的鬥爭中曾發揮了理論武器的作用。中國近代資產階級思想家們也積極提倡這些政治倫理道德原則，並用其作為反對封建專制制度、批判封建綱常倫理道德的理論武器。

---

35 《康有為遺稿》，453 頁，上海，上海人民出版社，1986。
36 《嚴復集》第五冊，1347 頁。
37 《康有為遺稿》，455 頁。
38 同上。
39 梁啟超：《十種德性相反相成義》，《飲冰室合集》文集之五，44 頁。

資產階級改良思想家們如康有為、梁啟超、嚴復、譚嗣同等人，對自由平等有過許多論述，其中嚴復、譚嗣同的議論較有代表性。

嚴復對自由道德觀的論述較多，他在自由問題上深受西方思想的影響。他說，所謂自由，就是人各自主，「無相侵損」。人人都有自由、自主的權利，侵損別人的自由或自己的自由被人侵損，都不能算作真正的自由。西方的「自由」，承認人的自由自主權利是天賦的，不可剝奪的。他認為這才是人的個性的真正解放和真正自由。這也是中國與西方在倫理原則和道德觀念上的差異。中國歷代被人們尊奉為「古聖先賢」者何以不敢提倡自由，而偏偏「最重三綱」呢？嚴復分析造成這種狀況的歷史根由說：「夫自由一言，真中國歷古聖賢之所深畏，而從未嘗立以為教者也。」[40]究其原因，「蓋中國聖人之意，以為吾非不知宇宙之無盡藏，而人心之靈，苟日開瀹焉，其機巧智能，可以馴至於不測也。而吾獨置之而不以為務者，蓋生民之道，期以相安相養而已……故寧以止足為教，使各安於樸鄙顓蒙，耕鑿焉以事其長上。」[41]控制和駕馭人民，是統治者不立自由之教的根本原因，而正因為封建倫理道德「牢籠天下」，扼殺人的自由，才使得「民智因之以日窳、民力因之以日衰」。[42]嚴復認識到，缺乏自由精神，是中國四萬萬民眾在「民力、民智、民德」三方面較之西方國民素質低下的重要原因。因此，出於反對封建禮教摧殘人的自由自主權利的現實需要，嚴復積極宣傳和提倡西方資產階級的自由倫理觀。

譚嗣同是平等道德觀的積極提倡者，平等亦是其「仁─通─平等」倫理道德體系的基本內容。而他的「仁─通─平等」的倫理思想體系，反映了西方資產階級思想家所提倡的自由、平等、博愛的人道主義精神。譚嗣同還用平等觀來評價傳統的人倫關係，認為：

五倫中於人生最無弊而有益，無纖毫之苦，有淡水之樂，其唯朋友乎！顧擇交何如耳，所以者何？一曰平等，二曰自由，三曰節宣惟意。總括其義，曰不失

---

40 嚴復：《論世變之亟》，《嚴復集》第一冊，3頁。
41 同上書，1頁。
42 同上書，2頁。

自主之權而已矣。兄弟於朋友之道差近，可為其次，餘皆為三綱所蒙蔀，如地獄矣。[43]

譚氏認定只有「朋友」一倫符合平等原則，主張要用「朋友之道」的平等精神改造其他四倫——君臣、父子、夫婦、兄弟，使不失自主之權的朋友之道成為一切人與人之間關係的倫理準則。這也是譚嗣同試圖改造中國封建舊倫理道德的出發點。

資產階級革命派進一步發展了改良派的自由平等道德觀念。孫中山是其中傑出的代表。

中國民主革命的先行者、資產階級革命派的代表人物孫中山是「自由、平等、博愛」倫理思想的積極贊同者，也是熱心的倡導者。在近半個世紀的奮鬥生涯中，他為能把自由、平等、博愛的道德理想變成中國社會的現實道德境界而進行了堅苦卓絕的鬥爭。他認為革命黨人就是為了爭取中國人民的自由與平等而奮鬥的。一九〇四年，孫中山發表《中國問題的真解決——向美國人民的呼籲》一文，明確提出了爭取國民自由權利的政治倫理問題。一九〇五年同盟會成立以後，孫中山又一再指出：「中國數千年來，都是君主專制政體，這種政體，不是平等自由的國民所堪受的。要去這種政體，不是專靠民族革命可以成功」，必須同時實行政治革命，實現「國民平等之制」，使「四萬萬人一切平等，國民之權利義務無有貴賤之差，貧富之別，輕重薄厚，無稍不均——是為國民平等之制。」[44]又明確提出了爭取國民平等權利的社會倫理問題。辛亥革命之際，孫中山指出「國家之本，在於人民」，號召人們積極參加變革社會的政治鬥爭，指出「大革命之舉，不外種族、政治兩種，而其目的，均不外求自由、平等、博愛三者而已。」[45]從孫中山的思想言論中可以看出，他公開表明贊同自由、平等、博愛的社會政治倫理學說，並且主張以此造就新的「共和國家」。

---

43 譚嗣同：《仁學》，《譚嗣同全集》（增訂本）下冊，349-350 頁。
44 《孫中山全集》第一卷，317-318 頁。
45 《孫中山全集》第二卷，438 頁。

近代思想家對平等觀的理解，除了人人平等之外，還包括國家之間的平等，這是由近代中國特殊的國際地位決定的。而他們對自由倫理觀的理解也與西方思想家有很多歧異，其中最關鍵的一點即是：強調群體自由、國家自由比強調個體自由更具有普遍性。梁啟超即非常推崇群體自由。他把自由分為「文明之自由」和「野蠻之自由」兩類。他認為：「人人自由，而以不侵人之自由為界」，這樣的自由乃是「團體的自由，非個人之自由也」；而那種「侵他人之自由，侵團體之自由」的自由乃是「野蠻之自由」，這種野蠻的自由正是「文明自由之蟊賊也」。[46] 由此可見，他把「團體之自由」比作「文明之自由」，而把「個人之自由」或「侵他人之自由」則比作「野蠻之自由」，具有明顯的推崇團體自由，排斥個人自由的傾向。梁啟超把具不具有「團體之自由」看成是一個群體、一個民族能否自立於世界之上的主要動因之一。這種主張在嚴復、孫中山等人的著述中同樣可以找到。主張「群體自由」是救亡圖存的時代主題使然。

梁啟超像

三、權利與義務觀

權利與義務倫理觀也是近代思想家積極倡導的新觀念之一。在近代思想家們看來，有無權利與義務是判斷一國人民具不具備國民資格的前提條件。能夠享受並保有自己的權利，同時又能盡義務的人才能稱之為公民；反之，不能享受權利，又不能盡義務的人，則被稱之為奴隸。所以奴隸與國民的區別在於「奴隸無權利，而國民有權利；奴隸無責任，而國民有責任；奴隸甘壓制，而國民喜自由；奴隸尚尊卑，而國民言平等；奴隸好依傍，而國民尚獨立。」[47] 即真正具有

---

46 梁啟超：《新民說》，《飲冰室合集》專集之四，45 頁。
47 《說國民》，《辛亥革命前十年間時論選集》第一卷，72 頁。

權利、責任、自由、平等、獨立的屬性和思想的人才能算得上是國民。近代思想家們深受西方天賦人權思想的影響，把個人能否享有天賦自然權利看成是其在國家中處於何種地位的標誌。同時也把能否盡義務或是否具有義務觀念看成是能否保有其天賦權利的前提。梁啟超認為，人類為保有的「形而下」之生存和「形而上」之生存的責任，就是權利。「人人生而有應得之權利，即人人生而有應盡之義務」，「苟世界漸進於文明，則斷無無權利之義務，亦斷無無義務之權利。」[48]強調權利與義務是相互依存的對等關係，為社會人所必具備的基本生存條件。還有人認為，人的權利就是「一國行政之權吾得而過問之，一國立法之權吾得而干涉之，一國司法之權吾得而管理之」。「故權利者，暴君不能壓，酷吏不能侵，父母不能奪，朋友不能僭，夫然後乃謂之國民真權利。」[49]明確強調人人皆有天賦不可剝奪之權利，沒有權利或放棄權利就不能稱其為國民；國民權利包括對一國行政、立法、司法的參與權和管理權。這應當看成是近代人對權利問題理解的新高度。近代思想家們大都認為權利的目的著眼於和平，但為了和平就離不開戰鬥。有侵犯權利者，就必須相抵抗，侵者無已時，故拒者亦無盡期。侵犯與保衛這一過程無始無終，所以維護權利就只有不斷地競爭、抗爭。以強力維護權利，才能最終享受權利。

近代人談權利與義務問題時，更多的還是從強國的角度來看待這一問題的。在梁啟超看來，權利也是義務，義務也是權利。他說：「權利思想者，非徒我對於我應盡之義務而已，實亦一私人對一公群應盡之義務也。」[50]明確地把權利思想當成一種個人對於社會的責任看待。蔡元培也強調：

凡有權利，則必有與之相當之義務。而有義務，則亦必有與之相當之權利，二者相因，不可偏廢。我有行一事保一物之權利，則彼即有不得妨我一事奪我一物之義務，此國家與私人之所同也。是故國家既有保護人之義務，則必有可以行其義務之權利；而人民既有享有國家保護之權利，則其對於國家，必有當盡之義

48 梁啟超：《新民說》，《飲冰室合集》專集之四，104 頁。
49 《說國民》，《國民報》，1901 年第二期。
50 梁啟超：《新民說》，《飲冰室合集》專集之四，36 頁。

務。[51]

在他那裡有相應之權利也必須有相應之義務，二者相因，不可偏廢。在蔡元培看來，公民的義務包括保衛國家安全的義務，納稅的義務、服兵役的義務，遵守國家法律及社會公德的義務以及各行各業的職業道德和職業義務。總之，近代思想家提倡權利與義務倫理觀，是與社會近代化相適應的。

四、獨立自尊觀

獨立自主與自尊自強觀也是近代思想家積極倡導的新道德內容之一。在這方面，梁啟超有過深刻的論述。對於「獨立」觀，梁啟超是這樣界定的：「獨立者何？不借他人之扶助，而屹然自立於世界者也。」[52]「不倚賴於他力，而常昂然獨往獨來於世界者也。中庸所謂中立而不倚，是其義也。」[53]蔡元培認為，獨立是「自盡其職而不倚賴於人是也。人之立於地也，恃己之足，其立於世也亦然。以己之思慮之，以己之意志行之，以己之資力營養之，必如是而後為獨立。」[54]可見，在他們心目中，獨立的核心就是不依賴於他人，保持自己在思想上、經濟上、人格上的獨立性，這正是提倡獨立自尊的真諦。正因為這樣，獨立自尊這一政治學概念又成為梁啟超等人的倫理學概念。梁啟超談到「獨立之德」的問題，指出：「吾中國所以不成為獨立國者，以國民缺乏獨立之德而已。」[55]他針對近代中國積貧積弱，受人欺凌的現狀，認為「唯有提倡獨立，人人各斷絕依賴……庶可以掃拔已往數千年奴性之壁壘，可以脫離此後四百兆奴種之沉淪。」[56]提倡獨立的目的在於掃除國民「奴性之壁壘」，擺脫「奴性之沉淪」，激發人們的愛國熱情，抗拒列強對中國的侵略，使中國成為獨立自主的國家。可見，提倡「獨立

51 《蔡元培文選》，200-201 頁，上海，上海遠東出版社，1994。
52 梁啟超：《獨立論》，《飲冰室合集》文集之三，62 頁。
53 梁啟超：《獨立與合群》，《飲冰室合集》文集之五，43 頁。
54 《蔡元培全集》第二卷，181 頁。
55 梁啟超：《獨立與合群》，《飲冰室合集》文集之五，44 頁。
56 同上。

之德」是梁啟超「道德救國論」的又一重要反映，也是他為改造中國的國民性而提出的一條途徑。

在近代思想家中，蔡元培也是對獨立內涵論述得較為透徹的一位。他認為獨立有三根支柱，這就是「自存」、「自信」、「自決」。[57]在他看來，「自存」主要是指經濟上的自立，沒有經濟實力作為依託與後盾，獨立只能是一句空話。對於「自信」，蔡元培著重從學識角度進行闡發，認為人的自信力的形成是「尤其學識宏遠」為基礎的。只有淵博的學識才能使人產生內在無形的自信力，才能不為權力所移，不為俗論所動，才能保持自己思想上的獨立。「自決」就是自我判斷明辨是非的能力。一個人事事不能自主，不能進行自我判斷的人，就不能說他是個具有獨立品格的人。總之，強調經濟自立、獨立判斷、不屈從權勢權威，這是近代哲人強調獨立、崇尚獨立的精神之所在。

近代思想家們承認個人獨立是國家獨立的前提，梁啟超就有「吾以為不患中國不為獨立之國，特患中國今無獨立之民」[58]的認識。稍後的陳獨秀也強調「個人之權鞏固，斯國家之權亦鞏固。」[59]但同時，近代思想家更強調獨立的責任性，即是「各盡其對於團體之責任」，[60]強調個人對於家庭、社會、國家承擔責任是獨立的重要內容。總之，強調和重視國家的獨立，在近代思想家那裡具有理論傾向性，這顯然與近代中國的現實處境密切相關。

五、競爭進取觀

競爭進取倫理道德觀也是近代思想家提倡的新道德之一。「競爭」本是近代西方資本主義自由發展過程中的一種機制，曾為資本主義社會經濟文化的發展帶來了活力。但同時競爭更是一種價值觀，一種倫理道德觀，也是西方資本主義文

---

57 《蔡元培全集》第二卷，182 頁。
58 梁啟超：《獨立與合群》，《飲冰室合集》文集之五，44 頁。
59 《陳獨秀著作選》第一卷，172 頁，上海，上海人民出版社，1993。
60 《蔡元培全集》第二卷，181 頁。

化中一種不可或缺的構成內容。鴉片戰爭後，這種社會倫理觀伴隨著西方進化論思想的介紹而逐漸傳入中國。一八九五年，嚴復在甲午戰爭失敗的刺激下，翻譯了《天演論》，系統地傳播了「物競天擇」、「適者生存」的進化論思想。嚴復在把競爭觀念引進國內方面具有首發之功。同時，他也是競爭觀念的積極倡導者。他認為生物競爭、優勝劣敗、適者生存的自然進化規律，同樣適用於人類種族和社會。他說：「動植如此，民人亦然。民人者，固動物之類也，達氏總有生之物，標其宗旨，論其大凡如此。」[61]在一個社會裡，人與人之間必須「競爭生存」，只有「最宜者」才可以免於淘汰。在國際社會中，民族與民族之間也必須「競爭生存」，保持獨立，免於淘汰者只能是「最宜者」。嚴復宣傳進化論的宗旨在於「自強保種之事」，就是說，他介紹生物進化論，其主要目的在於說明中國如能順應「天演」規律而實行變法維新，才能由弱變強，否則將要淪於亡國滅種而被淘汰的道理。隨著中國民族危機的日益加深和西方進化論的傳播，競爭進取精神作為一種新的道德要求得到提倡。

由於中華民族的嚴重危機，「生存競爭」激發了中國人對傳統和諧中庸之道的反思。進步思想家們對中國封建社會同西方資本主義社會作了初步的比較，發現中國封建社會各種機制，無論政治、文化和道德都遠遠落後於西方。正如嚴復所指出：「嘗謂中西事理，其最不同而斷乎不可合者，莫大於中之人好古而忽今，西之人力今以勝古。」[62]他以進化之眼光，揭示了中國傳統文化「好古忽今」的保守特質。梁啟超認為中國除了春秋戰國群雄並立而產生學派競爭外，自秦一統天下之後，「競爭力銷之」。沒有競爭環境也就沒有競爭心理。封建專制的長期統治，人性幾被窒息，似乎只有一兩個所謂「聖君賢相」的出現，便可以治理國家，無須自由競爭，把希望寄託於少數英雄，這是封建社會缺少競爭意識的一個原因。梁啟超還認為中國缺乏競爭意識，缺少冒險進取精神，是由於傳統講「命」而輕「力」，講「勿」而輕「為」等思想的影響。似乎「多言多患」，故不敢標新立異；「多事多敗」，故不敢實踐；「孝子不登高」，更不敢遠離家庭而冒

61 嚴復：《原強修訂稿》，《嚴復集》第一冊，16 頁。
62 嚴復：《論世變之亟》，《嚴復集》第一冊，1 頁。

險探索。這些傳統觀念，使民族形成「有暮氣而無朝氣」的局面，缺少一種勇於競爭及冒險探索的民族精神。出於民族生存和社會發展的需要，近代思想家們都特別強調培養並確立競爭進取觀的重要性。康有為說，「今者四海棣通，列強互競，歐美之新政新法新學新器，日出曹奏，歐人乃挾其汽船鐵路，以貫通大地，囊括宙合，觸之者靡，逆之者碎，採而用之，則與化同，乃能保全。」[63]梁啟超說：「夫競爭者文明之母也。競爭一日停，則文明之進步立止。由一人之競爭而為一家，由一家而為一鄉族，由一鄉族而為一國。一國者，團體之最大圈，而競爭之最高潮也。」[64]明確指出競爭是社會發展的動力。譚嗣同提倡自由競爭的道德原則，並把這一原則用在發展資本主義生產方式上，主張民間資本可以自由開辦各種工礦企業，並且允許企業之間自由競爭，國家不得干預。他認為，創辦工礦企業應以商辦為主，「所謂商辦，專主散利於民，絕非壟斷於一二家和辦可比。」[65]他對「爭」的道德觀給予熱情讚頌，認為「競爭」是富國利民的重要手段，是到達均平社會的途徑。只有「爭」，才能達到物質財產充裕，才能最終達到「均平」。因而，「競爭」觀也是譚嗣同社會倫理思想的一個重要特點。

六、重商主義與功利主義倫理觀

　　重商主義與功利主義倫理觀也是中國近代重要的社會新倫理觀之一。它的提倡顯然與西方資本主義生產方式在中國的移植和滲透有關。洋務運動時期一些思想家們曾經提倡重商主義倫理思想。而維新思想家們不僅繼承了其前人的重商主義價值觀，而且還是「合理的利己」論倫理觀的積極提倡者。

　　維新派從發展近代工商業的要求出發，揭露和批判了被封建統治階級推崇的「存天理去人欲」、「重義輕利」等倫理道德觀，提出了「合理的利己」的功利主義倫理道德觀。譚嗣同就從人性平等、人性人欲皆善的資產階級自然人性論出

---

63 康有為：《進呈日本明治變政考序》，《戊戌變法》第三冊，3 頁。
64 梁啟超：《新民說》，《飲冰室合集》專集之四，18 頁。
65 《譚嗣同全集》（增訂本）上冊，250 頁。

發，提出了帶有自己獨特性格和階級屬性的「崇奢黜儉」的功利主義倫理觀。他指出，如果人們按照「黜奢崇儉」的觀點行事，僅僅為養成個人的「儉德」而不去發展農工商業，「今日節一食」，「明日縮一衣」，那麼天下必有受其飢寒之人，「家累巨萬」，而無異於乞丐。「愈儉則愈陋，民智不興，物產凋窳」，「轉輾相苦，轉輾相累，馴至人人儉而人人貧，天下大勢遂乃不可以支。」[66]他還一反幾千年來人們對奢侈行為的傳統看法，指出所謂「奢」，實質上是「富民」、「利民」的代名詞。因為「奢」的結果，會使農工商各行各業都從中獲利，有關各方之人「奔走而趨附」，可以使無業者得到就業的機會。於是，從事社會各行業生產的工商企業都會隨之興旺發達起來。可見譚嗣同的道德觀是為發展資本主義工商業服務的。嚴復也從廣義社會倫理的角度提出了「開明自營」的命題，認為對於人己、上下、公私等關係中，損益任何一方都是不恰當的。只有在利己的同時也利他、利群，才是最完滿的，即他所說的「兩利為利，獨利必不利」。[67]梁啟超也認為，利己與利他、利群從表面上看是對立的，其實是「一而非二」。利他、愛他、利群是變相的利己、愛己，不講利他、愛他、為公，只知自利自私的狹隘至極的利己主義是極不道德的。康有為也主張「以禮節欲」，反對只知利己、一味縱慾的道德觀，要求人們在利己的同時，不妨礙他人滿足欲望的要求。由此可見，這種利己主義同極端狹隘的利己主義之間還是有區別的。總之，近代重商主義與功利主義倫理道德觀的提倡，反映著資本主義生產方式以及與之相適應的商品交換方式在中國逐漸生長的現實，代表著正在成長著的新興資產階級要求確立自己獨立經營的法人地位以及擺脫封建人身束縛的呼聲。

晚清時期，資產階級代表人物關於道德建設的論述，提出了一系列適應時代要求的新的道德觀念，在中國道德思想史上樹立起新的里程碑。新興資產階級在抨擊封建舊道德之後，又提倡近代新道德，初步完備了晚清時期「道德革命」的內容，對中國近代資產階級新文化的形成起到積極的推動作用。

---

66 譚嗣同：《仁學》，《譚嗣同全集》下冊，322-323 頁。
67 嚴復：《天演論》，《嚴復集》第五冊，1395 頁。

婦女解放
的新進展

　　婦女解放不僅是一個政治問題，而且也是一個倫理道德問題。晚清時期，中國的婦女解放有了新的進展。各種進步的社會力量投入到這個運動之中，作出了應有的貢獻。尤其是新興資產階級的參與，使中國婦女解放運動與資產階級政治運動結合起來，為其注入了新的意義。本節著重從「道德革命」的角度談一些晚清婦女解放運動的問題。

一、太平天國的婦女政策

　　太平天國是清朝後期建立起來的農民革命政權。在他們的綱領和政策中涉及一些男女平等和婦女解放的問題。

　　第一，提出了男女均等分配土地的方案。《天朝田畝制度》規定：「凡分田，照人口，不論男婦，算其家人口多寡，人多則分多，人寡則分寡，雜以九等。」明確提出了分田不分男女，男女平等的問題。

　　第二，禁止娼妓和買賣奴婢。太平天國明確宣告：

娼妓最宜禁絕也。男有男行，女有女行，男習士農工商，女習針黹中饋，一夫一婦，理所宜然。倘有習於邪行，官兵、民人私行宿娼，不遵守條規當娼者，全家剿洗，鄰佑擒送者有賞，知情故縱者一體治罪，明知故犯者斬首不留。[68]

太平天國領袖洪秀全等人仿照《聖經》的「摩西十誡」制定了十款天條，作為規範人們行為、實行社會控制的手段。其中第七條規定「不好奸邪淫亂」，犯了奸淫罪，一般要被處死。太平天國的起義隊伍一直嚴格遵守禁犯姦淫的條例，軍規極其嚴明。軍隊紀律規定不准侵入有婦人之家，更禁止發生男女關係。在軍隊中甚至連夫婦都不得同居。

太平天國還禁止買賣奴婢。呤唎在《太平天國革命親歷記》中大為讚賞道：

太平天國徹底廢除了令人憎惡的奴隸制，這個禁令是嚴厲執行的，違者不論男女一概斬首論處。禁止男奴的法律尚無關緊要，因為男奴在中國並不普遍，但是對於或多或少都是奴隸的婦女來說，這樣一種重大的革新措施，就是完全必要的了。[69]

第三，改革婚姻制度，禁止買賣婚姻。《天朝田畝制度》中規定「凡天下婚姻不論財」，而一切婚姻費用從聖庫中支出。這條規定實際上等於廢止了需要聘禮金的買賣婚姻。太平天國對婚姻制度的改革，在一定程度上還打破了婚姻奉「父母之命，媒妁之言」的陳規陋俗，太平天國允許自由結合，締結婚約需男女自願。呤唎就曾記敘了忠王李秀成的女兒和外國人埃爾自由戀愛，並為他們舉行了盛大婚禮的事情。他認為：「太平天國的婦女擺脫了束縛，享有社會地位，從而他們的結婚也就成了愛情的結合。甚至當官長的女兒跟有權力的首領結親的時候，也從未採用過強迫方式，而是使男女雙方首先有機會互相熟識起來。」[70]可見在太平天國那裡，男女從未謀面即行結婚以及送聘金等等舊俗都受到不同程度的禁止。

68　太平天國歷史博物館編：《太平天國文書彙編》，90 頁。
69　〔英〕呤唎：《太平天國革命親歷記》上冊，王維周譯，233-234 頁。
70　〔英〕呤唎：《太平天國革命親歷記》上冊，王維周譯，244-245 頁。

第四，嚴禁婦女纏足。太平天國的領導人洪秀全主張男女平權，提倡婦女天足。太平軍進入南京，他下令婦女不准纏足，違者斬首，當時在太平軍控制的地方也確實厲行禁纏足。

第五，設女官女科，婦女可以參政和受教育。太平天國政權並未把婦女排斥於政治、教育之外，在軍隊中實行男女分營，宗教儀式中不分男女。女子可以讀書、參加科舉考試，甚至可以做官。太平天國女官的職責均比照男官制度。

金田起義後，許多婦女投入了反清戰鬥。據文獻記載，太平軍女戰士「當腰橫長刀，窄袖短衣服，騎馬能怒馳，黃巾赤其足」，[71]「攀援岩石，勇健過於男子」。[72]說明在太平天國革命戰爭中，婦女起過積極重大的作用。太平天國政府實行的許多政策確實也體現出婦女解放的精神。但是，由於太平天國政權是一個農民政權，特別是隨著該政權定都南京後開始的封建化過程，使被打亂的封建秩序又重新復活。例如重新宣揚三綱五常思想，恢復一夫多妻制，始終不許離婚等，很難使婦女享受真正的平等權利。總體而言，太平天國的婦女解放措施在一定的程度上衝擊了封建舊道德對廣大婦女的束縛，表現了勞動人民要求擺脫封建壓迫的願望，具有積極意義。但是由於農民的階級局限性，太平天國提出的婦女解放措施並未徹底實行，而且在總體水平上沒有超出傳統思想的範圍，這使它的積極意義又大打折扣。

二、戊戌維新時期的婦女解放

嚴格說來，近代意義上的婦女解放開始於戊戌維新運動。康有為、梁啟超等維新志士在對待婦女問題上的主張已經超越太平天國婦女解放的水平。他們以西方資產階級的天賦人權和進化論學說為指導，從新的角度來看待婦女問題，把解放婦女看做是維新變法事業的重要組成部分，從而使晚清婦女解放運動進入了一

---

71 金和：《椒雨集・痛定篇》，轉引自羅爾綱：《太平天國史事考》，338 頁，北京，三聯書店，1979。
72 張德堅：《賊情彙纂》，《太平天國》第三冊，111 頁。

個新階段。

（一）努力破除婦女身上的封建枷鎖

反對婦女纏足是維新派為實行婦女解放而首先採取的活動。康有為早於一八八三年就在廣東南海聯合一些開明鄉紳創立了不纏足會。一八九六年康有為、康廣仁又在廣州成立「粵中不纏足會」，提倡婦女不纏足。他的學生梁啟超等人積極參與這項婦女解放事業。梁氏撰文指出，纏足陋習「是率中國四萬萬人之半，而納諸罪人賤役之林」，[73]是中國致弱的根本原因之一。譚嗣同更歷陳「纏足之酷毒」，指出：「纏足之大惡……將不惟亡其國，又以亡其種類。」[74]因此，中國要想圖強發展，改變弱國地位，就必須廢除摧殘婦女的纏足陋習，「剗除之」。梁啟超、譚嗣同等人不僅在理論上反對纏足陋習，而且還以實際行動來實現自己的主張。一八九七年六月，他們共同在上海創立了不纏足會，推動這一運動。在戊戌變法運動中，康有為為了在全國範圍內迅速取締纏足陋習，還專門寫了《請禁婦女裹足摺》上奏光緒皇帝，企圖借政府之力禁絕纏足陋習。十九世紀末二十世紀初，廣東、上海、湖南、福建、湖北、浙江、北京、天津等地都成立了不纏足會。不纏足運動掀起了倡導女子擺脫束縛，實現自身解放的熱潮。

主張男女平等，廢除壓迫婦女的封建條規，亦是維新派婦女解放思想的主要內容。康有為在《大同書》中，用相當大的篇幅論述了婦女問題，大聲疾呼，要求婦女解放。認為男女同是天生的人類，壓制女子，使女子「不得仕宦，不得科舉，不得為議員，不得為公民，不得為學者，乃至不得自立，不得自由，甚至不得出入、交接、宴會、遊觀，又甚至為囚、為刑、為奴、為私、為玩，不平至此，耗矣哀哉！」[75]社會不公平到了這種地步是十分可悲的，既違背了公理，又不合乎人道。因此，他提出了一系列解放婦女的主張，包括從法律上確認婦女的地位；婚姻由女子自主，自行擇配，不需受「父母之命，媒妁之言」的約束；主

---

73 梁啟超：《戒纏足會敘》，《飲冰室合集》文集之一，121 頁。
74 譚嗣同：《仁學》，《譚嗣同全集》下冊，303 頁。
75 康有為：《大同書》，146 頁。

張女子社交自由；女子與男子衣服裝飾應相同。這些主張在他所寫的《大同書》中得到充分的發揮。

譚嗣同揭露了封建社會男女不平等的關係，在其所撰《仁學》中，強調「中外通」、「上下通」、「男女通」、「人我通」。所謂男女上下通，是要求男女平等。為此，他批判了片面的貞操觀，認為：「重男輕女者，至暴亂無理之法也。男則姬妾羅侍，縱淫無忌；女一淫即罪至死。馴至積重流為溺女之習，乃忍為蜂蟻豺虎之所不為。」[76]性並非惡事，挑開其神祕的面紗，男女正常交往，就不存在淫亂。他認為，「男女同為天地之菁英，同有無量之盛德大業，平等相均。」[77]嚴復對中西文化進行了認真的對比之後，指出「中國婦人，每不及男子者，非其天不及，人不及也。」也就是說，舊的禮教是人為造成的，是男女不平等的惡果。他強調：婦女自強是國政之根本，而要使婦女自強，「必宜與以可強之權，與不得不強之勢」，[78]即提高婦女的社會地位，實現男女平等。總之，男子主動努力地去破除婦女身上的封建枷鎖，這實是戊戌時期婦女解放的一大特色。

（二）興女學，強國基

維新志士中提倡女學，應以宋恕為最早，一八九一年他在《變通篇》中提出：「民男女六歲至十三歲，皆須入學，不者罰其父母。」[79]以後鄭觀應、陳熾等進步思想家都發表過不少興辦女學的言論。維新運動興起後，資產階級維新派從強國保種，培養有知識的婦女人才的思想出發，大力倡導女子教育。他們利用報刊廣為宣傳，大聲疾呼，一時間出現了轟轟烈烈的興女學運動。

康有為主張女子「一切與男子無異」，男女應該平等。因此，在受教育方面，也要不分男女，同等對待。從小學、中學、大學，人人自幼而學，人人皆學至二十歲，在學成之後，可以為官、為師，「但問才能」，不問男女，不應有其

76 譚嗣同：《仁學》，《譚嗣同全集》下冊，304 頁。
77 譚嗣同：《仁學》，《譚嗣同全集》下冊，303 頁。
78 嚴復：《論滬上創立女學堂》，《嚴復集》第二冊，468-469 頁。
79 宋恕：《六齋卑議》，《中國近代學制史料》第一輯，下冊，865 頁，上海，華東師範大學出版社，1983。

他限制，甚至擔任大學教師都應同等待遇，「大學之師，不論男女，擇其專學精深奧妙實驗有得者為之。」[80]在中國長期沒有女子教育的歷史條件下，康有為提倡男女平等接受教育，在當時具有重大的革新意義。

梁啟超也是興女學的積極倡導者。在他看來，女學不興是國家積弱的根源，而「智男而愚婦」又是男女不平等的根源，因此，興女學讓女子受教育不僅是「保國」、「保種」、「保教」的前提和強國的基礎，而且也是解決男女不平等的重要途徑。此外，興女學的重要性表現在經濟上可以使婦女自立，可以解決中國憂貧的問題；表現在教育方面可以很好地對後代進行早期教育，提高民族整體素質；表現在人才方面可以挖掘婦女的智慧，假若能使女子從事於學，必有「男子所不能窮之理，而婦人窮之，男子所不能創之法，而婦人創之。」[81]顯然，梁啟超明確地把興女學與救亡圖存問題聯繫到一起了。總之，「上可相夫，下可教子，近可宜家，遠可保種」，[82]培養具有廣博的近代知識和自立處事能力、能持家能教子的賢妻良母型的女子，這是梁啟超興女學的目標所在。為此，他積極倡導興女學，並於一八九七年幫助經元善在上海創辦了一所女子學校，並滿懷激情地寫下了《創設女學堂啟》，發表在《時務報》上，希望以此為起點，在各地辦更多的女學堂。梁啟超從男女平權思想出發，重視興辦女學，這在「女子無才便是德」思想充斥的清末，無疑起到了振聾發聵的作用，開拓了時代的新風氣。

嚴復也非常重視婦女的健康和對女子的教育。他依據進化論而提出的「母健而後兒肥」[83]一句，成為常被人們引用的時髦口號。嚴復也是上海經正女學的熱情支持者，一八九八年一月特為女學寫了《論滬上創興女學堂事》一文，論述了興辦女學堂的重要性。他指出：「中國四百兆人，婦女居其半；婦女不識字者，又居其十之九。」所以他認為「使國中之婦女自強，為國政至深之根本。」[84]他倡議「禁纏足，立學堂」，希望能讓婦女與男子一樣，既能讀書，又能閱世。他

---

80 康有為：《大同書》，219 頁。
81 梁啟超：《變法通議》，《飲冰室合集》文集之一，42 頁。
82 梁啟超：《倡設女學堂啟》，《飲冰室合集》文集之二，19 頁。
83 嚴復：《原強修訂稿》，《嚴復集》第一冊，28 頁。
84 嚴復：《論滬上創興女學堂事》，《嚴復集》第二冊，468-469 頁。

的開女禁、興女學、倡男女平等的主張，有極大的啟蒙意義。

此外，譚嗣同、林紓等人也都主張男女平等，女子接受教育。

維新派對女子教育的大力提倡，竟把三千年高壓下的女子教育鬆動了一下，使女子學堂在中國應運而生。戊戌變法期間，全國只有一所中國人自辦的女學，而在一九〇一至一九〇三年間，女學猛增到十七所，僅上海便有五所。面對民間女學勃興的局面，一些本來反對興辦女學的人，也被這股女學風潮不自覺地捲了進去，說明興女學運動已產生了相當程度的影響。

總之，戊戌時期以興女學、不纏足為主要內容的婦女解放運動，還僅僅是個開頭，尚處於啟蒙階段。這表現為運動的倡導者，幾個男性「通人」主動地去解放婦女，尚未達到婦女自己起來求得自身解放的階段，但這種努力畢竟衝破了幾千年來在婦女問題上束縛人們頭腦的羈絆，在禁錮婦女的牢籠上打開了一個缺口。

三、辛亥革命時期的婦女解放

辛亥革命時期，以孫中山為首的資產階級革命派高度重視婦女解放的問題，把爭取婦女解放作為民主革命的一個重要組成部分。資產階級革命派的婦女解放思想進一步超越了改良派，從而使這一時期的文化思想界呈現出比以前更加活躍的氣象。其中關於婦女解放思想已不限於對個別陋習的改良階段，而發展到對男女平權、婚姻自主、婦女走向社會等問題的爭取階段。

（一）作為民主革命一部分的婦女解放思想

資產階級革命派是這一時期歷史潮流的代表者。他們比較自覺地認識到婦女解放是資產階級民主革命的一個重要任務，認識到「國無國民母，則國民安生；

國無國民母所生之國民，則國將不國。故欲鑄造國民，必先鑄造國民母始。」[85]
而鑄造國民母的方法，就是「斷絕其劣根性，而後回復其固有性；跳出於舊風
氣，而後接近於新風氣；排除其依賴心，而後養成其獨立心。」[86]基於民主革命
的需要，許多革命志士成為婦女解放的同情者和宣傳者。鄒容在《革命軍》一書
中，發出了「凡為國人，男女一律平等」[87]的呼籲；陳天華在《猛回頭》一書中，
提出了「興女學，培植根」、「禁纏足，敝俗矯匡」[88]的主張。中國資產階級民主
革命的先行者孫中山先生更是把男女平權作為民權思想的重要組成部分加以倡導
的。他的民權思想是要用共和制取代專制政體，讓四萬萬人都有主權來管國家的
大事。在對待婦女問題上，他指出：「我漢人同為軒轅之子孫，國人相視，皆叔
伯兄弟諸姑姐妹，一切平等，無有貴賤之差，貧富之別。」[89]明確了男女平等的
必然性。在主持南京臨時政府期間，孫中山為之頒布了一系列保護婦女的法令。
對於女子參政問題，孫中山態度極為明朗，最先表示「中華女子有完全參政
權」。當女子參政權被參政院否決無可挽回之時，孫中山仍堅定不移地表示：「天
賦人權，男女本非懸殊，平等大公，心同此理。」[90]說明他的男女平權思想來源
於天賦人權、自由平等觀。可以說孫中山的婦女解放觀深深地根植在他的民主革
命綱領——三民主義之中，與他所領導的民主革命聯繫在一起。

作為這一時期婦女解放思想的重要標誌，還應提到二十世紀初出版的《女界
鐘》和《女論》這兩部著作。《女界鐘》，金天翮著，大同書局一九〇三年出版，
被認為是近代中國論述婦女問題的第一部專著和具有劃時代意義的提倡女權的著
作。它有力地抨擊了封建中國奴役女性的舊思想、舊制度，其宣傳男女平等、男
女並肩從事革命的觀點，敲響了女界革命的警鐘。[91]在《女界鐘》裡，金天翮提
出婦女應爭取的權利有六種，即：求學權，交友權，營業權，掌握財產權，出入

---

85 《辛亥革命前十年間時論選集》第一卷，下冊，929 頁。
86 同上書，930 頁。
87 同上書，675 頁。
88 《陳天華集》，47 頁，長沙，湖南人民出版社，1982。
89 《孫中山全集》第一卷，298 頁。
90 《孫中山全集》第二卷，52 頁。
91 參見劉巨才：《中國婦女運動史》，155-162 頁，北京，中國婦女出版社，1989。

自由權，婚姻自主權，這是對封建禮教的勇敢挑戰。他還用一節的篇幅專門論述了婦女參政問題，認為婦女參政應包括「監督政府與組織政府」[92]兩大任務，指出女權發達與否同國家民權昌盛程度分不開，駁斥了反對婦女參政的種種說法。他還考察了婚姻形態的變化，指出一夫一妻制是歷史的必然，「自由起而後平權立，平權立而後一夫一妻制行。」[93]他提出「愛自由，尊平權，男女共和」[94]的主張，以「愛國與救世」為公德，號召婦女投身愛國運動，明確地把婦女解放同反清革命聯繫在一起，同建立民主共和國的目標聯繫在一起。《女界鐘》的主張帶有婦女解放運動綱領的性質，對辛亥革命時期的婦女運動有積極影響。

另一部女權著作《女論》，作者為陳以益，一九〇九年出版。該書以人道主義和天賦人權為武器控訴中國婦女的苦難，以進化論的觀點對婦女地位的變化進行歷史考察，論述婦女問題的重要性。該書明確地指出改良社會的根本在於改不平等之社會為平等之社會。不平等社會即「賤貴不平等，貧富不平等，男女亦不平等。」作者認為女權是社會改良的基石，「世界之平和，必先改良社會，欲社會之改良，必先扶植女權。女子者，國民之母也。女子在社會上無權，則社會安能改良」？因此，提倡女權就要「革男尊女卑之惡習，去良妻賢母之劣性，養自由自立之精神，戰平等平權之實事」。[95]當此之時，如果再不扶植女權，就有可能發生「婦人革命」。當和平改良不能達到目的的時候，就只能進行流血革命了。

上述兩部書的出版，標誌著近代婦女解放思想的日趨成熟，也標誌著從以男子為主體解放婦女到自由婦女自我解放的時代發展趨勢，敲響了「女界革命」的鐘聲。

（二）女性自我意識的覺醒與女權運動的曙光

---

92 金天翮：《女界鐘》，56 頁，上海，大同書局，1903。
93 同上書，81 頁。
94 同上書，83 頁。
95 轉引自鄧偉志：《近代中國家庭的變革》，63 頁。

女性自我意識的覺醒與自我解放，是十九世紀末二十世紀初婦女解放運動的時代特徵之一。如果說婦女解放初級階段的標誌主要是一批男子主動地去解放婦女的話，那麼婦女解放運動深入展開的標誌則是女性的自我解放。即伴隨著清末女學堂的增加、女子出國留學而崛起的近代女性群體的參與，推動了近代女權運動的到來。

　　女性自我意識覺醒的標誌之一，是一批巾幗女傑脫穎而出。她們籌辦報章雜志，著書立說，廣造輿論，逐漸取代了「男界」倡導婦女解放並代為立說的局面。在辛亥革命前十年間，全國各地及日本東京由婦女創辦的各種女子報刊共有四十餘種之多[96]。發刊較早的是由陳擷芬於一九〇二年創刊於上海的《女報》，接著，丁我初、曾孟樸創辦的《女子世界》、燕斌創辦的《中國新女界雜志》等相繼問世。一九〇七年秋瑾在上海創辦的《中國女報》最為著名。

《中國女報》封面

　　女子報刊作為表達婦女自身思想和政治意願的陣地和喉舌，許多文章把批判君權、恢復民權、實現婦女解放很好地結合起來。例如韋貞卿在《論過渡時代之女界》一文中就明確表達了「天賦人權、男女平等，同是官骸，同是知覺」的男女平等觀點，用資產階級的天賦人權思想批駁男尊女卑的謬論。其中，偏激者甚至主張「家庭革命說」。丁我初在《女子家庭革命說》一文中就發出了「家庭革命」的吶喊：「同胞乎！女子乎！欲革國命，先革家命；欲革家命，還請先革一身之命。」[97]以為實現了家庭革命，不僅推翻封建專制制度的問題能夠解決，而且男女平等的問題也會迎刃而解了。但這畢竟是少數，大部分文章就婦女人格獨立、經濟自立、提倡自由戀愛反對包辦婚姻、一夫一妻、男女並重、廢除娼妓等

96 沈智：《辛亥革命前後的女子報刊》，《紀念辛亥革命 70 週年學術討論會論文集》下冊，2019 頁，北京，中華書局，1983。

97 《辛亥革命前十年間時論選集》第一卷，下冊，928 頁。

角度探討婦女自身的解放問題。其中，秋瑾提出的一系列關於婦女解放的言論和主張集中地代表婦女自身求解放的最先進、最完整的思想，主要有五個方面：第一，要求實現男女平等的思想；第二，要求婚姻自由的思想；第三，反對女子纏足的主張；第四，提倡女學和主張婦女要經濟自主；第五，主張婦女要走向社會、參與國事。[98]

女性自我意識覺醒的標誌之二，是婦女團體的組建。據統計，辛亥革命前後，由女知識分子發起組織的各種婦女團體約有三十五個。這些婦女團體大多成立於同盟會成立前後和武昌起義前後，分布在全國八省四市及日本東京。尤以上海居首，計十五個；東京次之，計五個。其餘分布在浙江、湖北、北京、南京、昆明、長沙、桂林、蘇州、鎮江、松江、嘉興等省市。其活動主要有：第一，以振興女子教育作為爭取婦女解放的根本途徑。由胡彬夏發起成立於一九〇三年四月八日，一九〇四年

秋瑾像

五月由秋瑾、陳擷芬改組的「共愛會」，積極鼓勵國內婦女到日本留學，促進女子教育，批判「女子無才便是德」的封建謬論，以求自立強國之道。第二，進行互助互愛。一九〇五年於東京成立的「中國留日女學生會」在成立通告中宣稱，中國婦女茫茫數千年，如奴隸，如散沙，極人生之痛苦，原因之一是無團體。該會成立的目的就是使婦女之間能夠團結互助，維護婦女權益。第三，組織婦女學習手工藝術，以求自謀職業之路。一九〇四年張竹君在上海愛國女校附設的「女子手工傳習所」，即以傳授手工技藝，解決婦女謀職為宗旨。傳播的內容有手工編織、機械縫衣法、機械扣法等，其成員大多是愛國女校的學生。第四，提倡移風易俗、講究衛生，改良家庭。許多婦女團體以科學的知識，通俗的道理，對封建迷信的沿襲陋俗（如新歲新室不掃地以積財，一遇病情請道士以解凶等），進

---

98 參見沈智：《辛亥革命時期的女知識分子》，《辛亥革命與近代中國》上冊，361 頁，北京，中華書局，1994。

行深入淺出地剖析，對移風易俗起了很好的推動作用。張竹君於一九〇四年在上海組織的「衛生講習會」，以「謀為國民增健康之幸福、立強毅之基礎」為宗旨，對改良家庭也起了很好的作用。

女性自我意識覺醒的標誌之三，是婦女的參政運動。中國婦女的參政運動比西方遲了近一個世紀，它萌芽於戊戌維新時期，流行於辛亥革命年代。西方婦女參政的思潮激盪著中國先進分子，影響著中國婦女界。秋瑾的《勉女報》歌「吾輩愛自由，勉勵自由一杯酒。男女平權天賦就，豈甘居牛後」，為爭取中國婦女參政權發出了最早的呼聲。

中國婦女參政運動發生的直接原因，則是辛亥革命的蓬勃發展。一九一一年的辛亥革命推翻了封建帝制，「專制變成了共和」，由此激起婦女們參政的希望。她們深信，女子參政是解決婦女問題的先導，「欲弭社會革命之慘劇，必先求社會之平等，必先求男女之平權；欲求男女之平權，非先與女子以參政權不可。」[99]一九一一年十一月，由留日女學生同盟會員林宗素等人在上海發起組織的「女子參政同志會」，是中國最早的婦女參政團體。這一參政團體的宗旨是「普及女子之政治學識，養成女子之政治能力，期得國民完全參政權。」[100]並開辦了參政研究所和上海女子政法講習所，以培養婦女的參政能力。一九一二年一月五日，女子參政同志會派代表赴南京謁見孫中山，要求女子參政權。隨之，「中華女子共和協進會」、「神州女界共和協濟社」陸續成立。「神州女界共和協濟社」的唐群英代表發起人，要求南京臨時參議院審議《中華民國臨時約法》時，還給女子以參政權。但三月十一日通過的《臨時約法》對此並未作出規定。於是唐群英、林宗素、張昭漢、沈佩貞等二十六人上書臨時大總統孫中山，要求修改約法。三月十九日，臨時參議院討論女子參政請願案，予以否決。第二天，唐群英等到眾議院質問，她們闖入議會，打碎議院玻璃窗，踢倒衛兵，造成轟動全國的大鬧參議院事件。二十一日，她們又組織數人，舉行示威，後由於孫中山出面調停，事件暫告平息，但仍無結果。

99 陳東源：《中國婦女生活史》，360 頁，上海，上海書店，1939。
100 女子參政同盟會草案）、《辛亥革命在上海史料選輯》，910 頁。

為了擴大婦女參政的聲勢，發展參政組織，「中華民國女子參政同盟會」於一九一二年四月八日在南京正式成立，這是當時最大的婦女參政團體。該會由原來的女子參政同志會、女子後援會、女子尚武會、金陵女子同盟會、湖南女國民會等聯合組成，曾提出九條政綱：（1）男女平權之實現；（2）女子教育之普及、實施；（3）家庭婦女地位的向上；（4）一夫一妻主義之實現；（5）自由婚姻之實行及無故離婚之禁止；（6）婦女職業之勵行；（7）蓄妾及婦女買賣之禁止；（8）婦女政治地位之確立；（9）公娼制度之改良。這九條政綱，把女權的諸方面要求由婦女團體明確提出並作為奮鬥目標，這是中國婦女運動史上的創舉。中華女子參政同盟會總部設在南京，上海、湖南、湖北、江蘇等地都有分會。在其影響下，廣東省議會章程規定婦女有選舉權和被選舉權。婦女們熱烈參加競選，選出了莊漢翹、黎金庭等十名女議員，其中黎金庭被任命為寶安縣縣長。有人評論：「這是婦女參政史破天荒的記載。」[101]它拉開了中國婦女參政運動的帷幕，表明中國婦女不再以分散的個人單獨行動，顯示了中國知識婦女的政治覺醒，為以後的婦女參政運動的理論與實踐的發展提供了寶貴的歷史借鑑。

101　楚傖：《四個月裡廣東觀察談》，《民國時報》，1921-05-28。

第十章

近代新史學的提倡

　　鴉片戰爭以後，中國傳統史學仍有較大的影響，並取得一定的成就。然而，在民族危機和社會變革的推動下，史學領域出現了新的變動，「史界革命」的提出，新史學思潮的盛行，給傳統史學領域帶來了生氣，使晚清史學進入近代變革的新時期。

第一節 ·

傳統史學
的成就

一、經世思潮影響下傳統史學的發展

鴉片戰爭以後，中國出現了「數千年未有之大變局」。社會變局的出現，勢必對學術思想界產生深刻影響，促使一些有識之士把目光轉向現實，關心國家民族的命運，提倡經世之學以挽救社會危機。在這種情況下，經世史學思潮應運而生。龔自珍、魏源、周濟、李兆洛、俞正燮、沈垚、張穆、何秋濤、梁廷枏等人在治史方面的成就，就帶有經世史學的特點。其具體表現在如下幾方面：

（一）憂患意識與邊疆史地研究

邊疆史地學從十八世紀以後開始發展起來，至十九世紀中期進入興盛時期。十九世紀以後，由於西方資本主義侵略勢力在中亞、西亞一帶的擴張活動日益加劇，西北邊疆漸趨動盪，一些著名學者大多關注這方面的研究，主要有龔自珍於嘉慶二十五年（1820）寫成的《西域置行省議》、徐松（1781-1848）所撰《西域水道記》、《新疆識略》、沈垚（1798-1840）所著《新疆私議》、張穆（1805-1849）所撰的《蒙古游牧記》、何秋濤（1824-1862）所撰的《朔方備乘》；十九世紀七〇年代以後，對東北邊疆地區研究的有黃彭年的《東三省邊防考略》，曹廷傑

（1850-1929）的《東北邊防輯要》、《西伯利亞東編紀要》、《東三省輿地圖說》；關於中緬、中越邊界方面有姚文棟撰《滇緬勘界記》、鄧承修撰《中越定略圖》、薛福成撰《中緬交界圖》等；在西北、東北與俄國劃界問題方面有洪鈞的《中俄交界全圖》、許景澄的《西北中俄界圖》、鄒代鈞的《中俄界記》等，都是邊疆史地研究的代表人物和代表作品。其中以張穆和何秋濤兩人的研究成果最具代表性。

張穆所著《蒙古游牧記》是十九世紀以來邊疆史地研究的優秀著作，直到現在仍有一定的史料價值。這部歷時二十年，由張穆嘔心瀝血撰寫、又由何秋濤精心整理而成的史地名著，所述地域涉及外蒙、內蒙、新疆、寧夏、青海、黑龍江、吉林、遼寧等地的地理狀況。他鑒於晚清邊防的潰敗，從總結清前期對蒙古政策的成功經驗中，指出鞏固多民族統一國家與邊防建設的重要性。《蒙古游牧記》不僅顯示出作者重視邊疆國防和經濟的進步思想，在編纂上也有獨到之處。首先，它是一部史志體著作，然而其記事內容和範圍卻超越於一般史志，在體例上對舊史志體也有所發展。全書正文用筆簡練，主要記載內外蒙古各部地理和建置沿革，同時在注中引證大量資料，介紹其地古今史蹟、文物、山川水道、地形險夷、各部歷史等。這種正文與注相輔，既突出某一主題，又兼顧其與他方面事物聯繫的編寫方法，可以說是開了史志體的新生面。既陳古義，復論今事，給人以完整系統的蒙古史概念，這是《蒙古游牧記》的第二個特點。此外，該書在資料運用上以及十分注重吸取當代實地調查的成果方面都極有特色。總之，《蒙古游牧記》在地理學和史學方面都有很大成就，是張穆一生學術的結晶，在近代邊疆史學上占有重要地位，張穆也成為近代史地學的重要奠基人。

另一位史地學家何秋濤所著《朔方備乘》，既是近代史地學名著，同時也是早期中俄關係史著作。其書不僅取材廣、考訂精，且經世目的鮮明。他在「凡例」中說：

是書備用之處有八：一曰宣聖德以服遠人，二曰述武功以著韜略，三曰明曲折以示威信，四曰志險要以昭邊禁，五曰列中國鎮戍以固封圍，六曰詳遐荒地理

以備出奇，七日征前事以具法戒，八日集夷務以燭情偽。[1]

也就是欲通過宣揚漢、唐、元及清前期的武功，激勵清統治者，提高自強和信心，整頓邊防，抵禦外侮。何秋濤從「攬地理戎機之要」的目的出發，不僅記載歷朝北邊用兵得失之故，還對從東北到西北的邊疆沿革和攻守地形作了詳盡考察。他根據當時的形勢，認為對中國北部邊疆侵略威脅最大的是沙俄。為之，他在當時一般人士尚昧於外情的條件下，努力探求外國情勢，特別是蒐集和研究有關資料，向人們介紹了較為完整的俄國歷史、地理、政區、戶口、文化、宗教、民族、習俗和物產等概貌，以及清前期中俄關係史，從而為「師夷制夷」，更好地抵禦沙俄侵略提供了依據。此外，這部著作無論在研究方法的精密上，還是在擴大邊疆史地研究的範圍上都有突破，也可以說開了廣義西域史研究的先河。

由於帝國主義對西南邊疆的侵略，引起了一系列的劃界問題，如中緬、中越邊界等。這時先後出現有關圖籍，如姚文棟撰《滇緬勘界記》，鄧承修撰《中越定界圖》，薛福成撰《中緬交界圖》等書在這方面都作出了建樹。西北、東北與俄國劃界問題也成為學者研究的課題，如洪鈞撰《中俄交界全圖》，許景澄撰《西北中俄界圖》，鄒代鈞撰《中俄界記》等書即是如此。十九世紀末邊疆史地研究繼承了考據學與經世史學的傳統，同時又吸收了近代的測繪方法，其中楊守敬（1839-1915）、丁謙（1843-1919）、鄒代鈞（1853-1908）作為主要代表，為形成獨立的地理學科打下了基礎。

晚清時期的史地學是在十九世紀中葉經世致用史學思潮的直接推動下發展起來的。它的興起，不僅開拓了新的史學研究領域，且以其關心時事、注重實際的學風，大大促進了中國歷史地理學的進步。

光緒中葉，元史和西北地理研究再度趨盛。它上承道咸以降經世派西北史地學之緒，下開民國間新考證派研治蒙元史之風，對中國近現代蒙古學的形成起著很大的推動作用。其中，洪鈞（1839-1893）、屠寄（1850-1921）、柯劭忞

---

1 何秋濤：《朔方備乘》凡例，光緒七年刻本。

（1850-1933）是這一時期最有代表性的元史學專家。洪鈞的《元史譯文證補》、屠寄的《蒙兀兒史記》、柯劭忞的《新元史》都是元史研究的代表性作品。概括地講，這一時期的元史及邊疆史研究有兩大特點：第一是研究範圍不斷擴大，並開拓出一些新的研究領域和史地學分支。如沈曾植《佛國記校注》、丁謙《大唐西域記地理考證》等對中西交通史的研究；沈曾植《近疆西夷傳注》和《蠻書校注》，繆荃孫編輯《遼文存》，王仁俊《遼文萃》、《西夏文綴》，李有棠《遼金史紀事本末》，張鑑《西夏姓氏錄》等對少數民族的研究，都反映了這種趨勢。第二是開始注意吸收和運用西方有關資料。洪鈞、屠寄、柯劭忞的蒙元史著作都對所能找到的外文資料做到盡量利用。

清代元史及遼、金、西夏史的研究，進一步擴展了近代史學的研究範圍，為民族史研究奠定了基礎。

（二）訪知「夷情」的外國史地研究

鴉片戰爭的失敗徹底暴露了清朝最高統治者的愚昧和無能，也暴露了傳統的「夷夏之防」觀念的陳舊，促使一些有識之士開始考慮如何認識「夷情」，如何有效地反擊外來侵略，如何對待中西關係，急切地探索世界大勢，以便從中求得「御夷之策」，從而湧現出一批「開眼看世界」的先驅者。一批介紹外國史地的著作，如《四洲志》（林則徐）、《海國圖志》（魏源）、《瀛環志略》（徐繼畬）、《康輶紀行》（姚瑩）、《海國四說》（梁廷枏）等，都是在這一情況下產生的。在這批著作中，最具代表性的是魏源編撰的《海國圖志》。

魏源（1794-1857）的外國史地研究，始於鴉片戰爭期間。一八四〇年，他曾在浙東抗英前線寧波通過英俘安突德（P.Antuther）了解英國情況，後據此寫成《英吉利小記》。一八四一年六月，林則徐被革職，由浙江發往伊犁，途經京口（今鎮江江口）遇魏源，即將自己主持編譯的《四洲志》及其他有關外國資料交予他，囑其續為編纂。魏源遂廣搜中外著述，按區分國，增補整理，於一八四二年初編成《海國圖志》五十卷，刊行於世。一八四七年又增為六十卷，刊於揚州。一八五二年復擴成一百卷，刊於高郵，內容更為豐富，成為當時中國

最完備的世界知識彙編。

魏源編撰《海國圖志》的目的，在於學習西方
資本主義國家先進的「長技」，用新的戰艦、火器、
養兵練兵之法組織新式軍隊，抵禦外來侵略。他在
敘文中明確地說：「是書何以作？曰：為以夷攻夷
而作，為以夷款夷而作，為師夷之長技以制夷而
作。」[2]這是魏源「經世致用」史學思想的重要體
現。《海國圖志》是近代中國人編纂的較早介紹世
界史地知識的史志，同時也從理論上提出了研究世
界史地的時代意義和方法問題。在魏源之前，中國
雖然也有一些記載外國史地的著作，但從未有人將

《海國圖志》封面

其視為單獨的史學分科並從理論上加以專門探討。魏源從「氣運」變化說的歷史
變易觀出發，向國人全面介紹了世界各國發展大勢，指出西方列強東侵的危險
性，中國必須順應時代發展的「氣運」，因時而變。在研究方法上，魏源主張把
研究建立在較堅實的史料基礎上，從「立譯館翻夷書」入手，盡量採用外國人的
記載，避免舊史述域外事因本於傳聞雜錄而常有的附會之弊。他還主張加強系統
性研究，還初步注意到了東西方歷史的聯繫和對比，提醒人們注意近代世界各地
區之間的聯繫。另外，書中《南洋西洋各國教門表》、《中國西洋曆法異同表》、
《中國西洋紀年通表》，也分別對佛、回、基督教各世界宗教和中西紀年曆法作
了對比考察，已經露出了「合人類全體而比較之，通古今文野之界而觀察之」的
近代史學方法的端倪。

《海國圖志》為閉塞已久的中國人提出了新的世界地理概念。它不僅向人們
提供了近代世界各國地圖，還以巨大篇幅，詳述各國史地，豐富了中國人的世界
知識，對資本主義的商業、鐵路、銀行、學校、新聞制度，乃至議會制度、西方
近代機器生產情況都作了介紹，使人們對一向生疏的西方世界有了大致了解。更

2　魏源：《海國圖志敘》，《魏源集》上冊，207 頁。

為可貴的是，魏源從整個世界歷史發展的過程中認識到「善師四夷者，能制四夷；不善師外夷者，外夷制之」[3]的道理。他多次提到俄國彼得大帝勇於學習西方先進技術，致國於強盛的事蹟，首次提出了「師夷長技以制夷」的口號，說：「中國智慧無所不有」，只要認真向西方學習，「盡得西洋之長技，為中國之長技」，將來「風氣日開，智慧日出，方見東海之民猶西海之民。」[4]這些話表明魏源力圖通過世界史地研究，從中尋找救國之策，使國家迅速強大起來的雄心壯志。儘管《海國圖志》也存在著一些不足，但它畢竟為中國世界史地研究學科的建立和發展奠定了第一塊基石。

此外，梁廷枏（1796-1861）於一八四六年刊行的《海國四說》，徐繼畬（1795-1873）於一八四八年撰成十卷本的《瀛環志略》，姚瑩（1785-1853）於一八四八年刊刻的《康輶紀行》等書，也都是這一時期著名的外國史地研究著作。這些著作除《康輶紀行》不是專門研究西方史地的著作外，其他都屬於專門研究西方史地的撰述，從編纂體例上前進了一步。這些著作開闊了人們的眼界，促進了人們改變傳統意識，並對以後的外國史研究也具有一定的啟示作用。

如果說第一次鴉片戰爭前後的外國史地研究是「開眼看世界」的結果的話，那麼，洋務運動時期的外國史地研究則是以走向世界，「借法自強」為主要內容。這一時期外國史地編纂和研究，具有明顯的時代特點，即此期的許多作者大多有出國遊歷、實地考察的經歷，寫書的材料來源更為豐富、更為多途。此外，很多外國傳教士也把外國史書介紹到中國來，如林樂知、瞿昂來等人譯的《印度史》、《俄羅斯國史》、《德國史》、《歐羅巴史》、《萬國史》、《英俄印度交涉記》、《中東戰紀本末》等，李提摩太與中國人蔡爾康合譯的《泰西

徐繼畬像

---

3 魏源：《海國圖志》卷二十四，2頁。
4 魏源：《海國圖志‧籌海篇三》，《鴉片戰爭》第五冊，571頁。

新史攬要》、《列國變通興盛記》等。這些譯書開闊了國人的眼界，推動了當時的外國史地研究。概而言之，此期的外國史地著作體現出以下幾個特點：

首先，它們側重於外國近代歷史及現狀的敘述。

王韜的《普法戰記》可以說是一部有關普魯士和法國的當代史。幾乎在普法戰爭結束的同一年，王韜即以新聞記者般的敏感，隨聞隨錄，依據當時報刊和口譯材料，以及其他文獻，網羅搜採，彙編成書，對普魯士與法國交戰時期兩國的有關政治、軍事、經濟等情況有較深入的論述。他自稱：「余之志普、法戰事，豈獨志普、法哉，歐洲全局之樞機總括於此矣」[5]，把了解普法之戰看成是了解歐洲的關鍵。王韜編《法國志略》以「略古而詳今，捨遠而志近」為宗旨，對法國的人口戶籍、都邑疆界、國用度支、兵船火器、交通郵驛、學術文化等方面都作了詳細考察。王韜寓居香港期間，還曾「網羅泰西之近聞，採取歐洲之事事」以及「於近今四十年來所有國政民情、朝聘盟會、和戰更革諸大端」，撰成《四溟補乘》一百二十卷。此書雖佚，但由此可見王韜對外國當代史的濃厚興趣。

黃遵憲在《日本國志》中記載的時間跨度，雖為日本自遠古至近代三千多年的歷史，但絕大部分敘述的是日本明治維新的史實。而徐建寅的《德國合盟紀事本末》一書記載的也是一八一五年以後之事及一八六七年至一八七一年的政治沿革。因此，學界稱這一時期的外國歷史著作，無不表現出「通今致用」的近代史學特點，是有道理的。

《日本國志》封面

其次，這一時期的外國史地著作基本上擺脫了以中國為世界中心的傳統觀念，逐漸確立起了新的世界整體概念。例如，王韜在《法國志略》一書中，就不是孤立地寫國別史，而是以世界眼光和全局觀點看待法國歷史，把法國放到歐洲

5　王韜：《普法戰紀前序》，《弢園文錄外編》，229 頁。

甚至東西方歷史的聯繫和對比中去觀察和分析。黃遵憲在《日本國志》中也強調要開眼認識世界大勢，強調要不斷向外學習，進行全面改革，才能自立於「弱肉強食」、「以力服人」的世界。

其三，這時期的外國史地著作在一定程度上觸及資本主義社會生活層面，對西方近代政治體制和物質文明的介紹和評說較為詳備。王韜、黃遵憲、薛福成、徐建寅等人都曾實地考察了世界各主要國家，認為資產階級立憲政體是西方和日本國家富強的緣由，也是中國自強圖存的根本之道。王韜說：「人君之所以不敢挾其威虐，其民者以國憲限其權也。國民之所以不敢負其力凌其君者，以國憲定其分也」，「故欲其國之永安久治，以制國憲定君民權限為第一要義也。」[6] 黃遵憲主張中國應效法日本「君民共主」的「三權分立」政體。他還編有《刑法志》，概述日本明治維新後頒行的新法制，十分推崇日本和歐美立法、司法制度嚴密，以為一切「無不有一定之法」，方可「使天下無冤民，朝廷無濫獄。」[7]

西方近代物質文明也是這一時期的外國史考察對象。王韜對火輪舟車、武器彈藥、電報礦務、考工製器等泰西科技工藝予以極大的關注。薛福成則多次強調，歐美各國的勃興，不過恃火輪舟車及電線諸務，因而尤注意技術發明推廣對於經濟發展的巨大作用。徐建寅使歐期間，深入現場，重點考察了許多工廠。他在《歐美雜錄》中介紹的六十多種金屬加工工藝和設備，都是當時世界上最先進的加工方法。

總之，洋務時期的外國史地研究主要體現為「借法自強」的思想傾向，其成果對以後康梁維新變法的政治實踐具有直接啟示作用。正像有的學者所論述的那樣，鴉片戰爭前後的世界史地研究反映的是反侵略「知夷」的時代主題，而洋務運動時期的世界史地研究則更多表現了近代中國學習西方或日本的歷史課題。[8] 它不僅開拓了世界史地研究的新局面，對中國史學的近代化作出了貢獻，而且也反映了中國人對西方認識的深化過程。

---

6 王韜：《法國志略》（原序），1 頁，淞隱廬光緒十六年刻本。
7 黃遵憲：《日本國志》卷二十七，上海圖書集成印書局，光緒二十四年版。
8 參見胡逢祥、張文建：《中國近代史學思潮與流派》，123 頁，上海，華東師範大學出版社，1991。

（三）當代史研究的開展

在清代，經康、雍、乾三朝「文字獄」的摧殘，建州史、南明史、當代史（指清代史）長期成為史學研究的禁區。過去曾因修史涉及敏感的南明歷史觸怒清朝統治者而釀成駭人聽聞的文字獄大禍，直到嘉道年間，仍使士人心有餘悸。如龔自珍詩中的「避席畏聞文字獄，著書都為稻粱謀」的詩句，正是這種避禍心態的寫照。

鴉片戰爭前後，隨著清王朝對思想文化領域的控制逐步鬆弛，文網漸疏，當代史研究由此稍稍有人問津。這種動向最初表現在一些史家對當代史、特別是清人傳記資料的系統蒐集整理方面，主要著作有錢儀吉（1783-1850）的《碑傳集》、李元度（1821-1887）的《國朝先正事略》、李桓（1827-1891）的《國朝耆獻類徵初編》等等。清人傳記資料的大規模蒐集整理，對突破其時當代史研究的「禁區」無疑具有一定的作用，但也應當看到，這些書在主導思想上並沒有超出封建統治者許可的範圍。而對晚清當代史研究具有建設性意義的，是以魏源撰寫的《道光洋艘征撫記》等一批總結當代重大事件歷史經驗教訓的史著。

《道光洋艘征撫記》（下簡稱《征撫記》）出自魏源手筆，是中國方面比較全面地記述第一次鴉片戰爭的著作。後來流傳的關於鴉片戰爭的許多記述，差不多都受這本書的影響，故《征撫記》事實上是目前幾乎所有《中國近代史》著作中敘述鴉片戰爭的基本史料依據。由於魏源親自參加過這次戰爭，並與當時的重要當事人林則徐、裕謙、伊里布等人有過交往，使他對這次戰爭的發生、發展與和議交涉等詳細過程，有著較全面較深刻的了解。再加上魏源的史識、史才，故其所寫的《征撫記》成為記述鴉片戰爭史實的上乘之作。魏源對外國侵略者和清廷投降派的抗議和譴責，對中國人民抗英鬥爭失敗的總結及其「師夷」、「制夷」的戰略思想，都貫穿在這部著作中，體現了愛國主義精神。因此，這部著作在晚清當代史乃至中國近代史學史上的重要地位是不言而喻的。

當時記敘有關鴉片戰爭史的還有梁廷枬的《夷氛聞記》與夏燮（1800-1875）的《中西紀事》等著作。《夷氛聞記》成書於咸豐初年，記載中英通商由來、禁

煙運動、鴉片戰爭中各重要戰役經過，以及《南京條約》簽訂後廣東等地人民繼續堅持反侵略鬥爭的事蹟，迄於一八四九年廣州反英人入城鬥爭。《中西紀事》初稿成於一八五〇年，最後改定稿成於一八六五年，作者前後用了十六年的精力完成這部二十四卷的著作。該書為紀事本末體，敘述了一八四〇年到一八六〇年間兩次鴉片戰爭的曲折過程，揭露了英、法、美、俄等殖民主義的侵略罪行，譴責琦善、奕山等人腐敗無能屈膝求和，對人民英勇抗敵的無畏精神給予熱情讚揚。

當然，也有一些著作沒有正確地反映當時歷史的狀況，而帶有種種偏見。如黃恩彤的《撫遠紀略》也是記述鴉片戰爭的歷史著作，但對林則徐的禁煙活動評價很低，認為戰爭爆發是由禁煙而起，說：「當日起釁之由，肇自禁煙，而成於絕市」，「於是英商之在澳者，一併驅逐出洋，而兵端自此起矣。」[9]顯然歪曲了戰爭的性質。還有專門論述第二次鴉片戰爭的史著，如贅漫野叟撰於一八六〇年的《庚申夷氛紀略》，根據自己耳聞目睹記載英法聯軍攻陷天津、北京的情況，對於侵略者的暴行，如火燒圓明園等都進行了揭露。但作者把西方資本主義列強侵略帶來的災難，竟說成是由林則徐等愛國者堅持抵抗造成的，對主戰派、妥協派的是非褒貶，完全遵循官方的觀點。這些都構成此書的不足之處。這一時期的史著，儘管觀點不同，敘述角度不同，然而，私家撰寫當代史已成風氣，為晚清史學的發展注入了勃勃生機。

此期的當代史著作中，除有反映中西關係方面的著作，還有一些反映國內重大事件的撰著，如記載鎮壓太平天國革命及其他農民起義經過的著作，有周世澄的《淮軍平捻記》、陳慶年的《鎮江剿平粵匪記》、李濱的《中興別紀》等。頌揚「中興之業」和「中興名臣」的著作，有王運的《湘軍志》、王定安的《湘軍記》等著作。上述著作都以清朝為正統，在政治傾向上是仇視太平天國的。

在當代史的撰寫中還應提到王先謙編纂的《東華錄》。王先謙（1842-1917）於十九世紀八〇年代編輯的《東華錄》是為清朝保存「信史」，但他的政治立場

9　黃恩彤：《撫遠紀略》，《鴉片戰爭》第五冊，434、411頁。

保守，反對維新變法，所著內容宣揚清代「列聖圖治鴻模」，反對任何不利於清朝統治的變法和革命。王氏的《東華錄》可以說是維護封建統治的當代經世史學著作。

二、晚清時期的官修史書

（一）《實錄》的修纂

晚清時期官方修纂的《實錄》有一八五二年（咸豐二年）敕纂由文慶領銜修成的《宣宗實錄》一百八十一卷，一八六二年（同治元年）敕纂由賈楨、周祖培領銜修成的《文宗實錄》三百五十六卷，一八七六年（光緒二年）敕纂由寶鋆監修完成的《穆宗實錄》三百七十四卷。《實錄》修纂的根據是御製詩文集、硃批奏摺、《起居注》、《內記注》、軍機檔案、絲綸簿、外紀檔及《國史》、《方略》、《三通》、《會典》官纂諸書。因此《實錄》涉及清朝的主要檔案和史書。《實錄》記載的範圍包括各種禮儀典制、各種封授及內外文武獎勵起用、休致、降革、官制改裁、刑名律例更增、府州縣衛改設分裁及其立學定額、每歲戶口田地稅糧茶鹽鑄錢之數、天象變化、科舉考試及中額名數、外藩遣使、土司、旌表節烈、諸臣條奏、有關文教武功、民生國政，等等，幾乎包括了以皇帝為中心的清朝所有重大歷史事件。

《實錄》是清朝一切官修史書不可違背的根據，是一部以皇帝為中心的編年體的歷史資料彙編。它的宗旨是張揚已故帝王的所謂「盛德大業」，皇帝的荒淫、殘暴等事實當然就被掩蓋了，不可能「據事直書」。但是皇帝不鎮壓人民反抗，就談不上他的「大業」，要張揚「大業」就不能不鋪陳如何加強統治進行殘酷鎮壓的事蹟。這樣，人民群眾的鬥爭也會從反面曲折地反映出來。又因為實錄比較全面地反映了清王朝各方面的活動，它比只反映一個方面、一個時期或某個人物的歷史資料要全面些。如鴉片戰爭時期，道光朝《籌辦夷務始末》比較系統地記述了鴉片問題的爭論，禁煙、戰爭及締約、交涉的過程，但對該時期其他方面的情況記載較略，而《宣宗實錄》卻反映了同一時期各方面的情況。如

一八四二年初湖北鍾人傑的起義給清政府以很大震動，為著確保反動統治，清政府不惜把原準備調到海防前線的清軍，調到湖北去鎮壓人民反抗。清王朝的對內對外政策從《實錄》的記載中就很容易看出來。因而，《實錄》是我們研究中國近代史很重要的一部資料彙編，儘管它有觀點反動的不足。

（二）三朝《籌辦夷務始末》的編輯

十九世紀四〇年代以後，隨著對外事務的擴大，從政治、經濟、外交等方面都需要編纂中外關係的史料或史著。咸豐初年清政府下令編纂《籌辦夷務始末》。一八五六年（咸豐六年）由文慶領銜修成道光朝《籌辦夷務始末》八十卷，一八六五年（同治四年）由賈楨領銜修成咸豐朝《籌辦夷務始末》八十卷，一八八〇年（光緒六年）由寶領銜修成同治朝《籌辦夷務始末》一百卷。《籌辦夷務始末》主要內容為諭旨、奏摺、外國文書和少量引用外國新聞報紙的記載（主要是第二次鴉片戰爭時期的外國報紙），諭旨占有相當的比重。這是一部研究十九世紀中期以來中外關係史很有價值的史料彙編，從中可以看到西方資本主義國家對中國的侵略，以及清朝統治者方面採取的各種對策。當然，三朝《籌辦夷務始末》編纂的目的與以往舊史相同，僅作為帝王資鑑之用，因此有很多錯誤觀點，這些都應該在運用該書時加以鑑別。不過，該書與後來編輯的《清季外交史料》、《中日交涉史料》、《中法越南交涉史料》等書構成的一套系統完整的晚清外交史參考資料，對於研究者來說有著相當高的參考價值。

（三）官修《方略》

清代的《方略》是統治階級在大規模用兵之後（包括鎮壓農民起義和少數民族反抗），設置方略館，委派朝廷重臣組織編纂的長編史事記載。《方略》編寫採取紀事本末體裁，以年月為卷次，以有關上諭和奏章為主要內容，實際上是記載歷史事件始末的史料彙編。其中所收上諭、奏摺均為緊要者，並作一定的刪節。《方略》較《實錄》更詳盡，基本上保存原來的內容。清帝批件和臣下奏摺，大都完整保存，比以後出版的史料有著較大的真實性。在清代檔案未能大量

整理公布的情況下，《方略》實際上具有檔案的性質。

清朝修《方略》始於康熙朝。自是時至光緒朝，統治階級共修《方略》二十一種。以下分朝列舉：

康熙朝修成二種：《欽定平定三逆方略》六十卷，《欽定平定朔漠方略》四十八卷；

乾隆朝修成十種（內有七種稱《紀略》）：《欽定平定準噶爾方略》一百七十二卷、《欽定平定金川方略》三十二卷、《臨清紀略》十六卷、《欽定平定兩金川方略》一百五十二卷、《蘭州紀略》二十卷、《五峰堡紀略》二十卷、《臺灣紀略》七十卷、《安南紀略》三十二卷，《廓爾喀紀略》五十四卷、《巴布勒紀略》二十六卷；

嘉慶朝修成三種：《欽定平定苗匪紀略》五十二卷、《欽定剿平三省邪匪方略》四百〇八卷、《欽定平定教匪紀略》四十二卷；

道光朝修成一種：《欽定平定回疆剿平逆裔方略》八十六卷；

同治朝修成二種：《欽定剿平粵匪方略》四百二十卷、《欽定平定捻匪方略》三百二十卷；

光緒朝修成三種：《欽定平定陝甘新疆回匪方略》三百二十卷、《欽定平定雲南回匪方略》五十卷、《欽定平定貴州苗匪紀略》四十卷。

在以上二十一種中，修成於晚清時期的有五種，成書於同治、光緒兩朝。

《欽定剿平粵匪方略》是清政府關於鎮壓太平天國農民起義的官方記載。恭親王奕訢等奉敕編修，朱學勤等總纂。全書共四百二十卷，卷首一卷，為清代二十一種《方略》中規模最大的一種。前有同治帝的「御序」（1872年），卷首為咸豐帝「聖制」。所收諭奏起自一八五〇年（道光三十年），迄於一八六六年（同治五年），皆按年、月、日排列。該書因系官方所修，有著鮮明的階級性，內容盡為誇飾清軍「戰功」，張揚朝廷所謂「德業」，而對太平天國則百般污衊。

陳恭祿評價該書「常誹謗和污衊太平軍，將帥為陞官發財，捏造和誇大『軍功』，更是常事」。[10] 在使用時，必須加以分析鑑別。

《欽定剿平捻匪方略》亦為奕訢奉敕領銜修編，朱學勤等總撰。共三百二十卷。所述內容為清政府鎮壓捻軍採取的戰爭策略及具體過程。收錄皇帝諭旨、臣僚章奏，上起一八五一年（咸豐元年），下迄一八六九年初（同治七年底），按年、月、日排列。其性質與《欽定剿平粵匪方略》相同。

《欽定平定陝甘新疆回匪方略》收錄了清政府鎮壓西北回民起義和擊潰阿古柏政權等戰事的官方諭奏公文。《欽定平定雲南回匪方略》記載了清朝在十九世紀五〇年代至七〇年代鎮壓雲南回民起義的過程。《欽定平定貴州苗匪紀略》則彙集了有關鎮壓貴州苗族等民族起義的大量官方資料。

（四）《聖訓》及政書的編修

清朝在修《實錄》的同時還纂修《聖訓》。清朝後半期完成的《聖訓》有一八五七年（咸豐六年）敕修的《宣宗成皇帝聖訓》一百三十卷、一八六六年（同治五年）敕修的《文宗顯皇帝聖訓》一百一十卷、一八七九年（光緒五年）敕編的《穆宗皇帝聖訓》一百六十卷。內收入各朝上諭要旨，內容較《實錄》尤為簡略。唯以其分類纂輯，檢查較便。

清朝政書及官制則例，代有修纂，而以《大清會典》為巨製。《大清會典》始自康熙年間敕修，其後雍正、乾隆、嘉慶代行續修。嘉慶朝敕修者斷自一八一三年（嘉慶十八年）。至光緒中葉，已六十餘年，其間清朝政治各方面制度變化很大。一八八五年李鴻章奏准於 1886 年開館纂修。主要反映一八一三年至一八八七年七十四年間的變化。這部《會典》直至一八九九年才完成，因而下限延伸至一八九六年。計成《會典》一百卷，《會典事例》一千二百二十卷，《圖》二百七十卷。這部書是記載清朝後期典章制度的書籍，是我們了解清朝統

10 陳恭祿：《中國近代史資料概述》，70 頁，北京，中華書局，1982。

治制度發展演變的一部系統的資料書。這一時期關於官制朝規的書籍，有一八七三年潘祖蔭等奉敕撰修的《戶部則例》一百卷，一八五三年步軍統領衙門奉敕撰修的《金吾事例》十卷，一八八四年福錕奉敕修撰的《內務府則例》四卷，一八八八年世鐸奉敕撰修的《宗人府則例》二十卷，一八九一年松森奉敕撰修的《理藩院則例》六十四卷等。此外，關於考試制度方面，有一八八八年敕撰的《科場條例》六十卷，關於漕運方面，有一八九六年敕撰的《戶部漕運全書》九十六卷等。

上述各書都是清王朝的官修史書，各書都以對歷代皇帝的歌功頌德為基調，為唯心主義和唯神主義歷史觀所支配，把一系列有關的歷史資料彙集在一起，體現了封建官修史書的特點。從研究近代史的角度看，這些書只是刊布的當代史資料，具有史料參考價值。

第二節 ·
「史界革命」

一、標揭「史界革命」的旗幟

「史界革命」的口號是梁啟超在一九〇二年發表的《新史學》一文中提出來的，與此同時，鄧實也明確提出了「史界革命」的主張。這一口號概括了新興資產階級要求改造封建舊史學，建立近代新史學的要求。

中日甲午戰爭之後，中華民族危機加深以及維新變法運動的深入發展，是產

生「史界革命」最重要的客觀前提，而讓歷史學為維新變法、救亡圖存，為否定封建君主專制、建立資產階級政治制度服務，正是「史界革命」的目的。維新派側重研究的「維新史」、「變政史」，革命派側重研究的「革命史」、「獨立史」，都體現了這一點。中國傳統哲學的「變易」思想和西方的進化論，則為近代新史學提供了新的理論武器。

一八九八年四月，由嚴復翻譯的赫胥黎的《天演論》正式出版。他開宗明義地提出他翻譯這本書的宗旨是為了「自強保種」。他說：赫胥黎一書「其中所論，與吾古人有甚合者，且於自強保種之事，反覆三致意焉。」[11]嚴復所介紹和宣傳的「物競天擇，適者生存」的進化論思想，在當時的思想界起到了振聾發聵的作用，敲響了祖國危亡的警鐘，引起了維新派的共鳴。《天演論》譯成後其中宣傳的許多觀點，在該書刊刻前就在維新派中流傳。一八九六年，嚴復曾將一部分《天演論》底稿交給梁啟超、康有為閱讀。梁啟超在《與嚴幼陵先生書》中曾提到「讀賜書二十一紙，循環往復誦數過，不忍釋手」。[12]《天演論》在中國影響長達數十年之久，可以說在馬克思主義唯物史觀傳入之前，一直在中國學界占據著重要地位。蔡元培就說：「自此書出後，『物競』、『爭存』、『優勝劣敗』，成為人人的口頭禪。」[13]總之，《天演論》中的進化論思想對史學的影響是巨大的，它推動了史學從近代的經世史學向以社會進化史觀為指導的新史學的轉變，為資產階級新史學的產生奠定了重要的理論基礎。

康有為的「三世進化」歷史觀也對「史界革命」作出了理論貢獻。他以《易經》中的變易、辯證觀點來說明變的必然性，說明一切事物通過變化才能發展的道理。在他那裡，「據亂世」、「昇平世」、「太平世」是處於不同時代的社會發展階段，歷史的發展就是沿著「據亂世」向「昇平世」，再向「太平世」的發展過程。他的進化觀批判了「天道不變」的頑固守舊思想，也基本上擺脫那種「復返其初」的循環論觀點，強調了社會由低級向高級、由草昧向文明、由專制向民

---

11 嚴復：《〈天演論〉自序》，《嚴復集》第五冊，1321 頁。
12 《飲冰室合集》文集之一，106 頁。
13 《蔡元培選集》，216 頁。

主發展的必然趨勢，表現了一個在傳統文化培養下的知識分子，面對時艱勇於探索的精神。康有為的「三世進化」史觀與嚴復的《天演論》相得益彰，在戊戌維新時期，成為新史學思想醞釀時的一種思想利器。此外，康有為的批判精神和疑古思想對新史學的思想的形成影響較大。他提出「中國之民遂兩千年被暴主、夷狄之酷政」，[14]激烈地抨擊了中國兩千年來的封建制度，將帝王稱為「匹夫」、「民賊」，並以初步的民權觀點解釋了君權論。他說：「天下歸往謂之王。天下不歸往，民皆散而去之，謂之匹夫。」[15]康有為還對上古史提出了懷疑，認為「上古事茫昧無稽」，三皇五帝的事值得懷疑，這種反對封建專制和疑古思想對新史學有很大影響。

嚴復搬來的西方資產階級的「天賦人權」論，對新史學的醞釀也產生了重要影響。他用「天賦人權」批判封建專制制度，提倡資產階級民主，從而啟發和推動了對封建「君史」的批判，與對「民史」研究的重視。嚴復在《闢韓》一文中，對韓愈《原道》中的君權神授說進行了猛烈批判，對君民關係作了新的解釋。他認為「民」是天下的「真主」，「民既為是粟米麻絲，作器皿，通貨財」，忙於從事「耕織工賈」，才設立「君臣」來保護自己。「君臣」只是人們在歷史上一種不得已的措施，所以應該由民「擇其公且賢者，立而為之君」。[16]嚴復的民權思想在當時引起了社會上進步人物的共鳴，使人們對帝王家譜式的歷代正史所反映出來的封建史學的尊君抑民本質有了進一步的認識。徐仁鑄在《輶軒今語》中就明確地說：

西人之史皆記國政及民間事，故讀者可考其世焉。中國正史，僅記一姓所以經營天下保守疆土之術，及其臣僕翼戴褒榮之陳跡，而民間之事悉置不記載，然則不過十七姓家譜耳，安得謂之史哉？故觀君史民史之異，而立國之公私判焉矣。[17]

---

14 《康有為政論集》上冊，199 頁。
15 康有為：《孔子改制考》卷八，195 頁。
16 《嚴復集》第一冊，34 頁。
17 徐仁鑄：《輶軒今語》「史學」，轉引自江標編：《經實學考》卷七，光緒二十三年。

從而否定了以帝王為中心的史學。民權思想與「民史」觀念的提倡，引起了頑固勢力的驚慌。封建頑固派葉德輝所編之《翼教叢編》極力反對「仿西法立民史」，認為「州閭細事，委巷瑣談，聚而編之」，簡直是「鬼神傳錄，其事非要其言不經。」作者聲稱：

> 西人有君主，有民主，君有君之史，民有民之史。中國自堯舜禪讓以來，已成家天下之局，亦以地大物博，奸宄叢生，以君主之，猶且治日少，亂日多，以民主之，則政出多門，割據紛起，傷哉斯民，不日在瘡痍水火之中哉！[18]

不管封建頑固派如何以衛道者的立場反對民權與「民史」，在時代潮流的推動下，以封建專制君主為中心的舊史學的樊籬畢竟被衝破了。

十九世紀末二十世紀初西方文明史學思想的輸入，為「史界革命」的開展提供了重要的思想資料。法國的基佐、英國的巴克爾是在十九世紀中期創建西方資產階級文明史學的著名學者。他們的史學，不僅對西方，而且對中國和日本都有影響。基佐的《歐洲文明史》，早在一八七七年日本就有永峰秀樹的譯本出版。一九〇二年，梁啟超在《新民叢報》上，把基佐《歐洲文明史》的日譯本推薦介紹給廣大的中國讀者。英國的巴克爾因著《英國文明史》而聞名於世。其史學思想在十九世紀末二十世紀初，對歐美、俄國、日本以至中國的史學發展，都曾產生過影響。在中國最早介紹巴克爾及其史學的，是由署名「中國廣東青年」者於一九〇二年譯刊的《泰西政治學者列傳》一書。二十世紀初中國出現的新史學思潮中，強調要注重文明史的研究，反對「君史」，重視「民史」，要探究歷史中的因果關係，求證歷史發展的「公理」或「公例」，開始提及歷史和科學的關係問題，這些顯然是直接或間接地受到巴克爾文明史學的影響。

此外，西方「民史」著作及「民史」思想在中國的介紹與傳播，對中國近代史學革命的開展也起到了推波助瀾的作用。「民史」思想產生於資產階級啟蒙時代。十八世紀法國資產階級啟蒙思想家伏爾泰著《論各國的風尚和精神》、十八

---

18 《翼教叢編》卷四，13頁。

世紀英國資產階級思想家休謨所著《尤里・愷撒入侵到一六八八年革命的英國史》以及十九世紀六、七十年代英國歷史學家巴克爾所著《英國文明史》、英國歷史學家格林所著《英國人民史》等等，都可以說是「民史」方面的代表性著作。「民史」思想的興起，反映了資產階級民主革命思想的興起和資產階級反對封建君主專制制度的鬥爭。在中國，資產階級維新派出於維新變法的需要，也從西方搬來了「民史」著作，借用了這一思想武器。

總之，西方進化論的傳播、西方民史著作的輸入，為近代中國知識分子營造了一個吸納和充實新思想的理論氛圍。進而，它又與否定封建專制制度、救亡圖存的歷史需要相結合，為「史界革命」的到來提供了歷史條件和理論準備，促成了新史學的誕生。而思想家梁啟超於一九○一年在《清議報》上發表的《中國史述說》和於一九○二年在《新民叢報》上發表的《新史學》兩篇論文，則是「史界革命的宣言書」和「新史學」誕生的重要標誌。他說：「嗚呼！史界革命不起，則吾國遂不可救，悠悠萬事，唯此為大。」[19]明確提出要按照近代學術思想和體例改造傳統史學，建立適應日益變化著的近代社會需要的「新史學」。幾乎與梁啟超同時，鄧實也明確提出了「史界革命」的問題。他說：

悲夫，中國史界革命之風潮不起，則中國永無史矣，無史則無國矣……新史氏乎？其揚旗樹幟一大光明於二十世紀中國史學界上以照耀東洋大陸乎！雞既鳴而雲將曙乎？吾民幸福其來乎？可以興乎？[20]

熱烈地呼喚著「史界革命」的到來。新史學的提倡者還明確宣告了他們所建立的「新史學」與「舊史學」的根本不同：「前者史家，不過記載事實；近世史家，必說明其事實之關係，與其原因結果。前者史家，不過記述人間一二有權力者興亡隆替之事雖名為史，實不過一人一家之譜牒；近世史家必探察人間全體之運動進步，即國民全部之經歷及其相互之關係。」[21]同時，他們還明確界定「新史學」是為了探究群體進化之理，以「鑑既往之大例，示將來之風潮」。強調「歷史

---

19 梁啟超：《新史學》，《飲冰室合集》文集之九，7 頁。
20 鄧實：《史學通論》（三、四）；《壬寅政藝通報》，史學文編卷一。
21 梁啟超：《中國史述說》，《飲冰室合集》文集之六，1 頁。

者，敘述進化之現象也」，「歷史者，敘述人群進化之現象而求得其公理公例者也。」[22]在這裡，他們把歷史的意義和目的規定為「探察人間全體之運動進步」，及其「相互之關係」。這就肯定了歷史是運動的、進步的，在一定意義上劃清了新史學與舊史學的根本區別。

總之，「史界革命」的興起絕不是偶然的，究其實質，它是近代中國的社會變革在學術思想界的表現或反映。具體地講，「史界革命」是日益發展的中國近代資產階級為了奪取政權，實現自己的政治理想而在思想學術界所進行的理論準備，它是近代資產階級改良或革命的理論表現形式之一，是中國近代學術界變革的重要組成部分。

二、「史界革命」的內容及其對舊史學的批判

興起於二十世紀初的「史界革命」不僅直接導致了史學界內部的變革，還在某種程度上帶動了近代中國學術界的革命。概括地講，「史界革命」的基本內容包括：批判並否定成為封建帝王家譜的封建史學，在治史內容上強調寫民史、社會史；主張用進化史觀作為新史學的歷史觀；突破傳統寫史體例，用章節體撰寫歷史；強調歷史學的重要性，主張史學為現實鬥爭服務，與資產階級政治鬥爭相結合的治史宗旨等。

（一）提倡「民史」，否定「君史」

提倡「民史」，否定「君史」，批判「帝王中心論」和「正統觀」的封建傳統史學，以「民史」代替「君史」，是「史界革命」的一項重要內容。在這個問題上樑啟超、鄧實、馬君武等人都做了很多論述。

---

22 梁啟超：《新史學》，《飲冰室合集》文集之九，7-9 頁。

梁啟超認為，要進行「史界革命」，就必須全面地清算「舊史學」。在他看來，一部二十四史不過是「二十四姓之家譜」[23]，不過是記述「有權力者興亡隆替之事」[24]，「無有一書為國民而作」[25]。舊史學的這些弊端皆因封建史家眼中「知有朝廷不知國家」，「只有王公年代紀，不有國民發達史」[26]。由於中國封建史家不知記述人群進化之事，只知為封建朝廷作本紀列傳，而且「一篇一篇，如海岸之石，亂堆錯落」，不過是「合無數之墓誌銘而成者耳」。更由於封建舊史因只「認歷史為朝廷所專有物」，因而對於當朝統治者就不能不有所「忌諱」。其結果只能是「知有陳跡而不知有今務」，只知記陳跡，不記今務，所以「非鼎革之後，則一朝之史，不能出現」，歷史成了「為若干之陳死人」所作之「紀念碑」。史書既不能給人們以何種借鑑，又無精神、無理想，因而不但不能成為「益民智之具」，反而成了「耕民智之具」[27]。

梁啟超把封建史學斥之為「帝王家譜」、「相斫書」、「墓誌銘」、「紀念碑」、「蠟人院」，矛頭直指「帝王中心論」。其思想之大膽，語言之潑辣，鋒芒之銳利，在二十世紀初罕有人能與之相比，堪稱史學革命的急先鋒。

梁啟超在批判「帝王中心論」的同時，還批判了封建史學的「正統觀」和「歷史書法」，從而更加典型地表現出他的進步學術立場。他說：「中國史學家之謬，未有過於言正統者也。」[28]他用大量的歷史事實證明所謂「正統」其實就是「君統」，是封建君主製造的「君權神授」迷信教條，是用以統治人民的荒謬理論。他譏諷那些懷有正統觀念的封建史家為「陋儒」，他們宣揚的「正統觀」本是為一家一姓之私天下服務的謬論，而後世之陋儒卻「攘臂張目，筆鬥舌戰」地為某家某姓爭一個「正統」之名，只能說明他們甘當封建帝王的奴僕，是「自為奴隸根性所束縛，而復以煽後人之奴隸根性而已。」[29]

23 梁啟超：《新史學》，《飲冰室合集》文集之九，7頁。
24 梁啟超：《中國史敘論》，《飲冰室合集》文集之六，1頁。
25 梁啟超：《新史學》，《飲冰室合集》文集之九，7頁。
26 梁啟超：《中國史敘論》，《飲冰室合集》文集之六，1頁。
27 梁啟超：《新史學》，《飲冰室合集》文集之九，4-7頁。
28 同上書，20頁。
29 同上。

與批判「正統性」相聯繫，梁啟超對封建史學的「書法」也進行了批判。按照他的解釋，所謂「書法者，本春秋之義，所以明正邪，別善惡，操斧鉞權，褒貶百代也。」[30]他指出，在封建正統觀念的束縛之下，封建史書「衡量天下古今事物」、「臧否人物」的唯一標準是看其事其人是否對封建君主有利，凡「有利於時君者則謂之功，謂之善；反是則謂之罪，謂之惡」，故此，封建史書「其最所表彰者，則死節之臣也；其最所痛絕者，叛逆及事二姓者也。」其結果必然「專獎勵一姓之家奴走狗」，顛倒黑白，歪曲歷史。只能「陷後人於狹隘偏枯的道德之域，而無復發揚蹈厲之氣。」梁啟超所以大肆抨擊封建史學觀，是為建立他的新史學體系服務的，只有突出強調批判性，呼籲從信古的束縛中解脫出來，才能「摧陷千古之迷夢，破除學術上的奴性」[31]。其對封建舊史學的批判代表著新史學與舊史學的決裂程度。

　　此外，其他一些思想家也把批判舊史學看成是建立新史學的前提。馬君武在《法蘭西近世史》譯本序言中就曾談到中國四千餘年歷史「有君譜而無歷史」的問題。一九〇二年十月，《新民叢報》轉載新加坡《天南新報》的文章《私史》中也指出，中國舊史「把數百年事務，作一人一家之譜而為之，一切英雄之運動，社會之經練，國民之組織，教派之源流，泯泯然，漠漠然，毫不關涉」，「甚矣中國之無公史。」[32]有的還發出了「中國無史」的感嘆，如黃炎培等指出，二十四史於「興滅成敗之跡，聒聒千萬言不能盡，乃於文化之進退，民氣之開塞，實業之衰旺，概乎弗之道也」，「恫哉，中國無史！」[33]

　　不僅如此，不少學者都把對封建史學弊端的批判鋒芒指向了封建專制主義。鄧實認為，秦以後，由於封建統治階級的嚴密控制，「史在朝廷，史局由朝廷詔設，史職由朝廷特簡，監修有官，分纂有官」，「舉天下之史而專制之」，致使私

30 同上書，26-29 頁。
31 梁啟超：《近世文明初祖兩大家之學說》，《飲冰室合集》文集之十三，1 頁。
32 見《新民叢報》，1902 年十月 31 日，第 19 號「輿論一斑」。
33 支那少年編譯：《支那四千年開化史‧弁言》，支那翻譯會，1903 年初印本。據鄭逸梅《藝壇百影》中《黃炎培的著作》一文，該書係黃炎培、邵力子等人譯編。

家動觸禁網，而官修史書則「唯貢其諛佞，舍鋪張虛美盛德大業外無文字」[34]，嚴重阻礙了史學的正常發展。趙必振指出，封建時代君權的極度膨脹，使舊史家的眼光往往局限於君主的活動，以至秉筆記事，多以敘述朝代興衰、旌忠表烈為務，「以社會之大，民族之眾，而以彼一姓一族一人而統括之，私矣小矣，誇矣誤矣。」[35]這些批判，無疑從根本上動搖了封建史學的基礎。

在批判封建舊史學的同時，新史家們更著眼於「民史」的建構。梁啟超認為，新史學必須探索人類整體的進步過程，「所貴乎史者，貴其能敘一群人相交涉、相競爭、相團結之道，能述一群人所以休養生息、同體進化之狀，使後之讀者，愛其群善其群之心，油然生焉。」[36]他在《新史學》一文中明確提出了「為民而作」，促進國家思想興起，加速「國民之群力群智群德」發育的「民史」思想。同時與批判封建正統觀相對，梁啟超又提出了「民統」的觀點，指出：「苟其有統，則創垂之而繼續之者，捨斯民而奚屬哉！」「統也者，在國非在君也；在眾人非在一人也。」他又說：「西之良史，皆以敘述一國國民系統之所由來，及其發達進步盛衰興亡之原因結果為主，誠以民有統而君無統也。」由此可見，他所說的「國」，乃是資產階級的民族國家；他所說的「民」，乃是資產階級的「國民」。強調「民史」，否定「君史」，強調「國統」、「民統」，否定封建「君統」，這是他倡導「史界革命」的核心觀點之一。

在二十世紀初，批判封建史學，提倡民史的學者大有人在。一九○二年，鄧實在《史學通論》中就批判中國過去的封建舊史是「朝史耳，而非民史；君史耳，而非民史；貴族史耳，而非社會史。統而言之，則一歷朝之專制政治史耳」[37]鄧實認為，社會的進化不是一二人的進化，而是群體的進化，「人是群體的生物」，「以群生，以群強，以群治，以群昌」，因此，「捨人群不能成歷史」。所謂「民史」，就是應當頌揚政治家、哲學家、教育家、生計家、探險家等「人群之英雄」；記述學術、宗教、種族、風俗、經濟等「人群之事功」。這些才是

34 鄧實：《民報總敘》，見《政藝通報》，1904 年第 17 號「政學文編」。
35 趙必振：《日本維新三十年史》譯本序，1902 年廣智書局印本。
36 梁啟超：《新史學》，《飲冰室合集》文集之九，3 頁。
37 該文曾連載於《政藝通報》，「史學文編」，1902 年八月十八日第十二期、9 月二日第 13 期。

真正的「歷史之人物」和「歷史之光榮」。[38]鄧實還以「民史氏」自命，作《民史總敘》一篇、《民史分敘》十二篇，即《種族史敘》、《言語文字史敘》、《風俗史敘》、《宗教史敘》、《學術史敘》、《教育史敘》、《地理史敘》、《戶口史敘》、《實業史敘》、《人物史敘》、《民政史敘》、《交通史敘》等各篇，對一九〇二年所著《史學通論》中「民史」部分作了進一步的豐富和發展。又對有關「民史」的基本理論和方法問題，如什麼是歷史、什麼是「民史」、「民史」的研究對象、「民史」的意義、「民史」與民權的關係，以及各種專史的編修等問題，都闡述了自己的思想認識。這樣專門地、全面地論述「民史」的問題，在中國近代史學史上可以說是並不多見的。[39]此外，陳黻宸在《獨史》一文中明確指出：「史者，民之史也，而非君與臣與學人詞客所能專也。」[40]旗幟鮮明地提出民史的思想。樵隱著《論中國亟宜編輯民史以開民智》[41]一文，也明確提出中國急需編輯一部「普通民史」的倡議。總之，批判並否定「君史」，提倡「民史」已經成為二十世紀初「史界革命」中的一股潮流。

（二）以進化史觀探討歷史因果關係

用西方進化論歷史觀作為歷史研究的指導理論，這是「史界革命」倡導的重要原則內容之一。梁啟超在《新史學》一文中提出的歷史學應敘述「進化之現象」，尤其是「敘述人群進化之現象」，並「求得其公理公例者也」的觀點，就是以進化論歷史觀指導歷史研究的典型表達。這點在其他許多人的歷史觀和歷史著作中也都闡釋過。如曾鯤化即指出：

近世以來，英國大哲學家達爾文、斯賓塞等，闡發天演公理，曰「社會者，經歲月而愈複雜者也。人智者，經複雜而愈進化者也」。余謂歷史學之精神，亦

---

38 鄧實：《史學通論》（四），《壬寅政藝通報》史學文編卷一。
39 資料及觀點引自曹靖國：《中國近代新史學》，159-160 頁。
40 《新世界報》，「史學」，1902 年第二期。
41 同上。

以此為根據地。[42]

　　夏曾佑也是運用今文經學的變易思想和吸收西方的歷史進化論觀點來研究歷史的。他說：「凡今日文明之國，其初必由漁獵社會，以進入游牧社會，自漁獵社會，改為游牧社會，而社會一大進」，「自游牧社會，改為耕稼社會，而社會又一大進」，「而井田宗法世祿封建之制生焉。」[43]甚至用「生存競爭，優勝劣敗」的理論來解釋中國古代社會歷史的發展。章太炎與梁啟超同時論述了新史學的宗旨和功能，為新史學的產生奠定了重要基礎。他主張通過史學的研究求得歷史發展變化的規律，「令人知古今進化之軌」，「發明社會政治進化衰微之原理」，並以歷史進化的規律來「鼓舞民氣，啟導方來」[44]。章太炎的進化史觀既包含有中國傳統的變易觀，又受西方社會學和自然科學的影響。他主張改革舊史學，強調史學的宗旨是論述社會歷史發展變化的原理。一九〇二年他在給梁啟超書中曾寫道：他主張寫中國通史的理由就是為了標明社會的發展變化。他說：

　　今日作史，若專為一代，非獨難發新論，而事實亦無由詳細調查。惟通史上下千古，不必以褒貶人物、臚敘事狀為貴。[45]

　　他還試圖以社會的物質生產及生活方式的變化來說明歷史的發展，不僅在方法上是一種新的探索，在歷史發展觀上也是一種革新，具有鮮明的資產階級性質。

　　鄧實在方法論上更注重從對人類歷史發展的全過程作宏觀的把握中，去彰顯進化論的歷史觀。他將人類歷史已然的進化分為四期：太古時代、群爭時代、君權時代、民權時代，並指出二十世紀還將進入第五期的「世界主義」時代。這樣他不僅指出了人類社會歷史是進化的，而且這種進化在不同歷史階段，表現為不同的社會形態。強調中國社會將無可避免地要結束千年封閉的君主專制時代而走向民主共和、走向世界的歷史進化軌跡，有力地彰顯了進化論的歷史觀，同時也

42 橫陽翼天氏（曾鯤化）：《中國歷史》，1903 年，東新譯社本。

43 夏曾佑：《中國古代史》，10 頁，上海，商務印書館，1933。

44 《章太炎來簡》，《新民叢報》，第 13 號。

45 同上。

論證了現實的共和革命的合理性。

此外，劉師培也是主張用進化論歷史觀來研究歷史的。他於一九○三年撰寫的《中國民約精義》和《攘書》就是系統運用歷史進化論的觀點解釋中國古代史的代表作品。

儘管用進化論歷史觀來解釋歷史在新派人物中較為普遍，但筆者認為，梁啟超的進化論歷史觀最為典型，代表著「史界革命」的理論潮流。梁啟超由於接受了達爾文進化論學說，在十九世紀末形成了他的早期進化論歷史觀，並成為他宣傳維新變法、批判封建專制制度最銳利的思想武器。二十世紀初，在他建立資產階級新史學之際，又把進化論學說引進歷史研究之中，堅持人類歷史是不斷地從低級向高級發展進化的觀點，衝破了「天不變道亦不變」的歷史不變論和「治亂相循」的歷史循環論的束縛，指出歷史的進化不是直線式的發展，而是「或尺進而寸退，或大漲而小落，其象如一螺線」，[46]由低級向高級曲折前進，但總的趨勢是今天勝過昨天，將來超過現在，愈變愈進步。據此，他認為，舊史學那種「一治一亂，治亂相循」的觀點是錯誤的。他說：「吾國所以數千年無良史者，以其於進化之現象，見之未明也。」[47]這就點出了他的進化史觀與舊史觀的根本區別。他確認歷史是不斷進化的，是有規律性可循的，而研究歷史的目的在於「將以施諸實用焉；將以貽諸來者焉」，「歷史者，以過去之進化，導未來之進化者也。吾輩食今日文明之幸福，是為對於古人已得之權利，而繼續此文明，增長此文明，孳殖此文明。又對於後人而不可不盡之義務也。而史家所以盡此義務之道，即求得前此進化之公理公例，而使後人循其理率其例以增幸福於無疆也」。[48]

梁啟超進化史觀的另一項內容即是將生物界進化法則運用於歷史領域。他根據達爾文學說明確提出：「世界以競爭而進化，競爭之極，優者必勝，劣者必敗。久而久之，其所謂優者，遂盡占世界之利權；其所謂劣者，遂不能自存於天

46 梁啟超：《新史學》，《飲冰室合集》文集之九，7 頁。
47 同上書，8 頁。
48 同上書，11 頁。

壤。此天演之公例也。」[49]「競爭者文明之母也。競爭一日停，則文明之進步立止。」[50]他把競爭看做世界進化的根本動力。在《新史學》中，則明確地將人類歷史概括為人種競爭的歷史。他說：「歷史者何？敘述人種之發達與競爭而已，舍人種則無歷史。」[51]「敘述數千年來各種族盛衰興亡之跡者，是歷史之性質也；敘述數千年來各種族所以盛衰興亡之故者，是歷史之精神也。」[52]競爭是歷史進化的動力，競爭是歷史發展的法則。他從人與人競爭的方式上把歷史劃分為「自結其家族以排他家族」、「自結其鄉族以排他鄉族」、「自結其部族以排他部族」、「自結其國族以排他國族」[53]等四個競爭階段。又認為「一國者，團體之最大，而競爭之高潮也。」[54]而當時的世界正處於國與國間競爭的高潮階段。他用競爭解釋了歷史發展的遞進關係，在理論上回答了競爭、奮鬥、自強對國家、民族的重要意義。

總之，梁啟超運用資產階級進化論觀點，對歷史及歷史學的目的、任務所作的明確表達，對於封建史學來說，無疑是一場革命，也代表著新史學理論建構中以進化論歷史觀作為歷史研究指導思想的基本傾向。

（三）突破傳統史學體例，擴大史學研究領域

封建史學著作的編纂體例，不外乎編年、典志、紀傳和紀事本末體等幾大類。「史界革命」的實踐者夏曾佑在編撰《中國古代史》時，突破了舊史學編纂體例的框框，另闢新的途徑，採用章節體編寫中國通史。利用這種體裁系統地編纂中國歷史，夏曾佑可以說是近代史家第一人，而這種章節體例正是在新歷史條件下，為適應資產階級新的史學內容和特點而出現的。夏曾佑編纂《中國古代史》的目的，是在於據往事以推未來，在於尋求歷史發展的因果關係，達到「文

---

49 梁啟超：《論商業會議所之益》，《飲冰室合集》文集之四，10頁。
50 梁啟超：《新民說》，《飲冰室合集》專集之四，18頁。
51 梁啟超：《新史學》，《飲冰室合集》專集之九，11頁。
52 同上書，12頁。
53 梁啟超：《新史學》，《飲冰室合集》文集之九，11頁。
54 梁啟超：《新民說》，《飲冰室合集》文集之四，18頁。

簡於古人，而理寓於往籍」，「足以供社會之需要」。從中可以看出，作為近代資產階級史學所要求記載的內容，和封建史學家所要求記載的內容是不完全相同的。

此外，新史學在內容上，要求突破以帝王將相為中心和政治史為基幹的狹隘格局，把記載和研究範圍擴大到文化、產業、工藝、美術、學術、宗教、風俗、教育、交通等人類生活的各個方面；在方法上，充分吸收地理學、地質學、人類學、考古學、語言學、政治學、宗教學、法律學、經濟學以及倫理學、心理學、物理學、社會學乃至生物、化學、數學等各種現代科學新成果和新方法，也是此期新史學的重要特徵。其中梁啟超提出的鑑別史料反證假說的實踐主義方法、關於史料整理的歸納比較法，即「用統計學的法則，拿數目字來整理史料，推論史蹟」[55]的「統計研究法」；王國維提出的以地下的新材料與文獻記載相互補正的「二重證據法」的歷史考證方法，都是「新史學」方法論的重要內容。

（四）用史學為愛國救亡服務

「史界革命」的另一項重要內容，就是挖掘並進一步開拓了歷史學的經世功能，用史學為愛國救亡服務。梁啟超在論述歷史學對西方社會進步的作用之重要性時說：

> 史學者，學問之最博大而最切要者也，國民之明鏡也，愛國心之源泉也。今日歐洲民族主義所以發達，列國所以日進文明，史學之功居其半焉。[56]

在近代西方發達國家，歷史學是促進國民團結的「群治進化」的科學。然而在中國，傳統史學儘管發達，史籍儘管汗牛充棟，浩如煙海，卻未能為「史界闢一新天地，而令茲學之功德普及於國民」[57]，充分發揮它的作用，就由於它不是群治進化之學而是帝王的家譜。因此，從愛國保種、救亡圖存的需要出發，發動

---

55 梁啟超：《歷史統計學》，《飲冰室合集》文集之三十九，69頁。
56 梁啟超：《新史學》，《飲冰室合集》文集之九，1頁。
57 同上。

一場改造傳統史學觀念與史學功能的「史界革命」勢在必行。這也正是史學在救亡圖存運動中的重要性和迫切性的價值體現。

梁啟超認為，一個國家只要重視史學，發揮歷史的愛國主義教育作用，則人民就會團結起來，社會就能進步發展。因此，他提出，「國民教育之精神，莫急於本國歷史」。[58] 他對本國歷史與發揚本國人民愛國精神之關係講得具體而明確。

一九○三年，曾鯤化在其編纂的《中國歷史》中論述歷史的目的時也曾指出：「歷史學者，為學界最閎富最遠大最切要之學科，社會上之龜鑑，文明開化之原理，國民愛國心之主動力也」。也非常重視歷史與愛國心的密切關係。他還講到，歷史學的任務應該「調查歷代國民全國運動進化之大勢，最錄其原因結果之密切關係，以實國民發達史價值，而激發現在社會之國魂」。[59] 所以，《浙江潮》在介紹曾鯤化的《中國歷史》時也提出了「歷史為國魂之聚心點，國民愛國心之源泉」[60] 的觀點。

夏曾佑是「史界革命」的倡導者和實踐者。他與梁啟超一樣，也深明史學對現實有重大作用。他撰著的《最新中學中國歷史教科書》（後改名《中國古代史》）[61] 就有著明確的政治目的。在該書的《序》中，他就表示，自己研究古代史是為了尋找拯救國家的經驗和教訓。他認為學習歷史可以增進人的智慧，而智慧「莫大於知來，來何以能知？據往事以為推而已矣」[62]。他正是為了當時維新變法的政治需要，才潛心於歷史研究的。他在《論變法必以歷史為根本》一文中認為戊戌變法失敗的原因即在於變法沒有以歷史為根據。他強調，變法必須抓住本國的歷史特點，否則，「立不合於歷史之政治」，則其統治下的人民「不能一日安」，政治本身「亦無有不歸於漸滅」。他認為，「凡其能行之而不廢，循焉而有效者」，都必須「推本於歷史」。總之，夏曾佑是滿懷愛國熱情，從救亡圖存、

---

58 梁啟超：《東籍月旦》，《飲冰室合集》文集之四，101 頁。
59 曾鯤化：《中國歷史》首編，「總敘」第一章「歷史之要質」。
60 《浙江潮》，1903 年第七期。
61 該書於 1904 年至 1906 年分三冊由商務印書館排印出版。
62 夏曾佑：《最新中學中國歷史教科書序》第一冊。

維新變法的需要出發，來研究歷史，編著《中國古代史》的。

　　章太炎是史學革命的積極擁護者，從另一個角度來論述史學的重要意義。他強調歷史學可以激發民族意識和愛國主義的主張，是在二十世紀初具有代表性的主張。他認為，史學之所以重要，是因為它關係到民族的興衰存亡。一九○二年，他發憤要著百卷中國通史，以宣揚民族主義，解救國難民危。一九○六年，他提倡「用國粹激動種姓，增進愛國的熱腸」。[63]章太炎所說的「國粹」即指廣義的歷史：語言文字、典章制度、人物事蹟。他認為歷史是一個國家、民族的構成要素，歷史毀則其國必亡，所以當外敵入侵之際，欲作復興之計，唯有提倡讀史，以史籍所載之人物、制度、地理、風俗為之灌溉，民族精神、愛國精神才會蔚然興起。[64]他主張通過習史「通史致用」來激發人們的愛國熱情。他說：「史之發人志趣，益人神智，其用實倍於經，非獨多識往事而已。」[65]中國歷史悠久，古代文明發達，通過歷史教育，可以增強民族自信心、自豪感，同時也「知國家強與弱的原因，戰爭勝敗的遠因近因，民族盛衰的變遷。」[66]從而尋求正確的振興中國、挽救民族危亡的道路。因此，「若要增進愛國的熱腸，一切功業學問上的人物，須選擇幾個出來，時常放在心裡。……古事古蹟，都可以動人愛國的心思。」[67]在章太炎那裡，「愛國」是愛整個中國，例如他說：「昔人讀史，注意一代之興亡，今日情勢有異，目光亦須變換，當注意全國之興亡。」[68]這裡所用的「全國」顯然不是一姓朝廷而是眾民之國，即民族國家。總之，把史學與激發國民的愛國主義結合起來，強調「通史致用」為救亡圖存服務，這是章太炎歷史觀的一大特色。

　　二十世紀初的一些進步刊物，如《遊學譯編》、《湖北學生界》、《浙江潮》、《覺民》、《晉乘》以及《競業旬報》等，也都異口同聲地宣傳歷史與愛國心的密

---

63 章太炎：《演講錄》，《民報》，第六號。
64 章太炎：《答鐵錚》，《民報》，第四號。
65 章太炎：《中學國文書目》，《華國月刊》第二期，第二冊。
66 章太炎：《論今日切要之學》，《中法月刊》第五卷，第五期。
67 章太炎：《演講錄》，《民報》，第六號。
68 章太炎：《歷史之重要》，《制言》，第55期。

切關係，呼籲大家都要重視歷史，以激發中國人民愛國的思想和感情，並要求以實際行動來拯救祖國，振興中華。由此可見，「史界革命」提出的用歷史學為愛國救亡服務的宗旨，已成為當時進步知識分子的共識。

三、近代新史學的成就

「史界革命」的新成就主要體現在外國史研究、新式歷史教科書的編撰等方面。

（一）外國史研究的成果

十九世紀末二十世紀初，是中國社會變動最為劇烈的時期。帝國主義列強的侵略和掠奪嚴重地威脅著中華民族的生存，而清王朝的反動腐朽統治不僅沒能有效地阻止列強的侵略，反而更加深了民族的危機。因此，日漸成長起來的資產階級要求變法圖強、要求革命的呼聲，已經匯聚成時代潮流。在史學界代表著這一時代潮流的新史學家們在外國史研究上側重於亡國史、變法史、立憲史和革命史的研究和介紹。其學術成就不僅代表著「史界革命」在外國史研究方面所體現的高度，而且還更多地反映著救亡圖存、變法求強的時代特徵。

1. **亡國史的研究和介紹**　從中華民族的現實需要出發，通過總結一些國家亡國的歷史教訓來激發國人危機意識的這種「亡國史鑑」工作，應該說從維新變法時期起就由康有為、梁啟超等人開始進行了。一八九八年梁啟超在為湯覺頓譯《俄土戰紀》所作的敘中，分析了土耳其衰敗的主要原因在於內政腐敗和外交不慎，並指出，「其與今日中國之情實何相類也。」為此，他呼籲應把這類外國史著「懸諸國門，以為我四萬萬人告也」，[69]以啟發國人的憂患意識。康有為在

69 梁啟超：《俄土戰紀敘》，《飲冰室合集》文集之三，33頁。

一八九八年戊戌變法期間曾向光緒帝進呈了《波蘭分滅記》[70]一書。該書凡七卷，分為十章，敘述了波蘭因政治腐敗，從一個歐洲大國，漸至衰弱，終被強國瓜分滅亡的歷史。提醒人們牢記前車之鑒，勿蹈波蘭亡國覆轍。梁啟超到日本後，在《新民叢報》上繼續撰寫大量有關亡國史方面的文章，如《朝鮮亡國史略》、《越南亡國史》、《朝鮮滅亡之原因》等，激發國人的危機意識。從一九〇〇年以後，革命黨人也開展了「亡國史鑑」方面的撰述宣傳工作。因此，這類著作是當時有關外國史研究著作中數量較多的一類。據粗略統計，一九〇〇年至一九一一年間出版的亡國史譯著（包括雜志所刊）當在五十種以上。[71]其中流傳較廣的有殷鑑社編的《近世亡國史》、薛蟄龍（公俠）譯的《波蘭衰亡史》、章起渭譯的《埃及近世史》（商務印書館 1903 年本，日人柴四郎著）等。一些周邊國家的亡國史尤引起了國人的關注。關於印度，出版有夏清馥編譯《印度滅亡戰史》（上海群誼社 1903 年本）、程樹德譯《印度史》（閩學會 1903 年本，日人北村三郎著）、汪郁年譯《印度蠶食戰史》（載 1901-1902 年《遊學譯編》，日人澀江保著）、錢瑞香《印度滅亡史》（載 1903 年《童子世界》）等多種；關於朝鮮，有李芝圃譯《朝鮮亡國史》、毛乃庸譯《朝鮮近世史》（上海教育世界出版社 1903 年本）等；關於越南有《越南亡國慘話》（載《第一晉話報》1905 年第 6 期）、《安南亡國後之痛史》（載《東方雜志》1910 年第 8 期）和梁啟超的《越南亡國史》等。總之，二十世紀初，亡國史編譯和研究一時趨盛，從根本上說，是這一時期極度嚴重的民族危機激起的。這種直接為政治服務的史學具有較濃厚的宣傳色彩，在開闊歷史視野，了解世界，增強愛國心方面具有較明顯作用，同時也成為近代史學的一個重要領域，其影響是深遠的。

2. **變法史、立憲史的研究和介紹**　有關外國變法及立憲史的研究和介紹主要由維新派人士來進行。資產階級維新派通過介紹國外立憲運動的成功經驗來為自己的維新變法理論提供依據。康有為為了闡揚維新主張，刻意考求了各國變法史實，編寫了好幾部外國史著作，於戊戌變法期間進呈光緒帝。其中就有《俄國彼

70　此書進呈本現藏北京故宮博物院。
71　參見胡逢祥、張文建：《中國近代史學思潮與流派》，242 頁。

得變政記》和《日本變政考》兩部。希望通過向光緒介紹各國變法史，來大力推行變法。

　　一九〇一年以後，維新派在編譯研究國外立憲史方面又做了大量工作。其中有佩弦生譯的《歐美各國立憲史論》、《英國制度沿革史》（廣智書局 1902 年譯印本），麥孟華譯《英國憲政史》（廣智書局 1903 年本，日人松平康國著），羅普譯述《日本維新三十年史》、《日本國會紀原》（譯書彙編社 1903 年譯印本，日人細川廣世著）、《普國變法中興記》（載《京話報》1901 年第六期）、《俄國立憲史論》（載《憲政雜志》1906 年第一期），等等。從中可以看出，維新派對立憲史的研究，大多集中在英、日、德等君主立憲國，尤以英、日為盛。康有為在《日本變政考跋》中所說中國變法「但採鑑日本，一切已足」一句最能說明學習日本的重要性。維新派通過這些著作極力宣傳立憲致強，專制必亡的觀點，同時為促使清廷早日立憲，他們還在外國史研究中列舉種種史實，力陳因循守舊的危害，反覆闡述立憲的好處，認為立憲則「舉一國之君臣上下齊而納之規律之中，雖有暴君污吏，亦皆縛於規條，怵然不敢犯天下之不韙。其或強暴梟桀，悍然濫用其特權矣，然受其害者猶得起而抵抗，據憲法而力與之爭，故匹夫窮民皆有所恃以自固，法治國與人治國其利害之懸絕如此。」且「立法自製，公此政權，則歐美革命之驚波或不橫流於亞陸，而國家庶可永固。」[72]可見他們研究各國變法立憲史的用意，是為中國的政治變革提供具體方略。

　　3. 革命史和獨立史的研究和介紹　　二十世紀初，一些進步知識分子還編譯出版了不少介紹外國資產階級革命的著作，如《泰西革命史鑑》、《美國獨立史》、《美國獨立戰史》、《美國獨立史別裁》、《法蘭西革命史》、《意大利獨立史》、《意大利建國史》、《荷蘭獨立史》、《希臘獨立史》、《俄國革命戰史》，等等。當時知識分子對外國獨立史和革命史的編譯和介紹，主要是為了從中尋找「救吾國之妙藥」，如《浙江潮》在介紹青年會編譯的《法國革命史》時指出：此書「欲鼓吹民族主義，以棒喝中國民，改訂再三，始行出版。其中敘法國革命流血之事，

---

72 佩弦生：《歐美各國立憲史論》，《新民叢報》，1902 年 23、24 號。

慷慨激昂，奕奕欲生，正可為吾國前途之龜鑑云云。購而讀之不覺起舞，真救吾國之妙藥，只吾國之主動機關也。愛國志士不可不各手一編，以自策勵。」[73] 如果說亡國史的研究體現了愛國人士在嚴重民族危機刺激下產生的急切救國願望，立憲史的研究和介紹反映了維新派企圖通過改良方式挽救民族危亡的願望的話，那麼，革命史和獨立史的研究和介紹則反映了革命派欲通過革命手段，推翻帝制，建立資產階級民主共和國的強烈願望。

十九世紀末二十世紀初期由於大批留學生出國，大量外國譯著傳入，促進了國內資產階級知識分子群的產生和發展，使中國和近代世界之間的距離逐步縮小。一些外國史著作大多是直接譯自外文書籍，依據漸趨嚴謹，在深度和廣度上都較從前有了很大發展。而此期的外國史編譯和研究在傳播新思想，特別是鼓動人們奮起救亡或革命方面的確起了相當積極的作用。

（二）新式歷史教科書的編撰

新式歷史教科書的編撰也是「史界革命」所取得的重要成就。隨著十九世紀末二十世紀初新學校的興起，學校教育的迅速發展，編寫新的歷史教科書已成為社會的普遍需要。一九〇二年，文明書局推出丁寶書《中國歷史》二冊、陳懋治《中國歷史》二冊、秦瑞玠《西洋歷史》二冊和《東洋歷史》一冊、吳啟祥譯《萬國通史教科書》二冊。繼後，商務印書館出版莊俞《歷史》四冊、姚祖晉《歷史》四冊、姚祖義《最新高等小學中國歷史教科書》二冊等。在眾多的教科書中較有影響的當推曾鯤化的《中國歷史》、夏曾佑的《最新中學中國歷史教科書》和劉師培的《中國歷史教科書》。

《中國歷史》是曾鯤化留日期間，參考東西洋名著及中國史籍編成的一部歷史教科書。上卷於一九〇三年由東新譯社編輯出版，署名橫陽翼天氏。內容廣涉各時代教育、藝術、政治、外交、武備、地理、宗教、風俗、實業、財政、交

---

73 《浙江潮》，1903 年第七期。

通、美術等人類社會生活的各方面，尤致力於探討人群進化之大勢和盛衰隆替之原因。是書出版後，受到新學界歡迎。有人在《浙江潮》上撰文稱其「體裁新闢，材料豐多，而又以民族主義為其宗旨，誠中國歷史界開創之大作，而普通學教科書中稀有之善本也。」[74]夏曾佑所撰《最新中學中國歷史教科書》為其一生中最重要也是唯一的史學著作，凡三冊。該書貫以今文經學和歷史進化論觀點，將中國古代歷史分為上古（自遠古時代至周末）、中古（自秦至唐）、近古（自宋至清）三大時期和傳疑、化成、極盛、中衰、復盛、退化、更化等七個小時期。書僅成隋以前部分，只能算半部通史，但因頗多創新，顯示了與封建正史完全不同的面貌，故在當時享有一定聲響。一九三三年，商務印書館復將其改題《中國古代史》重排出版，列入大學叢書。劉師培的《中國歷史教科書》，全書迄西周末，三冊，一九〇五至一九〇六年間由國學保存會出版。此書比較注意社會生活的各個方面，如對古代田制、農器、商業、財政、工藝、宮室、衣服、飲食等經濟發展過程，都列有專題論述。尤注重從古代禮俗及典章制度中考察社會變化狀態。

綜觀這一時期的歷史教科書，不僅數量日漸增多，而且種類繁富，除了一般的中外通史著作，亦出現了鄉土歷史、兵法史和時務掌故教科書等。從編纂形式來看，這一時期的歷史教科書大多採用章節體，或以接近章節體的以課為題的編寫形式。它突破了封建傳統史學體裁獨占史苑的局面，推動中國歷史編纂學向前躍進一大步。近代章節體日益受到人們的高度重視，也反映了以帝王為中心的封建舊史學的沒落和資產階級史學興起後治史風氣轉換的趨勢。此外，這一時期的教科書還表現出以歷史教學救國的編纂思想。例如一九〇三年商務印書館出版的《中國歷史教科書》的序謂：

蓋處今日物競熾烈之世，欲求自存，不鑒於古則無以進於文明，不觀於人則無由自知其不足，雖在髫齡不可不以此植其基也。其於本國獨詳，則使其自知有我以養其愛國保種之精神，而非欲謹明於盛衰存亡故矣。

---

74 《浙江潮》，1903 年第七期。

這段論述典型地體現了這一思想。總之，試圖利用宣傳歷史與愛國心的密切關係，以喚起人們的民族自尊心和自豪感，是這一時期教科書的編纂宗旨之一。清末歷史教科書的編纂不僅促進了中國歷史編纂學的發展，在中國傳統史學近代化進程中起過重要作用，而且以史教救國迅即成為清末社會各階層「教育救國」思潮的重要組成部分，並起了救亡圖存的輿論先行作用。

第三節 ·

近代考古學的形成

二十世紀初，新史學理論與新史學方法的介紹與提倡，對中國史學的發展起了很大的推動作用，特別是對史料挖掘與整理的重視，直接促進了新史料的發現與考古學的產生。而十九世紀末二十世紀初甲骨文、漢晉簡牘、敦煌寫本等新史料的發現，內閣大庫檔案資料的整理，又直接推動了新研究領域的開拓。

一、甲骨文的發現

十九世紀末二十世紀初甲骨文的發現，是近代史學中最重要的史料發現。甲骨文是商代用來占卜吉凶和記事的文字，是研究殷商和西周時代的重要史料。甲骨文發現於河南安陽西北小屯村殷墟，主要是盤庚遷殷至商亡的二百七十多年的

甲骨文。刻有甲骨文的甲骨片作為藥材——龍骨被使用已無準確年代可考，據記載，早在十九世紀八〇年代前，當地農民即已把甲骨當作藥材出售，[75]一八九八年甲骨開始被古董商人所注意，不久為金石學家、國子監祭酒王懿榮（1845-1900）發現。王氏不惜重金，購買了千餘片甲骨。在義和團運動時期，王懿榮投井自殺，甲骨流落到劉鶚（1857-1909）手中。劉氏先後收藏甲骨五千多片。同時，天津研究古文字的王襄、孟定生也開始收購甲骨。後來王襄還將一千一百二十五片甲骨著錄在《簠室殷契微文》一書中。在甲骨文的著錄與考釋中最早作出成就的有劉鶚、孫詒讓；稍後成績顯著

大型牛骨刻辭

的有羅振玉、王國維。一九〇三年，劉鶚拓出一千〇五十八片編成《鐵雲藏龜》一書，但他僅僅辨認了少數甲骨文字。孫詒讓從一九〇四年開始對甲骨文進行考釋，據《鐵云藏龜》著《契文舉例》二卷。他認為甲骨文大致與金文近似，象形文字頗多，又從認字立說，進一步探討商代制度。孫詒讓的這一研究對以後的甲骨文研究具有先導作用。

漢晉簡牘的發現，是二十世紀初另一大史料發現。簡牘是指在發明紙和廣泛利用紙以前寫有文字的竹簡和木牘。瑞典人斯文赫定（Sven Hedin）從一八九四至一九三五年先後七次去新疆等地。一八九九年他在羅布泊以北發現了古樓蘭遺址，得到了大量文物和漢晉時的簡牘一百二十一枚。一九〇一年，匈牙利人斯坦因，受英國派遣到中國新疆探險「訪古」，在天山南路尼亞河下游一帶發現了魏晉木簡。後來，斯坦因又在一九〇〇至一九〇八年先後三次進入新疆、甘肅等地。據王國維記載：「光緒戊申（1908）英人斯坦因博士訪古於我新疆、甘肅，得漢晉木簡千餘以歸。」[76]斯坦因在《古代和闐考》一書中著錄了這些木簡，後

75 段振美：《殷墟考古史》，16 頁，鄭州，中州古籍出版社，1991。
76 王國維：《流沙墜簡序》，《觀堂集林》卷十七，819 頁。

來又寫有《西域圖考》、《和闐沙埋廢跡記》等書。

　　二十世紀初的另一個史料大發現是敦煌寫本的發現。敦煌寫本指敦煌鳴沙山的千佛洞室中所藏五代及唐人所寫的捲軸。一九〇〇年因牆裂，被一個敦煌道士無意發現。洞內藏文物寫本四千多件，主要是唐寫本，大部分被外國探險家盜走。

二、新研究領域的開拓

　　甲骨文的發現直接導致了中國近代考古學的產生。在這方面作出突出貢獻的有羅振玉（1866-1940）和王國維（1877-1927）兩人。羅振玉是中國著名的古文字學家，主要貢獻是整理了大量古文字的原始資料，搶救並保存了一大批珍貴的文化遺產。以殷墟甲骨為例，羅氏繼王懿榮、劉鶚之後，廣泛蒐羅，不但盡得京津廠肆所有，還特地遣人專程赴安陽採掘購求。數年之間，得甲骨三萬餘片。可貴的是，羅振玉還對甲骨文進行了深入系統的研究並有重要建樹。他於一九一〇年所作的《殷商貞卜文字考》，分考史、正名、卜法、餘說四項加以論述。此書不僅考定甲骨出土地為安陽小屯村，即為殷墟，考定「卜辭者實為殷室王朝之遺物」，而且在考釋文字方面，該書考釋出二三百個單字。經此努力，許多卜辭也可以大體通讀了。四年後，羅振玉在日本又把他歷年來的研究成果寫成《殷墟書契考釋》二卷。全書分八章：都邑、帝王、人名、地名、文字、卜辭、禮制、卜法，內容比《殷商貞卜文字考》增加幾倍。此書對甲骨文作了全面系統的考證和論述，為後來學者從各方面研究甲骨文開闢了途徑。其中「文字」部分考釋出單字近五百個，更是為日後字典的編纂創造了條件。它標誌著以《說文》為中心的「小學」的結束，代表著一個以地下出土的古文字資料為研究中心的新學科正在興起。

　　繼羅振玉之後，在古文字及古史研究上貢獻較大的是王國維。王國維，浙江海寧人。他是中國近代享有國際盛譽的著名史學家和學者，一生著述有六十二種之多，為學術界所崇敬。他在哲學、文字學、戲曲史、甲骨金文、古器物、殷周

史、漢晉木簡、漢魏碑刻、敦煌文獻以及西北地理、蒙元史等方面的研究，都作出了重大貢獻。

在古代史研究方面，王國維突出的貢獻是在羅振玉等人研究的基礎上，以地下出土的甲骨文等材料，印證古書中關於古史的記載，獲得突破性成果。這些成果集中反映在《殷卜辭所見先公先王考》和《續考》等作品中，使《世本》、《殷本紀》所載先公先王世系，從地下出土的甲骨文記載中得到證實，發前人所未發。這些成果儘管發表在民國初年，但問題的提出、開展研究的條件在晚清時期已經出現或具備了，不能把它們截然分開。郭沫若評價王國維的功績時說：「卜辭的研究要感謝王國維，是他首先由卜辭中把殷代的先公先王剔發了出來，使《史記・殷本紀》和《帝王世紀》等書所傳的殷代王統得到了物證，並且改正了它們的訛傳……抉發了三千年來所久被埋沒的秘密。我們要說殷墟的發現是新史學的開端，王國維的業績是新史學的開山，那樣評價是不算過分的。」[77]這種評價完全符合實際。

---

77 郭沫若：《十批判書》，《郭沫若全集》第二卷，6 頁，北京，人民出版社，1982。

第十一章

晚清文學新景觀

　　晚清文化的急遽變革對晚清文學產生了極其深遠的影響。隨著文化的轉型和社會的變遷，晚清文學也經歷了一個較為深刻的蛻變過程，從文學觀唸到文學創作都發生了明顯的變化。鴉片戰爭的炮火，驚醒了沉醉在「飲酒酬唱」、「遊園賦詩」美夢中的晚清文人，激發了他們的民族意識和愛國熱情，使他們意識到自己所肩負的歷史使命和重大責任，從而掙脫傳統儒家文學觀念的束縛，將文學創作由點綴昇平、吟風弄月轉變為直接服務於社會現實，具有鮮明的革新意識和時代色彩。西方文化的大量傳入，加速了封閉式的傳統文化結構的解體，促進了中西文化的交流和融合，刷新了傳統的思想意識，更新了固有的文學觀念，為晚清文學帶來了新的氣息。取材範圍的擴大，審美趨向的變化，文學體裁的完備，新名詞的運用等，都使晚清文學與此前的文學產生了較大的區別。而新型文藝思想的出現，翻譯文學的興盛，文學期刊和文學社團的興起，「文體革命」、「詩界革命」、「小說界革命」等資產階級文學革命運動的此起彼伏，以及資產階級啟蒙派、改良派、革命派的前仆後繼，為晚清文學帶來了繁榮昌盛、萬紫千紅的新景觀，開創了中國近代文學的新紀元。

第一節 ·

從桐城「義法」
到「文體革命」

　　晚清文學的巨大變革在散文方面表現得非常突出。在這短短的幾十年中，散文從思想內容到文體形式都發生了深刻變化。傳統的桐城派適應時代的要求，對自身加以改革，從而一度出現「中興」的局面；以龔自珍、魏源為首的經世文派的興起，使散文的社會作用受到重視，為晚清散文注入了鮮明的革新精神；而梁啟超等人所倡導的「新文體」，更是為近代散文的發展指明了方向；其後的資產階級革命派進一步將散文革命引向深入，取得了輝煌的成就。晚清時期散文發展基本上可以歸納為兩條主線：一是晚清桐城派的復興，一是「文體革命」的興起。

一、晚清桐城派的復興

　　桐城派自康熙年間創始之後，由於符合當時清王朝實行文化專制和崇奉程朱理學的需要，從而得以迅速發展，在清中葉文壇占據主導地位。但到了鴉片戰爭前夕，中國社會發生了深刻的變化，階級矛盾、民族矛盾日益激化，新的思想逐步傳入，所有這些，都使得空談義理的桐城派無法繼續獨霸文壇，而是面臨越來越嚴峻的挑戰。桐城派所提倡的那一套孔孟程朱的迂腐之道，及其在創作上所遵

循的那一套起承轉合的清規戒律，都已不適應新形勢的要求。特別是姚鼐去世之後，桐城派的顯赫之勢也隨之而去。賴以繼桐城餘響的是他的四位高足。曾國藩《歐陽生文集序》云：「姚先生晚而主鍾山書院講席，門下著籍者，上元有管同異之、梅曾亮伯言，桐城有方東樹植之、姚瑩石甫。四人者，稱為高第弟子。各以所得傳授徒友，往往不絕。」[1]管同（1780-1831）在鴉片戰爭以前即已去世。方東樹（1772-1851）是桐城派的理論家，代表著作有《昭昧詹言》等，不過，此書主要是以桐城「義法」來論詩的，他在散文方面並沒有太大的成就。姚瑩（1785-1853）則不僅在散文理論上有所建樹，而且在散文創作方面也做出了不小的成績，他的《東溟文集》中的許多散文，在當時都產生了一定的影響。而在四人當中，成就最高、影響最大的則是梅曾亮。

梅曾亮（1786-1856）是姚鼐去世後桐城派的核心人物。他雖係姚門著名弟子，但由於受社會形勢的影響，其文學思想和興盛時期的桐城派有著明顯的區別。他主張文章要「因時」，認為隨著時代的變化，文學也要變化；作家要適應時代的需要，創作出能夠反映現實生活、富有時代特色的作品來。這對於日漸程式化的桐城派來說，無疑是一大改進，其結果是使得桐城派逐漸向經世文派靠攏。在創作實踐中，梅曾亮的作品確實反映了新的時代內容，在藝術上也有自己的審美個性。特別是他的散文在當時極負盛名，曾被當時的桐城派奉為「大師」。他的散文善於以小言大，借古喻今，往往從現實生活小事或某種歷史現象出發，去探討當時社會存在的普遍問題。如在《觀魚》中，作者描寫了魚在網中跳躍的情景，有入者，有出者，「躍而出者」欣然自得，「躍而不出者」黯然失意，然而，它們都跳不出那張更大的網——魚池。作者由此感嘆人生在世，儘管為了名利前途奔波一生，但最終都擺脫不了整個社會環境的束縛，反映出作者對社會現實的深刻思考，說明作者已經用自己手中的筆來正視現實。再如他的《帝鑑圖詩序》、《十六國宮詞序》、《平準書後》等都是以古諷今的名篇。梅曾亮的紀傳體散文也很有特色。如其《蔣念亭家傳》、《栗恭勤家傳》、《艾方來家傳》等，通過對傳主日常瑣事的描寫，刻畫出一個個鮮明的人物形象，併力求通過這

1　《曾國藩全集・詩文》，246 頁。

些形象勾勒出整個時代的「風俗好尚」。在語言方面,梅曾亮的散文突破了桐城前輩的束縛,吸收了漢魏六朝文章的辭采,從而大大提高了其藝術魅力,這對桐城派來說又是一個大的發展。

桐城派在晚清初期得以中繼和擴展四方,梅曾亮起了很大作用。在他的影響下,湧現出了一大批桐城派作家,其中較為有名的有朱琦(1803-1861)、吳敏樹(1805-1873)、曾國藩(1811-1872)、戴均衡(1814-1855)、王拯(1815-1876)等。他們大都能適應時代的需要,對以前的桐城古文加以變革,寫出一些面向現實、具有時代精神的作品。如吳敏樹的《書謝御史》、王拯的《陳將軍畫像記》、《王剛節公家傳跋尾》等,都在一定程度上反映了當時的社會現實和時代風貌,體現了晚清初期桐城派的重大變革和新的成就。

隨著姚氏高足的相繼去世,桐城派面臨著更加嚴峻的局面,衰落之勢日漸明顯。就在此時,曾國藩高舉桐城派的大旗,利用自己政治上的勢力,大力收羅天下文士,從而使桐城派再度出現所謂的「中興」局面。當時聚集在曾氏周圍的幕府賓僚多達百人以上,其中除十幾人不以文學見稱外,其他如張裕釗(1823-1894)、黎庶昌(1837-1897)、薛福成(1838-1894)、吳汝綸(1840-1903)、郭嵩燾(1818-1891)、李元度(1821-1887)、俞樾(1821-1907)、王闓運(1832-1916)等,都是當時提倡古文的著名人物,一時人才濟濟,蔚為大觀。由於曾國藩是湘鄉人,故人們又將桐城派的這一支系稱為湘鄉派。錢基博《現代中國文學史》說:「湘鄉曾國藩以雄直之氣,宏通之識,發為文章,而又據高位,自稱私淑於桐城……此又異軍突起而自為一派,可名為湘鄉派,一時風流所被,桐城而後,罕有抗顏行者。」[2]

曾國藩很早就開始學習桐城文,自稱「國藩粗解文章,由姚先生啟之」。[3]後來,由於經世文派的興起和桐城派的衰落,曾國藩對桐城古文也有了新的認識。他覺得桐城派要想振興,就必須順應時代的要求,對以往的理論進行變革。他受

---

2 錢基博:《現代中國文學史》,33頁,長沙,岳麓書社,1986。
3 曾國藩:《聖哲畫像記》,《曾國藩全集‧詩文》,250頁。

梅曾亮「因時」觀的影響，認為只有經世致用，才是挽救桐城派的唯一良藥。他在姚鼐所提倡的「義理、考證、詞章」三項中又加入「經濟」，認為此四者缺一不可。所謂「經濟」，即經國濟世，實與經世致用同義。提倡文章的「經濟」作用，重視文章在政事上的實用性，以糾正桐城古文的空疏迂闊，這是曾國藩對散文發展的一個突出貢獻。曾國藩很推崇魏源所編的《皇朝經世文編》，因為該書完全是以經世致用為標準選錄的。作為倣效，也作為自己「義理經濟」觀的具體體現，曾國藩選編了《經史百家雜鈔》。與姚鼐的《古文辭類纂》相比，該書打破桐城派的桎梏，選了經、子和六朝的文章，擴大了選錄文章的範圍，集中體現了桐城派從姚鼐到曾國藩之間的顯著變化。

曾國藩在政治方面，是封建統治的得力維護者。他極力宣揚儒學義理等封建文化思想，正是為了重整清王朝的統治秩序。他在文章方面提倡的「經濟」觀，是想藉助文章這種工具為維護封建統治服務，從這種功利主義的目的出發，為了更好地發揮文學的政治作用。曾國藩強調「道統」與「文統」的統一，在重視儒家義理的同時，也重視古文的文藝性質。他對宋儒「崇道貶文」的做法深表不滿，對桐城派的各位宗師也均有批評，尤其對方苞散文的缺乏文采屢加貶責。他深知，「言之不文，行而不遠」，文章要想發揮維護封建統治的政治作用，就必須文道俱重，講究文采。也只有如此，才能挽救桐城派日漸衰落的局面。曾國藩重視文章的修飾，注重「文境」的追求。他把姚鼐提出的陽剛、陰柔再分為八，「陽剛之美曰雄、直、怪、麗，陰柔之美曰茹、遠、潔、適」[4]，顯示了他對文章藝術美的深刻理解。他還主張散文創作應從經學和道學中解脫出來，獨闢蹊徑。主張衝破桐城「義法」的框框，認為古之文初無所謂「法」，後人所創造的「法」，乃是本不能文，強取古人所造而模擬之的結果。曾國藩勇於突破桐城舊軌，大膽創新，開闢藝術新境界，為桐城古文的振興帶來了一線生機。

曾國藩的散文主要有《曾文正公全集·文集》中的古文四卷。其中一半以上屬於壽文、碑文，其餘的則是為同僚和友人而作的序以及為文集所寫的序、跋。

4　《曾國藩全集·日記二》，1105 頁，長沙，岳麓書社，1994。

在思想內容方面，這些散文具有明顯的封建政治傾向和迷信色彩。其中很多篇章都與反對太平天國革命運動有關。如《李忠武公（李續賓）神道碑》、《羅忠節公（羅澤南）神道碑銘》是歌頌湘軍將領的；《林君殉難碑記》、《畢君殉難碑記》是表彰與太平軍作戰而陣亡的將士的；至於他的那篇《討粵匪檄》，更是一篇污衊農民革命運動的反動檄文，對於這些糟粕應該堅決剔除。在散文藝術方面，曾國藩基本貫徹了他的文學主張，在繼承桐城派傳統的基礎上又有了一些新的發展。他的一些散文禁忌較少，奇偶並用，內容質實，舒展而有氣勢，與以往的桐城古文有著明顯的區別。梁啟超曾稱譽曾氏散文為「桐城派之大成」，但據實而論，曾氏的散文創作遠不及他的文論成就大。

曾國藩雖然被推為桐城中興的盟主，但實際只是利用桐城派的影響來宣傳自己的文學主張，其目的在於藉助桐城派這塊金字招牌，來擴大自己在文壇上的影響。他藉助自己特殊的政治地位，籠絡了一批文人學士，使湘鄉派一時蔚為大觀。但由於他並沒有放棄桐城古文以闡發儒家義理為根本宗旨的立場，這種桐城「中興」的局面僅僅是曇花一現。隨著封建統治的日漸沒落以及西學的逐步傳入，桐城派後人被迫作出更為積極的反應，朝著更加接近經世文派的方向發展。

曾國藩之後，桐城派中有名氣的人物有所謂曾門四弟子：張裕釗、黎庶昌、薛福成、吳汝綸。四人之中除張裕釗外，其餘三人或者當過外交使節，或者出洋考察，深受西方文化的影響，思想比較開通。他們的散文能夠突破桐城古文的局限，注重反映社會上的新事物、新生活、新氣象，從選材、構思到語言表達都對散文創作進行了大膽變革。在某種意義上，他們的散文已為新體散文的產生提供了一些新因素。

但是，無論桐城派如何變革，它畢竟是在舊的框框內的修修補補，已經很難滿足日新月異的時代變化的需要。曾門四弟子之後，有影響的桐城派作家已屈指可數。特別是到了辛亥革命後，桐城古文已成為阻擋新文化運動的障礙，儘管有林紓（1852-1924）、馬其昶（1855-1930）、姚永概（1866-1924）等人相互標榜，但桐城派的沒落之勢已成定局。隨著新文化運動的逐漸深入，桐城派便逐漸在近代文壇上銷聲匿跡了。

二、「文體革命」的興起

伴隨著桐城古文的復興和消亡，一股新興勢力在散文界開始出現並迅速壯大。早在晚清初期，以龔自珍、魏源為首的啟蒙主義者就開始尋求一種能夠表達時代內容的新的文體形式，他們的散文理論和創作是近代文體革命的曙光。

龔自珍生活在中國歷史大變革的前夜，嚴峻的社會現實培養了他的進步思想。他深刻認識到空談義理的文章於時世無補，極力提倡清初由黃宗羲、顧炎武所發起的經世致用之文，堅決反對煩瑣的虛談，主張文章必須聯繫實際、切合實用，解決有關國計民生的重大問題。以他為起點，形成了晚清初期文壇上頗具影響的經世文派。龔自珍針對晚清社會現實而寫的政論文最能反映他「經世致用」的文學觀，如《明良論》、《乙丙之際箸議》、《平均篇》等都是其代表作品。這些散文打破了桐城文法的陳規陋習，隨筆直書，筆力遒勁，犀利精闢，言之有物，深刻揭露了封建衰世的社會現實，滲透著作者特有的敏銳的時代感和深沉的歷史感，為近代散文的革新和發展開闢了一條新道路。

魏源是經世文派的另一重要代表人物，他的散文在當時也很有名氣。特別是他的政論文，借古喻今，犀利深刻，切中時弊，集中體現了他作為注重時務的政治家的經世文風。他在《皇朝經世文編·敘》中明確提出：「善言心者，必有驗於事矣。」「善言古者，必驗於今矣。」強調文章必須切合實用。其散文名篇如《默觚》、《籌海篇》等，大多以時務政事為題材，剖析有關事務的原委利弊，闡述自己的獨到見解，具有鮮明的時代特色。

經世文派發展到咸同年間，又出現了馮桂芬、王韜等代表人物。馮桂芬（1809-1874）在散文創作上繼承了龔、魏「經世致用」的傳統，主張文章要干預時政，反映社會現實。他特別反對桐城派的「義法」，表現出要求散文創作走向解放的意向。他在《復莊衛生書》一文中，針對桐城派專尊程朱的「道統」，提出「舉凡典章制度、名物象數，無一非道之所寄，即無一不可著之於文」；又針對桐城派拘泥唐宋定法的「文統」，提出寫文章應「稱心而言，不必有文法」，這就在很大程度上動搖了桐城派文學主張的基石。他的政論文不僅眼光敏銳，表

現出作者思想的深刻和認識上的卓見，而且文筆暢達，具有很強的表現力。

　　王韜（1828-1897）是近代著名的政論文作家，他在其主編的《循環日報》上大力宣傳變法圖強的政治主張，形成了一種新的報章政論體，在當時產生了很大影響。他的文章，特別是他的政論文，深受先秦縱橫家的影響，不僅筆鋒犀利，縱橫開闔，而且直抒胸臆，氣勢雄渾，具有強烈的鼓動性。他一生寫了大量的政論文章，有《弢園文錄外編》十二卷。這些散文有意不遵桐城「義法」，只求辭達，寫得明白曉暢，在古文通俗化方面跨出了一大步，成為梁啟超「新文體」的先驅。

　　經世文派儘管做出了不小的成績，但由於歷史的局限性，他們不可能提出更加明確的文體革命目標，這一重任歷史地落在了資產階級改良派的肩上。資產階級改良派為了宣傳自己的新思想，擴大其社會影響，開始在舊的流派之外另闢蹊徑，去尋找一種更加通俗、更易於普及的新文體，從而掀起了一場聲勢浩大的文體革命運動。走在這次運動前列的有康有為、譚嗣同等人，而真正使新文體得以形成的則是梁啟超。

　　康有為是一位思想家、政治家兼文學家。他的散文創作是他從事維新政治活動的一部分。為了更好地起到宣傳維新變法思想的作用，他的散文一掃傳統古文程式，散偶結合，文筆曉暢，感情豐富，氣勢磅礴，具有巨大的鼓動性和強烈的藝術感染力。如傳頌一時的《強學會序》、著名的「公車上書」（《上清帝第二書》）等，都具有這樣的特點。他的政論文敢於直陳時弊，大膽建言，見識卓越，議論深刻，體現出作者敏銳的政治眼光。他的遊記散文語言通俗暢達，描寫生動形象，具有很強的藝術表現力。這些散文從內容到形式都已不見桐城派清規戒律的蹤影，實際上已成為梁啟超「新文體」的先導。

　　譚嗣同的散文創作有一個發展變化的過程。他早年頗喜桐城文章，並刻意學習數年。後來他漸漸看到桐城派的擬古風氣和形式主義對文人的束縛，於是轉而學習魏晉文和駢文。他有意打破古文和駢文之間的界限，主張散文的語言應該駢散合一，應該吸取駢文在氣勢方面的特長。他的散文氣勢雄渾，感情充沛，汪洋恣肆，辭藻華美，帶有明顯的魏晉文的特色。維新變法期間，譚嗣同為了宣傳維

新思想，開始提倡文體解放，大力頌揚「報章體」。他在《報章文體說》一文中，突出強調報章文體的重要性，對於推進散文自身的解放和革新，起到了不可忽視的作用。他所寫的報章體之作，大都氣勢充沛，筆鋒犀利，語言質樸曉暢，條理井然有序，論述邏輯性強，時而雜以俚語、新名詞和外國譯語，完全打破了桐城文「義理」和「雅潔」的樊籬，使文章顯得清新活潑，富有朝氣。像他的《論湘粵鐵路之益》、《記官紳集議保衛局事》等，都是報章體的名篇。譚嗣同在報章體方面的努力和他所形成的藝術風格，為後來「新文體」的形成作出了積極的貢獻。

梁啟超是晚清資產階級改良派的代表，是維新變法運動的重要宣傳者，同時也是文學革新運動的主將之一。在其政治改革活動中，梁啟超始終沒有忘記使用文學這一重要宣傳工具。為了使文學更好地適應宣傳新思想的需要，他對幾種主要的文學形式都進行了大膽的革新，相繼提出了「詩界革命」、「文界革命」、「小說界革命」等口號，成為文學革命的主要發起人和領導者。

在散文革新方面，梁啟超作出了突出貢獻。早在主編《時務報》時，他就倡導一種面向現實、干預時政的文風，主張文章必須以國人最關注的內容為題材。他在《時務報》上發表的《變法通議》，在當時產生了很大影響。後來，在《夏威夷遊記》中，他又明確提出「文界革命」的口號，掀起了文體革命的新浪潮。為了掃清「文界革命」道路上的障礙，梁啟超對八股時文和桐城古文進行了有力批判。他認為八股文只不過是替聖賢立言的工具，根本不能表達作者的思想，也不符合創作的規律，應該予以徹底摒棄。對於桐城文，梁啟超也素不喜愛，認為桐城古文因襲矯揉，無所取材，空疏虛浮，無益社會，拘於義理，死氣沉沉。他認為，散文已到了非變不可的時候了，而改變的唯一方向就是要造就一種趨向「言文合一」的通俗文體，這也正是這次文體革命運動的基本主張。在創作實踐中，梁啟超逐漸實現了這一目標。他在報刊上寫過大量「言文合一」的政論文和雜文，這就是他所竭力探索的「新文體」。這種新體散文大量出現在報章上，特別是《新民叢報》上，所以又稱「報章體」或「新民體」。

關於「新文體」的特點，梁啟超說：

啟超夙不喜桐城派古文，幼年為文，學晚漢魏晉，頗尚矜煉。自是解放，務為平易暢達，時雜以俚語、韻語及外國語法，縱筆所至不檢束，學者競效之，號新文體。老輩則痛恨，詆為野狐。然其文條理明暢，筆鋒常帶感情，對於讀者別有一種魔力焉。[5]

可見，新文體在內容上敢於突破傳統的樊籬，思想解放，視野開闊，信筆所至，毫無禁忌；語言上通俗流暢，灑脫無拘，大膽使用俚語、韻語和外國新名詞，使讀者耳目一新；結構上邏輯嚴密，條理清晰，不故作搖曳跌宕之姿；風格上筆鋒銳利，感情充沛，具有極強的藝術感染力。與蕭敛晦奧的桐城派古文相比，這種文體確實具備了許多新的特徵。

梁啟超的散文創作全面反映了上述特點。他的散文內容十分豐富，涉及當時社會的各個側面，而且選題「必擇眾人目光心力所最趨注者」，具有鮮明的時代特色。其內容大致可以歸納為以下幾個方面：（1）對帝國主義瓜分中國野心的揭露；（2）對封建社會腐朽制度及思想文化的批判；（3）對維新變法及新民說的宣傳。這些內容正是當時中國人所最關切的問題，因而每一文出，都引起了讀者的強烈共鳴，產生了巨大的社會效應。其重要散文如《少年中國說》、《變法通議》、《呵旁觀者文》、《論中國國民之品格》、《新民說》等，都能體現他的政治主張。這些文章直抒胸臆，大聲疾呼，感情飽滿，議論縱橫，具有很強的鼓動性，與桐城文的無病呻吟、空洞無物形成了鮮明對照。

梁啟超的散文語言形式靈活多樣，或奇或偶，或文或白，或中或外，都能運用自如。他特別主張散文語言的平易暢達，致力於一種讓婦孺庶民均能讀懂的新語體。在行文當中，根據表達的需要，時駢時散，且雜以俚語、韻語和外來語，給人一種耳目一新的感覺。他的散文善用比喻，把抽象的事物具體化，把深奧的問題淺顯化，從而使文章更加形象生動，通俗易懂，收到更好的宣傳效果。他還受駢文的影響，喜用對偶和排比句式。為了說理的透徹，不避重複，不惜筆墨，在關鍵之處反覆強調，大肆渲染，使文章具有一瀉千里、不可阻遏的氣勢，代表

5　《清代學術概論》，《飲冰室合集》專集之三十四，62頁。

著中國近代散文創作的新水平。

梁啟超的散文與桐城古文相比，無論是思想內容還是藝術形式，都稱得上是一次大解放。它完全拋棄了桐城派的義法，走上了一條自由化、通俗化的道路，給近代文壇帶來了一種全新的氣象，為中國古典散文向現代散文的過渡做出了重大貢獻，在中國文學史上占有十分重要的地位。

辛亥革命前後，資產階級革命派從文學的功利主義出發，更加重視散文的宣傳和鼓動作用，要求散文能夠成為戰鬥的武器。這種主張集中體現在章太炎的《革命軍序》一文中。作者在文中首先揭示了革命宣傳工作的重要性，認為：「凡事之敗，在有其唱者，而莫與為和，其攻擊者且千百輩，故仇敵之空言，適以墮吾事實。」革命事業要想成功，就必須擁有自己的宣傳工具。他還認為，革命文學要想達到鼓動群眾、感染群眾的目的，就不能採用委婉含蓄的表現手法，而要創造出一種「跳踉博躍」、「叫嘯恣言」的藝術風格，從而使文學作品具有昂揚、激越、雄偉、悲壯的審美特徵，成為蘊含雷霆萬鈞之勢、橫掃千軍之力的戰鬥武器。章太炎的散文創作正是他這種文學主張的具體實踐。特別是他的政論文，旗幟鮮明，筆鋒犀利，富有強烈的戰鬥色彩。他的《駁康有為論革命書》是膾炙人口的政論名篇。作者採用「以子之矛，攻子之盾」的論戰方法，緊緊抓住立憲與革命這個關鍵問題，對康有為進行了有力的駁斥。立論有理有據，駁論切中要害；博引經史，援古證今；善用比喻，形象生動；喜用排句，富有氣勢，讀來激昂慷慨、酣暢淋漓。

此期與章太炎風格相似的散文作家還有鄒容和陳天華等人。陳天華（1875-1905）是一位資產階級革命宣傳家和政治活動家，同時又是這時期的一位文學家。他的作品多數是政論文。這些作品尖銳批判封建君主專制制度，大力宣傳反帝愛國思想和資產階級民主革命，在當時起到了較大的影響。其中如《警世鐘》、《猛回頭》、《論中國宜改創民主政體》等，都是傳誦一時的名篇。鄒容（1885-1905）是近代傑出的資產階級民主革命宣傳家，他的著名散文《革命軍》在當時引起了很大轟動。該文完成於一九〇三年，章太炎曾為之寫序。文章刊登在《蘇報》上，從而引發了轟動全國的「蘇報案」。章太炎被監禁，鄒容自投捕

房，關在獄中，備受折磨，於一九〇五年死於上海西牢，年僅二十一歲。《革命軍》是一篇富有資產階級革命思想和強烈戰鬥性的長篇政論，反對封建專制，呼喚民主革命，是該文的兩大主題。文章深刻揭露了清政府的醜惡本質，高聲呼喚人民群眾起來革命，推翻清政府的黑暗統治，建立民主自由的「中華共和國」。文章極盡渲染之能事，大量運用排比句，循環往復，步步深入，一詠三歎，氣勢雄渾，正如「霹靂一聲，驚數千年之睡獅而起舞」，字裡行間，飽含著革命激情，具有強烈的鼓動性。

章太炎、鄒容、陳天華等資產階級民主革命者的散文創作，以其鮮明的戰鬥色彩和卓越的藝術成就，將梁啟超所倡導的「文體革命」引向深入，在近代文學史上產生了很大的影響。

總的來說，以梁啟超為主將的「文體革命」的功績是卓著的，它實現了舊體散文向「新文體」的轉化，大大推動了文體革命的進程。但是，這次革命仍帶有極大的不徹底性，它所倡導的「新文體」仍然採用半文半白的語言形式，沒有從根本上對散文語言進行改造。如梁啟超、章太炎的散文語言多數是淺近的文言或言文參半。特別是晚期的章太炎，對白話文時有微詞，因而在後來遭到魯迅的批評。魯迅在《名人和名言》中說：「太炎先生是革命的先覺，小學的大師，倘談文獻，講《說文》，當然娓娓動聽，但一到攻擊現在的白話，便牛頭不對馬嘴。」[6]這一問題只是到五四時期的白話文運動中，才能得到徹底解決。

6　《魯迅全集》第六卷，362頁，北京，人民文學出版社，1981。

同光體詩
與「詩界革命」

　　晚清詩壇儘管呈現出紛繁複雜的局面，但基本上可以劃分為相互對立的兩大陣營：一是保守詩派，包括宋詩運動及尤其發展而來的同光體以及同光年間分化出來以王運為代表的漢魏六朝詩派和以樊增祥、易順鼎為代表的晚唐詩派。一是進步詩派，包括鴉片戰爭前後以龔自珍、魏源為代表的啟蒙詩人、戊戌變法前後以梁啟超、黃遵憲為代表的新派詩人以及辛亥革命前後以南社詩人為代表的革命派詩人。這兩大陣營雖然同時並存，卻呈現出不同的態勢。保守派在晚清仍然有較大的勢力，其影響甚至超過新派詩人，但從其發展趨勢上看，他們所創作的擬古詩歌則是每況愈下，代表著中國古典詩歌的終結。而進步詩派儘管一時勢力還不算強大，但他們為新詩的形成進行了可貴的探索，對古典詩歌向新詩的過渡起到了積極的推進作用，代表著後來詩歌發展的基本方向。

一、宋詩運動和同光體詩的興衰

　　宋詩派和同光體是晚清時期重要的傳統詩歌流派。宋詩運動興起於道咸年間，是清初以來「學宋」風尚的繼續。所謂「學宋」，實際上並不是專門學習宋詩，而只是作為明代以來「詩必盛唐」風氣的反對派出現的。他們大體上以杜

甫、韓愈、蘇軾、黃庭堅為楷模，尤以黃庭堅為學習的主要目標。宋詩運動的核心人物是曾國藩，他雖不是宋詩運動的初創者，卻對「學宋」風尚的形成起到了推波助瀾的作用。他倡導宋詩運動，在精神上與以他為盟主的「桐城中興」頗有相通之處。除曾國藩外，該派的著名詩人還有何紹基（1793-1866）、鄭珍（1806-1864）等。他們的詩論十分強調詩的「不俗」，認為作為詩人首先應該注意修身養氣，具備自我獨立的高超品格。這種主張很符合以曾國藩為代表的官僚地主詩人的心理。表現在藝術技巧上，就是要追奇逐新，要語必驚人、字忌習見，這實際上是黃庭堅在詩的語言上要做到「點鐵成金」主張的繼承和發展。他們還倡導「學人之詩與詩人之詩合」，主張以考證入詩，以才學入詩，這便為此後宋詩派詩人以故紙材料入詩提供了理論依據。宋詩運動原是想打破專事模仿盛唐詩風的樊籬，為詩歌創作尋找一個新的門徑，在當時的確起到了一些反形式主義的作用。但由於宋詩運動的領導者多屬官僚地主階層，他們遠離生活，鑽故紙堆，用一種擬古詩風去反對另一種擬古詩風，並沒有取得多大的成就。其中較為值得一提的是鄭珍。

鄭珍，字子尹，貴州遵義人。與大多數身居高位的宋詩派人物不同，他出身貧寒，一生窮困潦倒。他的詩取材廣闊，有不少反映社會現實之作。如樂府組詩《經死哀》等，繼承了漢唐樂府詩歌的現實主義精神，深刻揭露社會現實的黑暗，反映了人民生活的疾苦，是宋詩運動中不可多得的佳作。鄭珍一生創作頗豐，有《巢經巢全集》二十六卷傳世。

宋詩運動發展到同光時代，便產生了「同光體」。關於「同光體」，該派著名詩論家陳衍曾在他所寫的《沈乙庵詩序》中這樣說：「同光體者，蘇堪與余戲稱同、光以來詩人不墨守盛唐者。」可見，「同光體」的名稱最早是由陳衍等人提出的，用以指同、光以來詩人「不墨守盛唐者」。後來在《石遺室詩話》中，陳衍又改為「不專宗盛唐者」。這種說法實際上與前期宋詩運動的主張基本一致，他們都是從反對專事模仿盛唐的風氣出發，把學習的主要目標轉移至宋，其基本宗旨都是以宗宋為主而溯源於韓杜。所不同的是，「同光體」詩所涵蓋的範圍要比前期宋詩運動大，前期宋詩派學習的主要目標是黃庭堅，而「同光體」則是各種學宋詩人的總稱，其學習目標較為分散。

「同光體」雖然總體上以宗宋為主，但其理論主張並不完全一致。而且又因地域的不同分成閩派、贛派和浙派。閩派以陳衍（1856-1937）、鄭孝胥（1860-1938）為代表，他們的宗師溯源於韓愈、孟郊，於宋則學梅堯臣、王安石、陳師道等人。贛派以陳三立（1852-1937）為代表，他們師法的主要目標是蘇軾、黃庭堅，並兼學梅堯臣。浙派以沈曾植（1850-1922）為代表，其他還有袁昶、金蓉鏡等人。三派當中在詩論方面最有名的是陳衍，在詩作方面成績較大的是陳三立。

陳衍，字叔伊，號匹園，別署石遺，福建侯官（今福州市）人。曾經擔任學部主事、《福建通志》總裁、廈門大學文科教授等職，有《石遺室叢書》行世。他的《石遺室詩話》是「同光體」的重要理論著作。書中全面闡述了「同光體」的詩學主張，在當時產生了較大影響。陳衍針對明代以來專事模仿盛唐的擬古詩風，提出了自己的「三元」說。他在《石遺室詩話》中說：「蓋余謂詩莫盛於三元：上元開元，中元元和，下元元也。……余言今人強分唐詩宋詩，宋人皆本唐人詩法，力破餘地耳。」所謂「三元」，即指唐宋三位詩人杜甫、韓愈、黃庭堅所代表的三個重要時期。陳衍認為，將唐詩、宋詩截然分開，專以唐詩為宗的做法是錯誤的，宋詩實際上是承唐人詩法而來的，並且能在繼承唐詩傳統的基礎上有所創新。「三元說」是「同光體」詩學主張的理論核心，為「同光體」宗宋提供了理論依據。但陳衍主張宗宋，實際上並不是讓詩人模仿宋詩，而是要學習宋詩力破唐詩舊習的創新精神。他在《石遺室詩話》中又說：「大家詩文，要有自己的面目，絕不隨人作計，自《三百篇》以逮唐宋各大家，無所不有，而不能專指其何所有。」他指責那些一味泥宋而缺乏變化的詩作為「江湖末派之詩」，強調學宋應在融宋基礎上有所創新，要體現出個人的獨特風格來。但可惜的是，「同光體」的大多數詩人只是發展了陳衍詩論中宗宋的一面，而忽視了其創新的一面。

陳衍還沿襲前期宋詩運動的觀點，繼續主張以才學入詩，認為只有詩人、學者兼於一身，才能寫出好詩。他在《石遺室詩話》中提出：「詩貴風骨，然亦要

有色澤，但非尋常脂粉耳；亦要有雕刻，但非尋常斧鑿耳。」[7]要求詩人要多讀書，要「詞章與考據」兼擅。實際上，陳衍的這種主張與他宗法杜、韓、黃的觀點是相聯繫的。杜甫早就有「讀書破萬卷，下筆如有神」的觀念，黃庭堅也明確提倡做詩要「無一字無來處」。陳衍的主張正是對杜、黃詩歌創作的理論總結。強調詩人的學問修養，這在本質上並沒有錯，但問題的關鍵在於，「同光體」詩人往往偏執一方，把訓詁、考據之學視為詩歌創作的重要源泉，嚴重脫離了現實生活，削弱了詩歌的社會意義，將詩歌藝術引向了歧途。受此影響，「同光體」的詩作語言佶屈聱牙，艱澀難懂，在字句上刻意翻新求奇，違背了詩歌通俗曉暢、生動形象的藝術規律，這是「同光體」詩總體價值不高的一個重要原因。

陳三立，字伯嚴，號散原，江西義寧（今江西修水縣）人，曾任吏部主事，後因幫助其父湖南巡撫陳寶箴推行新政，被清廷革職。此後隨父還鄉，一心為詩。一九三七年盧溝橋事變爆發，憂憤絕食而死。著有《散原精舍詩集》三卷、《續集》三卷、《別集》一卷。陳三立特別痛恨帝國主義列強對中國的侵略，他的詩歌有許多反帝之作。如《書感》、《孟樂大令出示紀憤舊句和答二首》、《人日》、《次韻和義門感舊聞》等詩，都寫出了對八國聯軍入侵的悲憤心情。陳三立還認識到，帝國主義列強之所以敢在中國為所欲為，關鍵在於清政府的腐敗無能，因而他的一些詩作將矛頭直接指向清政府。如《小除後二日聞俄日海戰已成作》、《短歌寄楊叔玖，時楊為江西巡撫，令入紅十字會觀日俄作戰局》等詩，既對日俄兩帝國在中國挑起戰端表示憤慨，又對清政府的愚蠢行徑進行了辛辣諷刺。日俄戰爭，戰場卻在中國，遭受戰禍的自然是中國人民，而此時的清政府卻宣布「局外中立」，詩人對此悲憤不已。陳三立的詩中還有少數反映人民疾苦之作，如《江行雜感》之四、《次韻黃知縣苦雨二首》、《閔災》等詩，都是反映一九〇一年江南淫雨給老百姓帶來的災難的。而《寄調伯弢高郵權舍》等詩則揭露了苛捐雜稅給老百姓造成的沉重負擔。上述諸詩都能與當時社會相聯繫，具有一定的進步意義。但清亡以後，陳三立以遺老自居，寫了一些抒發對清室的留戀和哀感絕望之情的詩歌，反映了作者的消極情緒。

7　轉引自錢基博：《現代中國文學史》，249 頁。

在藝術風格上，陳三立主要取法於黃庭堅和江西詩派，並能得其神理，在「同光體」中屬於「生澀奧衍」派。他的詩好用奇字，刻意翻新，艱澀難懂，大大影響了其感人力量。這也是「同光體」詩人的一個通病。但作為「同光體」的代表詩人，他的詩還是有一定影響的。有人評價他的詩：「其佳處可以泣鬼神，訴真宰者，未嘗不在文從字順中也。而荒寒蕭索之境，人所不道，寫之獨覺逼肖，而一出自然，可謂能參山谷三昧者。」[8]這種評價雖然有些言過其實，但得到學界同仁如此推崇的，絕不會是毫無建樹的平庸之輩。

「同光體」從總體上來說是一個比較保守的詩派，它基本上是以一種擬古詩風去代替另一種擬古詩風，並沒有為詩歌發展找到光明的前途，而且越來越成為詩歌發展的障礙，因而遭到了進步詩派的強烈批判，隨著「詩界革命」運動的深入開展，「同光體」便逐漸被趕下了歷史舞臺。

除「同光體」外，晚清詩壇還有兩個復古詩派，即漢魏六朝派與晚唐派。前者以王闓運（1832-1916）為代表，主張復古，作詩以模擬漢魏六朝為準則，缺乏時代氣息。後者以樊增祥（1846-1931）、易順鼎（1858-1920）為代表，作詩一味模擬晚唐，多以對仗為能事，玩弄豔麗詞句，千章一律，內容貧乏。兩派之中雖然在思想藝術上也都有一些可取之處，但都未能擺脫擬古的樊籬，因而它們和「同光體」一樣，只能成為擬古詩歌沒落的標誌。

二、「詩界革命」的興起與發展

早在擬古詩風盛行的晚清初期，就有不少進步詩人開始探索與之相反的新路子。當時的啟蒙詩人在這方面做出了不可磨滅的貢獻，其中起開創作用的當首推龔自珍。

龔自珍作為一位敏銳而有卓識的思想家和文學家，不僅在散文上和桐城古文

8　錢基博：《現代中國文學史》，236 頁。

形成對立，而且在詩歌上又與宋詩派形成鮮明對照。他的詩以其進步的思想內容和瑰麗的藝術形式，打破了清中葉以來詩壇上那種吟風弄月、無病呻吟的停滯局面，為近代詩歌的發展開闢了一條新的途徑。他的詩大多著眼於社會現實，抒發感慨，議論縱橫，飽含著豐富的時代內容和深刻的思想意義。如他的大型組詩《乙亥雜詩》就是對當時社會現實以及作者個人理想的集中反映。作者對當時死氣沉沉的社會形勢感到窒息，他幻想著「風雷」即一種新的社會力量的出現，以掃蕩一切的迅猛氣勢，打破這種僵死的局面：

> 九州生氣恃風雷，萬馬齊喑究可哀；
> 我勸天公重抖擻，不拘一格降人才。

這裡他所說的「人才」，就是那些能夠變革社會現實的仁人志士，他們是龔自珍心目中的理想人物。龔自珍堅信，巨大的社會變革即將到來，光明的理想社會就在眼前。為了追求自己的理想，龔自珍堅持不懈，至死不渝。他在《乙亥雜詩》其五中，寫下了「落紅不是無情物，化作春泥更護花」的悲壯詩句。但是，由於時代和階級的局限性，作者的理想在他有生之年是無法實現的，這就為他的思想帶來了很大矛盾。他的很多詩歌在雄奇奔放、高昂激越的情調裡，經常夾雜著一種深沉而悲涼的憂鬱感，這正是其思想上的矛盾在詩歌中的反映。

龔自珍特別注重詩歌的個性和激情。他的詩善於運用奇特豐富的想像和多彩新穎的比喻，富有濃郁的浪漫主義色彩。他能夠擺脫傳統格律的束縛，自覺運用古典詩歌的多種形式，使自己的詩歌形式富於變化，靈活多樣。他的詩語言清奇多彩，不拘一格，或瑰麗，或樸實，或古奧，或通俗，一切都從表達內容的需要出發，形成了個人獨特的藝術風格，這也是龔自珍創新精神在詩歌創作中的體現。這種創新精神有力地推動了晚清詩歌的發展，為「新體詩」的誕生起到了「啟蒙」作用。

鴉片戰爭期間，魏源、林則徐等進步詩人沿著龔自珍開創的路子，對當時的侈靡詩風繼續進行衝擊。他們創作了大量反映鴉片戰爭過程及戰後中國社會變化的詩歌，這些詩歌大都緊扣時代的脈搏，飽含著豐富的現實意義。如魏源的《寰海》十章歌頌了三元裡人民抗擊侵略者的英勇鬥爭，痛斥了統治階級賣國投敵的

醜惡行徑。林則徐《赴戍登程口占示家人》中的「苟利國家生死以，豈因禍福避趨之」，更是廣為傳誦的名言佳句，充分表現了林則徐作為一位愛國主義政治家崇高的品格和曠達的胸懷。其他如張維屏（1780-1859）、張際亮（1799-1843）、姚燮（1805-1864）、朱琦（1803-1861）、貝青喬（1810-1863）等都是此期的著名詩人，他們所寫的戰爭史詩在當時都產生了一定的影響。

真正在藝術上對傳統詩壇發起衝擊的，是「詩界革命」運動和「新體詩」的創作。「詩界革命」和「文體革命」的背景一樣，都是為了適應資產階級改良運動的需要，對舊的文學形式提出革新的要求。「詩界革命」的口號是一八九九年由梁啟超正式提出的。在這面旗幟下，聚集著像康有為、譚嗣同、黃遵憲（1848-1905）、夏曾佑（1863-1924）、蔣智由（1865-1929）、丘逢甲（1864-1912）等一大批進步詩人，形成了轟轟烈烈的詩歌革命運動。這次運動的根本宗旨集中體現在梁啟超的詩歌理論中。

梁啟超本人的詩歌創作遠不及其散文創作的成就大，他對詩歌的貢獻主要表現在理論建設上。他提出了「詩界革命」的口號，為晚清詩歌的發展指明了方向。他認為，詩歌創作必須適應近代社會發展的需要，必須反映新的時代內容；傳統詩歌之所以日趨衰落，就在於它已無力承擔這一歷史使命；這就要求詩人擺脫傳統的束縛，勇於探索新的創作道路。他在《夏威夷遊記》中強調指出：「支那非有詩界革命，則詩運殆將絕。雖然，詩運無絕之時也，今日者革命之機漸熟，而哥侖布、瑪賽郎之出世，必不遠矣。」意思是中國詩界在擬古詩風的影響下已經發展到山窮水盡的地步，不革命就無出路。然而，「詩界革命」的時機已經成熟，中國詩界的「哥侖布」、「瑪賽郎」式的革命人物必會應運而生。這是晚清較早揭出「詩界革命」旗幟的文字。所謂「詩界革命」是提倡用反映新的時代特點和時代精神的新詩歌，取代舊詩歌。新詩歌的特點何在？梁啟超指出：「第一要新意境，第二要新語句，而又須以古人之風格入之，然後成其為詩。」[9]他所說的「新意境」、「新語句」指的是西方的新文化；「以古人之風格入之」是

9　梁啟超：《夏威夷遊記》，《飲冰室合集》專集之二十二，191、189 頁。

指對舊詩歌在形式上、風格上的一定保留，反映了「詩界革命」不徹底的一面。「詩界革命」實質上是要在舊的詩歌形式中注入全新的內容，就是要在保流傳統詩歌風格的基礎上，勇於吸取西方文化中的優秀素養，打破中國傳統詩歌的封閉系統，使中國詩歌面向西方、面向世界。這一方向是和資產階級改良派所追求的個性自由相一致的。

在「詩界革命」的創作實踐中，成就最大的是黃遵憲。黃遵憲，字公度，廣東嘉應州人。有《人境廬詩草》、《日本雜事詩》等著作。他一生曾幾度出任外交使節，足跡遍及五大洲。豐富的生活經歷和對東西文化較為深入的理解，使他的詩歌理論和實踐都具有視野開闊、勇於創新的特點和反傳統的精神。黃遵憲有著遠大的政治抱負，曾參與康、梁變法，努力向西方尋求真理，企圖改革腐朽的內政，挽救民族危機，是資產階級改良派的積極活動家，也是一個忠實的愛國者。他並不甘心於以詩人自命，而是想以詩歌為工具，去宣傳他的政治主

黃遵憲像

張，這就決定了他的詩歌必然具有堅實的現實主義基礎。他堅決反對傳統詩壇的擬古主義，提出「我手寫我口，古豈能拘牽」[10]的現實主義觀點，明確倡導以白話入詩。在表現方法上，他主張既要繼承古人優良的藝術傳統，又要力求創新，要在吸取古人精華的基礎上，創作出具有自己獨特風格的作品來。這充分體現了黃遵憲對傳統詩歌的變革精神。

反映甲午戰爭前後四十年的歷史風雲，歌頌中國人民的反帝愛國熱情，是黃遵憲詩歌中光輝照人的部分，也是他詩歌創作的主旋律。他的詩歌組合起來，可稱得上一部長篇詩史。如《悲平壤》、《東溝行》、《哀旅順》、《臺灣行》等一組詩，相當深刻地反映了甲午戰爭的全過程；《上黃鶴樓》、《書憤》、《馮將軍歌》

10 黃遵憲：《雜感》，《人境廬詩草箋注》卷一，42 頁，上海，上海古籍出版社，1981。

等詩，強烈譴責了甲午戰敗後清政府的賣國行徑，熱情歌頌了抗敵將士的英雄事蹟，表現出詩人濃郁的反帝愛國熱情。黃遵憲的詩中還有大量描寫西方新事物、新思想的內容，讀來令人耳目一新。有名的《今離別》四首，寫傳統的遊子思婦題材，而以火車、輪船、電報、照相片、東西半球晝夜相反的現象構成離別相思的情景，別開生面，獨具韻味，確實給詩界帶來了新氣息。

黃遵憲晚年的詩歌理論和創作又有了新的發展，他提出了一種「新體詩」，名曰「雜歌謠」。這種詩歌注重吸取民間歌謠的特點，篇幅長短不一，字數多少不等，句式富於變化，風格豐富多樣，內容上要求棄史籍而就近事。這種「新體詩」的出現和盛行，使「詩界革命」又進入了一個新境界。

在「詩界革命」運動中，譚嗣同、康有為等人的詩歌創作也很有成就。譚嗣同是一位傑出的資產階級啟蒙思想家，同時又是一位詩人，是「詩界革命」運動的倡導者之一。他的詩中也有不少反映當時重大歷史事件、抒發愛國熱情之作。如甲午戰敗後，他寫下了《雜感一章》，發出了「四萬萬人齊下淚，天涯何處是神州」的慨嘆，反映了作者對國運將盡的憂慮和悲憤，代表著當時中國人民的共同心聲，具有深刻的時代內容和強烈的藝術感染力。戊戌變法失敗後，譚嗣同為維新事業獻出了寶貴的生命，但他那頑強不屈的精神並沒有消亡。他在《獄中題壁》中所寫的「我自橫刀向天笑，去留肝膽兩崑崙」，可謂千古絕唱，永遠激勵著革命者為追求真理而獻身。

康有為是一位很有雄心也很自負的思想家和政治家。他的詩如其人，很有氣魄。如《登萬里長城》二首，以壯闊的背景、恢宏的氣勢、縱橫千里的詩筆，把長城的形象寫得雄偉壯麗、莊嚴巍峨，同時也寫出了詩人渴望成為創造世界的英雄的豪邁情懷。康有為一反明代以來的擬古詩風，直抒胸臆，獨闢境界，想像豐富，文辭瑰麗，表現出一種蓬勃奮激的氣勢和積極進取的精神，顯示出處於上升時期的資產階級改良派的戰鬥風貌。

「詩界革命」的影響是深遠的，它為其後的資產階級革命派詩的出現開闢了道路，為五四新詩的誕生創造了條件，在中國詩歌發展史上占有極其重要的地位。

到了資產階級民主革命時期，一批優秀的革命詩人沿著「詩界革命」開創的道路繼續前進，使詩歌革命進行得更加深入。他們重視詩歌的社會作用，把詩歌作為戰鬥的武器，干預時政，宣傳革命，同清王朝和帝國主義列強進行了不懈的鬥爭。除了革命詩人章太炎和秋瑾外，「南社」詩人在此期詩壇上占有極其重要的地位。

章太炎非常重視詩歌的「言志」作用，強調詩歌要反映社會內容，抒發作者的真實感情。他針對近代宋詩派所謂「學人之詩與詩人之詩合」的論點，提出了詩主性情、與學無關的主張，反對以考據入詩、以才學入詩。這些主張對於淨化詩歌語言，增強詩歌的形象、韻味，具有積極的意義。章太炎的詩歌數量不多，內容卻很豐富，或者抒發自己的鬥志（如《艾如張》、《雜感》等），或者揭露保皇黨的政治實質（如《詠南海康氏》等），或者歌頌愛國志士、哀悼革命先烈（如《山陰徐君歌》、《鵲按屍鳴》等），而且多與當時的政治鬥爭和社會現實密切相關，是當時歷史風雲變幻和詩人思想變遷的藝術反映。作者繼承漢樂府及魏晉詩歌中的現實主義精神，充分發揮了詩歌的戰鬥作用。他的詩歌多是五言古詩，風格上古樸雅麗，格調純正，意蘊深遠，頗具特色。但由於其詩用典過多，語言艱深，在一定程度上限制了其影響的發揮。

秋瑾（1877-1907）是晚清傑出的女革命家和女詩人，字璿卿，號競雄，別署鑒湖女俠，浙江山陰（今紹興）人。一九〇四年赴日留學，次年先後加入光復會和同盟會。一九〇六年因反對日本取締留學生而歸國，在上海創辦《中國女報》，提倡女權，宣傳革命。一九〇七年回紹興組織光復軍，準備發動武裝起義，事洩被捕，英勇就義，年僅三十一歲。秋瑾自幼喜歡詩歌，投身革命後，更是旗幟鮮明地以詩歌作為戰鬥的武器。關心國家危亡，抒發愛國主義情感，表達頑強的革命鬥志，是秋瑾詩詞的中心內容。秋瑾身為女子，卻生性豪放尚俠，表現出強烈的叛逆精神，她早期的《劍歌》、《寶刀歌》等詩就已反映出這一點。作者託物言志，通過對刀劍的讚美，寄託詩人的壯懷。秋瑾是婦女解放的積極倡導者，她的《題芝龕記》、《勉女權歌》等詩痛斥重男輕女的惡習，大力宣傳男女平等，並進一步把婦女解放運動作為當時民族解放運動的重要組成部分。秋瑾同情人民的苦難，痛恨清政府的腐敗與黑暗，運用詩歌對清王朝進行了深刻的揭

露和無情的鞭撻，她的歌詞《同胞苦》就是這方面的代表作。對於外敵的入侵，秋瑾更是切齒痛恨，《寶劍歌》中寫道：「飢時欲啖仇人頭，渴時欲飲匈奴血。」強烈的民族仇恨和愛國熱情溢於言表。為了「驅逐韃虜，恢復中華」，詩人甘願拋頭顱，灑熱血。在《黃海舟中日人索句並見日俄戰爭地圖》一詩中，她喊出了「拼將十萬頭顱血，須把乾坤力挽回」的時代最強音，在當時起到了極大的震撼作用。秋瑾的詩大都充滿火熱的革命激情和昂揚的戰鬥精神，猶如革命的號角，激勵著人民去鬥爭；又如鋒利的刀劍，直刺敵人的心臟。與這種奮發激進的革命內容相適應，秋瑾詩歌的藝術風格剛健遒勁、渾雄豪放，具有濃厚的浪漫主義色彩。她的詩歌形式大部分是舊體，但在舊形式中注入了嶄新的革命內容，這明顯是接受了「詩界革命」的積極影響。她還適應內容表達的需要，在詩歌形式上進行大膽創新，對五四新詩的出現起到了一定的促進作用。

南社成員虎丘合影

南社是近代資產階級民主革命運動中成立的一個以詩歌創作為主體的文學社團。一九〇八年由陳去病（1874-1933）、高旭（1877-1925）和柳亞子（1887-1958）在上海發起，一九〇九年正式成立於蘇州。南社的命名即含有強烈的政治色彩，取與統治中心處於北方的清廷相對抗之意。南社的宗旨就是要用文學創作反抗清朝封建專制，鼓吹資產階級革命。基於這一目的，南社詩人十分注重詩

歌的社會功能，要求詩歌首先要面向現實，為當時的救亡圖存和反清革命服務。在詩風方面，南社詩人一改當時流行的尊宋之風，提倡「唐音」，從一開始就站在了宋詩派和「同光體」的對立面。柳亞子曾經說過：晚清後期的幾十年，「是比較保守的同光體詩人和比較進步的南社詩人爭霸的時代」[11]。而最後的勝利者當然是南社詩人。實際上，南社與「同光體」的鬥爭，不僅僅是審美情趣和文學批評標準的不同，更重要的是政治上的因素，它反映了具有革命思想的進步詩人和以思想保守的達官貴人為主體的「同光體」詩人在思想意識方面的尖銳矛盾。南社詩人十分推崇龔自珍，其重要詩人都深受龔自珍浪漫主義詩風的影響。他們還繼承「詩界革命」的積極的一面，注重從內容方面對詩歌進行革新，為近代詩歌的發展做出了重大貢獻。

南社是一個龐大的文學社團，其成員多達千餘人，其中有不少著名的詩人。除上面提到的三位發起人外，還有馬君武（1881-1940）、蘇曼殊（1884-1918）、于右任（1879-1964）等。他們創作了大量政治性很強的詩歌，對推進資產階級民主革命的發展起到了很大作用。

柳亞子是南社的核心人物，對南社的成立和發展起到了關鍵作用。他不僅團結了大批革命詩人，而且自己也創作了數千首詩詞，取得了輝煌的成就。他的詩歌具有豐富的歷史內容，是當時社會現實的真實寫照。他的《有懷章太炎、鄒威丹兩先生獄中》直接以「蘇報案」這一歷史事件為背景，歌頌了章、鄒等人大無畏的革命精神，反映了作者的愛國熱情和革命鬥志。《孤憤》、《三哀詩》等詩則憤怒譴責了袁世凱的倒行逆施，深切哀悼慘遭殺害的革命烈士，充分體現了作者革命的堅定性。柳亞子的詩深受「詩界革命」的影響，詩中充滿了新名詞、新思想、新境界，很有些新派詩的味道。柳亞子還十分推崇龔自珍，在詩風上繼承了龔自珍的積極浪漫主義傳統，形成了慷慨悲壯、激昂高亢的藝術風格。他的詩歌感情豐富，形象生動，韻味濃厚，能夠深深打動讀者，催人振奮，給人力量，令人回味無窮。

---

11 柳亞子：《介紹一位女詩人》，《懷舊集》，238 頁，上海，上海書店，1981。

總之，從「詩界革命」到南社詩人，進步詩派得到了迅速發展，在詩歌理論和詩歌創作上都取得了巨大的成績。但是，由於時代和階級的局限性，他們不可能將詩歌革命進行到底。如康有為等改良派在民主革命到來之際，迅速站在了革命的對立面，成了歷史發展的絆腳石。梁啟超也在康有為的牽制下和各地保皇黨人的影響下，思想日漸落後於時代，甚至曾經為袁世凱效力。他後期的一些詩歌，如《人日立春》、《十六日誌慟》等，反映出他的保皇傾向和害怕革命的陰暗心態。袁世凱復辟後的南社也發生了急遽退化，一部分社員思想趨向消沉，甚至被袁世凱收買，完全走向反動。南社內部也因「唐宋之爭」開始分裂，形成了嚴重的派性對立。五四新文化運動到來後，不少南社社員跟不上時代的步伐，不少人站在了新文化運動的對立面，這樣南社便在新文化運動的衝擊下逐漸解體了。對於詩歌形式的革新，從「詩界革命」到南社詩人，都沒能解決好這一問題。梁啟超提出「以舊風格含新意境」，柳亞子則說：「形式宜舊，內容宜新。」[12]他們都是採用舊瓶子裝新酒的辦法。新內容雖然能夠用舊形式來表達，但它必然受到舊形式的局限，這是從「詩界革命」到南社詩人始終未能完全解決的矛盾。隨著詩歌的向前發展，新內容必然要求有與之相適應的新形式，從而達到內容和形式的高度統一，這一問題只有到五四新詩出現以後才能得到真正解決。

---

12 柳亞子：《與楊杏佛論文學書》，《柳亞子文集·磨劍室文集》，上海，上海人民出版社，1985。

第三節 ·
「小說界革命」

　　晚清初期，在龔自珍、魏源等啟蒙思想家的倡導下，詩歌和散文都發生了明顯的變革，從而為其後的「文體革命」和「詩界革命」開闢了道路。但在小說界，卻仍是一潭死水。龔自珍等人囿於輕視小說的傳統觀念，沒有認識到小說的社會作用，沒有將新的思想觀念引入小說界。因此，從鴉片戰爭前夕一直到甲午戰爭的幾十年裡，仍舊是古典封建小說的延續期。這種延續是以一種漸趨衰弱的姿態進行的，是清中葉小說創作高度繁榮後的一個低谷。此期小說思想性較低，藝術上也沒有多大價值。小說的內容和題材往往遠離社會現實，表現形式故步自封，拒絕任何變化，完全處於停滯與封閉狀態，大大落後於時代的步伐，也落後於詩文的發展。此期小說的作者大都是思想保守的封建文人，他們迫於清政府的文化高壓政策，不敢對統治階級進行正面的批判，而是幻想通過清官和俠客來維持正義，從而挽回封建統治日漸沒落的命運。更有些作者貪圖功名利祿，公然站在統治階級的立場上，對封建社會的叛逆者進行誣衊和攻擊。還有些作者喪失了生活的遠大目標，一味沉迷於醉生夢死的淫樂生活，將一些低級趣味引入小說之中，反映了封建文人的墮落和衰敗。此期小說創作有兩大潮流：俠義公案小說和狹邪小說。

　　俠義公案小說是俠義小說和公案小說的合流，實際上又是對以《水滸傳》為代表的英雄傳奇小說的反動。自《水滸傳》以來，通俗小說形成了一個描寫民間

英雄傳奇的系統。但隨著封建道德意識在社會中的不斷深化，這類小說的反抗意識越來越淡薄，英雄人物越來越受正統道德觀念及官方力量的支配，甚至最終成為統治者的股肱。這樣，在清中葉便出現了以《施公案》為開端的俠義公案小說，並於道光以後得以大規模發展。這類小說雖然也能在一定程度上揭露當時社會的黑暗面，但主要是在宣傳一種封建奴化思想。其中較有影響的有俞萬春的《蕩寇志》、石玉昆的《三俠五義》和文康的《兒女英雄傳》等。

狹邪小說是中國言情小說的一種。它主要以描寫妓女、嫖客的生活為主，所以魯迅稱之為「狹邪」。這種小說實際上是古代才子佳人小說的變種，它只不過是把主人公由才子佳人換成了妓女嫖客，再加上一些污穢的筆墨而已，使得原來高雅的才子佳人小說走向墮落。從社會角度來看，晚清資本主義的崛起，使得一些大城市日益商業化，妓女業也隨之發達。一些文人在當時的黑暗社會中找不到出路，便經常出入青樓，在伶優和妓女中尋找知音，以排遣心中的抑鬱和痛苦，這便為狹邪小說的產生提供了現實基礎。狹邪小說雖然在一定程度上反映了封建制度的腐敗和封建文人的墮落，但由於作者多以欣賞的眼光而不是從批判的角度去描寫狎妓生活，使得這類小說具有濃厚的低級趣味。這類小說較著名的有陳森的《品花寶鑑》、魏秀仁的《花月痕》和韓邦慶的《海上花列傳》等。

甲午戰爭失敗後，中國社會更加黑暗。資產階級改良派配合維新變法的需要，開始重視小說的社會作用，把新的思想觀念引入小說創作和小說理論，在小說界掀起了一場轟轟烈烈的革命。在這次運動中充當旗手的是「文體革命」和「詩界革命」的倡導者梁啟超。梁啟超在十九世紀末率先注意到小說的社會作用，他在一八九七年寫的《變法通議·論幼學》中，就認為小說可以「激發國恥」、「移風易俗」、「其為補益，豈有量耶」，提出要以「新編小說」取代「誨淫誨盜」的舊小說，從而強化小說的社會作用。戊戌變法失敗後，梁啟超逃亡日本，為了啟迪民智和宣傳維新思想，他首先提出要大量翻譯、出版西歐和日本的「政治小說」。為此，他寫了《譯印政治小說序》，第一次提出「政治小說」的概念，強調了小說的政治功能。一九〇二年，他發表了《論小說與群治之關係》，正式提出了「小說界革命」的口號，並對小說的地位、社會作用、藝術特徵等問題作了系統的闡述，可視為「小說界革命」的理論綱領。梁啟超還在《新小說》

上開闢《小說叢話》專欄，專門為小說理論研究提供園地，為小說理論的繁榮作出了巨大貢獻。

以梁啟超為代表的資產階級改良派的小說理論主要包括以下幾個方面：第一，衝破傳統桎梏，更新小說觀念。以往的統治階級總是把小說視為不登大雅之堂的彫蟲小技，甚至把小說斥為「邪宗」，並排斥在正統文學之外。梁啟超等人則大異其趣，公然把小說提高到「文學之最上乘」的地位，認為社會進步，「賴俚歌與小說之力」為多，「小說為國民之魂」[13]。嚴復和夏曾佑在《本館附印說部緣起》一文中，更將小說的地位置於經史之上，這在以前是難以想像的。這種新型的小說觀念，對小說的發展具有十分重要的意義。第二，重視小說的社會作用，強調小說與政治的關係。這個方面是此期小說理論的最大特色。以往的小說理論僅僅將小說的作用歸結為「娛心」與「勸懲」，而資產階級改良派出於宣傳維新思想、進行社會改革的政治需要，明確提出要將小說當作改良社會、革新政治的工具。梁啟超特別重視政治小說，並以有利於政治之進步作為小說批評的標準，這與封建文人所謂「懲惡勸善」的批評標準有著本質的不同，體現了梁啟超小說觀的新的時代和階級特色。在選材方面，梁啟超說，凡譯小說，當擇有關切於當時中國時局者，明確認識到小說要想起到改良社會的作用，就必須把握住時代的脈搏。第三，初步探討了小說的藝術特徵和創作理論。以往的封建文人由於視小說為「末作」，從沒有也不可能對小說的藝術特徵和創作規律進行科學的研究。梁啟超等人第一次在這方面進行了探索和嘗試，對小說的特徵、小說和生活的關係、人物形象的塑造、小說的藝術感染力等問題都有所闡述。他們認識到小說與科學著作的區別，就在於它的形象性、趣味性和藝術感染力，強調虛構性和典型性是小說創作的基本規律。關於小說的藝術感染力，梁啟超在《論小說與群治之關係》中提出了小說的四種「神力」：「熏」、「浸」、「刺」、「提」。「熏」是指感情潛移默化；「浸」是指感人至深；「刺」是指突然刺激讀者感情；「提」是指使讀者感情與小說相融合。這四個方面從文藝心理方面揭示了小說對讀者起感染作用的全過程，是梁啟超對中國小說理論的一大貢獻。關於小說人物形象的

---

13 梁啟超：《論小說與群治之關係》，《梁啟超選集》，349 頁，上海，上海人民出版社，1984。

塑造，梁啟超等人也有不少好的見解。儘管這些認識還顯得比較粗糙、幼稚，缺乏科學體系，但其開創之功是不可磨滅的。它們打破了傳統觀念對小說的偏見，有力地衝擊了以往由封建文人所操縱的小說界，徹底掃蕩盛行一時的俠義公案小說和狹邪小說，帶來了小說創作的高度繁榮。

在「小說界革命」的推動下，從甲午戰爭到辛亥革命前夕的短短十幾年內，小說創作如雨後春筍，出現了前所未有的繁榮局面，第一次在整個文學領域取得了主導地位。據《中國通俗小說總目提要》統計，此間的小說多達五百二十餘種。一批專業小說家如吳沃堯、李寶嘉等也應運而生，並不斷增多，形成了中國小說史上第一批專業小說作家隊伍。印刷業的發展為小說的發表提供了廣闊的園地，出現了專門刊載小說的文藝刊物，如《新小說》、《繡像小說》、《月月小說》、《新新小說》等，它們都對小說的繁榮起到了較大的推動作用。

登載新小說的刊物《繡像小說》

此期的小說創作不僅數量眾多，而且在思想內容、藝術形式上都與以往的小說有明顯的不同。特別是在題材方面，更是表現出空前的廣闊。此期小說完全擺脫了舊小說只寫帝王將相、英雄豪傑、才子佳人、神仙鬼怪的題材限制，將廣闊的現實社會作為描寫的主要對象，廣泛地反映了當時現實生活的各個方面，成為晚清社會的百科全書。有反映重大歷史事件的，如洪興全的《中東大戰演義》等；有反映社會各方面的變革的，如姬文的《市聲》、頤瑣的《黃繡球》、梁啟超的《新中國未來記》；還有少數描寫封建買辦文人無聊生活的所謂「寫情小說」，如李寶嘉的《海天鴻雪記》、吳沃堯的《恨海》等。但數量最多的是專門揭露社會黑暗、譴責封建統治的作品。這類小說以批判為武器，無情剖析與抨擊了晚清社會各個領域、各個層面上的腐敗、醜惡和黑暗，其批判之尖銳、激烈和全面，是史無前例的。這種具有鮮明批判意識的小說在當時蔚然成風，形成了晚清文學史上的批判現實主義潮流。但由於這類小說為了迎合讀者求一時之快的心

理，描寫往往言過其實，顯得浮露而缺乏深度，所以魯迅認為它們還不夠諷刺小說的資格，便稱之為「譴責小說」。其代表作品有李寶嘉的《官場現形記》、吳沃堯的《二十年目睹之怪現狀》、劉鶚的《老殘遊記》、曾樸的《孽海花》，它們通常被合稱為「清末四大譴責小說」。

李寶嘉（1867-1906），字伯元，江蘇武進（今江蘇常州）人。他的思想是充滿著矛盾的，他雖然認識到了清政府的腐敗，但由於政治上保守，他不僅敵視革命派，對維新變法也斥為「過激」。思想上的矛盾使他的一生都是在苦悶徬徨中度過的。他先後主編過《指南報》、《世界繁華報》、《繡像小說》等刊物，發表過《官場現形記》、《文明小史》、《活地獄》等長篇小說。這些作品對當時的社會現實大都有全面的反映，對封建統治的黑暗也有比較深刻的揭露，並在一定程度上反映了廣大人民的反抗鬥爭。其中《官場現形記》的成就最高。《官場現形記》共六十回，由許多相對獨立的短篇蟬聯而成。這部小說繼承了《儒林外史》等諷刺小說的批判現實主義傳統，形象地再現了晚清官場光怪陸離的畫面，較深刻地揭露了當時官僚制度的腐敗與墮落，加深了人們對當時社會黑暗現實的認識，對於加速封建政權的瓦解，增強人們的反封建意識，促進人民的覺醒具有十分積極的意義。但小說在思想上也有局限性，它沒有從根本上否定造成官場腐敗的根源——封建制度，對農民起義也有誣衊之詞，這都是由作者思想上的矛盾造成的。

吳沃堯（1866-1910），字趼人，廣東南海人，出生破落的官僚家庭，早年曾創辦《月月小說》並自任主筆。他不斷接受資產階級改良主義思想的影響，產生了一定的反封建意識。但他的這種意識又很不徹底，對前途缺乏信心，所寫作品大都帶有濃厚的悲觀情緒。特別是他後期的思想，消極的成分加重，最終站在了資產階級民主革命的對立面，成為封建統治的維護者。他先後創作了《二十年目睹之怪現狀》、《痛史》、《九命奇冤》等三十餘種小說，其中長篇小說《二十年目睹之怪現狀》最為有名。這部小說共一百〇八回，是一部帶有自傳性質的作品。小說通過「九死一生」在二十年中耳聞目睹的無數怪現狀，反映了一八八四年（光緒十年）中法戰爭前後到二十世紀初期的社會現實，暴露了封建社會總崩潰時期統治階級的腐敗與墮落。與《官場現形記》相比，它所反映的內容更為廣

泛。它不僅描寫當時的官場，還涉筆商場和洋場，並旁及醫卜星相、三教九流等各個階層，是晚清社會的綜合反映，對於認識封建制度的腐敗很有價值。但作者看不到人民的力量，反對當時正在興起的資產階級民主革命，鼓吹改良主義，這是其思想的嚴重缺陷。藝術上雖然比《官場現形記》略顯緊湊，但描寫過於浮泛，有自然主義傾向；過分追求奇聞趣事，過分誇張，削弱了小說的藝術感染力。

劉鶚（1857-1909），字鐵雲，江蘇丹徒（今江蘇鎮江）人。出生於官僚家庭。他崇尚「西學」，在思想上屬于洋務派。他站在封建統治階級的立場上，對晚清殘敗的政治局勢深感悲哀，又想挽回這種局面。他積極提出所謂「扶衰振敝」的主張，建議借外資興辦實業、築路開礦，妄圖通過這種途徑來「補」封建社會之「殘」。他的長篇小說《老殘遊記》正是通過「老殘」在遊歷途中的所見所聞，來反映自己的這種思想。其中主人公老殘又名補殘，其寓意就在於此。但他的建議並沒有得到採納，這又使他對時局的悲哀變為絕望，他把《老殘遊記》稱為「哭泣」之作，正體現了他救世不成、幻想破滅、對前途無可奈何、以至悲觀消沉的哀痛

劉鶚像

心情。劉鶚雖然譴責黑暗的吏治，但他卻竭力維護封建專制制度，詛咒農民的反帝鬥爭和資產階級民主革命，這使得《老殘遊記》在思想上具有濃厚的消極色彩。《老殘遊記》在人物形象的塑造方面缺乏動人力量，但對事物的描寫卻比較細膩，語言清新流暢，寫景自然逼真、色彩鮮明，給讀者以美的享受，具有一定的藝術價值。

曾樸（1872-1935），字孟樸，江蘇常熟人。曾參加過戊戌變法。其思想雖然在一定程度上同情資產階級革命，但基本立足點仍在改良主義方面。因而他既參加過抗議清政府殺害秋瑾等革命者的活動，又參加過張謇等人的立憲運動，體現了他同封建政治勢力之間密切的聯繫。曾樸思想的複雜性在其長篇小說《孽海

花》中有著全面的反映。《孽海花》共三十五回，由曾樸和其好友金天翮共同完成。小說以曾出使俄、德等國的大臣金雯青和妓女傅彩雲的故事為線索，描寫了同治初年到戊戌變法前夕這三十年清王朝在政治、外交及社會各方面的動盪情況，揭露了晚清腐敗的政治和帝國主義列強侵略中國的野心，喚醒人們認識當時存在的嚴重的社會危機。與其他譴責小說不同的是，《孽海花》在政治傾向上是贊同革命的，它對清政府的批判更為強烈和深刻，並敢於把矛頭直接指向慈禧等最高統治者，敢於宣傳資產階級民主革命的新思想。但遺憾的是，小說的政治傾向性有時十分模糊，對於人物的褒貶令人難以把握，再加上小說中過多的逸聞豔情，大大削弱了作品的思想成就。《孽海花》在結構上有一些特色。全書若斷若續的手法，既受了《儒林外史》等小說的影響，又有所突破。它不是單線發展，而是盤曲迴旋，時放時收，東西交錯，不離中心。這種對結構的重視，同作者熟悉西洋小說不無關係。但由於《孽海花》人物眾多，事件紛繁，因而在人物形象的描繪上不夠細緻，缺乏生動鮮明的典型形象。

　　此期小說的繁榮，是「小說界革命」帶來的成果，在中國小說史上占有重要的地位。但必須指出，這種繁榮只是表現在數量上，在質量上卻沒有什麼提高，甚至還有所下降。多數小說雖然突破了帝王將相、才子佳人的傳統範圍，納入了廣泛的社會題材，並對社會現實有所揭露和批判，反映了當時中國社會存在的矛盾，具有積極意義，但在思想水平上很少能超過資產階級改良派，更有的還跳不出洋務派「中體西用」論的樊籬。在寫作上，由於「小說界革命」的倡導者梁啟超等人從功利主義出

《孽海花》封面

發，過分地宣揚小說的社會作用，而忽視了小說自身的藝術規律，僅僅把小說作為政治的傳聲筒，許多小說雖然對傳統的諷刺手法、白描手法有所繼承，但往往「筆無藏鋒」，用極度誇張甚至漫畫化的手法來代替典型的塑造，以致流於輕薄而失去真實性。它們大體上是順應時俗之作，與現實政治、大眾需求的關係較為密切，而缺乏作者自己的人生體驗和深刻思考；它們普遍注重故事性，忽視人物

形象的典型性，在小說藝術方面沒有取得多大成就。因此，這一階段小說的繁榮，只能算是一種畸形的繁榮。

在此基礎上，資產階級革命派吸取「小說界革命」的經驗和教訓，對小說有了更為深刻和全面的認識，產生了一批新型的小說理論家，其中較重要的有黃人、徐念慈、王鐘麒等。他們的小說理論文章多數發表在黃人主編的《小說林》上，故有「小說林派」之稱。他們首先恰當地論述了小說的性質、地位與作用，擺正了社會生活與小說創作的因果關係。在此之前，梁啟超等人為了改變人們輕視小說的傳統觀念，提高小說的社會地位，他們不適當地誇大了小說的社會作用，顛倒了小說與社會生活的因果關係，忽視了小說的審美屬性和藝術功能，給當時的小說創作帶來了不良影響。針對這種理論上的偏頗，革命派小說理論家提出了強烈的批評。黃人在《小說林·發刊詞》中最精彩的議論，就是批評改良派只把小說當作宣傳政治的工具、從而抹殺小說的美學特徵的錯誤做法。徐念慈在《余之小說觀》中也明確指出：「小說固不足以生社會，而惟有社會始成小說。」認為社會生活是小說創作的基礎和源泉，這種因果關係是不能顛倒的。他們在正確闡述社會生活對小說的制約與決定作用的同時，也並未忽視小說對社會和人生的積極影響。王鐘麒在《論小說與改良社會之關係》中指出，小說是普及愛國思想、宣揚救亡圖存的最有效的工具，因而他要求作家要「選擇事實之於國事有關者而譯之著之」，從而促進社會的發展。其次，革命派小說理論家借鑑西方種種流派的主張，對小說創作規律進行了深入探討。徐念慈在《小說林·緣起》中集中介紹了黑格爾等德國哲學家的理論，第一次從美學高度闡明小說的功用和特徵，認為小說是「合理想美學、感情美學而居最上乘者」，小說創作要高於生活，要描寫人們在現實生活中所得不到滿足的理想願望和美感追求；認為小說要想給人以「美之快感」，就必須創造出個性化、具體化的藝術形象來，強調形象性在小說創作中的重要性。這些主張對於糾正當時小說創作中的公式化、概念化等忽視「美」的傾向產生了積極影響。再次，革命派小說理論家堅持現實主義的藝術原則，強調小說必須真實地反映社會生活。黃人在《小說小話》中提出，描寫人物要從現實生活出發，寫出人物思想性格的複雜性，要把真實、生動、令讀者歡賞放在極其重要的位置上，即使是正面人物，也不能過於完善，而要符合生

活的真實。黃人還針對當時小說描寫少而議論多的缺陷，強調作者應冷靜、客觀地描寫人物與生活，讓藝術形象自身去顯示其意義，而不應該加入大段的主觀抽象的議論和說教。最後，革命派小說理論家既注重攝取西方的某些學說，又注意探索中國傳統小說的深厚根基，重視民族傳統和民族風格，對古代小說遺產作出了正確的評價。這與改良派全盤否定古典小說的做法相比，確實有了很大的進步。總之，革命派小說理論家儘管在社會發展的動力觀上仍持唯心主義的態度，但對於小說的一系列理論問題卻有著比較科學和進步的見解，在很大程度上糾正了前一階段改良派小說理論的偏頗，對中國小說理論進行了廣泛的補充和發展，其功績是十分卓著的。儘管當時的小說創作遠沒有達到他們提出的文學理論要求，但這些理論主張對當時及後來小說創作的影響確實是非常明顯的。

黃世仲的小說是此期小說創作的重要收穫。黃世仲（1872-1912），字小配，廣東番禺人。同盟會會員。先後擔任過香港《中國日報》、《世界公益報》等革命報刊的記者、編輯和撰稿人，創辦或主編過《香港少年報》、《廣東白話報》和《中外小說林》，為資產階級革命文學的繁榮和革命宣傳起到了積極作用。黃世仲小說創作的成就十分顯著，他正式從事小說創作不足十年，卻寫出了《洪秀全演義》、《陳開演義》、《廿載繁華夢》、《宦海升沉錄》、《黃粱夢》、《黨人碑》等十五部中長篇小說。這些小說大都具有強烈的現實感和鮮明的政治傾向性，在結構上也比較嚴謹。其中《洪秀全演義》是資產階級革命派小說中思想性和藝術性較高的一部。該書共五十四回，通過對太平天國革命運動的全面而生動的描寫，塑造了洪秀全、李秀成等一大批農民革命的英雄形象，熱情歌頌了農民革命運動的壯舉，激勵人們投身到當時反清的民主革命中去。小說語言明白流暢、簡潔生動，人物形象典型生動、富有個性，具有一定的藝術價值。但小說在思想上帶有狹隘的種族主義情緒，寫作上有明顯模擬《三國演義》的痕跡，藝術上還不太成熟。

除了黃世仲的小說外，此期還有不少以弘揚愛國主義、歌頌資產階級革命為主題的中長篇小說。有以革命先烈秋瑾為題材的，如靜觀子的《六月霜》等；有以婦女解放運動為題材的，如頤瑣的《黃繡球》等；有以資產階級革命活動為題材的，如懷仁的《盧梭魂》、張肇桐的《自由結婚》等；有以歷史事件為題材

的，如李亮丞的《熱血淚》、陳墨濤的《海上魂》等。這些作品儘管在藝術上還有欠缺，但其主題鮮明，具有豐富的時代內容和政治色彩，對於宣傳資產階級革命起到過一定的積極作用。

此期的短篇小說創作也有不小的收穫。不僅數量豐富，而且取材廣泛。作品除宣傳愛國主義、反對外來入侵這一共同主題外，取材更加貼近現實，出現了一些反映人民疾苦的優秀作品，如惲鐵樵的《工人小史》、羅偉士的《賣花女》等。有些作品發揮短篇小說反應迅速的特長，緊密配合現實政治鬥爭，形成了強烈的批判色彩和揭露力量，如吳沃堯的《預備立憲》、惲鐵樵的《村老嫗》等，都具有強烈的現實針對性。在形式上，此期的短篇小說注意借鑑西方文學的結構藝術、敘事方式和表現手法，較以前的短篇小說有了較大的突破。如吳沃堯的《查功課》、徐卓呆的《買路錢》都截取生活中的一個橫斷面加以集中描寫，與古代原始要終的結構方式有著明顯的不同。而徐卓呆的《溫泉浴》、蘇曼殊的《絳紗記》則採取第一人稱的敘事方法，在敘事角度方面別開生面。所有這些，都為小說藝術的多樣化作出了重大貢獻，為近代小說向現代小說的過渡創造了必要條件。

此期的小說創作值得一提的還有鴛鴦蝴蝶派及其作品。鴛鴦蝴蝶派是清末民初興起的一個新的才子佳人小說流派。這個流派並不是一個嚴密的文學團體，而是一個創作傾向和審美趣味大致相同，以描寫戀愛婚姻為主體的小說派別。其代表人物有徐枕亞、包天笑、周瘦鵑等。他們的小說多發表在《禮拜六》上，故又稱「禮拜六派」。該派小說從趣味主義和拜金主義出發，力圖使自己的作品迎合市民階層的口味，大量進行庸俗的愛情描寫，並人為地製造愛情悲劇，缺乏社會現實意義。該派作者多數是出身封建家庭的資產階級革命派，他們贊同革命，卻又有濃厚的封建意識，革命意志十分薄弱。反映在小說中，主人公大都追求愛情自由，卻又深受封建禮教的約束，因而造成他們內心深處的矛盾和痛苦，最終以有情人難成眷屬的悲劇作結，缺乏鮮明、強烈的反封建色彩。不過，對於該派小說也不能全盤否定，其中也有一些思想和藝術上均有一定價值的作品，如徐枕亞的《玉梨魂》、李定夷的《玉怨》、包天笑的《一縷麻》、周瘦鵑的《真假愛情》等，都在某些方面對近代小說產生過一定影響。

總之，從改良派的「小說界革命」到革命派小說，晚清小說發生了突飛猛進的變化，儘管其間也產生了一些消極因素，但其總體格調是積極向上的。這些小說對近代社會政治的發展起到了巨大的推動作用，藝術上也有重大的創新和發展，為五四新小說的出現打下了堅實的基礎。

第四節 ·
翻譯文學

　　鴉片戰爭的爆發，打破了中國閉關自守的政治局面，給中國封建文化帶來了很大沖擊。一些進步人士不滿於當時社會的黑暗現實，不斷探索救國救民的途徑。西方文化的傳入，使他們看到了未來的曙光，他們開始向西方尋求真理，學習西方的政治、經濟和文化理論，用西方文化作為推翻封建統治、促進文化革新的工具。為了讓國內更多的人了解西方的新思想、新文化，他們開始翻譯各種外國著作，其中包括大量的文學作品。晚清翻譯文學就是在這種背景下產生的。

　　晚清翻譯文學正式興起於十九世紀七〇年代，以王韜、張芝軒翻譯的法國國歌和蠡勺居士翻譯的英國小說《昕夕閒談》為標誌。此前雖有不少人如林則徐、馬建忠等從事翻譯工作，但他們的翻譯還只局限於介紹一般的科學文化知識，很難稱得上翻譯文學。中國翻譯文學在開創階段曾經取得了輝煌的成就，特別是辛亥革命前的十幾年內，更是出現了翻譯文學的高潮。這些翻譯文學涉及小說、散文、詩歌、戲劇等各種文學體裁，其中數量最多、成就最大的是翻譯小說。據阿英《晚清戲曲小說目》統計，從一八七五年到一九一一年（光緒元年至宣統三

年），翻譯小說達六百多部，約占當時出版小說的三分之一。此期翻譯小說不僅數量多，而且還出現了一些新品種：有梁啟超所提倡的政治小說，如梁啟超譯日本柴四郎的《佳人奇遇》、熊垓譯日本末廣鐵腸的《雪中梅》等；有轟動一時的偵探小說，如奚若譯英國柯南道爾的《福爾摩斯再生案》、周桂笙譯法國鮑福的《毒蛇圈》等；有配合社會改革和「新民」需要的教育小說，如包公毅譯法國加爾威尼的《鐵世界》、《兒童修身之感情》等；有旨在啟迪民智的科幻小說，如盧藉東譯法國凡爾納的《海底旅行》等。這些新型小說的傳入，使國內讀者耳目一新，大開眼界，從中了解到了西方資本主義世界光怪陸離的新景象，也使國內小說家開闊了生活視野和藝術視野，為他們提供了寶貴的借鑑，對他們的創作產生了深遠影響。

這個時期，有很多學者提倡翻譯文學和從事翻譯工作。他們中有的是政治家，為建立翻譯機構、培養翻譯人才立下了功勞；有的是學者，在介紹進步思想、建設翻譯理論方面作出了貢獻；有的是作家，在翻譯實踐方面樹立了榜樣。其中較早並且較著名的有梁啟超、林紓等，他們在開創晚清翻譯事業方面起了重大作用。

梁啟超的翻譯活動是和他從事資產階級改良主義政治運動同時開始的，他於一八九六年在他創辦的《時務報》上發表的《論譯書》一文，是中國近代文壇上第一篇提倡翻譯文學的論著，文中闡述了翻譯事業的重要作用，對中國翻譯文學的出現起到了開創之功。戊戌變法失敗後，他又在自己創辦的《清議報》「例言」中，第一次明確提出「政治小說」的概念，並親自從事政治小說的翻譯實踐，先後翻譯了日本柴四郎的《佳人奇遇》和矢野龍溪的《經國美談》，在當時產生了很大影響。他為《佳人奇遇》而寫的《譯印政治小說序》是一篇有關翻譯小說的重要文章。文中闡述了翻譯小說的重要意義，認為翻譯外國的政治小說將會收到啟發民智、弘揚愛國精神的社會效果，對於革新政治有著決定性的作用。此文一出，在文學界引起了強烈反響，翻譯小說之風蔚然形成，一時間翻譯的政治小說、教育小說、偵探小說充斥了文壇，吸引了廣大讀者。各種小說刊物發表翻譯小說的數量遠遠超過了創作小說。梁啟超隨後還翻譯了《十五小豪傑》、《世界末日記》等小說；他還在其小說《新中國未來記》中節譯了英國詩人拜倫的《渣

阿亞》和《端志安》，這是拜倫詩作在中國的最早譯文。

梁啟超對翻譯理論也有獨到見解。他在《翻譯文學與佛典》中，明確論證了直譯和意譯的得失，認為這兩種方法均有可取之處，應該相互為用。在《論譯書》中，他又提出譯書應該避免「二蔽」、達到「三通」。「二蔽」是指「徇華文而失西義」之蔽和「徇西文而梗華讀」之蔽；「三通」是指通華文、通西文、通所譯書的專門學問。這些觀點的提出，對於晚清翻譯理論的建設具有重要意義。梁啟超是近代翻譯文學的開拓者，他的翻譯實踐和理論探索為晚清翻譯文學的繁榮開闢了道路。

林紓（1852-1924），字琴南，福建閩縣人。他的思想前期比較激進，後期則十分保守。他是維新變法思想的忠實信奉者，認為改良主義運動是救治中國的唯一道路。他不贊成資產階級民主革命，反對五四新文化運動。但在袁世凱稱帝、軍閥混戰等幾個重大政治事件上，林紓尚能保持清醒的頭腦，堅決反對袁世凱復辟，對給人民帶來痛苦的軍閥深惡痛絕。在這些方面林紓要比嚴復進步得多。

林紓像

林紓是中國近代著名的文學家和翻譯家，他在文學方面的成就是多方面的。他一生創作了大量的散文、詩歌和小說，在晚清文壇上占有舉足輕重的地位。但其成就最大的還是他的文學翻譯。他翻譯的外國文學作品多達一百八十四種（絕大部分是小說），一千二百餘萬字，其中有四十餘種屬世界名著。可見，林紓確實是晚清翻譯家中最有成就的一位。林紓翻譯的第一部小說是一八九八年與王壽昌合譯的法國小說《巴黎茶花女遺事》。此書剛一出版，立即引起轟動。此後，他接連翻譯了大量外國小說，所譯作品涉及英、法、美、俄、希臘、日本、瑞士、挪威、西班牙等十多個國家。其中如《魯濱遜漂流記》、《黑奴籲天錄》、《塊肉餘生述》（即《大衛・科波菲爾》）、《伊索寓言》都是世界一流的名著。這些小說的譯入，對晚清文學產生了巨大影響。

林紓在翻譯外國文學作品時，十分注意弘揚愛國主義精神，宣傳西方資產階級民主、自由的新思潮。他常借譯書的序跋、評論、按語向讀者灌輸這些思想。他在《黑奴籲天錄・序》中說：「其中累述黑奴慘狀，非巧於敘悲，亦就其原書所著錄者，觸黃種之將亡，因而愈生其悲懷耳……則吾書之足以儆醒之者，寧云少哉？」可見，林紓譯書的目的就在於醒世，在於使讀者從譯作中觀照出自己民族的影子，從而激發其救國救民的熱情。《不如歸・序》中的幾句話更體現了他的報國之心：「紓已年老，報國無日，故日為叫旦之雞，冀吾同胞警醒。」《辛丑條約》簽訂後，林紓憤於國勢頹敗，為了挽救國家民族，提倡尚武及反抗侵略精神，林紓翻譯了《埃司蘭情俠傳》，並在序文中明確表述了譯此書的目的：「特重其武概，冀救吾種人之衰憊，而自勵於勇敢而已。」這些言論，在帝國主義列強侵略中國、民族危亡日益加劇的情況下，具有深刻的現實意義和激動人心的力量。

　　林紓是晚清的古文學家，有著深厚的文學修養，在運用古漢語進行寫作上有高超的技巧，所以他的譯文基本上能保持原作的藝術風格，而且文筆通俗簡潔，生動流暢，表現力強，極富藝術魅力。令人難以置信的是，翻譯了大量外國文學作品的林紓竟然不懂外文，這在世界翻譯文學史上也算是一個奇蹟。林紓譯書是先讓別人口譯，然後由自己加工成書面語言的。這種翻譯方式也給他的譯文帶來了一些缺點，如漏譯、誤譯和刪節現象，這些一直是評論家批評林紓的焦點，同時也是林紓譯書中的最大苦衷。但這些小疵掩蓋不了林紓譯著的輝煌成就，他對晚清翻譯文學的貢獻是任何人都抹殺不了的。

　　自梁啟超、林紓等人開創翻譯文學之後，晚清翻譯文學一直以蓬勃之勢向前發展。在他們的影響下，又出現了一大批有影響的文學翻譯家，也出現了一大批優秀的翻譯文學作品，翻譯文學呈現出空前繁榮的局面。但從翻譯家個人的影響來說，還沒有人能超過梁啟超和林紓。其中較有名氣的有蘇曼殊、周桂笙和伍光建等。蘇曼殊（1884-1918）的翻譯文學最有影響的是拜倫詩，他選編的《拜倫詩選》是中國近代文學史上第一部外國翻譯詩歌集。此外，蘇曼殊還是法國作家雨果的《悲慘世界》的最早譯者。周桂笙（1873-1936）以翻譯偵探小說著稱，曾被稱作中國偵探小說翻譯的鼻祖。在他的影響下，偵探小說一時蔚然成風。伍

光建（1866-1943）是一位用白話翻譯小說的翻譯家，他翻譯的法國大仲馬的《俠隱記》得到了茅盾的高度評價。

晚清翻譯文學的成就是巨大的，不僅引進了西方的各種新思想，對中國社會變革起到了積極的推動作用，而且使中國作家看到了西方文學的優越性，開闊了他們的生活視野和藝術視野，為五四新文學的誕生準備了必要條件。

第五節·
文藝思想
的更新

如前所述，從一八四〇年的鴉片戰爭到一九一一年的辛亥革命，中國政治、經濟形勢發生的巨大變化，帶來了晚清社會的整體文化變革。作為社會文化的一個重要組成部分，文藝思想也必然隨之發生深刻的變革。不過，文藝思想的變革除了遵循整個文化變革的一般規律外，還具有其自身的特殊規律，並表現為特殊的形態。從總體上看，此期的文藝思想主要有以下特點：

第一，資產階級文藝思想初步形成，並占了主導地位。

在清代中葉以前兩千多年的封建社會裡，支配文壇的主要是代表地主階級利益的封建文藝思想。到了晚清，隨著中國資本主義的產生和發展，資產階級和小資產階級知識分子逐步從封建意識中分化出來，成為一種自覺的政治力量。他們站在本階級的立場上，對傳統的文藝思想進行變革，提出了符合本階級利益的新

型文藝思想。這種文藝思想由小到大，由弱到強，逐步取代了封建正統的文藝思想，在文藝思想領域占據了主導地位，成為資產階級進行政治革新的一種有力武器。不過，由於中國資產階級的軟弱性，他們不可能將政治革命進行到底，因而也就不可能為文藝思想領域帶來徹底的解放。

第二，鮮明的救亡意識、革新意識和時代精神。

此期的文藝思想家都親眼目睹了帝國主義的野蠻侵略和清政府的腐敗無能，這種黑暗與殘酷的現實使他們的文藝思想開始從傳統的儒家思想中解放出來。他們已意識到文藝創作再也不是為了歌舞昇平，給統治階級歌功頌德，也不是躲在象牙塔裡吟風弄月，作為酒餘飯後的消遣。面對國運衰頹、民不聊生的慘狀，他們要求文學要敢於正視現實，要為中國人民的反帝反封建鬥爭吶喊助威，從而喚醒民眾，挽救祖國危亡。因而，晚清的文藝思想家，從啟蒙派到維新派，再到革命派，其文藝思想都有一個共同的特點，那就是鮮明的救亡意識、革新意識和時代精神。

第三，文藝思想的基本觀念與概念體系的歷史性變化。

中國傳統的文藝思想是以雜文學觀念為基礎而建立起來的，這一基礎決定了有關概念體系的整體框架，決定著文藝思想家對一切文學因素的認識。兩千多年來，中國的文藝思想基本上是在原有概念體繫上修修補補，始終沒有突破雜文學觀念所界定的樊籬。但到了晚清，資產階級文藝思想家開始以前所未有的氣勢對封建文藝思想發起衝擊，他們借鑑西方文藝思想中的先進經驗，對傳統的概念體系進行了歷史性的變革。他們首先對各種文學形式進行了重新評價，打破了詩文正宗的傳統觀念，從根本上改變了對小說、戲劇的錯誤認識。他們還在西方文藝思潮的影響下，對文學的內涵和外延、文學的本質和作用、文學的創作方法和審美鑑賞等一系列問題進行了深入探討，建構了一整套新的概念體系，從而使中國文藝思想逐步由雜文學觀念向純文學觀念靠攏。雖然這一轉變在此期並沒有也不可能徹底完成，但晚清文藝思想的開創之功是不可磨滅的。

以上三個特點基本上貫穿了晚清文藝思想的始終，代表著此期文藝思想的主

流。但在將近百年的歷史時期中，晚清文藝思想也並非始終如一，而是處在不停的發展演變過程之中，每個特定的階段都有著各自的特色。據此，我們可以將晚清的文藝思想再分為三個階段，即鴉片戰爭後啟蒙時期的文藝思想、資產階級改良時期的文藝思想、資產階級革命時期的文藝思想。

鴉片戰爭後啟蒙時期是資產階級文藝思想的醞釀階段，其時限大約從鴉片戰爭前夜一直到甲午戰爭（1894 年）。這個時期的文藝思想家主要是地主階級改革派，其中包括像洪仁玕那樣帶有某種資本主義改革傾向的農民革命家。文藝思想的鬥爭主要集中在文統、道統、政統三方面。代表這一階段進步傾向的主要有龔自珍、包世臣、蔣湘南、林昌彝和太平天國文藝思想家，而站在他們反面的主要是以曾國藩為首的湘鄉派。另外，劉熙載的《藝概》也是此期重要的文藝思想理論論著。

龔自珍不僅在詩文創作方面為晚清文學帶來了新的生機，更重要的是他的新型的文藝思想，猶如一聲春雷，震撼了死氣沉沉的晚清初期文壇。他明確提出了「經世致用」的文學觀，突出強調了文學的功利作用，要求文學要面向社會，為當前的政治服務。他反對桐城派所標榜的文章「義法」，反對無病呻吟和虛偽造作，認為文學創作貴在真實自然，貴在反映人們的真情實感。他的文藝思想的核心就是其「尊情」說。他所尊之情就是真情，就是批判封建衰世的憤激之情，抗擊外國侵略的愛國之情以及追求個性解放的進取之情。龔自珍作為晚清文壇以文議政之風的開拓者，其文藝思想閃爍著反封建的思想光輝和個性解放的色彩，初步具有思想解放和文藝革新的意味。他的文藝思想得到了一批啟蒙思想家的響應，從而在晚清初期形成了著名的「經世致用」派，對於資產階級文藝思想的萌芽起到了積極的推動作用。如包世臣（1775-1855）和蔣湘南（1795-1860）都是「經世致用」派的重要文藝思想家，他們站在「經世致用」的立場上，全面批判桐城派所標榜的「文統」、「道統」和「義法」，動搖了桐城派的理論基石，促進了當時文藝思想和創作風氣的轉變。

林昌彝（1802-1876）雖然在當時名氣不大，但他的《射鷹樓詩話》卻是一部能代表晚清文學時代精神的理論批評著作。「射鷹樓」諧音射英，隱含著抨擊

英帝國主義侵略行徑之意。他寫作此書的目的，正是要通過講評詩歌抒發他的反帝愛國熱情。該書以兩卷的篇幅輯錄與評述了描寫鴉片戰爭的詩歌，展示了近代反帝愛國詩歌創作第一個高潮中的光輝業績，具有較高的史料價值和文學價值。在詩歌理論上，林昌彝十分重視詩歌的社會教育作用，他所肯定和稱讚的作品都是反映社會現實並服務於反帝鬥爭的篇章，具有強烈的政治色彩。他還特別強調詩人人品的重要性，並且主張藝術風格的多樣化，反對偏嗜一格，這些認識在當時都具有積極意義。

這一階段比林昌彝更重視作家人品的還有劉熙載（1813-1881）。他的《藝概》是一部很有見地、閃爍著辯證思想光輝的文藝論著。在《藝概》中，劉熙載十分強調作家思想品德對於文學創作的重要性，明確提出「詩品出於人品」的文學命題，並運用這一批評原則去評價歷代的作家作品。當然，由於劉熙載出生於地主階級知識分子家庭，他的世界觀中儒家思想仍占主導地位，他所要求的人品也是以儒家的思想道德修養為標準的，因而具有明顯的消極性。但是，他又以高尚的理想抱負、健康的生活情趣、激越的愛國思想和經世態度來重視作品思想內容的評價，反對綺怨淫鄙、無病呻吟的文學風氣，因而又具有積極進步的意義。劉熙載還十分重視文學的獨創性和藝術表現手法的多樣性，並企圖用辯證法中的對立統一規律來揭示文藝本質、創作規律和藝術技巧等問題，為中國近代文藝思想的發展作出了重大貢獻。

此外，太平天國的文藝思想以及以曾國藩為首的湘鄉派的文學主張，也都在這一階段產生了很大影響。

晚清文藝思想的第二階段是資產階級改良派維新變法時期，這一階段最重要的文藝思想是梁啟超等資產階級改良派所倡導的「三界革命」。「三界革命」是以梁啟超為首的資產階級知識分子為配合維新變法而掀起的一場文學革新運動，其中包括「詩界革命」、「文界革命」、「小說界革命」等。這次文學革新運動有綱領、有領導、有理論、有實踐，具有鮮明的宗旨和明確的傾向性。它的革新目標，在內容上要求文學吸取西方進步文化，表現近代社會變化中的新思想、新事物、新境界，宣傳愛國主義和民主思想，為思想啟蒙和維新變法服務；在形式上

則呼喚文體的解放，力圖擺脫封建文學舊傳統的桎梏，主張「言文合一」，使文學朝著通俗化、自由化的方向發展。這次文學革新運動深受西方文藝思想的影響，在文學觀念上發生了新的變化：進化論的文學觀念代替了傳統的尊古、擬古的文學觀念；重視文學的社會功能，強調文學要為社會政治服務；一改以往封建文人輕視小說、戲曲的錯誤傾向，大大提高了小說、戲曲的社會地位；提倡「言文合一」，並進而提出「崇白話而廢文言」的口號，為五四白話文運動充當了開路先鋒；積極引進西方文學理論的新概念，對傳統文藝思想的概念體系進行了更新。代表「三界革命」的最高成就的文藝論著主要有梁啟超的《飲冰室詩話》、《論小說與群治之關係》、《譯印政治小說序》，黃遵憲的《人境廬詩草·自序》以及梁啟超等人的《小說叢話》等。

本階段與「三界革命」這種進步文學潮流相對抗的主要有三種勢力，除前面所提到的「同光體」詩歌流派（見本章第二節）外，還有以湖南豪紳王先謙為代表的封建頑固派和以張之洞為代表的洋務派。王先謙（1842-1917）是晚清著名的學者、文人，其文宗法唐宋，間學魏晉，修潔簡練，自成一家，與當時漢魏六朝派的王運並稱「二王」。他編有《續古文辭類纂》，意在辨明古文義法源流，以承姚鼐餘緒。他曾指名攻擊康、梁為無君無父之亂黨。其門人蘇輿編的《翼教叢編》一書，則是當時頑固派攻擊變法維新、反對文學革新、維護綱常名教的反動言論的結集。張之洞（1837-1909）是洋務派的主要首領，他在思想文化戰線上代表著大地主、大官僚階級，同資產階級改良派進行了長期鬥爭。特別是他的《勸學篇》，以折中調和的姿態，對改良派進行全面反攻，從而贏得了封建頑固派的讚賞，被部分收入了《翼教叢編》。在文藝思想上，他反對龔自珍所開創的近代進步文學潮流，極力維護封建正統的文學觀念，頑固堅持封建文學中的「道統」和「文統」，強調文學為維護封建的綱常名教服務。他忽視甚至否定文學的審美特徵，幾乎不承認在正統詩文之外，還有什麼可登大雅之堂的文學。王先謙、張之洞的文學主張在當時確曾產生過一些消極影響，但在滾滾向前的時代洪流中，他們的一切努力終將付之東流。

晚清文藝思想的第三階段是中國資產階級革命派文藝思想的發展、蛻變和轉化時期，也是中國資產階級純文學理論體系的建設時期。隨著資產階級革命運動

的發展，以梁啟超為首的改良派的思想逐漸落後於時代的步伐，於是，在革命派和改良派之間展開了一場激烈的論爭，論爭的焦點集中在要不要推翻清政府、要不要建立共和政體、要不要實行民主主義三大問題上。這場辯論充分暴露了改良派的保皇面目，使梁啟超等人在資產階級和小資產階級群體中的影響一落千丈，這便促進了資產階級革命文學的發展和創作隊伍、理論隊伍的重新集結。於是，一個資產階級革命派的文學團體「南社」便應運而生。「南社」的主要成就表現在詩歌上，它的詩歌理論（見本章第二節）具有強烈的戰鬥精神，代表著資產階級革命派文藝思想在詩歌方面的最高成就。它就像一把號角，激勵著資產階級革命派為文學解放而鬥爭，在中國文藝思想史上立起一座不朽的豐碑。但「南社」的文藝思想既不成體系，又不完全統一。隨著辛亥革命的失敗，「南社」便一步步分化、蛻變了，這在一定程度上反映了資產階級革命的不徹底性。

在「南社」的影響下，資產階級革命派的小說理論也得到了迅速發展，成為這一階段文藝思想的又一重大收穫。

此外，此期的章太炎、王國維也都在文藝思想方面作出了突出貢獻。章太炎的文藝思想深受其哲學思想的影響。他首先吸收了古代樸素的辯證發展觀，認定文學是隨著時代發展的。他在《天放樓文言・序》中從事物發展的基本規律來闡述文學的發展，具有明顯的哲學高度。但章太炎的文學發展觀又是不徹底的，他評價文學以魏晉為頂峰，唐宋以後均不足觀，甚至對首開革新風氣的龔、魏也不屑一顧，這又體現出其文藝思想中的歷史退化論觀點。文學的發展觀和退化論這兩種相互對立的文學觀念同時出現在章太炎的文藝思想中，反映了他的文藝思想的矛盾性和複雜性。作為資產階級革命家，章太炎的文藝思想也充滿著時代氣息和戰鬥精神。他揭示了文學作為宣傳革命的工具的重要性，大力頌揚民族、民主文學的雷霆之聲，強調文學對群眾的感染和震撼作用，對當時的現實主義革命文學創作產生了很大影響。

王國維（1877-1927）是晚清著名的學者和文藝思想家，他在文字學、古代史、考古學、哲學、文學等方面都有精深的研究和卓越的建樹。他的文藝思想深受西方哲學的影響，已初步具備了純文學理論的特徵。反映其文藝思想的代表著

作有《〈紅樓夢〉評論》、《人間詞話》、《宋元戲曲史》等。《〈紅樓夢〉評論》是王國維首次引鑑西方哲學、美學理論研究中國古典小說的長篇論文，他用西方的悲劇觀念來評論《紅樓夢》的價值，較之以前舊紅學派即興隨筆的評論和牽強附會的考證，在研究方法、邏輯思辨方式和理論層次上都是一個明顯的突破，具有重要的學術價值。《人間詞話》是一部採用傳統的詞話形式、融合中西詩學理論的論著，其理論核心是「境界說」。這一學說的提出是對中國傳統詩論的深化和發展，在中國文學理論史上具有開創意義。《宋元戲曲史》是王國維戲曲研究系列中最重要的一部，它不僅是中國戲曲史的第一部奠基之作，而且是二十世紀初真正具有近代意義的新戲曲學誕生的標誌，具有劃時代的意義。王國維衝破傳統的文學觀念，充分肯定了戲曲的文學地位和審美價值，描述了中國戲曲的起源、形成和發展的歷史輪廓，對戲曲史中許多重要問題進行了深入論證，為中國戲曲史這一新型學科的建設立下了開創之功。王國維的文藝思想具有鮮明的時代色彩和獨特的個性。他既善於繼承與汲取古代文化中的精華，又勇於接受西方文化中先進的思想觀念和科學的研究方法。中西結合，取長補短，是其文學研究中最突出的特點。王國維是資產階級革命時期最有成就的文藝思想家，他在中國文學批評方面所作出的開創性的貢獻，使他在中國文藝思想史上占有重要的地位，並對其後的文藝思想產生了很大影響。

晚清文藝思想是在同封建主義、帝國主義的鬥爭中逐步發展的，其主旋律呈現出昂揚向上的總體趨勢，基本上把握住了時代的脈搏，促進了文藝思想由舊到新的轉化。但由於資產階級的思想局限性，決定了他們不可能將這種轉變進行徹底，這種歷史使命必然地落在了魯迅等五四新文化運動時期進步文學家的肩上。

第六節 ·
太平天國
的文學

　　太平天國是中國歷史上一次偉大的農民革命運動，對清政府的封建統治是一個強大的衝擊，對封建舊文化、舊思想、舊風俗、舊道德、舊文學也是一次有力的掃蕩，進一步推動了中國人民的覺醒和反抗鬥爭，加快了中國近代反封建的民主革命進程。

　　太平天國的文化政策和文學主張，集中體現在洪仁玕等人根據洪秀全指示所撰寫的《戒浮文巧言諭》及《欽定士階條例》等文件中。其核心內容就是要批判封建文化，要求文學創作為農民革命服務。太平天國運動一開始，洪秀全等人就向封建文化發動了猛烈的衝擊，特別是對於封建文化的基石孔孟之道，更是深惡痛絕。他們搗毀孔廟，焚燒儒家經典，視《五經》、《四書》為「妖書」，嚴禁買賣藏閱，違者甚至處死。這種全盤否定傳統文化的做法顯然有些過激。後來，太平天國的領袖們也意識到了這一點，開始在文化政策上有所調整，並根據革命的需要對儒家經典加以刪改，剔除糟粕，存其有用者，而進行剔除和保留的標準就是是否符合當時革命運動的實際需要。這種由全盤否定到有選擇地繼承的態度的轉變，表明了太平天國對於文化遺產認識的提高。洪秀全本人就做過刪改《詩經》的工作。他在《刪改〈詩韻〉詔》中明確要求，要將《詩經》刪改成一部「足啟文明」的詩歌總集。太平天國的這些做法，體現了要求文學為農民革命服務的

政治觀點，反映了太平天國對文學的社會作用的重視，這相對於封建正統的文學觀來說，是一種進步。

太平天國要求作者寫文章要言之有物，要能真實、正確地反映現實，要有作者的真情實感，反對華而不實的「浮文」和矯揉造作的「巧言」。《戒浮文巧言論》中明確指出：「照得文以紀實，浮文在所必刪；言貴從心，巧言由來當禁。」《欽定士階條例》中又說：「文藝雖微，實關品學；一言一句之末，要必絕於邪說淫詞，而確切於天教真理，以闡發乎新天新地之大觀。」太平天國認為，文藝能夠體現作者的政治思想和道德修養，因而對於每一句話都應持慎重的態度，要使它們都能符合太平天國的政治主張，能夠為宣傳太平天國的新思想服務。要想做到這一點，就必須使自己的文章具有現實的內容和真實的感情，而不是毫無根據的胡編亂造。當然，這裡所說的「文藝」，並非專指文學作品，其中也泛指各種文章、文書和文告。

在文學形式上，太平天國也進行了一系列的革新。他們敢於打破當時盛行的「八股六韻」的舊框框，提倡使用較自由的文體形式。特別是洪秀全，寫文章、頒詔書都喜歡用民間歌謠，這無疑給當時死氣沉沉的文壇增添了一股新鮮氣息，可視為文體革新方面的初步嘗試。在語言方面，為了使一般群眾便於理解，從而更好地服務於農民革命運動，太平天國反對用典和藻飾，提倡通俗易懂的白話，在當時具有進步意義。

太平天國的這些文學主張，是在中國長期的封建社會迅速崩潰，急遽地向半封建半殖民地社會演變的過程中提出的，是有史以來第一次對傳統的封建思想文化進行如此規模巨大的衝擊，動搖了封建統治階級在文藝思想領域的統治基礎，對當時官方的「道統」、「文統」，桐城古文的「文法」，宋詩派的「詩教」，八股時文的清規戒律，都進行了有力的掃蕩，對其後的資產階級文學革新運動具有啟蒙意義和先驅作用。當然，以農民階級及其思想為主體的太平天國不可能將反封建的文化革命進行到底，這也為他們的文學主張帶來了很大的局限性。例如他們一方面反對封建思想文化，一方面又在自己的文章中體現出濃厚的宗教色彩和封建意識。他們的文章、文告中，「上帝」、「耶穌」、「天父」、「天兄」等詞語

比比皆是，任何文章的開頭，都要首先稱謝「天恩、天王之恩以及東王、西王之恩」，這和封建官方的奏文、呈文沒有什麼不同。這種局限性是當時的時代背景和太平天國領袖們的自身素質造成的必然結果。

在文學創作方面，由於各方面的原因，太平天國取得的成就並不大，其作品主要是散文和詩歌。散文中值得一提的有洪秀全的《原道醒世訓》、《原道覺世訓》，楊秀清、蕭朝貴的檄文《奉天討胡檄布四方諭》，洪仁玕的論說文《克敵誘惑論》、《資政新篇》等，它們或者氣勢磅礴、言辭犀利，或者結構嚴謹、說理透徹，或者情文並茂、感人至深，具有一定的藝術價值。

詩歌創作中較有特色的有洪秀全和石達開。洪秀全作為太平天國運動的領袖，寫了一些宣傳太平天國主張的政治詩，如《天父詩》、《原道救世歌》等，這些詩歌雖然宣傳了「普天之下皆兄弟」的樸素的平等思想和革命思想，但其中卻包含了濃厚的宗教成分，藝術價值不高。洪秀全的詩歌成就主要表現在他的述志詩上，如《述志詩》、《吟劍詩》、《誅妖歌》、《定乾坤詩》等。這些詩歌格調高昂、氣象宏偉，抒發了洪秀全推翻封建統治、拯救民族危亡的革命志向，表現出他作為一個農民革命家的膽識和氣魄，字裡行間閃爍著革命理想的光輝，具有濃厚的積極浪漫主義色彩。石達開在太平天國領袖們中頗有詩名，但現在能夠確定為他本人創作的詩歌極少。其中最有名的是他的《白龍洞題壁詩》。該詩氣勢雄渾，風格遒勁，表達了太平天國掃蕩神權、王權和反對一切偶像的革命精神。

太平天國革命領袖們的文學作品雖然數量不多，藝術上也欠成熟，但他們從某些側面反映了這次農民革命運動的真實情況，體現了太平天國的文化政策和文學主張，對於我們全面認識太平天國革命運動具有一定的歷史意義。

太平天國革命時期，在革命陣營之外，有一位詩人倒是很值得一提，他就是金和。金和（1818-1885），字弓叔，江蘇上元（今江蘇南京）人。性情耿介，一生仕途不得志。太平天國革命軍攻陷南京後，金和陷於城中。他對太平軍非常仇視，曾企圖在城中做清軍的內應，失敗後逃離南京。金和一生寫了不少詩歌，有《秋蟪吟館詩鈔》。其中有不少反對太平天國、歌頌鎮壓太平軍的曾國藩等人的作品，如《痛定篇》、《上湘鄉曾侯六十韻即送移節畿輔》等，這些詩篇體現了

金和反動的政治立場，不足為訓。但金和詩也並非漆黑一團，其中也有不少反映社會現實的作品。詩人清醒地認識到列強入侵給中國人民帶來的沉重災難，他曾站在愛國主義的立場上，寫了一些反映鴉片戰爭的詩篇。如《圍城紀事六詠》中的六首詩歌，有的譴責清政府的屈辱求和，有的諷刺前線腐化官吏的倉皇失措，也有的描繪洋鬼子的奇形怪狀和個別市民貪利失節的醜行。他的有些詩篇還以犀利的諷刺之筆，重點揭露清軍的腐敗和魚肉人民的罪行。如《初五日紀事》就是一首絕妙的諷刺詩。詩中將清軍的怯懦之態刻畫得惟妙惟肖，於詼諧之中寓含著嚴正的批判。他的兩首長篇敘事詩《蘭陵女兒行》和《烈女行紀黃婉梨事》，都是控訴湘軍劫掠良家婦女罪行的代表詩篇。兩詩中極力鋪敘湘軍官兵的荒淫無恥和暴虐無道，塑造出兩個生動的婦女形象，具有較強的時代意義，集中體現了金和創作思想中積極的一面。

金和在詩歌創作上非常重視創新。他做詩不唐不宋，隨心所欲，打破陳規和傳統束縛，用散文體、說話體、日記體來寫作，面目一新。特別是他的古體詩，在形式上很有創造性。如上面所舉的《蘭陵女兒行》長達一千五百餘字，以七言為主，《烈女行紀黃婉梨事》以五言為主，都雜用長短不齊的字句和說話體的散文句法，體現了金和詩在形式上的特點。

第十二章

藝園新貌

　　藝術是文化領域中的重要方面，主要包括戲劇、音樂、美術、舞蹈、雕塑、電影等部門。晚清時期，中國的藝術領域發生了深刻的變化。這種變化集中表現為兩個方面：一是在社會變遷和西潮東漸的影響下，一些傳統藝術如美術、戲劇等，在形式和內容上出現了更新；二是一些新的西方藝術品種傳入中國，如電影、話劇、西洋音樂等，豐富了中國的藝術園地。這些內容構成了晚清時期中國藝壇繁榮的主要標誌。另外，太平天國在藝術上也取得了一定的成就，同樣不應被忽視。本章僅就晚清時期的藝術主要部門及太平天國藝術的情況，作一些初步的探討。

戲劇的變化
與成就[1]

中國的戲劇歷史源遠流長。《禮記》記載，神農氏時已用「蠟辭」祝禱豐收。古籍中又有「百獸率舞」、「干舞」等記載，這表明早在上古時期，作為戲劇之一種的歌舞藝術已經初見端倪。其後，隨著歷史的發展和演變，大約在周代出現了優人，優人相當於現在的職業演員；漢代出現了百戲；到了唐宋元，各種戲劇形式不斷發展完備，南戲、雜劇等已蔚為大觀；明清時期，戲劇的聲腔曲腔日益豐富多樣，劇種、劇目漸成氣候，各種戲劇藝術逐步趨向成熟。至晚清，一大批優秀的戲劇藝人在吸收和繼承前代藝術成就的基礎上，銳意進取，取得了令人矚目的成績，把戲劇藝術再次推向了高潮。

一、地方戲的流變和京劇的異軍突起

從清初開始，曾一度輝煌的雅部崑腔漸趨衰落，而花部清腔卻在民間的土壤上成長起來，劇目愈益豐富，舞臺表演藝術不斷提高，各種地方戲雨後春筍般遍

1　本節撰寫參考了余從、周育德、金水主編《中國戲曲史略》，陳白塵、董健主編《中國現代戲劇史稿》，左萊主編《中國話劇史大事記》，祝肇年著《中國戲曲》等著作的研究成果。

地破土而出。上溯地方戲的源頭，當為宋元時期的南戲和雜劇。二者為地方戲曲樹立了楷模，大大推進了地方戲曲的發展。崑腔江河日下之時，地方戲卻趨於定型和成熟，出現了梆子腔、高腔、皮黃戲等三大聲腔體系。此外，花鼓戲、黃梅戲等地方小戲也滲透著濃郁的生活氣息。地方戲以強烈的區域特色和深厚的群眾基礎，形成了自己鮮明獨特的風格，為清代劇苑錦上添花。也為後來的京劇的形成打下了基礎。

　　北京自金元開始即成為全國的政治中心，其突出的政治地位吸引了大批戲班，從而使它成為北方戲曲的中心。乾隆末年，三慶、四喜、春臺、和春四大徽班進京，把二黃戲帶入北方。二黃是弋陽腔同徽戲曲調之一種相結合起來的四平調，與湖北黃州民歌融合的產物。經過安徽、湖北兩省藝人的長期努力，二黃與興起於湖北的西皮再度結合，使二黃面目一新。徽班進京後，二黃戲在原有的基礎上，不斷吸收其他劇種的優點，最後形成了京劇。到了晚清，京劇更加發展，並逐漸流行各地，成為全國影響最大的一個劇種。

清代沈容圃作《同光十三絕》（局部）

　　京劇在發展過程中，不斷學習兄弟劇種的優秀成果，把許多名著改編上演，同時又接受清廷「雅部」的影響。經過京劇藝人的集體創作和在長期的舞臺實踐中不斷豐富提高，許多劇本成為群眾喜聞樂見的舞臺演出本。同治光緒時期，京劇走向成熟，占據了北京舞臺的主要地位，並輻射全國，湧現出了一大批才藝出

眾的演員，其中程長庚、譚鑫培最為有名。

　　程長庚（1811-1880），又名椿，字玉珊（一作玉山），安徽潛山人。科班出身，長於老生。道光至光緒初年，長期為「四大徽班」之一的三慶班老生臺柱和班主，兼任「精忠廟」會首。「精忠廟」是清代北京戲曲藝人行會組織，帶有半官性質，負責解決伶界重大事情及糾紛。程長庚博採各種地方戲曲的「聲」、「腔」、「表演」等方面的長處，使之融會貫通，並付之戲曲舞臺實踐，對京劇的形成發展起到了奠基的作用。他功底深厚，文武昆亂不擋，唱腔高亢飽滿，字正腔圓，聲能穿雲裂帛，餘音繞梁。藝術上注重人物塑造，身段做工，一招一式，既有矩可循，又符合角色的身分地位。與著名京劇演員余三勝、張二奎並稱為京劇「三鼎甲」，他因名氣大，位列「三鼎甲」之首。他的代表劇目有《文昭關》、《取成都》、《群英會》、《戰長沙》、《戰太平》、《龍虎鬥》等。

余三勝、譚鑫培泥塑像

　　譚鑫培（1847-1917），本名金福，字鑫培。湖北江夏（今武昌）人。清末民初著名京劇表演藝術家，藝名「小叫天」。其父譚志道亦為京劇藝人，對譚鑫培學藝影響甚大。早年在金奎科班習藝，長期參加程長庚主持的三慶班，演武生兼武旦。程長庚去世後，他加入四喜班，後自行組班，改演老生。一八九〇年被清政府選為「內廷供奉」，藝術上已臻成熟。他吸收程長庚、余三勝、張二奎等名家的長處，並學習其他「行當」和地方戲曲的優點，再加上自己的刻苦鑽研，創造出旋律豐富的譚派唱腔，在京劇界自成一家。他較好地掌握「用氣」、「發音」的科學方法，對嗓音能放能收，無論「西皮」、「二黃」都能唱得抑揚頓挫，清朗自如。他與程長庚一樣，是善於刻畫劇中人物性格的藝術大師，既注重京劇藝術程式，又富有生活氣息，以精湛的藝術成就博得「伶界大王」的讚譽。繼程長庚之後，譚鑫培成為京劇界主要代表人物，以致有「無腔不學譚」之說。他演出

的劇目甚多，尤以《李陵碑》、《秦瓊賣馬》、《空城計》、《定軍山》、《捉放曹》、《打漁殺家》、《汾河灣》等劇目最為有名。在京劇發展史上，譚派具有十分重要的影響。後來許多著名的老生流派，如余叔岩的「余派」、王又宸的「舊譚派」、譚富英的「後譚派」、言菊朋的「言派」、奚嘯伯的「奚派」、楊寶森的「楊派」、馬連良的「馬派」等，大都是從「譚派」的源頭衍化出來的藝術流派。

晚清時期的京劇藝術，不僅人才輩出，而且劇目眾多，呈現出一片繁榮景象。現在蒐集到的京劇劇目約有一千二百多種，題材十分廣泛，其中取材於歷史演義、英雄傳奇的故事最多，反映了封建社會的矛盾，歌頌了反侵略反壓迫的鬥爭，並且塑造了人民愛戴的英雄形象。但是，由於京劇是在清朝統治中心的北京形成，在封建統治影響下，京劇劇目中也有一些宣揚封建道德、宗教迷信，內容不健康的作品。

中日甲午戰爭後，維新變法運動興起。維新派很重視戲劇的社會教育作用，大力提倡戲劇改良。到二十世紀初，戲劇改良進入高潮。一九○四年九月，陳去病、柳亞子等人在上海創辦了《二十世紀大舞臺》，作為鼓吹戲劇改良的重要宣傳陣地。這也是中國近代最早的以戲劇為主的文藝刊物。這個時期的戲劇改良思潮同樣影響到京劇界。為此作出重要貢獻的有滿族藝人汪笑儂、潘月樵等人。汪笑儂是晚清戲劇改革的著名代表人物。

汪笑儂（1858-1918），原名德克俊（亦叫德克金），字潤田，號仰天，又號孝農，別署竹天農人。滿族人，舉人出身，當過知縣，被劾罷官後改學戲曲。名伶汪桂芬聞之說：「談何容易。」笑儂聽後，遂更名汪笑儂，以鞭策自己。他在原有唱腔的基礎上另創新腔，形成「汪派」。為了宣傳愛國思想，教育民眾，他用新觀點改編、創作了許多傳統劇本，如《黨人碑》、《馬嵬驛》、《哭祖廟》、《博浪椎》等，給這些傳統題材的劇目賦予反封建的意義。他與其他京劇藝人曾上演《波蘭亡國慘》、《桃花扇》、《罵閻羅》等新戲，直接表現了救亡圖存，反抗封建統治的時代主題，受到廣大觀眾的歡迎。

除了京劇外，戲劇改良還波及川劇、粵劇等劇種，從中湧現出不少新派藝術家，上演了大量思想內容進步的新劇目。

二、文明新戲——話劇的勃興與變遷

晚清時期中國戲劇的變化，不僅表現在傳統戲劇發生的變革方面，而且還表現在因受西風東漸的影響，國外新劇種的引進和傳播。具體說來，就是話劇的引進，成為晚清劇界變革的一個重要標誌。

隨著西方資本主義的入侵，十九世紀中後期在上海等地出現了學生演劇，這為話劇的出現奠定了基礎。十九世紀六〇年代，外國宗教勢力滲入中國，在一些大城市興建了教會學校。教會學校裡，每逢節慶總要上演宗教劇和西方劇目。這些演劇，大多採取西方流行的話劇、舞臺劇的形式，可以說是中國近代話劇的前身。一八九九年，上海聖約翰書院在聖誕節演出中，用華語演出了政治諷刺劇《官場丑史》。《官場丑史》的上演，標誌著中國新劇已經萌芽。不過，真正呼喚和提倡話劇，主張戲劇改革的，還是戊戌維新運動後崛起的一批進步知識分子。

話劇自學生演劇開始，就受到了當時一批先進的知識分子的重視和推動。梁啟超等人不斷用資產階級啟蒙思想為話劇吶喊助威。梁啟超第一個把文藝戲劇的功能與救國圖強聯繫起來，號召撰寫新傳奇劇本。到本世紀初，要求改革戲曲、提高戲劇的社會地位的言論，已成為知識界越來越強烈的呼聲。一九〇四年陳獨秀發表《論戲曲》，公開提倡戲曲「採用西法，戲中夾些演說，大可長人識見」。[2]一九〇五年陳去病、柳亞子等人創辦了中國最早的戲劇專門雜志《二十世紀大舞臺》，為發揮戲劇應有的社會戰鬥作用而大造輿論。

實際上，當時的學生演劇，從藝術形式上看，尚處在一種過渡狀態。它一方面受到教會學校演出歐洲戲劇的啟發，趨向以散文化語言和非程式化動作為主要表現手段；另一方面在戲劇結構與演出方式上，又模仿當時盛行的「改良京劇」。可以說，學生演劇並未突破中國傳統戲曲的程式框範，是種不土不洋的混合物。而真正現代意義上的話劇，則從春柳社創立開始。

春柳社是一批留日學生在日本新派劇的影響下，於一九〇六年在東京成立的

2　《陳獨秀文章選編》上冊，59頁，北京，三聯書店，1984。

藝術團體。它以戲劇為主體，旨在「研究新舊戲曲」。發起人有李叔同、曾孝谷等人。李叔同（1880-1942），名文濤，別號息霜，浙江平湖人。出生在一個鹽商家庭，進士出身。自幼聰穎，博學多才，擅長書畫篆刻，工詩詞。一九〇五年至一九一〇年間在日本留學，學習西洋繪畫和音樂。為春柳社最主要成員。歸國後從事祖國的藝術教育。一九一八年在杭州虎跑寺出家，法名演音，號弘一。一九〇七年，春柳社改編並演出了《黑奴籲天錄》、《茶花女》。這是第一齣國人創作演出的話劇，它標誌著中國文明新戲的正式開始。在演出中，他們採用西洋話劇的佈景、燈光、服裝，並有了整齊的分幕演出形式。這在當時國內引起了巨大震動，極大地推動了中國戲劇的進一步向話劇形式的靠攏。

一九〇七年秋，著名新劇活動家王鐘聲在上海成立了春陽社，並組建了中國第一所新劇教育機構通鑑學校。一九〇八年，通鑑學校排演了《迦茵小傳》。《迦茵小傳》在形式上一掃京劇痕跡，成為中國國內新興話劇正式形成的標誌。它的出現有著非同尋常的意義。至此，話劇萌芽時期的文明新戲形式定型，為今後中國話劇的發展創造了必要的條件。

一九一一年，辛亥革命的爆發，把文明新戲的發展推向了高潮。這種新穎的話劇形式，以其迅速反映現實的優勢，有力地配合了民主革命宣傳。同時，話劇也在宣傳革命思想的過程中得到傳播和普及。一九一〇年至一九一三年間，各地新劇團體不斷湧現，演出劇活動十分活躍。在眾多的劇團中，最重要和最有影響的，是任天知創辦並領導的進化團。進化團創建於一九一〇年十一月的上海。它是中國現代戲劇史上第一個話劇職業劇團。它舉行的宣傳民主革命思想的演出，深入人心，引起了極大的轟動。一九一二年後，民主革命走向低谷，天知派新劇由於種種原因而解散。

文明新戲興盛時期的另一支重要力量，是從日本歸國的春柳社的成員，即春柳派。陸鏡若、歐陽予倩（1889-1962）等都是春柳派代表人物。辛亥革命夭折後，文明新戲從鼎盛走向了衰落。各地新劇活動遭到封建軍閥的查禁。一些團體被迫改變演劇方針，編演迎合小市民低級趣味的戲。到一九一四年，竟出現了許多劇團相互競爭，演劇活動十分繁榮的局面，這就是當時所謂的新劇「甲寅中

興」。當然，這種「中興」是一種畸形的繁榮。

話劇作為一種新生的文明戲劇，能在短短的幾十年內迅速繁榮發展起來，表明這種戲劇形式有其不可替代的作用。早期話劇表演藝術家豐富的舞臺實踐經驗，為後來話劇的進一步發展開闢了道路。晚清話劇的成就，在中國戲劇史上有著不可磨滅的地位。

第二節 ·
美術的新風格

一八四〇年鴉片戰爭以後的晚清社會，在政治、經濟、文化等方面都發生了巨大的變化。這一時期的美術，也深受這些變化的影響和衝擊，使得它既有對傳統美術的延續，也有新風格的萌生。雖然此興彼衰，發展並不平衡，但卻風貌多變，異彩紛呈，使晚清畫壇步入了一個充滿生機的時期。

一、晚清美術新格局的形成

在清代初期和中期，美術較為活躍的區域主要集中在江蘇各地、安徽、江西以及宮廷畫家所活動的京城，形成了如「金陵八家」、「虞山派」、「婁東派」、「新安派」、「江西派」、「揚州八怪」等著名畫派。從總的地域格局來看，這一時期畫家活動的範圍，大都在文化傳統較為濃厚的內陸地區。但是，到了晚清這一格

局逐漸被打破了，美術較為發達的區域開始轉向了沿海各地。它們主要集中在上海及江浙一帶、京津和以廣州為中心的地區。這些區域不僅傳統文化甚為積厚，而且，西學東漸、舶來的西方文化和美術也非常活躍。影響當時和後世的「海派」、「京派」、「嶺南派」等近代著名畫派，就產生於這些區域。從而，初步形成了「三足鼎立」的美術新格局。

上海及江浙一帶，是「海派」形成的主要地區。晚清時期，資本主義經濟迅速發展，外國資本和技術不斷輸入，西方文化和藝術以及新的思想和思潮也隨之而來。在中西文化、藝術不斷的交匯中，上海及江浙地區以其優越的地理位置，逐漸成為晚清文化、藝術的發達地區。「海派」繪畫藝術正是在這種文化氛圍中發展和崛起的。當時該地區美術活動頻繁，畫家思想活躍，有大小美術社團幾十個，僅上海一處就有書畫社團十一個。像「吾園書畫集會」、「上海書畫研究會」、「豫園書畫善會」、「萍花畫社」等，有的到了民國時期仍在活動。這些社團大都以「保存國粹」、倡導變革為社旨，兼有提倡風雅、濟困扶危之社風。由於有這樣良好的美術環境，所以除了本地區的畫家之外，其他地區一些較有影響的畫家也紛紛彙集到這裡，形成了「海派」繁盛的畫家群。晚清曾先後活躍於上述地區的著名畫家有張熊、朱熊、趙之謙、虛谷、任熊、任薰、任伯年、蒲華、吳昌碩、吳友如等。他們在相互促進和影響中，使「海派」得到了長足的發展。

「海派」通常被人們分為前後兩個時期，前期有任熊、任薰等，以任伯年為高峰。後期有蒲華等，以吳昌碩為巨擘。正如有人評論說：「『海派』善於把詩書畫一體的文人畫傳統與民間美術傳統結合起來，又從古代剛健、雄強的金石藝術中汲取營養，描寫民間喜聞樂見的題材，將明清以來大寫意水墨畫技藝和強烈的色彩相結合，形成雅俗共賞的新風貌。」[3]同時我們還能明顯地看到「海派」繪畫，直接或間接地也受到了西方美術的影響。因此，它給晚清以及其後近百年的中國美術樹立了典範，真正奠定了「海派」在中國畫史上的歷史地位。

「嶺南畫派」在近現代中國畫壇上，畫風可謂獨樹一幟。它注重寫生，努力

3　中央美術學院美術史系中國美術史教研室編：《中國美術簡史》，230頁，北京，高等教育出版社，1990。

吸收外來技法，強調時代精神，不受傳統觀念束縛，在改造國畫的旗幟下，彙集了一批有影響的畫家。「嶺南畫派」的形成和鼎盛分別跨越了晚清和民初兩個時期，許多著名畫家，如高劍父、高奇峰、陳樹人等就活躍於上述兩個時期。

在「嶺南畫派」形成的早期，有居巢和居廉統領畫壇，他們是「嶺南畫派」的奠基人。居巢主張「以形寫神」，反對不求形似；提倡寫生，直取自然。對待傳統，居巢認為：不可步趨前代大師之舊轍，應勇於別開生面，自闢蹊徑。這些主張奠定了「嶺南畫派」的基本發展方向。居廉在表現方法上則多有新意，獨創「沒骨撞水、撞粉」畫法，豐富了晚清繪畫的表現技法。其後，高劍父、高奇峰、陳樹

任伯年《花鳥草蟲》

人等躍然畫壇，為「嶺南畫派」的形成也作出了突出貢獻。「二高一陳」都曾拜居廉為師學習國畫，後又都求學日本。在他們的繪畫實踐中，努力將中國傳統繪畫與日本畫和西方的某些畫法融為一體，主張：「折衷東西方」。特別是高劍父，曾遊歷印度、埃及、伊朗、緬甸等國，眼界寬闊，有力地促進了繪畫創作。「嶺南畫派」在藝術實踐中，富有創新意識，力求融匯中西。在此方面是「海派」、「京派」所無法比擬的。辛亥革命後，「嶺南畫派」在繪畫方面更趨成熟，影響也越來越大。

北京和天津是另一畫家群體「京派」的主要集中地。這一地區的畫家多據守以「四王」為代表的「正統」繪畫。由於上述區域傳統文化和傳統繪畫積澱較為豐厚，西方文化和繪畫對其的滲透和影響有限。所以，「京派」繪畫面貌改觀不大，其對後世的影響也遠不及「海派」和「嶺南畫派」。但他們始終沒有放鬆對傳統繪畫的改造，一直在努力追求傳統的變化，希望能藉助於對傳統繪畫的繼承和研究，將傳統繪畫向前推進。當時這一區域較為著名的畫家有張之萬、何維樸、姜筠等。他們的這種努力，直接或間接地培養和影響了晚清以後的陳師曾、陳半丁、齊白石、劉奎齡等諸大家。可以說「京派」在清末畫史上的地位也是功

不可沒的。

二、承前啟後的美術新風貌

　　晚清美術，一直被認為是由古典形態向近現代形態轉型的過渡期。它一方面有對傳統美術精華的繼承和延續；另一方面也有對西方美術的借鑑與認同。從各種美術樣式中人們清晰可辨，有以傳統面貌出現的，也有以舶來與融合面貌出現的。在美術觀念上，有的主張「以復古為更新」；有的主張「兼融中西」，「合中西而為畫學新紀元」；還有的主張「以西方美術改良中國美術」。但是，不管當時其主張和觀點的異同點有多大，處在「轉型期」的藝術家們，對傳統美術的再認識，尤其是對西方美術介入的積極因素的估價，與明末清初相比則更顯主動和清醒，在具體的美術樣式中，表現得也極為充分。

（一）繪畫藝術

　　晚清時期的繪畫，在三個方面顯示出前所未有的繪畫風貌。其一，努力從金石藝術中汲取營養，以古樸、厚重的書風直取繪畫。其二，在繼承傳統繪畫藝術的同時，更多地從民間美術中汲取營養，使當時的繪畫具有雅俗共賞的新畫風。它以「海派」的花鳥畫和人物畫為標誌。其三，注重吸收、融合外來文化和藝術，這方面以「嶺南畫派」的花鳥畫表現明顯。由此可以看出，晚清時期的繪畫，以花鳥畫、人物畫較為突出，影響也最大。

　　1.花鳥畫　晚清時期的花鳥畫，與同時期的人物畫、山水畫相比，其成就堪稱顯著，它大體上可分為兩個時期。道光中期（1840年前後）至同治（1862年至1874年）年間為前期。其間花鳥畫在北方較為冷落，幾乎沒有專門的花鳥畫家。但是，在上海、江浙一帶則有趙之琛、張熊、朱熊等人；在嶺南一帶則有居巢、居廉等人活躍花鳥畫壇。從整體上看，在道光、咸豐、同治的五十餘年間，花鳥畫表現平平。只有嶺南的居巢、居廉在工筆花鳥畫方面相對突出。他們的繪

畫思想和表現技法，在當時是非常富有新意的。他們既重視傳統繪畫「形與神」的關係問題，也重視汲取外來繪畫藝術的表現技法，形成了獨特的繪畫面貌。光緒、宣統時期（1875 年至 1911 年）為後期，花鳥畫為之一振，一般認為是清代花鳥畫的復興時期，主要是以「海派」的成熟為標誌。「海派」畫家融詩、書、畫、印為一體，善於把民間美術與文人繪畫的傳統有機地結合起來，努力從盛行當時的金石和碑派書法中，獲取藝術補濟，使寫意花鳥畫一度再趨高峰。較有影響的畫家有：趙之謙、虛谷、任熊、任伯年、蒲華、吳昌碩等，其中最有代表性的畫家當屬吳昌碩。

　　吳昌碩（1844-1927），字昌碩、倉石，初名俊、俊卿，別號缶廬、苦鐵，浙江安吉人。曾任江蘇安東（今漣水縣）知縣一月，後寓居上海、蘇州。其與楊峴、任頤是師友之交，另與胡公濤、蒲華、陸恢、吳祥等也交往甚密，談詩論畫。吳昌碩學畫始於三十多歲，直至四十歲以後，才肯以畫示人。他的花卉遠承沈周、陳淳、徐渭、八大山人、石濤及「揚州八怪」中的李鱓與金農諸家，近受趙之謙、任頤等人影響，博綜約取，融會貫通。在表現內容上，多以梅、蘭、竹、菊、牡丹、荷花、水仙、松柏、蔬果、雜卉等見長。其章法考究，結構嚴謹，設色華滋，不落俗套。特別是由於他在篆刻、書法方面的功力以及文學方面的修養，常以篆書、狂草筆意入畫，筆酣墨飽，渾厚蒼勁，加之題款、鈐印配合有致，達到了詩、書、畫、印在藝術上的高度結合。因此，吳昌碩在晚清畫壇，享有極高聲響，在中國畫史上也是傑出的寫意花鳥畫大家，對其後的花鳥畫壇及畫家都產生了深刻的影響。

　　2.人物畫　晚清時期的人物畫，其成就僅次於花鳥畫。這一時期較為著名的人物畫家有費丹旭、高桐軒、任熊、任薰、任伯年、胡錫珪、吳友如等。

　　在題材方面，主要以仕女、仙佛、漁樵耕讀以及歷史故事、民間傳說等為表現內容。這部分表現內容，雖然沒有越出多少傳統繪畫的表現範圍，但其思想傾向與傳統題材相比則更為明確。像任薰的《蘇武牧羊》、任伯年的《故土難忘》等，其意義已遠遠超出了題材本身。他們通過借寓的手法，更多地反映出當時憂國憂民的情感和愛國熱情。另一方面，也有以民間生活和市井風俗為主要表現內

容的，這部分作品雖然不多，但確有精品問世。如同治或光緒年間的無款作品《村社猴戲圖》，描繪的是江南村鎮社集、廣場上的戲猴場景，其生活氣息濃厚。更有一部分畫家把表現內容直接觸及社會政治生活。像蘇六朋（1798-？）在一八五四年所畫的《吸毒圖》，共計四幅，是非常難得的作品，它表現的是吸毒對個人、家庭、社會的危害，以此勸誡人們，喚起世人的警醒。作品出現在鴉片戰爭後不久，其用意意味深長。它深刻地反映出由於當時中國社會的變動，觸發了人民大眾，特別是藝術家對中國命運的敏感和關注。

在表現技法方面，這一時期的人物畫家，多受陳洪綬、仇英的影響，也有遠師李公麟、唐寅等畫法博採眾長的。另有以胡錫珪為代表的擅長意筆人物畫的畫家，其作品看似漫不經意，但卻生趣橫溢。對西洋繪畫技法的汲取，也是晚清人物畫的突出特徵，它充分顯示出「轉型期」的人物畫的繪畫面貌。如任伯年就曾用西洋的素描畫法，對景、對人寫生，從而大大地提高了人物畫的造型能力和表現能力。由此可以看出，晚清時期的人物畫，不僅融進了許多民間繪畫的有益養分，並與文人繪畫結合的更為緊密，形成了雅俗共賞的人物畫新畫風。同時也初步嘗試了把西方繪畫的某些技法，運用於人物畫的創作中，增加了

任伯年《風塵三俠圖軸》

人物畫的表現力度。這一時期以任伯年的人物畫最有代表性。

任伯年（1840-1896），初名潤，字小樓，又字伯年，浙江紹興人。幼年得其父在繪畫方面指教，後結識任熊，被收為弟子。之後又從師任薰學畫。中年寓居上海以賣畫為生，與吳昌碩、蒲華、王秋言、吳友如等交往頻繁。任伯年的人物畫有仕女畫、肖像畫，但他最擅長的還是歷史故事和民間傳說。如《蘇武牧羊圖軸》、《羲之觀鵝圖軸》、《群仙祝壽圖》、《女媧煉石圖軸》等。同時他也描繪現實生活，反映現實社會中形形色色的人物，各種各樣的事態。如《關河一望蕭索》、《五穀豐登》、《酸寒尉》等，用象徵性手法，描繪出各種世情，表現出作者對當時社會的看法。他的作品所以獲得成功，主要取決於作者對這些題材所抱的態度。他既重視人物形象的刻畫，又能聯繫社會實際，並做出積極的反應。在人物造型方面，他多以雄健、古樸的「鐵線描」和「曹衣描」來表現人物形象。其畫法和風格獨特，具有很強的藝術個性。所以，任伯年的人物畫在晚清畫壇上，可以說是無人能與之匹敵的。

3.山水畫　晚清時期的山水畫，就整體而言，不及清初時期發達，也不及同時的花鳥畫和人物畫，水準呈下降趨勢。一方面，表現在許多山水畫家缺乏清初諸家的綜合藝術修養和內在底蘊，所畫山水缺乏生活，少有生氣；另一方面，相當數量的山水畫家與「婁東」、「虞山」諸派一脈相承，畫風和表現方法受制於「四王」。技巧雖然嫻熟，但卻沒有突破前人窠臼，更沒有形成自己的繪畫面貌和繪畫語言。所以，晚清時期的山水畫，在中國繪畫史上的地位和影響不大。但是，這一時期作為歷史的一部分，並非空白，還是有稱美當時山水畫壇，風格清新，力圖擺脫「四王」約束，富有創新者。如道光、咸豐時期的湯貽汾、戴熙、錢杜等人的畫風，各有千秋。以湯疏、戴密，著稱當時畫壇；光緒、宣統時期的吳伯滔、吳石仙、胡公壽、顧沄、秦炳文、汪昉等。從某些方面看，他們還是有為時人所重，為後人可供借鑑的地方。如吳石仙所畫山水，墨暈淋漓、峰巒林壑，於陰陽向背處，都以水彩渲染，參用西法。他的山水畫，雖然未盡完善，但還是具有變法求新意味的。

（二）版畫藝術

晚清時期的版畫，一度出了木版年畫、石版畫和銅版畫並存的版畫格局。木版年畫作為傳統的表現形式，在民間一直有著廣泛的基礎。雖然在鴉片戰爭以後，傳統木版年畫在個別地區不同程度地受到了西方石印版畫的衝擊，但基本保持著旺盛的發展勢頭。石印版畫作為新的藝術表現形式，在清末傳入中國以後，發展迅速，旋即在報刊業大顯身手。銅版版畫，由於製作上的制約，雖然傳入中國早於石印版畫，但發展緩慢，影響不及木版年畫和石印版畫。所以，在清末，版畫初步形成了以木版年畫和石印版畫為發展主流的新態勢。

晚清時期的木版年畫，其整體規模不及明代和清代初期，主要原因是不同程度地受到了西方石印技術傳入中國後，在製作週期、成本、價格等方面因素的衝擊。但是，這一時期木版年畫的作坊和店鋪仍遍布全國，也不乏好的作品出現。像天津楊柳青，蘇州桃花塢，山東濰縣和福建泉州、漳州，河北武強，廣東佛山，四川綿竹、夾江，陝西鳳翔、關中，浙江杭州、紹興，河南朱仙鎮以及江西、安徽、湖南、貴州、臺灣等地，均有精美的木版年畫出品，銷路很廣。木版年畫作為中國傳統的繪畫形式，是其他藝術形式所無法代替的。這一時期的木版年畫有著眼於人民生活，表現人民大眾思想追求的；也有反映當時社會變革的。它色彩明快，對比強烈，表現手法簡潔、深刻，其審美情感與人民群眾有著強烈的共鳴。所以，在許多地區木版年畫的製作和銷售仍然非常興隆。

石版印術，在一七九六年由奧地利人施耐飛爾特（1771-1834）發明，鴉片戰爭前夕傳入中國澳門、廣州等地。一八七六年上海徐家匯的土山灣印刷所開始使用石版印術；一八七九年創辦點石齋印書局，購置石版印機十餘部；一八八一年又有同文書局及拜石山房先後成立。隨著發展，不僅上海的石印書局林立，而且武昌、蘇州、寧波、杭州、廣東等地也相繼開設有石印書局。由於它成書、成圖快捷，價格低廉，所以發展迅速，盛極一時。

石印版畫，最早是作為石印圖書的插圖出現的。一八八四年由吳友如在上海創辦的石印畫報《點石齋畫報》，開始了它作為一種繪畫表現形式，而獨立於清

末畫壇的歷程。《點石齋畫報》連續出版歷時十四年之久，於一八九八年停刊，發表石印版畫作品四千餘幅。畫報的主要作者有吳友如、金蟾香、張志瀛、田子琳、何元俊等。在表現內容方面，多以時事新聞為主，也有對當時社會生活、風土人情著意描繪的，特別是其中的愛國主義思想和進步傾向，為後人所珍視。如反映中法戰爭、中日戰爭以及半殖民地半封建中國社會的苦難和鬥爭的場面等。一八九〇年吳友如又主辦了《飛影閣畫報》，這本畫報與《點石齋畫報》不同，它既刊載反映現實生活的作品，也刊載繪畫性較強的作品。除了上述兩種較有影響的畫報之外，清末時期還有《啟蒙畫報》、《圖畫演說報》、《書畫譜報》、《舞墨樓古今畫報》、《新世界畫冊》等二三十種，活躍於當時畫壇和報壇。這些畫報及其作品有石版印刷，也有銅版印刷，政治觀點各不相同，美惡雜陳。但是，作為一種新的繪畫形式和風格，石印版畫豐富了晚清美術，也有力地促進了當時中國美術出版物的長足發展。

（三）民間繪畫

　　晚清時期的民間繪畫，與清代前期和中期一樣，在各個方面仍極為活躍，並保持著特有的生命力。其表現範圍依舊相當寬泛。其內容不僅包括了寺廟壁畫、捲軸寫像、年畫，而且還涉及綵燈、扇面、花傘、禮花、鞋花、鼻煙內畫壺、紙紮冥屋畫等。民間繪畫在社會上雖大受歡迎，但歷代均被文人士大夫階層所輕視。只是到了清末，才出現了互相影響和補充的新跡象。有的文人畫家，起初就是由民間藝術孕育成長起來的，也有的是在成熟過程中，從民間藝術中汲取營養的。如任伯年之父就是當時有名的民間藝人。因此，任伯年的藝術與民間藝術有著千絲萬縷的聯繫。另一方面，清末民間繪畫也出現了糅合文人畫風的跡象，甚至有民間藝人在其開辦的「畫店」和「作鋪」中，也布置一些文人畫的作品，以期提高民間繪畫的文化品位。但是，由於經濟、文化修養和審美等方面的原因，決定了民間繪畫的根仍在民間。清末時期的民間繪畫，還有一個較為突出的特徵。即在表現技法方面，有的也吸收了西洋繪畫的某些表現技巧。如遠近透視法和明暗層次變化技巧等，從而有力地增加了民間繪畫的表現力。在清末眾多的民間繪畫形式中，較有影響的當屬寺廟壁畫、捲軸寫像等。

楊柳青年畫《蘇小妹三難新郎》

（四）時事畫與諷刺畫

晚清時期，中國社會危機重重，變革迭起，反帝反封建鬥爭風起雲湧。這種動盪不安的社會現實強烈地影響著中國社會的各個方面，也在畫壇得到反映，這就是流行一時的時事畫和諷刺畫。

時事畫和諷刺畫是隨著近代化報刊的興起而流行起來的。鴉片戰爭以後，近代化報刊在中國出現，石印技術也傳入中國，這為時事畫、諷刺畫流行於世提供了重要的傳播媒介。早在十九世紀後期，在上海等地就創辦了《小孩月報》、《寰瀛畫報》、《點石齋畫報》、《飛影閣畫報》等。其中《點石齋畫報》較有代表性。該報創刊於一八八四年五月八日，每旬出版，附屬於《申報》，由《申報》附設的點石齋書局印行。吳友如為主編，參加編繪者有張志瀛、顧月洲、周權香、金桂生等，均為長於蘇州式年畫的名手。《點石齋畫報》刊登過大量新聞畫，表現的題材十分廣泛，諸如時事新聞、市井民俗、奇聞逸事、戰爭民變、域外風情等，無所不有。其中有價值的是反映中法戰爭、中日戰爭等近代中國重大歷史事件的圖畫。如《法敗詳聞》、《諒山大捷》等，以中越人民和臺灣人民抗擊法、日帝國主義侵略的英勇戰爭為題材，生動地表現了中國人民的反抗精神。從繪畫的角度上看，這些畫構圖合理，筆畫細緻，刻畫生動，並兼有中西畫法的特點。

晚清最後十年，資產階級民主革命風起雲湧，進入高潮，時事畫、諷刺畫也得到空前的發展。刊登這類作品的報刊大量湧現，如《俄事警聞》、《廣東白話報》、《時事畫報》、《時諧畫報》、《雙日畫報》、《神州五日畫報》、《民權畫報》、《民立畫報》、《民呼日報插圖》、《當日畫報》、《時事報圖畫雜俎》等，都刊登了大量抨擊外國侵略者、清王朝腐朽統治的美術作品，反映了中國人民反帝反封建的正義要求。這些作品多為諷刺畫。一九〇三年十二月十五日的《俄事警聞》創刊號上刊登了一幅題為《時局圖》的諷刺畫。畫的主要部位是一張中國地圖，以熊、獅、蛤蟆、太陽、鷹等分別代表俄、英、法、日、美等國列強，盤踞在中國的東北、長江流域、華中、華南、山東、臺灣等地。地圖之外，還畫了一群人形化了的狐狸之類動物，對中國指手畫腳，各懷侵略鬼胎。這幅畫形象地表現了當時中國被帝國主義列強瓜分蠶食的民族危機，揭露了帝國主義的侵華野心，對國人起到很好的教育作用。再如，一九〇七年四月二十五日中國同盟會機關報《民報》出版增刊《天討》，刊登了《過去漢奸之變相》、《現在漢奸之真相》等諷刺畫，以人頭蛇身、魚身、獸身的畫面，刻畫了曾國藩、李鴻章、袁世凱等人的醜態，表現了革命黨人的反封建鬥爭精神。總之，此期的諷刺畫緊密聯繫現實，及時表現了中國人民的反帝反封建鬥爭，具有鮮明的時代風格和戰鬥性，起到廣泛的社會教育作用。

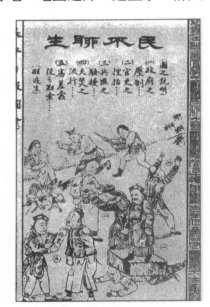

晚清諷刺封建統治階級的漫畫

諷刺畫在當時亦被稱為「諷世畫」、「時畫」、「寓意畫」、「滑稽畫」、「諷畫」、「諧畫」等，發展到後來才被人們稱為「漫畫」。

（五）美術教育

晚清時期的美術教育，也是當時美術發展的重要方面。在清末，一批維新思

想活躍的愛國志士，要求變法圖強，建議清政府廢八股、興學堂，實行教育改革。隨著教育體制的改革，學堂的建立，對美術師資的需求越來越迫切。專門培養美術師資也成為社會急需。一九○二年由李瑞清（江西人，清末進士，著名書法家）最早創立的南京兩江優級師範學堂，就設有圖畫手工科。一九○六至一九○九年辦甲班，一九○七至一九一○年辦乙班。呂鳳子、姜丹書均畢業於該校。之後，第一所私立美術學校 —— 中西美術學校（後更名中華美術學校），在一九一一年由周湘（1887-1933）創辦。一九一二年，烏始光、劉海粟、汪亞塵、丁悚等共同創辦了上海圖畫美術院，後改為上海美專。從此全國各地的私立、國立美術學校如雨後春筍般地相繼建立。像國立北平藝專、私立武昌藝專（初名武昌美術學校）和蘇州美專等。這些學校開設課程主要有素描（鉛筆、木炭）、水彩畫、油畫、透視、圖案、手工和中國畫等。中國美術教育從清末誕生，就有別於西方國家的美術教育，即設有中國畫科。它堅持中西文化並舉，施行的是中西美術教學並行的雙軌制，一開始中國美術教育就走著自己獨特的發展模式。這些學校的建立，有力地促進了晚清美術的發展。

晚清美術教育一方面在國內興辦，培養美術人才，另一方面又選派留學生到美術發達國家去學習。較有影響的有李鐵夫，一八八七年到英國學習，後又到美國；一九○五年李叔同東渡日本學習油畫，一九一○年畢業回國；李毅士，一九○七年留學英國；吳法鼎，一九一一年去法國。另有高劍父、高奇峰、陳樹人、何香凝、陳師曾等也都留學日本。他們學成歸國後，為東西方文化和美術交流、為近現代美術的發展起到了極大的促進作用。這一舉措在清代以前的中國美術歷史上是前所未有的。

晚清時期的美術，除了上述幾個方面卓有建樹、富有時代風貌之外，另在雕塑、美術理論、工藝美術等方面，也有出色表現。它們共同促進了清末美術由古典形態向近現代形態的轉型，也為其後美術的發展奠定了基礎，培養了一批承前啟後的美術家。

第三節 ·
書法與篆刻

在中國書法、篆刻史上，晚清時期的書法與篆刻具有獨特的歷史地位。它書體、印風多變，不同的流派交相輝映，且人才輩出。諸多書法家、篆刻家在其書法、篆刻實踐和理論研究等方面，形成了較為完整的書學體系和篆刻風尚，開拓了書法、篆刻繼承與創新的新局面。

一、書法

晚清時期的書法，在中國書法史上是一個非常重要的時期。此期書界碑學大盛，主導書壇，同時又兼容帖學，廣博精取。其書體各異，面貌獨特，風采奪目。諸多書法名家不拘前人陳法，勇於創新，從而推動了晚清書法再起高潮，使中國書法進入了一個新的發展時期。

（一）晚清書壇格局的形成

晚清書壇在經歷了清初帖學居於主位，碑學初興，到中期的碑、帖二分天下之後，形成了以碑學為主導，兼容帖學的發展格局。

清初伊始，書壇出現了既紮根帖學又寫碑銘的書家，它與明末清初古文字學、金石學漸興不無關係。到了嘉慶年間，金石考據學興盛，客觀上推動了書法的革新，促進了碑派的初興。在長期的書法實踐中，為尚碑書風的形成創造了條件。嘉慶以後，由於大量出土的北魏碑刻的誘發，改變了一些書家的審美趣味。加之阮元、包世臣在理論上的倡導，碑學開始興盛。阮元在《南北書派論》和《北碑南帖論》中，首先提出了書分南北兩派的觀點，接著又用「帖」、「碑」說明南北兩派的本源和審美傾向。在阮元的論述中，明顯有「揚碑抑帖」傾向。繼阮元之後，又有包世臣提倡碑學，推波助瀾。他比阮元更進一步，將碑刻書法尊為正宗，以致「尊碑抑帖」。

　　進入咸豐朝，碑派開始居於主導地位。到了光緒，尊碑之風大盛，既有書法實踐方面的承續，又有理論方面的先導，其代表人物是康有為。他在一八八八年所著的《廣藝舟雙楫》中，提出了一套更為完整的碑學理論。此書從兩個方面為碑學確立了在清末書壇的主流地位：一是系統地形成了碑學理論，從理論上闡明了尊碑對挽救當時書壇風尚的作用；二是充實了碑學的涵蓋範圍，把過去碑學僅指的北魏碑，擴展到整個魏、晉、南北朝碑版，並廣泛吸收了新的金石學成果，使其碑學理論更趨完備。至此，碑派書法完成了在實踐和理論方面的變革和創新，從而進入了全盛階段。

　　在形成了以碑派居為主導地位的同時，還有一批兼容碑帖的書家，活躍於清末書壇。他們把碑和帖融為一體，也取得了可喜的成就。像何紹基書法初宗顏真卿，得其精髓，後又精研北碑，並吸收了先秦、漢魏碑版的氣質和用筆，形成了凝重、奇峭、雅而含蓄的書法風格。其原因就在於他「碑」中有「帖」。晚清時期的書家，雖然主觀上尊碑抑帖，但在書法實踐中往往碑帖兼顧。像沈曾植，當時他正處在碑學昌盛的時代，他的書法不僅從碑學中汲取了大量養分，而且還涉獵章草，融會碑帖。因此，他的書法在晚清極具代表性。這樣的發展格局，促使了清末書壇在繼唐、宋之後，再次形成高峰。

（二）晚清碑學崛起的原因

尚碑之風從乾隆、嘉慶時期的初興，到晚清時期地位真正確立，其原因歸結起來大致有二。

一是由於清代中期以來學者畏懾於文字獄，大都轉向考據。書家也多沉浸於碑、碣、墓誌、石幢、造像、瓦當、鐘鼎、甲骨、簡牘、秦璽、漢印等大量的考古發現中。這些珍貴文物的發現和出土，使書壇為之震驚。同時，在研究過程中即激發了他們從中汲取古代書法營養的興趣，並賦予了它們以新的生命力，為書學發展開啟了新契機。到了晚清強烈的政治因素又直接滲入到碑學之中。康有為就曾把鼓吹碑學，融進了自己要求變法維新的政治理想中，他說：「書學與治法，勢變略同。」[4]他所攻擊的帖學和萎靡的書風，實際上是當時腐朽沒落的封建傳統意識。因此，前者在考據中間接地發掘了碑學書法的價值，後者則把書法的變革與社會變革融為一體。以此，在相互影響中促進了碑學的形成和書法的發展。

二是在書法實踐和書法審美方面的原因。書壇有志之士，在帖派還處在高潮期時，就已意識到它所存在的弊端。自宋淳化三年（992），編次《淳化閣帖》並標明「法帖」以來，一翻再翻，均面目全非。正如康有為所說：「名雖羲、獻，面目全非，精神尤不待論。」[5]可見其書帖已失去了「法帖」的楷模價值。加之，大部分書家所能見到的典範真跡書帖甚少，這是其一。其二，由於康熙喜歡董其昌，乾隆推崇趙孟頫，董、趙兩家幾乎成了當時書壇的圭臬，致使書法風格單一、狹窄。其三，是過分崇尚唐碑。由於唐碑過於精緻工整，直接或間接地把當時書法引向了侷促刻板的歧途。清初和中期盛行的「館閣體」就曾提倡「方、光、烏」。其字字如算子，厭厭無生氣。所以，面對這種萎靡的書風，人們已認識到再振書學，必須從源頭尋找出路，必須重新定位書法的審美旨向。於是，從唐以前大量的碑刻中汲取營養，從金石、魏碑、篆隸等書法多重來源中尋

---

4 康有為：《廣藝舟雙楫・原書》，《康有為全集》第一集，406 頁。
5 康有為：《廣藝舟雙楫・尊碑》，《康有為全集》第一集，407 頁。

找質樸、粗獷的書法語言，便成為清末書壇的主流。此兩點是晚清碑學崛起的重要成因。

（三）晚清碑派諸家的書法面貌

晚清碑派書體風格豐富多彩，有直取北碑書風的，也有刻意追求金石氣息的；有以篆、隸為創作對象的，也有以碑法入行書或兼容帖派風格的。總之，名家輩出，流派紛呈，構成了晚清時期強大的碑派陣容。

這一時期崇尚漢隸、北碑書風的有何紹基、趙之謙、康有為諸家。

趙之謙篆書手跡

何紹基（1799-1873），字子貞，號東洲、晚號蝯叟，湖南道州人，官至翰林院編修。其於經學、說文、詩文、書畫無一不精，才學廣博。他幼年學書從晉、唐入帖，於《黃庭經》、《小字麻姑山仙壇記》用力至深。後宗法顏真卿，得其精髓。晚年多作篆隸。他非常重視北碑的筆法，一生根柢於此，自題張黑女志詩說：「肄書搜盡北朝碑，楷法原從隸法遺。」認為魏碑筆法源於漢隸，主張應從漢碑中汲取營養。他復研北碑、篆、隸、行草，並融會貫通。他的書法用筆，早年秀潤暢達，中年漸趨老成，其筆意縱逸超邁，晚年用筆顫動，有金石筆趣。他在晚清碑學一系中，行書成就最大，同時，在金文、大篆書法領域，也多有成就。

趙之謙（1829-1884），字益甫、撝叔，號冷君、悲盦、無悶等，浙江紹興人。他的書法少學顏真卿，二十歲轉臨魏碑，於《張猛龍碑》、《鄭文公碑》和《龍門造像》用力尤工。並摻以高昌磚志的筆法，其詰字奇古、方嚴勁利、用筆側圓兼施，粗獷有力。他的篆書初受鄧石如影響，但不像鄧那樣以隸入篆，而是以北魏造像入篆，起筆均以方筆入，收筆則微按而出峰。他的正書有篆、隸和北

碑意味，也兼有帖法。在章法上，借鑑漢碑字距大、行距小的特點，互相交錯，隱去行距，頗具新意。他的隸書用筆摻以楷法，結體密勻疏放，很有個性。趙之謙的書法綜合地反映出清末時期書法的發展狀況。

康有為的書法意態寬博，風神瀟灑。早年由帖入手，學歐、趙兩家。後專事北碑研究，廣學六朝碑版，遍臨名碑，見解獨特。其筆法尤得益於北魏摩崖刻石《石門銘》、《張黑女墓誌》、《龍門造像》、《雲峰石刻》等，並吸取了伊秉綬、張裕釗諸家之長自成一體，形成了用筆遲送澀進，長撇大捺，圓渾蒼厚的魏碑行楷風格。

這一時期以繆篆、金文入篆的有吳大澂、吳昌碩諸家。

吳大澂（1835-1902），字清卿，號恆軒、愙齋，江蘇吳縣人，同治進士。他少年時代愛寫篆書，尤喜古籀文字。青年時代開始收藏青銅器。曾得到《微子鼎》，並摹拓銘文。同時期各地古器物出土甚豐，著名的《毛公鼎》、《大盂鼎》就於此時期問世。而且，《散氏盤》的精搨本也廣為流傳。因此，他不遺餘力精心臨摹這些鐘鼎文字。奠定了雄厚的金文基礎。中年所作篆書均以石鼓、金文筆意入篆，於神、韻、度、勢無不俱妙，形成了古樸、敦厚，富有青銅氣息的書法風格，並為世人所推重。

吳昌碩不僅是清代畫壇花鳥畫之一代巨匠，而且還是著名書法家、篆刻家。他的書法四體皆工，其中尤以篆書最負盛名。少年時期吳昌碩習書不輟，以寫顏真卿兼及《三公山碑》為多。青年以後從師楊峴、俞樾鑽研古文字、訓詁、金石學。與蘇州名鑑藏家、書畫家交往甚密，並獲見大量歷代名蹟，眼界廣開。這一時期

吳大澂的篆書手跡

他的書法深受楊沂孫、吳大澂影響，三十多歲後專攻石鼓，六十歲左右個人風格逐漸鮮明。他的行書出入鍾繇、顏真卿、王鐸，並摻入篆書風韻，自創一格。他的隸書宗漢碑，又受鄧石如、吳熙載影響。他的篆書以石鼓最精，兼融《秦權銘》、《瑯琊刻石》、《散氏盤》、《毛公鼎》等特點，氣度恢宏，風格古茂奇拙，另闢新境。不僅震撼了當時書畫界，名滿海內外，而且影響至今。

這一時期尤重漢、魏墓誌，並為書法傳播作出突出貢獻的還有楊守敬。

楊守敬（1839-1914），字惺吾，晚號鄰蘇老人，湖北宜都人，同治舉人。為清末著名地理學家和金石學家。其書兼工篆、隸、行、楷，其中以隸、行、楷最佳。他的隸書取法較廣，尤見北魏筆法，而行楷雖從歐字出手，但體勢仍見北碑。他曾對漢、魏墓誌有較深研究，並得其精神。一八八〇年他以駐日欽使隨員身分赴日四年，曾先後帶去漢、魏、六朝、隋、唐碑帖一點三萬餘冊。在日本致力於漢、魏墓誌和六朝碑版書法的傳授。把碑學思想傳至日本書壇，並對日本書法發展產生了重要影響，有日本「近代書法之父」的美譽。

這一時期以隸入篆為風格的有吳熙載、楊沂孫諸家。

吳熙載（1799-1870），字讓之，號晚學居士，江蘇儀徵人。他是書論家包世臣的入室弟子，工四體，以篆書最為人稱道。受鄧石如影響，其篆書摻入隸的用筆方法，在起、收、轉折處，微妙地融入了回鋒、提按筆法，使他的篆書形成了用筆暢潤，結體妍麗的視覺效果，從而增強了篆書的表現力。他在篆書、篆刻方面對其後的趙之謙、吳昌碩均有影響。

楊沂孫（1812-1881），字子輿，號詠春，晚年自署濠叟，江蘇常熟人，道光舉人。他精於篆書，筆意取法石籀、石鼓和秦代刻石。受鄧石如影響，也將隸法用於篆書之中，但在用筆上與鄧石如稍有區別，較鄧石如略顯挺直，轉折處帶方勢。故有「鄧篆渾健、楊篆勁健」之說，形成了體方筆圓的書法風格。

這一時期碑帖兼容，尤工章草的書家是沈曾植。

沈曾植（1850-1922），字子培，號寐叟，又號乙庵等，浙江嘉興人，光緒進

士。其書法初學鄧石如、包世臣、吳讓之，仿過黃山谷。由於他所處的時代是碑學興盛的時代，所以，對漢隸、北碑也有研究，曾臨寫金文、漢碑、漢簡、魏碑等。晚年主工章草，成就之大，晚清只此一人。他的章草承明人張瑞圖、黃道周方筆、側鋒險絕之遺風，根植漢隸、北碑。其章法、布白處處呼應，斜正交錯，字不連屬。它靜中求動，力求字勢；動中求靜，不失法度。其用筆直取魏碑字態，多方少圓。他一改傳統章草圓轉流暢書風，筆呈澀跡，一波三折，形成了風格清新、雄勁，書勢楙茂而有神韻的章草風格。在清末書坊，他走的是一條典型的碑、帖融合之路。

這一時期專尚帖學的書家有戴熙、翁同龢等。

戴熙（1801-1860），字醇士，號榆庵、井東居士，杭州人，道光進士。工行書，師法米芾、董其昌等。其書體勢呈多變，章法疏密相間，風格秀雅峻厲。

翁同龢（1830-1904），字叔平，號松禪、瓶庵居士，江蘇常熟人，咸豐狀元。其書法宗師趙孟、董其昌、顏真卿諸家。以行書見長，用筆雄健，行筆快捷，風格樸厚。

其餘如林則徐、曾國藩等，也均出入歐、趙、董諸家。但是，由於他們所處的時代的緣故，其書法也不同程度地受到碑學書風的影響，已非純正的帖派風格。

（四）晚清時期的書學著作

晚清時期的書學著作，在中國書法史上有著重要的歷史地位，特別是對碑學的形成和崛起，在理論上起到了先導作用。這些論著涉及理法、史傳、品評等各個方面，為晚清書壇理論體系的建立和書法藝術的繁榮作出了貢獻。

《南北書派論》、《北碑南帖論》兩篇均為阮元（1764-1849，字伯元，乾隆進士，江蘇儀徵人）所作。文雖不長，但頗有創見。關於書法之演變源流，他認為：以東漢末魏晉之間為分水嶺，「正書、行草之分為南北兩派者，則東晉、

宋、齊、梁、陳為南派，趙、燕、魏、周、隋為北派也。」他在分析南北兩派書跡流傳的情況時認為，南派字跡多寫在縑楮上，時間流逝，真跡難見，而北派字跡多刻於碑版上，任其埋蝕，原貌猶存。在分析兩派的成書特徵時認為：北朝族望質樸，風格古拙，筆法勁正遒秀，與南朝風流判若江河。「是故短箋長卷，意態揮灑，則帖擅其長；界格方嚴，法書深刻，則碑據其勝。」他提倡復興古法，上溯鐘鼎、漢隸、北碑諸版。這些觀點均見於「二論」中，在理論上推動了清末碑學的興起。不過阮元「二論」有的論斷似過於絕對，南朝書風也不盡是帖學，石刻也有與北碑風格相同的，當時一些書論家也有不贊成將書法分為「南北兩派」的。但是，「二論」在當時為挽救幾百年帖學所造成的頹風，的確起到了積極作用。

《藝舟雙楫》是包世臣所著。它輯錄了包世臣論文、論書的文章、答問、信札等多篇，涉及書法的許多方面。在書中，包世臣極力推崇北碑書法，認為：「北朝人書，落筆峻而結體莊和，行墨澀而取勢排宕。」又云：「北碑畫勢甚長，雖短如黍米。細如纖毫，而出入、收放、偃仰、向背、避就、朝揖之法備具。」他尊魏貶唐：「北碑字有定法，而出之自立，故多變態；唐人書法無定勢，而出之矜持，故形刻板。」[6]他還把清代六七十位書法家的作品劃分為五等，冠以神品、妙品、能品、逸品、佳品的評價。他的書論一出，使碑學大播，對清末書風變化起到了重要的作用。

《書概》出自劉熙載（1813-1881，字融齋，道光進士，江蘇興化人）所著《藝概》。這是一篇傑出的書法理論著作，涉獵書法理論的各個方面。對於書法藝術的內容，劉熙載從「意」與「象」兩個方面，進行了深刻的揭示，認為：「意，先天，書之本也；象，後天，書之用也。」其雖有唯心之處，但卻有見地。對於書法藝術的創作，他認為：需要做到「微」與「大」的統一。在論及章法時，強調「章法要變而貫。」只有使其統一起來，才具有生命。談到正書與草書，他用「動」與「靜」的關係來說明二者的區別和各自的審美特徵。這些均有

6　包世臣：《藝舟雙楫·歷下筆譚》，《包世臣全集》，381-382 頁，合肥，黃山書社，1994。

新見，影響至深。

　　《國朝書人輯略》為震鈞（1857-1920，字在廷，光緒舉人，滿族人）所著。此書以清代書法家史傳作為成書目的，共計十二卷：卷首為清宮室書法家，卷一為明人入清猶存的遺逸書法家，卷二至卷十為清代書法家，卷十一為閨秀及方外、女冠等，錄有八百四十八人之眾。它以科分序，群集評論，註明出處，信而有證。為後人提供了豐富的清代書法史料。

　　《廣藝舟雙楫》作者是康有為，成書於一八八八年，是近代書學影響最大的書法論著，它建立了完整的碑派書學體系。該書從理論上完善了清代碑學體系，擴展了阮元和包世臣關於北魏碑的界定，使其涵蓋到了整個魏、晉、南北朝碑版，範圍更趨合理。它根據大量的引證材料，提出「古今之中，唯南碑與魏碑可宗。」並指出有「十美」。在談到尊碑的原因時，認為：「筆畫完好，精神流露，易於臨摹，一也；可以考隸楷之變，二也；可以考後世之源流，三也；唐言結構，宋尚意態，六朝碑各體畢備，四也；筆法舒長刻入，雄奇角出，應接不暇，實為唐宋之所無有，五也。」[7]另外，還闡明了尊碑對挽救書風的作用，等

康有為書楹聯照

等。同時人們也能明顯地看出《廣藝舟雙楫》在某些觀點上不乏偏激之詞。但就整體而言，它體例完整，含量廣博，觀點鮮明，影響深遠，具有很高的借鑑意義。

7　康有為：《廣藝舟雙楫‧尊碑》，《康有為全集》第一集，408 頁。

二、篆刻

進入晚清，活躍於清初期和中期印坊的徽、浙兩派，由於種種原因逐漸衰落。其原因在於：在技法方面，過於精熟媚巧；在章法、刀法方面，趨於程式，更為重要的是忽視了從印外藝術獲取營養的作用。所以，篆刻語言和風格缺乏個性，導致了兩派陷入了僵化的境地。從道光後期開始，印壇為之一振，先後出現了一大批有影響的篆刻大家。他們活躍於清末印壇，形成了有別於徽、浙兩派印風的新的篆刻風格。

晚清印壇的振興，與同時期碑學的興盛是相輔相成的。這一時期的篆刻家，基本上都是有影響的碑派書家，他們篆書功底紮實，風格各異，而且也都以各自篆書風格入印。所以，篆刻語言以其獨特的個性展示於世人。「印從書出」成為清末印壇的突出特徵。另一方面，他們還從「印外求印」，廣泛地借鑑了清代末期日漸增多的出土金石文字資料，像六國幣銘、秦詔版、漢金文、磚瓦碑刻、封泥等，並把它們用以入印。拓展了篆刻藝術的創作語言，在構思、章法、刀法等方面，使清末印風具有強烈的藝術個性，推動了篆刻藝術向前邁進了一步。其代表人物有吳熙載、趙之謙、黃士陵、吳昌碩等，他們雄踞印壇，各領風騷，在晚清印壇一展雄風。

1. 吳熙載　吳熙載的篆刻初受徽、浙兩派篆刻藝術薰陶，後又師法鄧石如。他是鄧石如的再傳弟子，不僅篆書受其影響，而且篆刻也得益於他的傳授在此基礎上又有所發展和創新。他的篆書有著濃郁的書卷氣息，用筆暢潤，使轉自然，婉麗多姿。他將自己獨特的篆書風格有機地融入了自己的篆刻藝術中，其朱文圓轉、縝密，白文輕鬆自如形成了結構嚴謹，線條豐腴柔動，刀法輕淺多致，富有筆意的篆刻風貌，真正達到了書、印合一的藝術境界。由於吳熙載在篆刻方面的成就，後人把他與鄧石如並稱為「鄧派」。

2. 趙之謙　趙之謙是晚清新印派的代表人物。其篆刻初宗浙派，後又從徽派那裡汲取營養，逐漸形成了自己獨特的篆刻風格。他的篆刻，大、小、朱、白印均有建樹，朱文印擅用曲線，白文印多用直線，大印不散、小印無拘。筆勢恣

肆，刀法清峭，章法苦心經營，尤其是以漢畫及六朝造像文字刊刻邊款，實為獨創。趙之謙的篆刻，不僅推崇宋、元朱文印風和同時代的丁敬、黃易、鄧石如、吳讓之的篆刻，而且，還注重從金文、石鼓、詔版、漢鏡、幣銘、瓦當中廣泛取材，用以入印。他的「印外求印」的篆刻藝術追求，成為當時印壇時尚，促使清末印壇形成了新的格局。

3. 黃士陵　黃士陵（1849-1908），字牧甫、穆父，號倦叟，安徽黟山縣人。他早年師法浙派和以鄧石如、吳讓之為代表的「鄧派」。崇尚趙之謙工致一路的篆刻，並加以發展，形成了挺勁光潔的印風。他用刀多以薄刃沖刻，刀法「金味」濃厚，章法布局平中見奇，巧中見拙。白文多直線而粗獷，朱文細鋌而方圓交替。與趙之謙相比，在「印外求印」方面，取材更廣，嘗試更為大膽。因此，他的篆刻在清末印壇，以「黟山派」而著稱，影響頗巨。

4. 吳昌碩　吳昌碩的篆刻在晚清印壇獨樹一幟，影響甚巨。他初學浙派，後借鑑鄧石如、吳讓之、趙之謙諸家，取其精華，融會貫通。其前期初見工整，後期漸趨豪放。他的篆刻，一方面從秦漢古璽、詔版封泥、瓦當碑碣中廣收博取；另一方面又得益於他的篆書功底，使所製印章有著濃厚的筆意墨趣。其刀法，切中帶削，善用鈍刀，常以刀尖、刀刃、刀把以及其他工具敲擊、刮削等，修飾印邊、印面、印文線條，取其斑駁錯落，從「殘破」中獲得美感。其章法，不拘陳規，元氣淋漓、渾然天成。印面處理朱白有致，虛實相生，極富整體效果。因此，形成了蒼勁雄渾、豁達豪放、古雅空靈的大寫意篆刻風格。後世把師法吳昌碩一路篆刻風格的篆刻家，並稱為「吳派」。

這一時期除了上述幾位極有代表性之外，還有趙之琛（1781-1852）、錢松（1818-1860）、胡震（1814-1860）等人，各有成就。他們也是清末印壇的有生力量，為推動清末篆刻藝術的不斷發展作出了貢獻。

第四節·
音樂與電影

一、西洋音樂的輸入與傳播

　　鴉片戰爭以前，西洋音樂傳入中國還是很少量的，對中國音樂的發展並沒有產生多大影響。鴉片戰爭以後，伴隨著西方列強的侵入，西洋音樂開始湧入中國，但輸入者主要是西方傳教士，輸入中國的西洋音樂並不是其音樂中的優秀部分，其內容以宗教音樂為主兼有一些舞曲和通俗歌曲。輸入者的目的是利用音樂為媒介，向中國人民灌輸西方的宗教價值觀念，進而麻痺中國人民反抗外來侵略的鬥爭意志，達到其統治中國人民的目的。西方傳教士們還陸續在中國開辦了一些教會學校，其中設有傳授西洋音樂的「琴科」，在這些教會學校裡培養出了一批近代中國最早能掌握西洋音樂知識和技能的人。

　　一八六〇年洋務運動開始後，一些洋務派的官僚和知識分子，為了結交西洋各國的人士，開始接觸西洋音樂，其目的只是作為社交的一種手段附庸風雅而已。後來袁世凱在天津小站練兵時，聽從了德國顧問的建議，組織了中國第一個西洋銅管樂隊。這個樂隊還曾在清朝宮廷中為慈禧太后學習西洋舞蹈的宮女們伴奏過。

由此看來，從鴉片戰爭到一八九八年戊戌變法之前這段時間內，西洋音樂雖然通過傳教士和帝國主義其他文化侵略機構傳入了中國，但其影響卻局限在宮廷官僚貴族和某些西教教徒中，並未使廣大中國人民所接受。直到戊戌維新運動以後，一些思想比較開明進步的知識分子紛紛出國留學和考察，探求救國之方，其中有人學習了西洋音樂。其後西洋音樂通過這些留洋的知識分子才逐漸在中國傳播開來，並對中國音樂文化的進一步發展產生了積極的影響。學堂樂歌的出現，是西洋音樂在晚清傳播而產生的一個積極成果，也是晚清時期中國藝術界積極吸收西方藝術因素，改革傳統音樂的一種反映。

　　十九世紀末，帝國主義列強對中國的侵略加劇，國內民族危機進一步加劇。為救亡圖存，一八九八年以康有為、梁啟超為代表的維新派，主張效法日本，學習西方的科學文明，要求廢科舉、辦新學，其中曾提出開設「樂歌」課的必要和意義。戊戌變法失敗後，以梁啟超為代表的維新派極力鼓吹音樂的重大社會作用，積極提倡在學校設立唱歌課。他們在許多報紙刊物上發表文章和歌曲，大力宣揚「樂歌」在思想啟蒙方面的教育作用。一九〇〇年以後，有許多人陸續東渡日本進入音樂學校，開始較為系統地學習西洋音樂，其中著名的有肖友梅、曾志忞、高壽田、李叔同等。當時傳播的絕大多數歌曲，其曲調均選自日本和歐美的流行歌曲，用中國民間曲調填詞的樂歌為數不多，由作曲者自己譜曲的樂歌則更少。借外國曲調填以新詞，在當時已經成為一時的風尚。「庚子事變」後，清廷於一九〇二、一九〇三年頒布新的學堂章程，新式學堂普遍在全國建立，與此同時，音樂課也引進了課堂。當時的音樂課，通常叫做「唱歌課」，又稱「樂歌課」。到一九〇五年以後，學校唱歌活動已經相當普及，其形式已成了文化活動中的一項重要內容，故被人稱之為「樂歌運動」，這些新的歌曲被稱為「學堂樂歌」。

　　學堂樂歌的內容，大部分是反映人民要求「富國強兵」、「抵禦外侮」的愛國思想。這類歌曲數量較多，在當時影響也比較大。如《何日醒》、《中國男兒》、《體操——兵操》、《黃河》、《揚子江》、《祖國歌》、《十八省地理歷史》、《織女》、《漢族歷史歌》等；宣傳婦女思想解放的，如《勉女權》、《女子體操》、《纏足苦》；宣傳資產階級自由思想的，如《自由》、《歐美二傑》等；宣傳學習

科學文明，反對封建迷信舊習的，如《地球》、《辟占驗》、《文明婚》等。還有一些針對少年兒童進行知識教育的歌曲，如《竹馬》、《春遊》、《送別》、《西湖》、《鐵匠》、《開學禮》、《運動歌》、《樂群》等。辛亥革命前後，創作出一批歌頌革命，慶祝共和國的歌曲，如《革命軍》、《光復紀念》、《慶祝共和》、《美哉中華》等。總之，絕大多數學堂樂歌，鮮明地反映了當時資產階級及其知識分子的政治認識和願望，同時也符合當時人民反帝反封建的願望和要求，受到人民群眾的歡迎。當然，由於當時的知識分子受到封建社會長期的影響以及封建統治階級對樂歌活動的控制和利用，有一些學堂樂歌難免會有不健康的內容，但這些並不是樂歌的主流。

學堂樂歌基本上都是填詞歌曲，採用中國民間傳統音調的歌曲為數甚少，這是由於有很多從事歌曲編配的人並不是專業音樂家；還有一些作者因為受到維新運動的影響，傾心於歐美文化；另外還有一些是音樂教師，對民族民間音樂不熟悉；這就導致了大量填詞學堂樂歌的出現。

學堂樂歌的流行，把中國音樂教育的發展向前推進了一大步，在音樂啟蒙教育方面起到了積極的影響，為後來中國的工農革命歌曲和群眾歌曲體裁的發展準備了條件。在學堂樂歌活動中，西洋音樂的基本理論知識和各種表演形式也被系統地介紹進來，使得五線譜及簡譜這兩種記譜法開始在中國流行，並由此產生了一批新的音樂教育家。一些優秀的學堂樂歌流傳了相當長的時間，有些至今仍在群眾中傳唱，豐富了中國的音樂文化。

在「樂歌運動」中湧現出了一批音樂家和音樂教育家。他們為當時近代中國的音樂文化發展作出了不可磨滅的貢獻。在這些音樂家中，影響較大的代表人物是沈心工和李叔同。

沈心工（1870-1947）是學堂樂歌作者、音樂教育家。原名慶鴻，號叔逵，筆名心工。上海人。一八九一年考入上海縣學，一八九六年入南洋公學師範班。一九〇一年任南洋公學附屬小學教師。後赴日遊學。一九〇二年十一月在東京留學生中創辦了「音樂講習會」。一九〇三年回國任教原校，同時在務本女塾、龍門師範等校兼課教授樂歌，在日本時即開始編寫樂歌。填配的歌曲、詞曲結合較

好，內容題材廣泛，歌詞淺顯易解，適合兒童特點。辛亥革命時期，編有《革命軍》等歌曲，反映了資產階級民主革命思想。所編《學校唱歌集》（共三集，一九〇四年至一九〇七年編成），是中國最早出版的學校唱歌集之一。辛亥革命後，編有《重編學校唱歌集》（共六集）、《民國唱歌集》（共四集）等。一九三七年選編所作樂歌，出版了《心工唱歌集》。其代表作尚有《黃河》（自作曲）、《革命必先革人心》（自作曲）、《體操——兵操》（又名《男兒第一志氣高》）、《鐵匠》、《竹馬》、《雁字》、《賣布》、《賽船》等。沈心工有比較鮮明的資產階級民主共和思想和愛國思想，因此，他編的不少樂歌中反映了辛亥革命前後資產階級革命派的政治主張和革命精神。另外他所編寫的樂歌大部分是兒童歌曲。由於他長期從事教育工作，對兒童的心理特點和唱歌要求有較深入的觀察，因而比較善於通過對兒童日常生活中接觸到的事物的描寫，向他們灌輸愛國、民主、文明、科學等新思想。他使用白話文寫作歌詞，所作歌詞淺而不俗，較有形象感，選用的曲調也較有兒童特點，詞曲結合比較妥帖，容易上口。

李叔同不僅是西洋話劇最早的介紹者，而且還是中國近代音樂的奠基人。他在日本留學時就系統地學習過西洋音樂知識，並積極創作富有時代氣息的歌曲，向國人介紹西洋音樂知識。一九〇六年出版的《國學唱歌集》，其中為黃遵憲愛國詩歌《軍歌》配曲的《出軍歌》，和民間音樂曲調《老六板》填詞的《祖國歌》等，都表現了愛國熱情。後來所作多為描寫自然景物的抒情歌曲，有些帶有傷感、消極的情緒。他的樂歌，多選用西洋和日本的曲調，少數是自己作曲。歌詞多為舊體詩詞，文辭秀麗，選曲填詞，注意詞曲結合。最早選用合唱歌曲填配樂歌，有些歌曲還帶有鋼琴伴奏譜；自作曲的《春遊》和《留別》二首，也分別為三部、二部合唱曲。其代表作還有《送別》、《西湖》、《春景》等。

二、中國的早期電影

一八九四年，世界著名的美國科學發明家愛迪生在紐約製作了「電影鏡」，開設了第一家電影鏡觀賞店。但首次用報射方式放映電影的發明者是法國的盧米

埃爾。一八九五年十二月二十八日，他在巴黎卡普辛路十四號大咖啡館內正式放映了十二部每部一分鐘的影片。這個日子，目前被世界各國電影界公認為電影的誕生日。

電影和其他文藝形式不一樣的地方，是其生產在資本和技術上有一定的特殊的要求，所以中國早期的電影歷經了從對外國影片商人的依賴到逐步擺脫這種依賴的過程。盧米埃爾在巴黎放映電影的成功，極大地堅定了他的信心。他既是一個發明家，也是一個實業家。於是他僱用了許多攝影師，將他們訓練成電影放映師，然後派往世界各地去放映盧氏的影片，並隨地攝製新影片。十九世紀中葉，由於中國自鴉片戰爭以來已逐漸淪為半封建半殖民地的國家，當時的中國又是外國冒險家的樂園。於是盧米埃爾僱用的電影放映師也來到了中國。繼之，西方諸國的影片商也陸續進入中國，揭開了中國電影史的序幕。

一八九六年八月十一日，上海徐園內的「又一村」開始放映「西洋影戲」。這是中國第一次電影放映，中間還穿插「戲法」、「焰火」等雜耍節目。自此，上海多次出現電影的放映，受到觀眾極大的歡迎。一八九七年美國電影放映商雍松在上海天華等茶園放映《俄國皇帝遊歷法京巴里（即巴黎）府》、《西班牙跳舞》、《以劍術賭輸贏》等影片。一八九七年九月五日上海《遊戲報》第七十四號所刊登的《觀美國影戲記》上介紹說：「堂上燭滅，方演影戲。第一出為《馬房失火》，第二出為《足踏行車》……又一影為俄國兩公主雙雙對舞，旁有一人奏樂應之。又一影，一女子在盆中洗浴……又一影，一人滅燭就寢，為地瘙蟲所擾，掀被而起捉得之，置於虎子之中，狀態令人發笑。」此文較為詳盡地記述了美國人雍松在「奇園」放映的影片內容和作者對這些影片的印象。這是中國觀眾第一次在報上公開發表的對電影的觀感，也是中國最早的電影評論文字。

由於在中國放映電影可以獲得巨大的利益，外國電影商人紛紛湧入中國，爭奪市場，其中以西班牙商人雷瑪斯為最著。一九〇三年雷瑪斯接辦了本國商人加倫白克的電影放映業後，拋棄了加倫白克的舊影片，轉向百代公司租購百代片。由於他注重廣告宣傳，經常雇苦力捐著廣告，由兩三個吹鼓手相隨，洋鼓洋號，吹吹打打，大造影響，招徠生意。起初雷瑪斯仍在加倫白克放映舊址虹口乍浦路

跑冰場營業，後來他又將放映場所搬到公共租界四馬路上最熱鬧的茶樓遊樂場——青蓮閣。一九〇四年，他在青蓮閣租賃樓下一間小房，「放映機只有一架，一本映完，停三分鐘，換上新片再映。每場十五分鐘，門票銅元三枚」，於是「多賣薄利，生意興旺，日進斗金，一本萬利」。到了一九〇八年，他在虹口乍浦路口，用鉛鐵皮搭建了一所可容納二百五十人的虹口大戲院，這便是中國的第一座電影院[8]。經過十年的發展，雷瑪斯在上海、漢口、廣州和天津形成了十幾個電影院的放映點。此時的雷瑪斯已由一個窮光蛋變成了擁金百萬的「電影大王」。

北京電影放映的出現晚於上海，這是因為北京是清王朝的京城，不是普通商業城市，又加上清政府從保守的文化立場出發，百般阻撓外國影片的滲入，才導致了這個結果。大約在一九〇二年，北京才開始放電影。第二年中國商人林祝三率先自歐美攜帶放映機和影片回國，在天樂茶園放映。這是中國人自運外國影片在國內從事電影放映業的嚆矢。一九〇四年，慈禧太后七十壽辰，英國駐北京公使進獻放映機及影片以祝壽，不料剛放了三本，磨電機便轟的一聲炸裂，慈禧太后認為不祥，於是清宮放電影遂壽終正寢。直到一九〇六年後電影在北京已為市民所歡迎，電影放映業也開始有相當的規模。大柵欄的大觀樓和慶樂茶園、西單的文明茶園、東安市場的吉祥戲園、西城新豐市場的和聲戲園等場所，均相繼放映影片，而且風光、滑稽、偵察短片居多。

這一時期的外國影片在中國的上映產生著積極和消極兩個方面的影響。早期上映的影片多屬於新聞片或風景片，讓長期被清政府閉關自守的中國人民有機會看到域外民族的生活風情以及認識一些外國的自然風物，觀賞法國早期著名喜劇演員林戴、美國著名喜劇大師卓別林和基頓演出的影片，對擴大中國人民的視野及提高欣賞電影藝術的欣賞能力是有積極作用的。但隨著影片數量的增多，那些荒誕無聊的偵探片和誨淫的色情片，腐蝕了廣大中國觀眾的審美趣味，麻醉他們的思想意識，由此產生了消極的影響。儘管如此，外國影片的傳入還為中國人民

8　許道明、沙似鵬：《中國電影簡史》，18 頁，北京，中國青年出版社，1990。

認識電影創造了條件，同時也奠定了中國最早的電影放映事業，順應了當時西學東漸和文學藝術現代化的潮流。與此同時它也引起了清政府的注意。一九一一年（清宣統三年）上海城「自治公所」公布了《取締影戲場條例》，凡七條，開創了中國電影檢查制度的先例。

譚鑫培主演京劇電影
《定軍山》的劇照

中國人第一次拍攝影片，是在一九〇五年秋天。那時北京和平門外琉璃廠有個豐泰照相館，老闆叫任景豐，照相館始建於一八九二年。自北京出現影片租賃發行後，他在前門外大柵欄開設了大觀樓影戲園。一九〇五年秋天，有個法國人到中國拍風景片，人生地疏，商請豐泰照相館協助。館中人白天陪他外出拍片，晚上陪他看京戲。那個法國人驚異於色彩強烈、動作優美的京戲，很想把它拍成影片。不料這倒觸發了任景豐自己拍攝影片的靈感。於是，任景豐到東交民巷一家德國人開設的祁羅浮洋行，購買了一架法國製造的木殼手搖攝影機和十四卷膠片，請當時具有「伶界大王」美譽的譚鑫培為演員，開始拍攝第一部影片，內容是譚派名劇《定軍山》中「請纓」、「舞刀」、「交鋒」等幾個舞蹈武功場面。這一年，正值譚鑫培六十誕年，他扮演黃忠一角演技精湛，唱、念、做、打，爐火純青。拍攝場地就在豐泰照相館中院的露天廣場，與普通照相館相同。攝影師是該館技師劉忠倫，共花三天時間拍攝三本短片一部。這便是中國拍攝的第一部京劇藝術紀錄片。此後，豐泰照相館又拍攝了《長阪坡》、《青石山》、《豔陽樓》、《收關勝》、《白水灘》、《金錢豹》等劇的片斷。直至一九〇九年遭遇火災才停止了拍攝。豐泰照相館所拍的影片，標誌著中國人嘗試自己拍攝電影這一意識的覺醒，顯示了民族爭勝圖強的精神，拉開了中國自攝影片的序幕。因而，這些影片在北京及全國各省放映後，均受到各地觀眾的熱烈歡迎。

第五節 ·
太平天國
的藝術

　　太平天國作為中國歷史上規模最大的一次農民革命，在藝術上同樣作出了自己的成績，亦為晚清中國文化的一個組成部分。當然，由於清政府的刻意毀壞，太平天國的藝術創作成果遭受嚴重的損失，能夠保留下來的並不很多，但僅從些許保存下來的遺物上便可以窺見太平天國藝術活動的一般狀況。

　　太平天國並沒有專門掌管藝術工作的機構，它的所有機構都是直接或間接地服務於戰爭的。奠都天京後，為了適應新形勢的需要，太平天國當局設立了諸匠營和百工衙，羅織各種能工巧匠入內，生產供應前線需要的各種物品。一些長於建築、雕刻、繪畫、樂舞等技藝的工匠藝人多被吸收進來。他們大多集中在木營、瓦匠營、典木衙、結綵衙、繡錦衙、印書衙等機構中。如繡錦衙由繡工組成，專門負責刺繡，繡工多為知書者。設典官二人管理。太平天國所用旗幟上繪製的龍虎以及各王府的門扇牆壁上的圖案，皆由該衙繡工繪製。鐫刻營由刻字工人組成，專門雕刻各種書籍、詔書、木戳等物品。典木衙主管土木建築，內有木工、油漆工等分工，設典木匠管理，職同指揮，工匠多招自湖廣等地。經他們之手創造成的建築物、繪畫、印章等，集中地反映了太平天國在藝術上取得的成就。

　　定都天京後，太平天國開始大興土木，在天京、蘇州、安慶、常州、嘉興、

532　中國文化通史｜晚清卷 · 下冊

常熟等城市修建了許多王府。天朝制度等級森嚴，王府亦因府主不同的地位有不同的稱呼。天王洪秀全所居稱天朝宮殿，幼東王、幼西王所居稱正、又正九重天廷，其餘諸王、爵同王及天將所居稱為天府。上述城市所修王府，以南京天王府和蘇州忠王府修建得最為富麗堂皇，集中反映了太平天國建築藝術的成就。

　　一八五三年，太平軍攻占南京後，洪秀全即令改原兩江總督衙門為天朝宮殿。拆毀督署附近行宮、寺觀、民房，擴大基址，每日動用男女萬人勞作，半年告成。天王府建成未久，不幸失火燒燬。一八五四年初，太平天國當局又興工於原址重建，拆附近民房店鋪萬餘間，再次擴大了基址。建成的天王府規模宏壯，堪稱太平天國第一偉大建築。其宮牆黃色，高二丈寬四尺，周圍十餘里，牆頭嵌碎瓷瓦鋒，牆外挖掘壕溝。建築布局分內外城，外為太陽城，內為金龍城。太陽城首為「真神皇天門」，又稱「真神榮光門」。門上遍貼泥金，雕有雙鳳，亦稱「鳳門」。門前設大鑼數十對，門外掘有御溝一道，上架木製石欄的五龍橋。越橋是一大廣場，南端有高數丈的黃色大照壁，上繪龍虎紋，壁上懸天王詔旨。廣場中還建有三座牌坊及數丈高的「天父臺」。「真神皇天門」往北正中便是二門，即「真神聖天門」，這是太陽城的北端，也是金龍城的正門。門的四壁嵌磚鑴地圖，門的南面左右有兩座覆以琉璃瓦的五色盤龍柱的吹鼓亭，兩旁設大鼓。聖天門為禁門，以此為界形成內外兩部分。聖天門內經甬道，又過忠義門，便來到「金龍殿」。金龍殿又稱「榮光大殿」，是天王府的正殿。天王洪秀全召開重要會議、決定軍國大政、宣布詔旨，都在這裡舉行。該殿重檐圓頂，莊嚴宏偉，一如歷代帝王宮殿規模。金龍殿後為穿堂，接天兄基督殿，再連天父真神殿。其後尚有五進宮殿，是為內宮。最後為三層高樓，樓呈閣樓式，頂層繞以闌，闌內置長窗，屋上覆黃琉璃瓦，四角懸風鈴。自金龍殿至最後面的三層樓，凡九進，以符「九重天庭」之意。殿宇東西兩邊有東花園、西花園二區，內有池塘、水榭、石船，一片園林景象。西花園較東花園廣大，至今保存完好。天朝宮殿最後部分為「後林苑」，內中蓄養虎、豹、孔雀、鶴等動物。天朝宮殿的修建持續了較長的時間，直至一八六一年英人富禮賜參觀天京時，「天宮工程只完其一半，全宮面積將倍於現在」。他在當時看到的天王府「天宮甚廣，圍以黃牆，牆高四十呎，甚厚。牆內可見黃色綠色的屋瓦，又有兩座很美的亭子。宮室內部皆為黃牆所遮

蔽，不能滿足遊客好奇之心」。[9] 宮殿外觀既已如此，殿內的堂皇可以想見。

天京天王府正門

在太平天國後期修建的王府中，李秀成的忠王府當為奢華壯麗。建於天京的忠王府原來地址在明瓦廊梅氏祠堂，其規模略亞於天王府，但也棟梁崇偉，雕琢精緻。曾在忠王府作客的英人吟唎作過這樣的描述：

忠王府是新建成的，極為雄偉美觀。我們穿過一道寬大的兩旁立有雕刻精緻的花崗石圓柱的拱廊，走到大庭院的外門。進門後，又走過一道走廊，直到王府大門。大門旁有雕花鍍金的圓柱，頂上繪滿中國神話的圖紋，燦爛奪目。寬敞的庭院的兩旁，繞有彩色繽紛的柱廊，一直伸到後面。中間的正門上，設有刻著金字的匾額，上面書明此項建築的緣起。門上繪有巨龍藻采，裡面的庭院直通忠王的法堂。整座王府顯示了中國工匠的巧妙技藝，石刻、窗櫺雕刻、木刻、天花板雕刻、牆壁雕刻全都各具匠心，精美絕倫。可利用的空隙，一概布滿了木刻、石刻的裝飾……入正門後，有一廊廊，直通法堂前的空曠庭院，廊頂是兩個巨大的

9　〔英〕富禮賜：《天京遊記》，轉引自簡又文：《太平天國典制通考》上冊，216頁。

圓穹，用金銀兩色裝飾，成螺旋狀，上面布滿槽紋，賦有中國的神話色彩。圓穹由輝煌燦爛的盤龍圓柱支撐著。法堂的正殿除牆壁外，全都飾以朱紅，牆上懸有許多大幅黃緞錦旗……牆上的空隙處都繪有神話、戰爭、山水風景的壁畫，正如外面的廊廊周圍的裝飾一樣，色彩鮮明，光耀奪目。殿外庭園像府中其他庭園一樣，布置有小型的山水園景，種植有叢林，其中有芬芳馥郁的桃樹、薔薇、木蘭和色彩嬌豔的茶花以及中國特有的花卉草木，全都經過精心的栽培，極為茂盛。小湖被垂柳和含羞草半掩蔽著，湖邊點綴著小小的瓷器城市，湖裡閃耀著金色和銀色的小魚。[10]

他讚歎：「除天王府外，忠王府是城內最雄偉最華麗的建築。」

除此以外，李秀成在蘇州還修建了一處豪華的府邸。一八六〇年六月，李秀成率太平軍攻占蘇州後，便在拙政園基地興建忠王府。王府內部結構包括三個各自獨立又相互融通的部分：一是宮殿建築，如二門、正殿、後軒、後殿、偏殿，這些是忠王府建築群中的主體部分，規模宏偉，氣象巍然。二是住宅建築，位於東西偏殿之後，由十數間高雅精緻寬敞的房屋組成，布置精巧。三是花園建築，內有花園、戲臺若干，水陸交錯，宏闊清雅。忠王府建築之精美連其戰場對手李鴻章也不得不發出感歎。李鴻章破蘇州後致其弟鶴章信云：「忠王府瓊樓玉宇，曲欄洞房，真如神仙窟宅，但少鋪墊門廉，此外百物俱備，遠勝上海公館。」[11]

從天王府、忠王府的建築來看，太平天國的建築藝術基本上繼承了中國傳統建築風格，把傳統的宮殿建築和南方園林建築融為一體，較好地體現了太平天國建築藝術的特徵。此外，這些建築大都裝飾了許多雕刻和繪畫，集中反映了太平天國多方面的藝術成就。

太平天國的美術事業也有所發展。早在起義之初，太平軍攻下廣西永安州時，太平天國就使用壁畫做裝飾。攻占南京後，太平天國設置了繡錦衙，吸收民間藝人、工匠及部分職業畫家，從事畫壁、彩繪、刺繡等工作，創作出大量作

---

10 〔英〕呤唎：《太平天國革命親歷記》上冊，王維周譯，183-184 頁。
11 轉引自簡又文：《太平天國典制通考》上冊，240 頁。

品。太平天國的許多建築，如殿堂、府邸、衙署大都用壁畫來裝飾。然而，由於戰爭的毀壞，歲月的變遷，太平天國藝人創作的絕大多數壁畫早已被毀壞，但近數十年間，在江蘇、安徽、浙江等省亦發現了三十處以上的太平天國壁畫，主要有南京堂子街壁畫、蘇州忠王府壁畫、紹興李家臺壁畫、金華侍王府壁畫、江寧下樂村壁畫、宜興和平街壁畫等，可以從中窺見太平天國的藝術思想和繪畫風格。根據現存壁畫，其所繪內容題材大致可以分為以下幾類：

其一，反映太平天國軍事生活方面的。如《防江望樓圖》（南京堂子街壁畫）、《攻城勝利圖》（安徽績溪縣曹姓祠堂壁畫）、《炮隊圖》等。《攻城勝利圖》描繪兩支太平軍正在奮力攻打一座城池，太平軍戰士援梯登上城頭，殺清軍守將，旁有清兵舉起白旗投降。壁畫風格質樸，人物造型生動，戰爭場面氣勢浩大。

其二，反映民間人民勞動生活方面的。浙江金華侍王府保存有《春日捕魚圖》、《秋日捕魚圖》、《冬日捕魚圖》、《樵夫挑刺圖》等壁畫，描繪了下層民眾豐富的勞動生活，具有濃厚的生活氣息。江蘇宜興和平街壁畫有反映山村風俗的圖畫，畫有農婦採桑，文士騎馬而行，老者肩挑叫賣，老婦荷傘趕路。筆法樸拙，似出民間畫匠之手。

其三，以山水花鳥等自然景物為題材者。如蘇州忠王府壁畫《雙兔圖》、《鹿鶴圖》；南京堂子街壁畫《山亭瀑布圖》、《江天亭立圖》、《荷花鴛鴦圖》；江蘇宜興和平街壁畫《梅蘭隆冬圖》、《山水秋色圖》、《仲夏荷香圖》等。這類作品為數眾多，有的是抒發人們對自然景物的情趣，有的則寓意福祿吉祥，寄託對生活的良好願望，畫中的孔雀、麒麟寓意榮華富貴，蜜蜂獼猴寓意封侯等。

其四，以歷史神話為題材者。浙江紹興李家臺門壁畫繪有許多神話人物，或者騰雲駕霧，或者身騎天馬，進行激烈廝殺。畫面想像豐富，給人一種神祕感。這在一定程度上反映了存在於太平天國隊伍中的宗教意識和迷信思想。

由上可見，太平天國壁畫的題材內容豐富，其數量最多的還是歷來常見的花鳥、山水、樓臺亭閣，基本上是對中國傳統繪畫藝術的繼承。同時，他們也注重

用繪畫藝術來表現自己的生活，在藝術創作實踐中注入自己的特色，使繪畫藝術傳統得到發揚。

上述壁畫，有的筆法嫻熟，構思精巧，並有某「居士」的落款，顯然出自地方畫家之手；有的則雅拙樸實，則為當地農民工匠所作；有些畫面充滿樂觀的戰鬥生氣，顯係太平軍戰士的作品。他們中的多數人沒有留下姓名，有名可稽並值得提出的是虞蟾、陳崇光。

虞蟾，生卒不詳。字步青，江蘇揚州人，晚清山水畫家。早年工北宗山水，畫筆蒼莽雄肆，下筆如風，合以氣行，有獨特風格。一八五三年太平軍第一次進入揚州時，應召到南京繪畫，使其得以發揮所長。據《揚州畫苑錄》載：他「晚年境睏意浮，不能從事，又不善當時所尚花鳥，僅僅以粗筆潑墨求售於人，既乏巨眼推轂於前，又遭無知者疵議於後，愈老愈困⋯⋯年八十，意以潦倒終」。[12]

陳崇光（1838-1896），原名照，字崇光，更字若木，江蘇揚州人。初在泰州學刻字，酷愛書畫，遂棄刻字，致力於繪畫。曾拜虞蟾為師。長於人物、山水、花鳥、草蟲。其山水學元季四大家，雙鉤花卉師陳洪綬，能吸收他人之長形成自己的風格。一八五八年太平軍第二次入揚州，陳氏應召到南京作壁畫，並管理宋元古畫。一八八七年，黃賓虹曾從之學畫。晚年得狂疾，畫益蒼老，狂放不拘。陳崇光與乃師虞蟾均保持了清代揚州畫派的畫風，並對太平天國繪畫藝術作出重要貢獻。

---

12 轉引自姚遷主編：《太平天國壁畫》，6 頁，北京，文物出版社，1982。

第十三章

新舊教育的興替

　　晚清教育是在半殖民地半封建社會的基礎上發展起來的。由於清廷的腐敗無能和帝國主義列強的侵略，晚清社會的文化教育遠遠落後於西方資本主義國家。故此，地主階級中一部分開明人士開始倡導西學，其表現為洋務運動時期的教育改革和後來「新政」時期的教育改革。與此同時，資產階級新式教育、教會學校也蓬勃發展，從而形成了地主階級官辦教育、資產階級新式教育及外國教會教育並存的教育新格局。

第一節 ·
洋務運動時期
的教育改革

　　鴉片戰爭前的中國實行的是傳統的封建教育，四書五經是學生的基本讀物，科舉取士是士人的唯一出路，教育的目的是培養為封建統治服務的人才。處於前現代社會的中國，教育雖已離開了家庭，但還沒有固定在制度化的學校系統之中，並且國家的整個教育制度以八股文、科舉取士為中心，從形式到內容都已經腐敗透頂，成為束縛人們思想，阻遏人才的障礙，亟待改革。

　　鴉片戰爭的爆發使封建的中華帝國開始跨入了自己的「解體的過程」，出現了種種迥異於傳統社會的時代特徵。其表現為：在國際地位上，中國由獨立的國家變為半殖民地國家，被迫放棄閉關政策，走向世界；在經濟領域，傳統的小農經濟受到衝擊，新的因素開始出現；在社會上，新的社會因素開始出現，異於傳統農業社會的區域性工商社會逐漸產生。國際聯繫的擴大尤其外交事務的頻繁，經濟領域的變化尤其機器生產的發展，社會基礎的異動尤其社會主體文化素質的提高，如此等等，都迫切需要一種類似近代西方學校制度那樣的新式教育的出現，以適應中國社會發展的需要。

　　第二次鴉片戰爭的失敗和《北京條約》的簽訂，極大地震撼了清政府，朝野

上下痛感「創巨痛深」，因此「人人有自強之心，亦人人為自強之言」，[1]從而迅速形成了禦侮自強的洋務運動。

隨著洋務運動的啟動，對新型人才的渴求日益迫切，正如恭親王奕訢等在一八六一年一月十三日所上奏摺中說：「竊為夷情之強悍，萌於嘉慶年間，迨江寧換約，鴟張彌甚，至本年直入京城，要挾狂悖，夷禍之烈極矣……查與外國交涉事件，必先識其性情。今語言不通，文字難辨，一切隔膜，安望其能妥協！……聞廣東、上海商人，有專習英、法、美三國文字語言之人，請飭各省督撫挑選誠實可靠者，每省各派二人，共派四人，攜帶各國書籍來京，並於八旗中挑選天資聰慧，年在十三四以下者各四五人，俾資學習。」[2]由此可見，洋務學堂的興辦是清政府推行洋務運動的直接產物。

洋務運動起始於十九世紀六〇年代，到一八九四年，隨著甲午戰爭的失敗而宣告結束。在這為期三十多年的時間裡，洋務派先後創辦了外語、專業技術、水陸師武備三種類型的學堂，還興辦了留學教育，改革書院。洋務教育的主要內容是傳播西方先進的科學技術，以富國強兵，維護封建統治。但隨著它的發展，其內涵、外延都在不斷發生變化，教育內容、形式、方法乃至體制都或多或少地突破封建教育的樊籬，給人以耳目一新之感，為後來資產階級的教育改革奠定了基礎。

一、外語學堂

洋務學堂的開辦是以設外語學堂為起點的。十九世紀六〇年代，在恭親王奕訢、南洋通商大臣李鴻章等奏請下，清朝政府在北京、上海、廣州等地相繼創立了京師同文館、上海廣方言館、廣州同文館等以學習外國語言為主、兼習西學的學堂，以培養外務人才。

1　《洋務運動》第一冊，26 頁。
2　《籌辦夷務始末》（咸豐朝）卷七十一，17 頁，北京，中華書局，1977。

京師同文館成立於一八六二年（同治元年）。當年夏天，十名滿族學生入館學習英文，第一個學習外國語言文字的學堂正式開學。其後兩年間，上海同文館（1869 年改為廣方言館）、廣州同文館也次第成立。除以上三所主要的外語學校，還有新疆俄文館（1887 年設）、臺灣西學館（1887 年設）、琿春俄文書院（1889 年設）、湖北自強學堂（1893 年設）等，如雨後春筍般出現在各地。一九〇二年全國教育經過改革，成立大學堂，北京同文館遂並於京師大學堂。

洋務派創辦的上述外語學堂，以京師同文館最具有代表性。該館起初只學英文、漢文，到一八六三年又添設法文、俄文。英、法、俄三館分館教習。一八六六年十二月，奕訢等又奏請在京師同文館內增設天文、算學館，並且提高了入學條件，即招收三十歲以下的滿漢進士、舉人及貢生，和五品以下的京外官員。這一主張一出臺，立即引起頑固派官員倭仁等的強烈反對。雙方唇槍舌劍，爭論達半年之久，最後以洋務派取勝而告終。這就是著名的同文館之爭。一八六七年，同文館學生已增至一百多名。自此時起，該館不再是初級的外語學堂，而成為綜合性的專門學堂。七〇年代後，同文館又續設德文館、東（日）文館，並建立起化學實驗室、博物館、印刷所、天文臺及物理實驗室。

外語學堂創辦的明確目的是要盡快培養外語人才，偌大中國沒有一位合適的外語教師，聘任外國人任教自然是必不可少的。如北京、上海等地的同文館從初創之始算起，前後大約聘任了七十多位外籍教師，其中不乏為培養外語人才、傳播西方先進的科學技術做出成績者。如同文館總教習丁韙良（William Alexander Parsons Martin）本是美國傳教士，通曉中文，曾任館中英文教習，講授國際公法，一八六九年受清政府任命為總教習，任職達二十五年之久。再如英籍教師傅蘭雅（John Fryer），曾先後任過京師同文館、上海廣方言館教習，他在華期間主要從事翻譯工作，譯書範圍極廣，幾乎涉及自然科學、應用科學各個方面及社會科學某些方面，促進了西方近代科學文化在中國的傳播。洋務派在借材異邦與受制於洋人的問題上從一開始就較明確，同文館在聘任第一批外教時就「預為言

明，只學語言文字，不准傳教」[3]。

這些學堂設置的課程主要有英文、法文、俄文、德文、日文、希臘文以及國語。這是以培養翻譯人才而定，後因培養掌握科學技術人才的需要，又增設了輿地、算學、化學、醫學、生理、天文、物理等自然科學知識以及萬國公法之類的課程。

同文館的學生在畢業後絕大部分是擔任翻譯，從事外務活動。如有的在總理衙門擔任翻譯，有的被任命為各省外交的翻譯，有的被派遣國外，擔任高級外交官職。據粗略統計，在一九一一年前，京師同文館學生中出使駐外公使的先後有汪鳳藻、張德彝、胡惟德、顏惠慶、陸徵祥等二十一人。[4]除此之外，也有參與內政的。如有的擔任各地知縣、知府，有的加入電報局，或擔任製造局、船政局、軍事學校的要職。

同文館等外國語學堂的創設和發展，在中國教育發展史上有著特殊的意義。它造就了一批外交人員，增添了西學知識的內容。同時，外國語學堂的創立，為以後中國新式學堂的創立，提供了可資借鑑的方面，也為中國近代教育的發展奠定了基礎。當然，也必須看到，這種新式學堂是在所謂「中外和好」的情況下設立的，學堂本身不能不打上半殖民地、半封建社會的烙印。

二、專業技術學堂

隨著洋務運動的發展，洋務派認識到富國強兵的目的在於科學技術的先進，「若不從根本上用著實功夫，即學習皮毛，仍無俾於實用。」[5]於是他們在舉辦外語學堂的同時，也興辦了一批專業技術學堂。所設課程涉及機械、工藝、電報、醫學、鐵路、礦務、工程等，不僅有應用學科，還有基礎理論學科。此時洋務派

3　《洋務運動》第二冊，7頁。
4　朱有瓛：《中國近代學制史料》第一輯，上冊，63-71頁，上海，華東師範大學出版社，1983。
5　同上書，13頁。

已把辦學堂、培養人才與富國強兵相聯繫。洋務派曾明確提出：「自強之道，以作育人才為本。求才之道，尤宜以設立學堂為先。」[6]反映了洋務派辦學的指導思想已擺脫六〇年代初期由單純的學習西方語言文字轉為探究西方先進的科學技術，探究中國自強之道。

在專業技術學校中，福州船政學堂是創立最早、時間最長、最具有特色的一所。福州船政學堂（求是堂藝局）創辦於一八六六年，是福州船政局的重要組成部分。

一八七四年江南製造局設立操炮學堂，這是一所專習軍事工程的技術學校，學習內容為外文、算學、繪圖、軍事、炮法等。一八八一年改為炮隊營。

福州在一八七六年設電氣學塾，招生三十二名，學習發報及「製造電線、電報各種機器」，目的在於培養一批電報技術人員，以備將來採用電報設施之用。

一八七七年兩廣總督劉坤一倡議並捐存銀十五萬兩，於廣東籌建西學館，目的「自不在外洋語言文字之末，以力求實濟為是」。

一八八〇年創辦的天津電報學堂，由丹麥籍教習教授學生「電學與發報技術」，學堂屬電報局一部分，學生畢業後將撥往各地電報分局工作。

中國近代第一所西醫學校是北洋醫學堂（天津醫學堂），這是中國培養西醫之始。早在一八八一年（光緒七年）李鴻章在天津設立醫學館，由倫敦傳教會的醫生對學生進行現代醫學訓練，畢業生分往海、陸軍充任軍醫。

一八八一年底，兩廣總督張樹聲在黃埔建立實學館，次年建成開學，設駕駛、製造、管輪、外文專業，學生分門篤守，各手一藝。

一八八二年上海設立電報學堂，成績優秀的畢業生派到上海電報總局任職。後因急需電報人才，學堂規模擴大，分設按報塾、測量塾，並聘請丹麥人任教。

6　舒新城：《中國近代教育史資料》上冊，136頁。

湖北礦務局工程學堂一九八〇年四月設於武昌，最初只是一個分析兩湖地區煤炭和礦石的實驗室，一八九一年組辦了一個班級，研究分析煤炭鐵礦石的方法。到了一八九二年六月這個班級擴充為「學堂」，增加了化學和物理課程。

一八九五年中國最早的鐵路學堂——山海關鐵路學堂成立；一八九七年南京陸軍學堂附設鐵路學堂成立。

一八九八年（光緒二十四年）江南製造局創辦工藝學堂，章程規定，所設「學科必與職局緊密相關，方可共貫同條，變相為用」，因此工藝學堂所設專業有化學工藝和機器工藝，所學課程除漢、英、算學、畫圖外，還學分化物質和重力汽熱諸理法，並把局中各廠作為學生的實驗基地。[7]

專業技術學堂實行「中西合璧」式的管理。由於專業技術學堂要開設大量的自然科學和應用技術課程，但在當時國內尚無教習能夠勝任。因此這類學堂多是在國外聘請洋教師授課。這樣就形成了在教學及技術指導上由洋人負責，而其他事務則由學堂歸屬單位掌管的「中西合璧」式管理特色。

專業技術學堂教學管理的另一個顯著特點是重視學生的實踐，並確立了實習制度。如福州船政學堂，洋務派認為輪船建造下水，能否操縱是學習的目的，因此他們要求仿照西人之例，學習駕駛的，先在學堂肄業數年，在有關知識初具規模之後，練習駕駛船舶。在實習期間，有嚴格規定實習課程，要求學生記下心得體會，將課堂所學與實際操作結合起來。在近代，專業技術學堂是最早確立實習制度的，以後開辦的水陸師武備學堂也普遍採用這種方法，並且更加完善。

這時期創辦的專業技術學堂，能夠將學校教育與洋務需求相結合，並帶有為軍事服務的色彩。所設專業正與洋務運動舉辦的具體內容需求相適應，體現了洋務派通過辦教育培養人才，富國強兵的辦學指導思想。

7　朱有瓛：《中國近代學制史料》第一輯，上冊，469-470 頁。

三、水陸師武備學堂

清政府之所以創辦水陸師武備學堂，原因有二。

十九世紀七、八十年代之交，清廷內部一些官員雖有創辦水陸師武備學堂的想法，但並未深切感受到其迫切性，而至中法戰爭中福建海軍受到重創，慘重的失敗使清廷決心「懲前毖後，自以大治水師為主」[8]。一九九五年，海軍衙門總理大臣奕譞到大沽、旅順、威海、煙臺等地視察後也上奏道：「自來設防之法，水陸必相依護，即使水軍已成，陸軍未可盡撤……陸軍之人才，即以武備學堂為根本。水師之人才，則以駕駛管輪學堂為根本。」[9]洋務派為了維護封建統治，從八○年代開始創辦水陸師武備學堂，極一時之盛，這是水陸師武備學堂興起的原因之一。

隨著「西文」的推行，「西藝」的引進，洋務派對西洋諸國的認識不僅限於船堅炮利，而且感到西洋各國的強大與先進的科學技術有內在的聯繫，與人才的培養也密不可分。對此直隸總督李鴻章曾作過對照分析：「……西洋各國武官無不由學堂出身，由世家子弟挑選，國人皆敬重之。」而大清朝「陸軍不乏戰將，而深諳利器操法用法者頗少」，「水師將才則尤難」[10]。從李鴻章的分析中可以看出洋務派此時已經認識到要鞏固清政府的統治，除了擁有先進的武器裝備、技術之外，人才的培養也至關重要。「用人最是急務，儲才尤為遠圖」，要獲得優秀的軍事人才，只有設立軍事學堂，這是其原因之二。

天津水師學堂是近代中國最早設立的一所水師學堂，由直隸總督兼北洋大臣李鴻章在籌建北洋海軍的過程中所創辦。一八八○年李鴻章提出在天津機器局度地建設水師學堂，不久即得到清政府的允准，一八八一年學堂落成，成為中國近代最早的一所專門培養海軍軍官的學校。

8　《光緒朝東華錄》第二冊，1943 頁。
9　同上書，2017-2018 頁。
10　《洋務運動》第二冊，566-569 頁。

廣東水陸師學堂是清末有名的海軍學校之一，其前身是原廣東實學館。一八八七年三月，兩廣總督張之洞會同廣東巡撫吳大澂奏請以實學館為基礎，創辦水陸師學堂。

江南水師學堂是由南洋大臣曾國荃於一八九〇年奏請在南京設立的，培養駕駛、管輪人才。

洋務派創辦水陸師學堂取得了一定的成績，但隨著甲午戰爭中海軍的挫敗，使水陸師學堂也隨之衰落。造成這種結局的根本原因在於缺少發展的客觀條件，當時的中國無論是經濟基礎還是上層建築實行的都是封建制度，儘管這些軍事學堂能在發展過程中得到洋務派的偏愛和清政府的支撐，卻終不能擺脫腐朽的封建專制制度的腐蝕和禁錮。

天津武備學堂創於一八八五年，這是清末第一個新型陸軍武備學堂。李鴻章力主創辦的這所武備學堂，其目的是仿效西方軍事學校，以提高軍隊素質，增強戰鬥力。後來北洋系將領多出於這所學堂。一九〇〇年八國聯軍攻占天津時，學堂被毀。

一八九六年，袁世凱、張之洞又分別奏請設立了直隸、湖北武備學堂。

武備學堂的創立無疑為清末以至北洋軍閥時期的中國培養了不少軍事人才。其教學和課程設置不僅重視應用學科，也重視基礎理論學科，能在學習基礎理論課的基礎上再做軍、兵種的學習操練。對此並有明確規定以避免偏廢。在一定程度上反映了洋務派那種急功近利的思想有所轉變，並能從根本上著眼來培養軍事人才。在招生制度上，水陸師、武備學堂與外國語學堂和軍事技術學堂的招生辦法有所不同，即在招生時資格規定甚嚴，對學生基本知識、道德品性以及身體素質、健康狀況都有較為明確的要求。

洋務派所創辦的水陸師武備學堂，推動了近代教育事業的發展，它的某些管理措施和制度的推行，突破了封建傳統教育束縛。但由於當時中國的社會性質和創辦者自身局限性所囿，它實際上並沒有起到洋務派所倡導的「靖內患，禦外侮」的目的。

四、近代早期的留學運動

洋務運動期間，為了培養洋務人才，洋務派官僚除了開辦一批洋務學堂外，還辦理留學教育，派遣留學生出國學習。中國近代的留學教育始於一八七二年，最早提出這項建議的是容閎。

容閎曾於一八四六年赴美讀書。一八五四年，他成為第一位取得優異的成績畢業於美國大學的中國學者。回國以後，容閎產生了選派留美學生的教育計劃和願望。一八六二年，他由朋友介紹，成為曾國藩的幕僚。這時，容閎和上海道丁日昌相契，並與丁日昌商議「教育計劃」，後因故擱置。一八七〇年六月「天津教案」發生，容閎協助曾國藩、李鴻章、丁日昌處理教案，並向曾國藩呈報「教育計劃」。一八七一年九月曾國藩、李鴻章等在容閎所擬「教育計劃」的基礎上奏《選派幼童赴美肄業辦理章程摺》，並附有《挑選幼童赴美肄業章程》十二款，規定在「上海設局經理挑選幼童派送出洋等事」，選送幼童，每年三十名，四年計一百二十名，十五年後每年回國三十名。經清政府批准，命候補知府劉翰清總理上海局（又稱上海西學局，即幼童留美預備學校）事宜，並在沿海各地挑選聰穎幼童。

從一八七二年起的四年內，容閎等先後率領一百二十名幼童赴美留學。一八八一年，清政府擔心留學生西化，遂改變留學政策。在美國的一百二十名留學幼童，除早已撤回、病故，以及不願回國的二十六人外，其餘的九十四人分三批撤召回國。留學幼童的學業半途而廢，原尚可觀的留學教育就此夭折。這件事，確實是對腐敗清王朝的一種嘲弄。

這批學業未竟的留學生在美期間，接觸、學習了許多西方文化，對推動中美文化交流起了重大作用，並湧現出詹天祐、唐紹儀、梁敦彥等傑出人物。初步統計，這批留美學生中後來從事工礦、鐵路、電報者三十人，其中工礦負責人九人，工程師六人，鐵路局長三人；從事教育事業者五人，其中大學校長二人；從事外交、行政者二十四人，其中領事、代辦以上者十二人，外交次長、公使二人，外交總長一人，內閣總理一人；從事商業者七人；加入海軍者二十人，其中

海軍將領十四人。[11] 總之，除少數早亡，埋沒故里者外，大都在不同的崗位上發揮了重要作用。

洋務派官僚在派遣留美幼童之後，還奏請派遣留學英、法、德等歐洲諸國的留學生。從一八七七年至一八九七年的二十年間，在李鴻章、張之洞等人奏請下，福建船政學堂先後選派出四批學生赴歐留學。洋務派官僚派遣的留歐學生，在一八七九年以後陸續學成回國，對近代中國社會起了重大的影響。其中，有的成了中國海軍的主要骨幹，有的致力於海軍教育事業，有的成了近代中國的實業人才。其代表人物為劉步蟾、薩鎮冰、鄧世昌、嚴復、馬建忠、魏瀚等。[12]

總之，洋務派興辦留學教育，從學生中選拔優秀學生出洋留學，這是一種明智而有遠見的舉動。其留學教育的措施是行之有效的，大多數留學生也是不負眾望的，學成歸國後，在近代中國海軍建設和造船工業等方面發揮了積極作用。中國在二十世紀初出現的留學熱潮就是在這種基礎上掀起的。

可惜的是，由於當時中國的腐敗、落後，這些留歐學生未能充分地施展其才能，還有一部分留歐學生「皆散處無事」，「或被外國聘往辦事，在各國領事館以及洋行充當翻譯，出現了「我才棄為彼用，我用轉需彼才」的怪現象。

五、書院改革

隨著洋務事業的發展，對諳習洋務的人才的需求越來越迫切，但洋務學堂為數寥寥，而原有的舊式書院久已朽衰，根本造就不出有用之才。清朝各省書院自雍正朝設立以來，這些一直是教授應試的科舉八股文的中心。書院學生皆沉溺於科舉考試，醉心於功名利祿。越到以後，書院不僅所學科目日益陳腐僵化，錮弊已深，而且成為貪污受賄、結黨營私的場所。康有為指責廣設這樣的書院不過是

---

11 李喜所：《中國近代早期留美學生小傳》，《南開史學》，1984 年第一期。
12 李喜所：《中國近代第一批留歐學生》，《南開學報》，1981 年第二期。

「多增呻唔求爵祿之肆而已……國家無所藉以為治，此今日學之大患。」[13] 其實，遠在康有為之前，洋務派的許多官僚就已痛感科舉教育早已不能適應外患迭起、洋務發展的新形勢，於國家富強無補。清廷也屢頒詔諭，敕令各省迅速增設新書院，以求中西兼學。於是出現了一股創辦新式書院的熱潮，而使清代書院達於極盛時期。

張之洞是書院改革的重要人物。他先後創辦了五所書院，即湖北經心書院（1869）、四川尊經書院（1875）、山西令德書院（1885）、廣州廣雅書院（1888）和武昌兩湖書院（1890）。這五所書院一個比一個更為注重西學的講授和研究，反映了他思想的變化路程。其中廣雅書院、兩湖書院在當時各省著名書院之中，堪稱規模宏大、成績卓著的佼佼者。

廣雅書院設於廣州，最初開設經學、史學、性理之學、經濟之學、詞章之學，後改為經、史、理、文，把經濟學、輿地學附於史學之中。史學中包括西學的某些內容，成為書院中最熱門的課程之一。廣雅書院對書院的辦學方向有重大影響。

兩湖書院改革了教學內容，將經、史、理、文四科改為經、史、天文、輿地、地圖、算學六門。又將地圖科改稱兵法，分為三類：兵法史略學、兵法測繪學、兵法製造學。增設化學、博物、測量、軍訓和體操等課程。

中國書院制度，自宋迄清，歷時千載，一直都是封建統治者培養通經博古之鴻儒碩學的場所，是為其封建統治服務的。時值晚清，書院處在巨大動盪變革的時代，適應社會需要而進行從課程到制度的諸種變革，其間英才輩出，造就了大量的摒棄科舉功名而究心實學、思想進步的新式人才。與傳統書院培養的人才相比，改革後的書院大異其趣，它們的不同是：

首先，書院肄業諸生熱心西學，擁有近代科技新知，學識淵博，勤於思考，有自己的見解。一些人還能運用新知有些發明創造，為近代科學技術的傳播與運

---

13 《康有為遺稿·戊戌變法前後》，107、108 頁，上海，上海人民出版社，1986。

用均有突出貢獻。

其次，肄業院生再也不是兩耳不聞窗外事、菽麥不辨的經生宿儒，他們思想活躍，勤於思考，不僅注重學習近代科技新知，且多能與社會現實、民族危機相聯繫，真正是「國事、家事、天下事，事事關心；風聲、雨聲、讀書聲，聲聲入耳。」不少人抨擊時弊，力倡改革，言辭犀利，入木三分。

書院改革是時代風氣漸開的新觀念、新形勢的產物，而它又反過來進一步推動了近代中國社會的觀念更新和歷史發展進程。書院由獨尊中學而強調西藝西政之學的重要性以至設立西學課程，這是它適應國家求富求強的時代需要的反映。書院不僅是近代科技教育和傳播的重要場所，培養了一大批中國社會發展的棟梁之才，含英咀華，而且也使它成為新思想、新觀念的發源地之一。不少肄業諸生由此走上「離經叛道」之路。這是清廷改革書院時始料不及的，這也是晚清書院改革的歷史意義和社會意義之所在。

六、成就與不足

洋務時期的教育改革，其對近代社會發展的影響與作用是顯而易見的。

第一，推動了迥異於傳統教育的新式教育的產生。傳統教育一向輕視專門技術人才的培養，尤其與社會經濟生產進步緊密相關的自然學科，更被人們視為彫蟲小技，往往只在朝廷附屬的特殊教育機構中有所傳授，且這種知識既處於被壟斷的地位，又處於「奴婢」的地位。對於普通的學校教育和一般的受教育者來說，科技知識可謂「無以與焉」。小農經濟的簡單再生產過程所需要的科技知識，主要是通過代際之間生產和生活經驗的積累和傳遞來解決。而洋務派進行教育改革，最直接的目的就是為維護封建統治而育才。最早設立的京師同文館目的在於訓練外語人才以便交涉，所以奕訢稱該館「係為邊務儲才之地」，學生「高

者可備行人擯介之班，下者亦充象胥舌官之選。」[14]

洋務運動期間，各類學校總計四十一所，其中外語學堂八所，水陸師武備學堂二十七所，專業技術學堂十一所。各類學校共計培養的學生約五千人，[15]人數雖然有限，但在當時已屬難能可貴。

第二，在教育內容中引入了西學，開始打破了以儒學為中心的封建思想文化在中國教育中的一統天下。中國傳統社會有著「普天之下，莫非王土」的天下觀與天朝意識，以「仁」為核心的儒家政治倫理思想和天人合一的認知方式，由此形成了古代中國主要以懷柔態度看待與外部的聯繫，處理對外交涉的策略，以及以儒學為主體、吸收涵化各種外來文化因子的開放心理。中國在東亞的優越地位，與歐亞其他文化體系接觸的片斷性、間接性，以及當時尚缺少優於本位文化的異質文化的客觀現實，鞏固並增強了中國人的內聚意識，雖不諱言與人交往，畢竟缺乏主動精神和必要有效的傳遞手段。洋務運動時期的教育改革使傳統教育中第一次引進了西學，呈現出西學與中學並存的局面，並被後來的一些思想家概括為「中學為體，西學為用」。實際上是在尊崇封建政治理論和倫理道德的前提下，容許了外國語言文字、自然科學、工藝技術、軍事理論和戰略戰術乃至世界知識、國際公法等實用科學和技術的引進和傳播。西學的作用在日益擴大，地位逐步提高；而中學的作用在日益縮小，地位逐漸下滑，呈現出無可奈何的頹勢。這對於變革舊的教育內容，改變中國知識分子的知識結構，培養適應社會進步所需要的新式人才無疑起了積極作用。

第三，衝擊了陳腐的科舉制度，為教育制度的變革提供了前提。洋務學堂及新式書院與傳統科舉教育不同，它打破了只讀儒家聖賢書的局面，對學生進行系統科學知識的講授，強調知識的實用性，以便為社會培養多方面的實用人才。這諸多方面的變化與應試科舉形成鮮明的對照，並隨近代社會的發展日益顯示出蓬勃的朝氣和旺盛的生命力，從而形成對科舉制度的強大衝擊。儘管當時新式教育

---

14 《同文館題名錄》，30-31 頁，1898 年刊杭州大學藏本。
15 張靜：《洋務教育研究》，《南開史學》，1991 年第二期。

仍只能作為科舉的附庸，舊政權、舊意識仍千方百計阻撓它的發展，然而它卻毋庸置疑地成為將來取代科舉制度的基礎。

毋庸諱言，由于洋務派的教育變革，並非是一種內部引發模式，而主要是對外來文明的一種被動反應，因此這種變革的進程與社會需求之間存在著「時差」，教育改革滯後的情況顯而易見：未從根本上解決人才的培養問題；缺少一套完整的近代化的教材，舊的教科書不能用，新的教材又不成熟，不免捉襟見肘，漏洞百出；培養出來的有限畢業生並不被重用，處處受到封建制度的歧視和限制。

洋務教育改革的實踐證明，要搞近代化就必須具有懂得科學的人才。如果說洋務派的被動應付、無根本改革之意是洋務教育沒能取得更大成效的根本原因，那麼，洋務教育未能培養出更多的具有近代化科學技術知識的人才、管理人才和外交人才，則必然導致洋務運動的失敗。

第二節 ·
「新政」時期 的教育改革

二十世紀的最初十年間，社會劇烈動盪變化。帝國主義列強侵華日甚一日，八國聯軍鎮壓義和團的反帝愛國運動，強迫清廷簽訂了喪權辱國的《辛丑條約》，亡國滅種的危機迫在眉睫。這一嚴峻形勢使喪盡人心、難以照舊統治下去

的清政府認識到,「興學育才,實為當今急務」。於是,在維護君主專制制度的前提下,清廷宣布實行「新政」,而改革教育則是「新政」的重要內容。此期的教育改革包括廢科舉,公布新學制,興辦學校,設立新的教育管理制度,擬定教育宗旨,派遣留學生等。總之,清末教育改革是當時帝國主義與中華民族、清朝統治階級與廣大人民之間矛盾交織的結果,也是清政府為順應形勢、維護統治而被迫採取的應急措施。

一、科舉制度的廢除

清初時,科舉制便受到人們的批評,許多有識之士都曾揭露或抨擊過它的弊端。但是,作為建立在封建政治、經濟基礎之上並為之服務的科舉制在封建社會未發生根本性變化的時候,是不會退出歷史舞臺的。鴉片戰爭爆發後,隨著西方列強的侵入,自給自足的小農經濟的解體及近代工業、教育的產生,持續了千年之久的科舉制,日益不適應社會形勢發展的需要,改革、廢除科舉製成了時代發展的要求。

在晚清,科舉制度的廢除經歷了一個較長的發展過程,「新政」期間宣布廢除之,只是這個過程的結果。大致講,晚清廢除科舉制經歷了四個階段。

第一階段是輿論準備階段。鴉片戰爭時期,一些開明的知識分子和有識之士就對科舉制的弊端進行了揭露、批判。龔自珍在《京師樂籍說》中說:「使之纏綿歌泣於床第之間,耗其壯年之雄才偉略,則思亂之志息,而議論圖度,上指天、下畫地之態益息矣。使之春晨秋夜為奩體詞賦遊戲不急之言,以耗其才華,則議論軍國臧否政事之文章,可以毋作矣。」然而「人主之術,或售或不售,人主有苦心奇術,足以牢籠千百中材,而不盡售於一二豪傑,此亦霸者之恨也。」[16]魏源在《明代食兵二政錄敘》一文中也指出:科舉取士是用「無益之畫餅、無用

---

16 《龔自珍全集》上冊,118頁。

之彫蟲」的學問本領，來培養、選拔「不識工、農、禮、樂、兵、虞、士、師為何事」的人才，「舉天下人才盡出於無用之一途」。[17] 其後的馮桂芬寫有《改科舉議》，揭露明代以來科舉制度的流弊，指出八股時文是「禁錮生人之心思材力」，「意在敗壞天下之人才，非欲造就天下之人才。」[18] 欲更其弊就要變更科舉考試的內容。此後，要求變革、廢除科舉已成了當時清朝上下一致呼聲，迫使清政府對科舉取士制度進行改革。

第二階段是改革科舉內容。一八八七年四月十八日，江南道監察御史陳琇瑩上奏道：「臣愚以為西法雖名目繁多，要權輿於算學……考國子監原設算學，比歲各省學臣於考試經古外，加試算學；可否仰懇天恩，飭下各該學政，於歲科試報習算學之卷面，試其實在通曉者，即正場文字稍遜，亦寬予錄取，原卷咨送總理各國事務衙門，經該堂官覆勘後，作為算學生員。屆鄉試時，治算學之生員，除頭貳場仍試四書五經之外，其參場照翻譯鄉試例，策問五題，專試算學；再照官卷例，另編字號，於定額外酌中數名。會試亦如之。」[19] 清廷照準。

戊戌變法期間，清朝政府明令凡鄉、會試和生童歲科一律廢八股、詩賦、小楷取士制度，改試策論。戊戌政變後，八股又曾一度恢復。一九○一年，清政府在「新政」的旗號下，再次下令廢八股，改策論，廢武試。

第三階段是遞減科舉中額。一九○三年，張百熙、榮慶、張之洞會奏《奏請遞減科舉注重學堂摺》，建議「從下屆丙午科起，每科遞減中額三分之一，暫行試辦。」[20] 清廷允准。

第四階段是廢止科舉制。一九○五年，直隸總督袁世凱、盛京將軍趙爾巽、湖廣總督張之洞、兩江總督周馥、兩廣總督岑春煊、湖南巡撫端方聯合奏請立停科舉，認為：「欲補救時艱，必自推廣學校始。而欲推廣學校，必自先停科舉

---

17 《魏源集》上冊，163 頁。
18 馮桂芬：《校邠廬抗議·改科舉議》，廣仁堂校本，33-37 頁。
19 《洋務運動》第二冊，207-208 頁。
20 舒新城：《中國近代教育史資料》上冊，61 頁。

始。」²¹清政府被大勢所迫，於奏上不久，即下詔「立停科舉以廣學校」。鄉、會試一律停止。各省歲科考試亦即停止。至此，封建時代的科舉制度從隋煬帝大業二年（606）始，共實行了一千三百年，終告廢除。

科舉制度的廢除，是中國教育史上一件劃時代的歷史事件。當時的《時報》滿懷激情地指出：「盛矣哉！革千年沉痼之積弊，新四海臣民之視聽，驅天下之人士使各奮其精神才力，咸出於有用之途，所以作人才而興中國者，其在斯乎！」²²廢科舉所產生的社會衝擊與震盪，主要表現在以下幾個方面：

（1）廢科舉的最大成果是教育制度的大變革，它標誌著資產階級新型教育對封建主義舊教育的勝利，知識追求方向的轉變與國民素質的逐步提高。

（2）廢科舉是對傳統思想文化的猛烈衝擊，破除了儒家經典的神聖性，動搖了傳統文化的永恆性，這就打開了中國人心智上的封閉門戶，為新的思想解放創造了條件。

（3）科舉曾是維持中央集權官僚政治的槓桿，是封建社會系統間的黏合劑。它的廢除不僅產生了政治權力結構上的轉型，而且改變了社會系統的聯繫方式，促成了舊的社會系統的鬆動和變革。

（4）科舉的廢除造成的最大衝擊是士紳階層的分化。科舉制度的廢除嚴重削弱了造就舊式士大夫的社會制度。從此，人們要想出仕進學，不必再走科舉舊途，而必須經過新式學堂的培養。這對於舊士紳集團來說，無異於釜底抽薪，加速了其分化的進程。在中國知識分子發展史上，科舉制度的廢除是一個根本轉折點。此前與之後的知識分子，具有了結構、來源、功能與作用上的明顯區分。廢科舉成為士紳及士子全面分化的起點與催化劑，中國知識分子群體開始了他們有史以來最深刻的轉變與分化。

---

21 同上書，63-64 頁。
22 《時報》「社評」，1905-09-07。

二、新學制與新學堂

　　新學制的建立是清政府推行「新政」的產物，但實質上它是近代經濟與近代教育發展的必然結果，是中外文化教育撞擊交流的重要反映。

　　新學制實際上是清政府所制定的國家教育制度的一個組成部分，它最早始於一九〇二年張百熙擬定的《欽定學堂章程》。章程包括《京師大學堂章程》、《考選入學章程》、《高等學堂章程》、《中學堂章程》、《小學堂章程》、《蒙學堂章程》。從形式上看，已有了

清末新學制實行後刊印的教科書

一個比較完整的學校系統，因公布時是壬寅年，故稱「壬寅學制」。但這個學制僅限於公布文字，並沒有實行。到第二年，即一九〇三年，又由張百熙、張之洞、榮慶擬定了《奏定學堂章程》。它包括《奏定學務綱要》、《奏定各學堂管理通則》、《奏定各學堂考試章程》、《奏定各學堂獎勵章程》、《奏定大學堂章程》（附《通儒院章程》）、《奏定高等學堂章程》、《奏定中學堂章程》、《奏定高等小學堂章程》、《奏定初等小學堂章程》、《奏定蒙養院章程及家庭教育法章程》、《奏定初級師範學堂章程》、《奏定優級師範學堂章程》、《奏定初等農工商實業學堂章程》、《奏定藝徒學堂章程》、《奏定實業教員講習所章程》、《奏定實業補習普通學堂章程》、《奏定實業學堂通則》、《奏定譯學館章程》、《奏定進士館章程》、《奏定任用教員章程》等諸多章程條規，對學校體制、課程設置、學校管理都作了較為詳細的規定，並在全國正式頒布施行，成為中國近代第一個真正貫徹執行了的學校教育制度。因其公布於癸卯年（光緒二十九年），故又稱「癸卯學制」。

　　「癸卯學制」規定的教育系統可分為四段七級。第一段為學前教育，即蒙養院（幼稚園），不定年限。第二段為初等教育，共九年，分二級：初等小學堂五年，高等小學堂四年。第三段為中等教育五年，只有一級，即中學堂五年。第四段為高等教育十一至十二年，分為三級，高等學堂或大學預科三年；大學堂三至

四年；通儒院為最高學府，學習和研究期限為五年。學生入學年齡為六歲，從小學到大學畢業需要二十至二十一年，如修完通儒院學業需要二十五至二十六年。此外，與初等小學同級的，還有藝徒學堂，半年至四年畢業。與高等小學同級的有實業補習普通學堂，初等農工商實業學堂，都是三年畢業。與中學堂同級的有初級師範學堂，中等農工商實業學堂，也都是五年畢業。與高等學堂同級的有優級師範學堂、實業教員講習所、高等農工商實業學堂、進士館與譯學館等。

上述「癸卯學制」一直沿用到清王朝滅亡為止。中間也有些變化，例如一九〇七年，清政府頒布《女子小學堂章程》和《女子師範學堂章程》，使女子有了接受教育的機會。女子小學分初高兩級，修業四年，都較男子同級學校少一年，且男女不得同校。一九〇九年變通《初等小學堂章程》，小學分五年制完全科及四年制、三年制的簡易科。一九一〇年小學一律改為四年。次年，中央教育會議決議小學四年的教育為義務教育。中學教育方面，一九〇九年仿德、法學制，實行文理分科。在成人教育上，從一九〇五年以後推行補習教育。一九〇五年學部成立後，還規定了各項留學章程，對留學資格、管理、獎勵辦法等都作了規定，逐步形成了一套留學制度。

「癸卯學制」的頒布施行，在形式上標誌著傳統封建教育的瓦解，近代教育的主導地位正式確立。這在中國教育制度的發展史上有著重要意義。中國教育發展至此，才有了嚴格的制度劃分、嚴格的教學年限規定，完整的互相銜接的學校系統。「癸卯學制」的產生為中國新型學制的建立奠定了基礎。

京師大學堂部分師生合影

但是，「癸卯學制」尚存在許多不足之處，主要表現為：首先，封建教育的陰魂不散。在立學宗旨方面，學制規定：「無論何等學堂，均以忠孝為本，以中國經史之學為基礎」[23]。特別強調舊禮教的陶冶；在教學內容中，特別重視經學課程，在各級教育中所占學時最多；在獎勵章程中，保留有科舉制度的痕跡，規定對高等小學堂、中學堂、高等學堂、分科大學畢業生，分別獎勵附生、貢生、舉人、進士等稱號。其次，男女受教育機會不平等，女子教育仍未得到普遍承認，只是包括在家庭教育之內。再次，這一學制不少內容抄襲日本學制，許多地方不切合中國實際。複次，教育年限太長，即使在發達資本主義國家也很難完全實現，等等。

自新學制頒布以後，阻礙新式教育的制度性障礙基本清除，新式教育蓬勃發展。一九〇二至一九一一年期間，全國新學堂發展狀況如下表：[24]

時間（年）	1902	1903	1904	1905	1906	1907	1908	1909	1910	1911
學堂數		769	4 476	8 277	23 888	37 888	47 995	59 117	42 696	52 500
在校學生數	6 912	31 428	99 475	258 873	545 338	1 024 988	1 300 739	1 639 641	1 284 965	
畢業學生數			2 167	2 303	8 064	19 508	14 846	23 361		
教師數						63 556	73 703	90 095		

當然，就各省局部而言，區域性的差異則十分突出。

三、近代教育管理機構的設立與「留學熱」的出現

近代中央教育行政組織的確立以一九〇五年「學部」設立為標誌，但學部創設經歷了一個過程。一九〇三年張之洞等在《學務綱要》中曾議設「總理學務大臣」，管理全國學務，這是學部創設的前奏。但中央設「總理學務大臣」的辦法

---

23 《重定學堂章程摺》，《奏定學堂章程》，湖北學務處本，3 頁。
24 王笛：《清末新政與近代學堂的興起》，《近代史研究》，1987 年第三期。

並未很好地實行。到一九〇五年，清政府明令停止科舉制，隨著學校教育的發展，教育行政事務日益繁雜，故各省學政紛紛奏請中央設立學部。因此政務處也於這一年上奏請特設學部，「上師三代建學之深意，近訪日本文部之成規，遴選通才，分研教育行政之法，總持一切，綱舉目張，實於全國學務大有裨益。」[25]這一年底，清政府正式同意設學部，成為其中央機構的十一個行政部門之一。次年（1906）由學部奏定學部官制並歸國子監，同時規定了學部的組織形式。至此，中國近代中央教育行政組織機構才正式有了較為完備的雛形。

學部成立後，在組織系統的建制上，一方面繼承了傳統部制的特點，另一方面又受到日本設置文部省的有關成規的影響。學部的組織系統可以說是「土洋」結合。其具體建制情形如下圖：

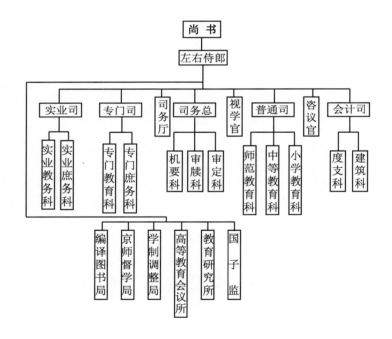

有人對上述學部組織系統，作過這樣的評論：「一曰重形式不重事業也。按學部之組織，尚書及左右侍郎俱為政務之官，管部則另設左右丞，較之現在之教

---

25 舒新城：《中國近代教育史資料》上冊，274 頁。

育部，部長、次長各一人掌部務，則已多二員……學務極簡，徒欲支撐門面，虛設官位，對於行政實不經濟。一曰設教育研究所之可嘉也。從事教育行政者，因官樣文章之紛擾，勢必遠離學術，學部中特設研究所，以促部員之進修，此非但自古之所未有，抑亦有勝於今日也。一曰職業教育之列入行政系統。中國興學動機，本在禦侮圖強，故所設學堂，多之實用，職業教育之呼聲，於時頗盛，故學部列有實業教育一司。雖為仿自東瀛，亦適應當時之需要也」。[26]這一評價是比較中肯的。

學部是中央教育管理機構，至於地方則有學務公所與勸學所。學部成立後，於一九〇六年四月奏請各省「裁撤學政」，「改設提學司」，建學務公所，並擬就各省學務詳細官制及辦事權限章程，這標誌著近代省級教育行政機構正式形成。

此外，學部還奏定《勸學所章程》，設勸學所為各廳、州、縣之地方教育行政機關，歸地方官監督。其任務是：「按定區域，勸辦小學，以期逐漸推廣普及教育」[27]。

從清末教育行政組織的形成情況看，中央教育行政組織機構建立之後，直至民國成立沒有什麼變化，而地方教育行政機構則處在變動之中，並受到中央學部與地方行政的過多干預，因而其功能在當時並未很好地發揮。

清末「新政」時期，清政府辦學堂，進行教育改革，其指導思想是「中學為體，西學為用」，不過，作為全國統一的教育宗旨，尚未頒布。

一九〇一年九月十四日，清廷上諭稱：學堂中「其教法當以四書五經綱常大義為主，以歷代史鑑及中外政治、藝學為輔。務使心術純正，文行交修，博通時務，講求實學，庶幾植基立本，成德達材，用副朕圖治作人之至意。」[28]這道上諭已道出將「中體西用」作為辦學方針。

---

26 薛人仰：《中國教育行政制度史略》，67 頁，上海，中華書局，1939。

27 舒新城：《中國近代教育史資料》上冊，286 頁。

28 《光緒朝東華錄》第四冊，4719 頁。

一九〇四年一月，《奏定學堂章程》闡述了辦學宗旨：「立學宗旨，無論何等學堂，均以忠孝為本，以中國經史之學為基。俾學生心術壹歸於純正，而後以西學淪其智識，練其藝能，務期他日成材，各適實用，以仰副國家造就通才，慎防流弊之意。」[29]隨著科舉制度的廢除，學制的頒布，學部的建立，釐定教育宗旨日益迫切。一九〇六年初，學部奏請將教育宗旨確定為：「忠君、尊孔、尚公、尚武、尚實」，清廷照準，並於三月二十五日予以公布。[30]

新的教育宗旨的前兩端：忠君、尊孔，反映了「中學為體」；後三端：尚公、尚武、尚實，體現了「西學為用」。於此可知，清政府一方面要極力維護封建統治，另一方面難以完全保留封建舊學而不學習西方，故而只能按洋務派的「中體西用」思想運作。

當然，清廷釐定教育宗旨，增加了新的內涵，與過去相比應該說是一個進步。此外，它對全國學堂的統一管理也起了一些作用。

在釐定教育宗旨的同時，清政府推行教育改革，決定廣派留學生，並採取如下措施：

第一，發布上諭，提倡遊學。一九〇一年九月十六日，清廷上諭指出：「造就人才，實為當今急務。前據江南、湖北、四川等省選派學生，出洋遊學，用意甚善。著各省督撫，一律仿照辦理。務擇心術端正，文理明通之士，前往學習，於一切專門藝學，認真肄業，實力講求。」[31]次年十月五日，清廷又下令：「聞近來遊學日本者，尚不乏人。泰西各國，或以道遠費多，資送甚少，亟應廣開風氣。」各省地方當局應「選擇明通端正之學生，籌給經費，派往西洋各國，講求專門學業，務期成就真才，以備任使。」[32]類似的上諭還時有頒布。

第二，授以官職、功名作為鼓勵。一九〇三年九月，清廷向全國頒布了張之

29 舒新城：《中國近代教育史資料》上冊，197 頁。
30 同上書，225 頁。
31 《清德宗實錄》卷四八六，6 頁。
32 《光緒朝東華錄》，4931-4932 頁。

洞擬定的《獎定遊學畢業生章程》。該章程規定：遊學生畢業回國，分別獎勵拔貢、舉人、進士、翰林等各項出身；對於原有舉貢等出身的人員，「各視所學程度給以相當官職」[33]。

由於清政府的政策引導，再加以其他因素的影響，二十世紀初，大批青年知識分子成群結隊，「好像唐僧取經一樣，懷著聖潔而嚴肅的心情，靜悄悄地離開了故鄉，掛帆而去。」[34]留學生的走向，以東鄰日本為最多，並形成赴日留學高潮。有男有女，或官費，或自費；有年長老翁，也有年幼少年；有夫妻同去，有母女同行，但絕大多數為青年知識分子。

關於留學生的人數，一九〇〇年以前僅一百六十一人，一九〇一年二百七十四人，一九〇二年五百七十四人，一九〇三年一千三百人，一九〇四年二千四百多人，一九〇五年八千多人，一九〇六年多達一萬二千多人。[35]當時還有遠赴歐美留學的，但多屬官費，且人數無多。只是到了一九〇九年，由於美國決定減收「庚子賠款」的影響，清廷決定每年派六十名左右的學生赴美留學，人數才有增加。留美學生多學理工科，這與留日學生多習文科、軍事科不同。

派遣留學生出國，對於教育制度的改革、重視西學社會風氣的形成、大批人才的培養，起了重大作用，同時，它在客觀上為辛亥革命的爆發產生了積極影響。

四、清末教育改革的是與非

清末教育改革的作用、影響最突出的表現為以下幾點：

第一，廢除科舉，頒布新學制。興學堂及留學，建立新的教育宗旨及教育管

33 舒新城：《中國近代教育史資料》上冊，183-184 頁。
34 吳玉章：《辛亥革命》，53 頁，北京，人民出版社，1961。
35 李喜所：《清末留日學生人數小考》，《文史哲》，1982 年第三期。

理機構，這一切都暗示著一個事實：傳統的封建教育制度正在為近代教育制度所逐步取代。

第二，西學地位大幅度上升。洋務運動時期的新式學堂雖然也開設了西學課程，但受到一定的限制。而至二十世紀初的教育改革，課程中西學、新學的比重則大增。如四川法政學堂有學科二十門，其中屬於西學、新學範圍的達十八門；四川優級師範學堂課程有二十一門，全為西學、新學。[36]當時社會流行著一種「從新主義」，「新」乃西方式或近代化的代名詞。英文 modernism，今譯作「現代主義」或「近代主義」在當時卻譯為「從新主義」[37]。由此可知西學地位之提高。

第三，在改良社會風俗方面的積極影響。由於文化落後，舊中國迷信盛行，而科學是解放人們的思想，破除迷信的最有力武器。它可以使人們明了一些自然現象產生的原因，並使其得到合理的解釋。新學堂無疑成為宣傳新的科學知識的基地。同時，這些新學堂的學生用所學的知識又無形地影響著其家屬及周圍的人們。另外，學堂的發展也迫切要求破除迷信。一些官員認識到了這個問題，聲稱：「學堂廣設，科學日明，地球掩月而月食，月球掩日而日食，水汽上蒸而為雲，遇冷下墜而為雨。學部審定教科書中詮發至明。五尺之童，靡不灼知其故。而救護日月之典，祈雨禱晴之事，官吏猶循成例舉行，其子弟斥為怪誕不經。」[38]

第四，傳統經學不可懷疑、不可議論的地位也受到動搖。清政府內部一些官員以教育崇實為理由，要求改革大學課程。其稱：「大學堂設有經學科一門，國文學一門，所以保存國粹，用意至為深遠。唯將來升入之生徒，皆由高等畢業而來，高等學科原有經學大義、中國文學兩門。諸生由小學、中學遞升高等，其於兩種科學經數年之研究，當以深窺其意蘊。大學堂為國家儲備任用人才，意在講求政事，見諸實行，自宜注重實業。經學，國文兩門，但應聽其自習溫習，毋用

36 何一民：《轉型時期的社會新群體──近代知識分子與晚清四川社會研究》，44 頁，成都，四川大學出版社，1992。
37 A.H.Mateer，*Hand Book of New Terms*，Shanghai，1917，p.80。
38 《清末籌備立憲檔案史料》上冊，281 頁。

講堂授課。」[39]在清末教育改革中，提出廢除小學讀經，並反對將經學獨立為一科的不乏其人。這種現象的出現絕非偶然。它標誌著一個時代的變革——中國將走出中世紀。中世紀的哲學，即經學必將為人所拋棄。人們需要更新的、能使中國走向富強的知識而不是固守國粹。富強成為人們最高的價值觀念，是判斷一切的標準。

在看到清末教育改革的成就的同時，我們也需要注意，其時教育與社會之間的供與需，還存在著相當大的差距：其一，遑論其時不少地區的新式教育仍然呈現「雪花效應」，毫無起動舉止，即使教育最為發達的地區，如京師所在之地的直隸，學生人數仍不足社會人口的百分之二，故「教育普及」之說確實「難乎其言」。其二，就現實社會所反映的學校數和學生數而言，其中水分很大，有相當大一部分學堂僅是舊式教育機構的改頭換面，所教所學仍然完全囿於傳統的教學範圍之中。其三，即使其時真正稱得上新式教育的教學機構，其中教學內容受制於「中體西用」教育宗旨的束縛，故不適於現實社會進步的成分仍占有極大的比例。如其時小學階段的「讀經講經」課程，即占全部課程的五分之二，加之師資隊伍整體水平低下，專業知識準備不足，因此這種新式教育應打的折扣也很大。其四，這一時期教育供給的不足，還表現在中、高等教育發展的不足，尤其社會真正需要的新知人才的短缺。儘管「新政」令下之後，高等教育有過短暫時間的「普及」，這就是一九〇一至一九〇三年間各省省會多設有省立大學堂，然而這些大學堂大多名實難副，所以一九〇三年清廷下令除保留京師、山西、北洋三所大學外，其他各省大學堂一律降格為高等學堂。即便如此，據一九〇九年統計，全國官立高等學校的設置，包括三所大學堂在內也僅有主要屬於中學高年級階段的教育機構一百二十三校，學生二萬二千二百六十二人，而其中法科特種學校即占四十七所，學生達一萬二千二百八十二人，分別占整個高級學校數和學生數三分之一強和二分之一以上。[40]由此可見，其時高等教育不僅發展不足，而且還處於一種畸形發展的狀態。

---

39 《學部官報》，21 頁，1906 年八月刊於北京。
40 陳景磐：《中國近代教育史》，161-162 頁，北京，人民教育出版社，1983。

資產階級新教育的興起

十九世紀六、七十年代以後，中國開始出現一批近代資本主義工商業。以投資於這些企事業的向資產階級轉化的官僚地主和商人為階級基礎，形成了中國的資產階級。早期改良派、維新派及革命派是這個階級的政治代言人。資產階級一登上政治舞臺，即提出了自己的教育主張，並且發動一場由淺而深、由溫和到激進的教育革命。

一、早期改良派的教育改革主張

早期資產階級改良派的代表人物，主要有馬建忠、薛福成、王韜、鄭觀應、何啟、胡禮垣、陳虬、容閎等。在中日甲午戰爭以前，早期改良派提出的政治主張帶有較大局限性。他們既要維護其自身階級利益發展資本主義，又不敢走資產階級民主革命的道路。他們在政治上嚮往君主立憲制度，把希望寄託在清政府的明智、開恩上，希圖通過和平改良的辦法實現自己追求的目標。

早期改良派提出了一系列教育改革主張，這些主張大致可歸納為以下三個方面：

（一）抨擊科學制度

首先對科舉制的弊端予以揭露、批判。一八六一年，馮桂芬就認為科舉制是「其事為孔孟明理載道之事，其術為唐宗英雄入彀之術，其心為始皇焚書坑儒之心……意在敗壞天下人才，非欲造就天下之才。」[41]其後，薛福成、王韜、陳虬、鄭觀應等，都針對科舉內容的空疏、不切實用，八股文對人們思維的禁錮等予以針砭。他們要求「黜浮靡、崇實學、獎薦賢、去一切防閑、破累朝積習。」[42]在科舉考試中廢除八股文，注重經術、史事、經濟、輿地、算學等實學科目，要求在科舉的形式上，停止虛浮驕作的武舉考試，增加算學科。十九世紀九〇年代初，鄭觀應明確提出在舉行科舉考試時，應「首科既畢，掛牌招考西學」[43]，將西學列為一科，做到學以致用。

（二）倡導西學

他們認為要培養新的人才，趕上先進的資本主義國家，必須學習西學。鴉片戰爭剛結束，魏源就喊出了「師夷長技以制夷」的口號，提出了學習西方的必要性。其後，馮桂芬在「以中國之倫常名教為原本，輔以諸國富強之術」的思想下，明確提出了「採西學」、「制洋器」的要求。遵循這種思想模式，薛福成、王韜、鄭觀應等人都積極倡導學西學。就西學的範圍來說，馮桂芬在一八六一年所提的西學，內容包括算學、重學、光學、化學、輿地等，側重於自然科學方面。隨著社會認識程度的提高，至十九世紀八〇年代末，鄭觀應在《盛世危言·西學》中，已將西學分為天學、地學、人學三部分，內容包括了西方的自然科學、工藝科學和社會科學中的諸多學科。

---

41 馮桂芬：《校邠廬抗議·改科舉議》，《戊戌變法》第一冊，19 頁。
42 薛福成：《選舉論》，朱有瓛：《中國近代學制史料》第一輯，下冊，4 頁。
43 鄭觀應：《盛世危言·考試上》，《鄭觀應集》上冊，292 頁。

（三）改革書院、設立學校

　　容閎是中國近代最早的受過美國高等教育的知識分子，也是國內最早將培養新的人才與設立學校聯繫起來的人。一八六〇年，他曾向太平天國干王洪仁玕建議設立各種實業學校、武備學校，並仿照西方頒行各級學校制度。[44]此後，鄭觀應明確提出了改革舊式書院、設立學校的主張。他認為傳統的、為科舉作準備的舊式書院，學習內容空疏，方法落後，不可能承擔培養新式人才的任務，所以必須從教學內容上對舊式書院進行改革，增加西學的內容。他還提出：「學校者，造就人才之地，治天下之大本也。」[45]主張仿照西方的學制，設立高、中、初三級學校，包括普遍教育、實業教育、師範教育、軍事教育等在內的完整的學校系統。他主張在京師設立大學，在各省省會設中學，在縣設小學，在各鄉設私塾。大、中、小學均採取班級授課的形式，規定學習年限，以考試的結果為升級的標準。鑒於具體情況，他提出了「變通」的具體方法，即將中國科舉制的進士、舉人、秀才的三級功名與大、中、小三級學校相配合，並將各省、府、縣的書院改為學堂。他是國內最早主張改書院為學堂的倡導者之一。

　　總之，早期改良派從資產階級改革的需要出發，十分重視培養掌握西學的新式人才。正是由於這一人才觀的確立，進而批判科舉制的弊端，積極倡導學習西學，改革書院，設立學校，為隨之而來的維新教育作了思想上的準備。

二、維新派的教育活動

　　以康有為為首的維新派多數是出生於官僚地主家庭的知識分子，他們接受了西方資產階級影響，有的自己還舉辦了近代工業或與近代工業資產者有些聯繫。他們要求改變封建專制政體、實行君主立憲、發展資本主義經濟，改變取士制度，學習西方文化等。這一切都受到封建統治者的抵制，雙方展開尖銳激烈的論

44　參見容閎：《西學東漸記》，長沙，湖南人民出版社，1981。
45　鄭觀應：《盛世危言·學校上》，《鄭觀應集》上冊，265 頁。

戰。這場爭論反映在文化教育方面主要表現為：

第一，要不要反對以三綱五常為中心的封建倫理道德。資產階級維新派要求打破封建地主階級的君主專制，要參與政權，實現君主立憲。為此，他們在思想意識上，努力輸入西方資產階級的倫理道德觀念，以西方某些民主觀點，來反對封建專制思想，特別是君權思想。梁啟超說：「三代以後，君權日益尊，民權日益衰，為中國致弱之根源。」[46]代表封建勢力與維新派論戰的人物是張之洞。他在《勸學篇》中堅持三綱五常是國君立國、學校辦學之最根本的原則，若棄此而倡民權，必引起大亂，聲稱：「民權之說一倡，愚民必喜，亂民必作，紀綱不行，大亂四起。」

第二，要不要提倡西學，批判中學。維新派主張學習西學，包括西方資產階級的社會政治學說和自然科學，他們是中國近代向西方尋求救國真理的一派代表人物。他們批判「宋學義理」、「漢學考據」和「詞章」之學，認為這些被封建統治者提倡的「中學」無實無用，只能培養俗儒、鄙夫。封建頑固派堅持維護舊學、中學，排斥新學、西學。他們是一批極端的守舊分子，認為西學是「邪說」，是「奇技淫巧」，提倡西學者是「亂臣賊子」、「離經叛道」。洋務派主張「中學為體、西學為用」，基本精神與頑固派主張無大的區別。他們的「中學」包括中國經學和史學，核心內容為三綱五常。他們也講西學，但其含義與維新派不同，其內容是西文與西藝，對西方的社會政治學說是反對的。

第三，要不要廢八股、變科舉，改革封建主義的教育制度。頑固派維護和堅持八股取士制度，維新派認為欲救中國，必須開民智，培養人才。這就必須廢八股，改變科舉制度，建立資本主義的教育體系。嚴復曾指出，八股取士制度有三害：「錮智慧」、「壞心術」、「滋游手」，[47]對之予以徹底否定。

反映維新派教育主張的代表人物有康有為、梁啟超、嚴復等人。他們在與封建守舊派的論戰前後，寫有一系列論著，如《變法通義》、《救亡決論》、《原強》

---

46 梁啟超：《西學書目表後序》，《飲冰室合集》文集之一，128 頁。
47 嚴復：《救亡決論》，《嚴復集》第一冊，40-42 頁。

等，分別闡述了自己的教育思想，概論起來表現為以下幾點：

第一，廢八股，改革科舉，興學校。值得注意的是，康有為在《大同書》中己部第三章至第六章提出了一套學制體系：人本院（胎教）——育嬰院（學前教育）——小學院（初等教育）——中學院（中等教育）——大學院（高等教育）。[48]

第二，強調師範教育與女子教育。梁啟超是近代中國較早提出設立師範學校的人。一八九六年，他在《論師範》一文中說：「欲革舊習，興智學，必以立師範學堂為第一義。」「師也者，學子之根核也。師道不立，而欲學術之能善，是猶種稂莠而求稻苗，未有能獲者也。」[49]與此同時，對於女子教育，梁啟超等人也大力倡導。

第三，教育救國與啟蒙。維新派認為，教育是救亡圖存、思想啟蒙、富強祖國的重要手段。嚴復在《原強》一文中指出：「今日要政，統於三端：一曰鼓民力，二曰開民智，三曰新民德。」反映在教育上就是德、智、體三方面齊頭並進。只有這樣，方可使中國避免滅亡的命運[50]。需要說明的是，維新派的教育思想論受到西方資產階級社會學說的影響，如進化論、民權說、社會學，等等。

維新派一方面與守舊派開展論戰，另一方面致力於學堂的創辦。隨著甲午戰爭後民族危機的空前加深，全國出現了興辦學堂的熱潮。據不完全統計，一八九五至一八九九年間，全國共計興辦維新學堂一百〇七所。[51]其中，較有代表性的是萬木草堂、時務學堂。

萬木草堂於一八九一年由康有為在廣州長興裡設立，後遷府學宮，是康有為宣傳變法思想、形成變法理論、培養變法人才的重要陣地。開始只有二十多人，後來達一百多人。康有為自任總教習、總監督，著《興學記》以為學規。今文經學、史學、自然科學為講授主要內容。堂中還設圖書室、儀器室，注重體育、音

---

48 陳學恂：《中國近代教育文選》，111-120 頁。
49 梁啟超：《變法通義·論師範》，《飲冰室合集》文集之一，35 頁。
50 《嚴復集》第一冊，15-32 頁。
51 樂正：《從學堂看清末新學的興起》，《中國近代文化問題》，187-191 頁，北京，中華書局，1989。

樂，選高材生充任學長，朝夕講業。

時務學堂是在一八九七年十月由熊希齡、陳寶箴、黃遵憲、梁啟超、譚嗣同等人在湖南長沙創辦。梁啟超被聘為中文總教習，歐榘甲、韓文舉、葉覺邁、譚嗣同、唐才常等任分教習。李維格任西文總教習，許奎垣任數學教習。學生開始時有四十人，後增至二百餘人。梁啟超制定有《學約》十章。一八九八年春，由於王先謙等守舊派的攻擊，學堂被迫停辦，戊戌政變後改為求是書院。

資產階級維新派認為中國貧弱的原因在於教育不良、學術落後、民智未開，欲變法維新，必興辦教育，培養人才。因此，維新學堂辦學目標明確，就是為維新變法培養人才。如萬木草堂培養了梁啟超、麥孟華、徐勤等維新變法的骨幹，時務學堂培養的蔡鍔、范源濂等，後來成了資產階級民主運動的領袖。維新學堂要求學生具有廣博的知識和變法思想，能傳播維新主張，壯大變法力量。同時維新派創辦學堂的目的，還在於開啟民智，以提高民族文化素質。

在課程設置方面，維新學堂從辦學目標出發，課程開設雖然名義上遵循「中學為體、西學為用」的思想，但實際上已經突破了這一思想的框框，講授了不少變法維新，宣傳民權的內容，與洋務學堂根本不同。即使是私學性質的萬木草堂，其課程設置也很完備，有義理之學、考據之學、經世之學、文字之學組成的一般性學科，另還有所謂「科外學科」，包括體操、遊歷等。除此之外，萬木草堂還定期舉行時務演講（時務課）。

萬木草堂、時務學堂等維新派創辦的學校，反映了新興資產階級對教育的要求。在教育目的、教育內容和方法上都有別於封建主義的舊教育。從這些學校裡，培養出一批維新變法人才。但這些學堂，也還存在一些封建主義因素，在課程上還有不少封建主義的內容，在道德訓練的方法上，「主靜存誠」、「養心不動」、「敦行孝悌」、「慎思察幾」等，基本上出自於宋明理學家的教育主張。

一八九八年六月十一日宣布變法至九月二十一日的「百日維新」中，資產階級維新派積極推行新政，通過光緒皇帝頒布了大批維新變法詔令。有關文化教育方面的改革如下：

第一，廢除八股，改革科舉制度。六月二十三日，光緒帝發布上諭，下令廢除八股取士制度，改試時務策論。規定「自下科為始，鄉會試及生童歲科各試，向用《四書》文者，一律改試策論。」[52]鄉會試仍定為三場，除第三場試以四書、五經之外，頭兩場所試內容與以前有了很大的不同，即試以中外史事、國朝政治以及包括五洲各國之政、專門之藝的時務策，以選拔實用人才。在規定的考試之外，還開設考試經世致用之學的經濟特科，其內容包括法律、財政、外交、物理等，以選拔新政人才。當時及法定以後的一切科舉考試，都以實學、實政為取士標準，不可復蹈空言，更不可以楷法好壞來決定取捨。這些科舉制度的變革，在當時有一定的進步意義，對學風和學習內容的改變以及學校教育的發展都有一定的推動作用，為後來最終廢除科舉制創造了條件。

第二，廣設新式學堂。京師大學堂的設立，早在「百日維新」以前就有議論，「新政」開始，便著手開辦。將原設官書局和譯書局併入大學堂，利用官書局原址，命孫家鼐為管學大臣，負責管理大學堂事務，同時規定有統轄各省學堂的權力。京師大學堂不僅需要管理好自身，還要辦成各省學堂之表率。京師大學堂是「百日維新」期間教育改革的重要成果之一。它的創設，標誌著中國近代教育行政組織的萌芽和半殖民地、半封建社會中一種有別於封建舊教育體制下的學校管理模式的出現。

此外，各地舊有的大小書院，一律改為兼習中學和西學的學堂。各省的書院改為高等學堂，府城的書院改為中等學堂，州、縣的書院改為小學堂。地方捐辦的義學、社學，亦令中西兼學。此外，獎勵紳民辦學（民間祠廟不在祀典者，也改為學堂）。在專門學堂方面，籌備設立鐵路、礦務、農務、茶務、蠶桑、醫學等學堂。

第三，倡導西學。在提倡西學方面的直接措施有：派人出國留學，由各省督撫就學堂中挑選聰穎有志深造的學生，派赴日本等國遊學；建立譯書局和編譯學堂，編譯外國教科書和其他書籍等等。

---

52 《戊戌變法》第二冊，24 頁。

從這些措施可以看出，有關教育制度的改革，是帶有資本主義色彩的，對封建主義的傳統教育進行了重大衝擊。這些改革措施體現了維新派發展資本主義的願望，使他們的教育主張得到了某種程度的表達。另一方面，無論從科舉制度的改革，還是京師大學堂的設置，都保留了一定的封建性的內容，反映了資產階級維新派的局限性。

三、革命派的教育活動

資產階級革命派的教育主張不僅與封建階級的教育截然對立，而且在教育與救國的關係、教育目的等問題上與資產階級維新派存在著明顯的分歧。

在教育問題上，資產階級革命派揭露抨擊了封建主義的教育剝奪人權，阻礙人們在智力方面和物質方面的發展，使中國人民陷於「窮苦愚昧」的地步。他們要求進行革命的「國民」教育，通過革命教育培養人們的自治能力，獨立品質，以及適應現代社會的需要。

資產階級革命派在批判封建教育的同時，提出了倡女權和興女學的要求。在這個問題上，資產階級革命派比起改良派前進了一大步，不僅用民權思想批判封建專制主義教育，而且把它同反「壓制」、反「束縛」的愛國革命運動聯繫起來。

除了揭露和抨擊封建教育的積弊，資產階級革命派對洋務教育和資產階級改良主義的「教育救國」思想也作了堅決的鬥爭。一九〇七年，秋瑾在《中國女報發刊辭》中，抨擊幾十年的洋務教育「無宗旨，無意識，其效果乃以多數聰穎子弟，養成翻譯、買辦之材料」，而多數學生更是「以東瀛為終南捷徑，以學堂為改良之科舉矣。」[53] 所倡洋務教育實際上沒有最終擺脫「中體西用」的框框，帶有深刻的封建性。

---

53 《辛亥革命前十年時論選集》第二卷，下冊，840 頁。

針對一部分改良主義者片面強調「教育救國」，而否定革命的觀點，革命派表示堅決反對，明確宣布「改造中國之第一步」只有革命，不能顛倒革命與教育的關係。鄒容說：「革命者，國民之天職也，其根柢源於國民，因於國民，而非一二人所得而私有也」；「欲大建設，必先破壞，欲大破壞，必先建設，此千古不易之定論。」可見，革命派強調革命、破壞，並不是為革命而革命，為破壞而破壞。他們所說的革命與建設新社會、新世界緊密相連。教育問題同樣受到他們的高度重視。鄒容說：「吾儕今日所行之革命，為建設而破壞之革命也……吾於是鳴於我同胞前曰：『革命之教育』。更譯之曰：『革命之前，須有教育；革命之後，須有教育』。」[54]孫中山則把興辦教育，特別是發展師範教育視為革命後首要辦的大事。他說：「學者，國之本也，若不從速設法修舊起廢，鼓舞而振興之，何以育人才而培國脈。」[55]又說：「我中國人民受專制者已數千年。近二百六十餘年，又受異族專制，喪失人格久矣。今日欲回復其人格，第一件須從教育始。中國人數四萬萬，此四萬萬之人皆應受教育。然欲四萬萬人皆得受教育，必倚重師範，此師範學校所宜急辦也。」[56]

　　革命派的教育宗旨簡單來說是為革命鬥爭造就大批人才，即鄒容所說的「預製造無量無名之華盛頓、拿破崙」。對此，鄒容作過具體闡述，把這一宗旨具體化為「三義」、四種精神。「三義」為：（1）「當知中國者，中國人之中國也」；（2）「人人當知平等自由之大義」；（3）「當有政治法律之觀念」。由此「三義」，「更生四種（精神）：一曰養成上天下地，唯我自尊，獨立不羈之精神；一曰養成冒險進取，赴湯蹈火，樂死不避之氣概；一曰養成相親相愛，愛群敬己，盡瘁義務之公德；一曰養成個人自治，團體自治，以進人格之人群」。[57]除此以外，革命派還強調「教育平等」的原則。如孫中山所說：「凡為社會之人，無論貧賤，皆可入公共學校，不特不取學膳等費，即衣履書籍，公家任其費用。……庶幾教育

54 鄒容：《革命軍》，《辛亥革命》第一冊，349-350 頁。
55 孫中山：《令教育部通告各省優初級師範開學義》，《孫中山全集》第二卷，253 頁。
56 孫中山：《在廣東女子師範第二校的演說》，《孫中山全集》第二卷，358 頁。
57 鄒容：《革命軍》，《辛亥革命》第一冊，352 頁。

之惠，不偏為富人所獨受，其貧困不能造就者，亦可以免其憾矣。」[58]從這些主張可以看出，革命派的教育思想以服務於民主革命為宗旨，貫徹了教育平等的原則，超過了改良派的水平，具有強烈的時代色彩和革命性。

資產階級革命派在進行革命的過程中，創辦了一批新型學校，並利用它們進行革命活動。蔡元培等在上海創辦了愛國女校和愛國學社，黃興在湖南利用明德學堂進行革命活動，徐錫麟、陶成章和秋瑾在紹興創辦了大通學堂。其他革命者還創辦了福建侯官兩等小學堂、蕪湖安徽公學、安徽崇實學堂、江蘇麗澤書院、貴州光懿小學等。這些學校培養了許多革命骨幹，播散了革命種子，掩護了革命活動。其中最著名的有愛國女校、愛國學社和大通學堂。

一九〇一年十二月，蔡元培、蔣觀雲、黃宗仰、陳范、林白水、吳彥復等在蔡元培寓所計議創辦女子學校，後延至一九〇二年四月中國教育會成立後，「方正式租校舍於蔡寓之白克路登賢里」，定名為愛國女校。蔣觀雲首任經理（校長），經費由黃宗仰介紹猶太巨商哈同之妻羅迦陵負擔。一九〇二年十二月二日，女校正式開學。開始時學生僅十人左右，後逐漸增多。蔡元培曾出任該校第二任校長。學校摒棄「賢妻良母主義」，以圖「造成虛無黨一派之女子」[59]，把增進女子之德、智、體幾方面品質的培養當成教育宗旨。一九〇八年後，女校與革命派脫離關係，成為普通女子中學。

一九〇二年十一月十六日，上海南洋公學爆發了反抗學校當局專制主義統治的罷課風潮，全校六個班級，二百多個學生憤然罷學離校。部分罷學學生請求中國教育會贊助辦學，中國教育會決定募款設校，「沿愛國女子學校之名，曰愛國學社」。推蔡元培為總理（校長），吳稚暉為學監（教務長），章太炎、蔣觀雲、蔣維喬、黃炎培等為教員，學社設在上海泥城橋福源里中國教育會所。

一九〇五年九月，光復會會員徐錫麟、陶成章等在浙江紹興設立了大通學堂，並在九月二十三日正式開學。後改為大通師範學堂，設體育專修科，六個月

58 孫中山：《社會主義之派別及方法》，舒新城編：《中國近代教育史資料》下冊，1007 頁。
59 《警鐘日報》，1904-08-10。

畢業。一九○七年，徐錫麟、秋瑾發動武裝起義，該學堂是重要基地。起義失敗後，學堂被清廷封閉。

在資產階級革命派創辦的學堂裡，教師多是實行一種義務制。如愛國學社的教員多為義務任教，既在學社教書，又利用課餘時間兼職謀生。教員在沒有任何報酬的情況下，仍舊熱心教學，致力於教育事業的發展。

在課程的安排上，軍事體育課占有很大的比重。這也是資產階級革命派所屬學校具有的鮮明特色之一。當時的軍事體育課，主要是兵式體操和器械體操。前者多是進行軍事步伐和槍械練習，以訓練學生日後參與武裝起義的作戰能力；後者多為溜木、平臺、鐵槓、木馬、鞦韆及跳遠等項目的練習，以鍛鍊學生強健的體魄。以上特色在大通師範學堂表現得更為明顯。

此外，革命學校中的教學多用演講式，鼓勵學生自由討論，以養成辯駁之風。為了培養學生宣傳資產階級革命思想的能力，革命學校的教學工作尤其在社會、國家、政治、法理等課程的講授上，教員多用演講的方式，在激發學生的革命熱情中傳授資產階級革命學說。同時注重引導，提倡學生自由討論，以養成辯論之風。

革命派在創辦學校的同時，還於一九○二年四月十五日成立中國教育會，以從總體上推行革命教育。

革命派開展各種教育活動，並利用教育來宣傳革命思想，培養民主革命骨幹，建立革命組織，發動多次武裝起義，最終爆發辛亥革命，結束了統治中國長達兩千多年的封建君主專制政權。

資產階級革命派建立民主共和政權後，在文化教育領域裡開展了反對封建主義教育的鬥爭，進行了資產階級的教育改革。南京臨時政府雖然僅僅存在三個多月，而且事務冗雜，但並未忽視教育改革。一九一二年一月十九日，南京臨時政府教育部頒布了《普通教育暫行辦法通令》、《普通教育暫行課程之標準》。《通令》計十四款，規定：學堂改稱學校，監督總堂改稱校長；清末學部頒布的教科書、清末學堂的獎勵出身、小學讀經課一律廢上；初等小學可以男女同校；縮短

中小學學習年限，增加自然科學、實業、實用知識方面的課程等。《標準》計十一款，對各級學校的課程、教學時數等予以了規定。

　　蔡元培作為南京臨時政府的教育總長，對當時的教育改革起了積極的推動作用。這突出表現在教育方針的制定上。一九一二年二月，蔡元培在《教育雜志》上發表了《對於新教育之意見》，專門討論教育方針。其後，他又提出了以軍國民教育、實利主義教育、公民道德教育、世界觀教育、美感教育的「五育」方針。對此「五育」方針，蔡元培作過詳細說明，指出：「五者，皆今日之教育所不可偏廢也。軍國民主義，實利主義，德育主義三者，為隸屬於政治之教育。（吾國古代之道德教育，則間有兼涉世界觀者，當分別論之。）世界觀、美育主義二者，為超軼政治之教育」。他強調「五育」的整體性，以人體為例比喻說明：「譬之人身：軍國民主義者，筋骨也，用以自衛；實利主義者，胃腸也，用以營養；公民道德者，呼吸機循環機也，周貫全體；美育者，神經系也，所以傳導；世界觀者，心理作用也，附麗於神經系，而無跡象之可求。此即五者不可偏廢之理也。」[60]

四、資產階級新教育的社會作用

　　中國新興資產階級在十九世紀和二十世紀之交所從事的教育活動，其積極影響不容低估。

　　第一，有利於促進現代化進程中民主化相對滯後狀態的改變。國內外新知識群的崛起，為民主運動的展開提供了堅實的社會基礎。近代中國的現代化努力長期只局限於經濟和某些社會領域，民主化則相對落後。政治上的滯後對整個現代化進程帶來嚴重的阻滯作用。戊戌維新之際，由於康、梁等人主要依靠開明士紳和官吏，政治改革的主導方向在實施階段不能不有所降調。這種狀況直到新式教

60　蔡元培：《對於新教育之意見》，《蔡元培全集》第二卷，134-135 頁。

育迅速發展的二十世紀初期才得到改變。日益擴大的新知識群成為民主先驅者領導的行動隊，並對各階層民眾產生廣泛的鼓動和引導作用，使得愛國、民主和革命運動風起雲湧。以自由平等為內在驅動力的學界風潮廣泛興起，與商民的罷市和下層社會的民變交相作用，頻繁衝擊舊秩序，強化了社會變革所必須的動盪氛圍。留學界和國內學界成為革命黨人建立組織中樞所依靠的社會基礎。學生們憑藉其特殊地位，在歷次愛國民主運動中，以各種形式一次又一次地掀起民族民主思想宣傳的熱潮，把長期盤桓在菁英圈子裡的民主理想變為群眾性的社會思潮，大大增強了國人極為缺乏的自由平等意識和國民意識，使中國人的民主自覺躍上新高度。而學生的自治要求與實踐，以及他們為爭取實現民主政治而展開的大規模鬥爭，有力地推動了民主化進程，使民主運動向著多數人自覺要求和主動參與的社會活動邁進一步，不再僅僅是少數先知先覺的呼喚和耶穌救難式的英雄主義。學生本身又構成近代中國民主制衡社會機制的重要成分，作為受過教育、有一定組織形式的社會群體，對專制王朝賴以存在的愚民箝口術形成嚴重威脅。他們不能容忍朝廷官府任何有害於國家民族利益的舉動，封建統治者已很難完全為所欲為，專制制度喪失了繼續存在的社會條件。同時，學生進入官商紳各界，加快了舊群體分化轉變的趨勢，對專制統治的瓦解起到催化作用。

第二，以「三綱五常」為核心的中國封建舊道德觀念，在一些思想活躍的青年學生心目中逐漸成為被唾棄的陳腐之物。江蘇省常昭高等小學堂的一些學生，公開在其畢業試卷中對封建舊觀念進行了批判。其中：「王以謙卷謂：『君為臣綱，夫為妻綱，其理甚謬』。徐增植卷謂：『後世所謂父，曰嚴君，誤甚』。程瑛卷謂：『在朝為臣則認其君，否則吾與君為路人。』張元龍卷謂：『三綱謬彰彰明矣』。王耀祖卷謂：『綱中君為臣綱尤謬，蓋君非我祖父，與我無關係。』」[61]這些試卷被江蘇學使斥為「離經叛道之尤」，而這正顯現出一些激進學生的思想性格。一九○三年，清政府頒布的《學務綱要》中，以忠君尊古為學堂的指導思想，但留日學生們卻針鋒相對地提出：「從事教育者，不可不知二大主義。何謂

---

61 《中華新報》，1909-05-05。

二大主義？一曰貴我，一曰通今。」[62]

第三，推行國民教育就是要宣傳愛國救亡的思想，使全國人民特別是青年學生為國家民族的命運分憂，為民族的獨立與振興而奮鬥。晚清十幾年正是帝國主義重新瓜分世界浪潮愈演愈烈的時代，中國近代的民主革命正是在民族危機迫在眉睫的情況下興起的。因此，資產階級的代言人在倡導新學時，把救亡的命題放在十分突出的位置。他們強調進行軍國民教育，造就國民，就是要使全國人民養成國家、民族的整體觀念，使青年學生擔負起民族興亡的時代重任。

當然，資產階級新教育也有明顯的不足之處，如關於培養人才問題，洋務派也好，維新派也好，對於近代教育宗旨的認識都源自對中西教育的簡單對比，仍集中在培育異才方面。區別只在於，或是外交、軍事、工藝的洋務之才，或是民主宣傳的維新之才。這種菁英至上的追求，與真正的近代教育宗旨顯然是有距離的。

第四節 ·

教會學校 的發展

晚清社會的半殖民地性決定了中國的教育權不是完整的，外國侵略勢力也滲

---

62 《教育泛論》，《遊學譯編》，第九期。

透其間。外國在華所辦教育，包括教會、私人、國家和團體等幾種情況，而其中最突出的是教會教育。這是列強對中國進行文化滲透的最重要方式。外國教會所辦學校，從幼兒園到小學、中學、大學等各個層次一應俱全。為了辦學的需要，外國教會還成立了教育會、書局、印刷機構，等等，自成一個獨立體系。本節所述內容主要包括教會學校的產生、發展、辦學情況及影響。

一、教會學校的產生與發展

早在十九世紀初，一些西方傳教士就潛入中國，在廣東沿海一帶秘密傳教。由於清政府的禁教政策和以儒學為主體的中國傳統文化的頑強抵制，外國教會勢力的傳教工作舉步維艱，甚至數年拉不來一個信徒。要傳播福音，必須吸引聽眾，於是傳教士們開始收容一些窮苦子弟或乞丐，提供給他們吃、住，並教他們識字、讀經。傳教士們還收容一些孤女和婢女，由傳教士的妻子教她們做針線活，學習漢字和讀《聖經》。於是，形成了最早一批的教會學校。

中國近代第一所教會學校，是由美國傳教士布朗夫婦（Samuel Robbins Brown）在澳門興建的馬禮遜學堂，第一批學生是六個窮人家的孩子。近代中國第一位留美學生容閎，就是他們當中突出的一個。

《南京條約》簽訂後，西方傳教士憑藉不平等條約紛紛來華辦學堂，侵犯中國的教育主權。到一八六〇年，天主教耶穌會在江南一帶已發展了天主教會小學約有九十所。[63]

自傳教士在澳門創辦「馬禮遜學堂」後，又在五個通商口岸辦了一大批教會學校。一八四四年英國「東方女子教育協進社」派遣傳教士在寧波開辦的女塾，這是西方傳教士在中國開辦的第一所女子學堂；同年，英國倫敦會傳教士在廈門開設英華男塾；一八四五年，美國長老會傳教士在寧波設立的崇信義塾（1867

---

63 顧長聲：《傳教士與近代中國》，107 頁。

年遷杭州改名育英義塾）；一八四八年，美國美以美會傳教士在福州開設的男童學塾；一八四九年，法國耶穌會傳教士在上海開設徐家匯公學，這是天主教會在中國最早開辦的洋學堂；一八五〇年美國聖公會傳教士裨治文（Elijah Coleman Bridgman）夫人在上海設立的裨文書院；一八五三年，法國天主教會在上海董家渡開辦的明德女學等等。

第二次鴉片戰爭後，教會學校由沿海的通商口岸伸向內地。據統計，自一八六〇年到一八七五年，教會學校總數約八百所，學生約二萬人，其中基督教傳教士開辦的約有三百五十所，學生約六千人，其餘均為天主教會開設的。這一階段的教會學校，仍以小學堂為主。同時已有少量的教會中學出現，約占總數的百分之七，女學堂也有所增加。從一八七五年到一九〇〇年，教會學校總數增加到 二千所，學生增至四萬人，其中中學堂約占百分之十。

這期間的教會學校遍及全中國，其中尤以美國基督教各差會開辦的教會學校最多。據李林《拳禍記》中的統計，美國傳教士擁有教徒 40 027 人，開設了 1032 所初等學校，小學生 16 310 人，開設了 74 所中等以上學校，學生 3819 人[64]。其中較為著名的學校有：1864 年，美國基督教長老會傳教士狄考文（Calvin Wilson Mateer）在山東登州開設的蒙養學堂，1876 年改為文會館。1865 年，美國基督教聖公會在上海設立的培雅書院，1866 年又設立度恩書院，1879 年合併為聖約翰書院。1870 年，美國歸正會在廈門鼓浪嶼設立毓德女中。1871 年，美國基督教聖公會在武昌設立文氏學堂，1891 年改為文華書院。1876 年，聖公會在福州設立三一中學。1881 年，聖公會在上海創辦了聖瑪利亞女校；美國監理會傳教士在上海創辦了中西書院。同年美以美會在福州創辦鶴齡英華書院。1885 年，美國長老會在廣州設立格致書院。1888 年，美以美會在北京設匯文書院。1889 年，美國傳教士福開森（John Calvin Ferguson）在南京設立匯文書院。1893 年，美國公理會在河北通縣設立潞河書院。1897 年監理會在蘇州設立了中西書院。1898 年，美國長老會在廈門鼓浪嶼設立英華中學等。

---

64 陳景磐：《中國近代教育史》，65 頁。

值得注意的是，十九世紀西方傳教士在中國創辦了一些書院，其中重要的有：一八四三年英國傳教士理雅各（James Legge）在香港建立的英華書院，是西方傳教士在華建立的第一個書院；一八五〇年上海出現清心書院；一八五三年美國公理會在福州創立福州格致書院；一八六七年美國傳教士在杭州建立育英書院；一八七〇年蘇州出現存養書院；一八七一年，美國傳教士在武昌建立文華書院；一八八五年英國傳教士在山東青州建立培真書院；一八九三年美國傳教士在直隸通州建立潞河書院。至十九世紀末葉，西方傳教士在華建立的書院近四十所。西方傳教士所辦的書院同中國的傳統書院有相似之處。第一，屬於民間辦學系統；第二，書院亦分小、中、高三種形式，其中許多書院也屬於啟蒙性質的義學之類。有的書院教育本身就包括小學、中學、大學三個層次。

十九世紀末，在西方列強對華政策總體調整的背景下，為適應「以華制華」的戰略，教會辦學重點轉向高等教育，即創辦教會大學。第一所教會大學是嶺南大學，一八九三年在廣州創設。教會大學在二十世紀頭十年中得到了長足的發展，其中，由新教主辦的教會大學和醫學院達十六所，羅馬天主教創辦了三所。以國別論，美國基督教會興辦的大學最多，如蘇州東吳、廣州嶺南、廣州夏葛醫科、北京協和醫科、武昌文華、重慶華西協和、杭州之江、南京金陵等大學。到一九一一年，除京師大學堂、山西大學、北京大學、南洋公學外，絕大部分高等教育均被外國教會所壟斷。

教會大學有以下幾個共同特點：學校的行政、經濟及人事大權始終掌握在外國差會和傳教士手中；以宗教教育為教學重點；有一套自成體系的教學管理制度；注重英語教學；反對學生運動；由於學位得到外國承認，故留學生多。

由上可知，晚清教會學校的發展史以第二次鴉片戰爭為界，可以劃分為兩個階段，即形成階段和發展階段。從這兩階段的對比來看，有極為明顯的不同之處：

第一是招生對象的改變。早期教會學校在中國社會中所受到的「禮遇」，是一種「處處詬誶，與之為敵」的對待，故此所招學生全是「貧苦童稚」，並且還「與以衣食」。正因如此，有的傳教士稱這一時期的教會學校是「慈善學校」。但

一八六〇年以後，這種招生情況逐步在發生著改變，教會學校的大門開始朝向富有階層的人家，原來「不斷為乞丐們開義務學校」的辦學方針，漸漸被修改成「讓富有的聰明的中國人先得到上帝的道理」。尤其十九世紀八〇年代後，有的教會學校幾乎成了名符其實的中國貴族學校。[65]

第二是教學內容的改進。在早期的教會教育中，宗教課程是一切課程的重點和中心，其時「最主要的中心科目是《聖經》，一切其他學科都是圍繞著這個中心來進行教學」。[66]這種狀況到第二次鴉片戰爭後有了較大程度的改變，這就是從整體上講，自然學科課程在教會學校的教學中所占比重逐漸增大，其科目門類也日益增多。此外，對中國傳統文化知識及英語課程也有了較大程度的注意。其中如英語教學，自一八九〇年在華基督教傳教士第二次全國大會之後，幾乎成為所有基督教教會學校的主要科目之一，有些學校還把英語作為所有課程的教學用語。

第三是師資素質的提高。如眾所知，早期教會學校的開辦完全是為了開闢新的傳教布道的途徑。傳教士們對於教會學校的經營，只是作為他們純粹宗教活動的補充。除了極少數人物將全副精力投放在學校的經營上之外，教學活動對於絕大多數從事教會教育的人物來說，不過是一種講經布道、發展信徒的「副業」。因此，其時教會學校的師資隊伍不僅教育專業化不十分明顯，而且他們真正能用於教學的文化知識水平也不高。第二次鴉片戰爭後，這種狀況有了一定的改變。這就是從事教會教育活動傳教士們的專業化在逐步加強，不少傳教士已將事業重心從傳教布道轉置到從事教育工作上面，其中一些人開始成為專職的教育工作者或教會教育家。與之相應，教會學校的師資隊伍的文化知識水平也有了很大的提高。據賴德烈（Kenneth Scott Latourette）所述，在十九世紀六〇年代初，英國有些差會派往中國的男性傳教士，百分之八十的人物都是正規的大學生，而美國來華傳教士受過高等教育的比例還要高。[67]八〇年代以後，隨著歐美的「學生志願

65　A.Bennett，Missionary Journalist in china Young J.Allen and his Magazines：1860-1883，p.90.

66　John Fryer，The Edncational Directory for china，Shang Hai，1895.

67　Kenneth S.Latourette，A.History of Christion Missionsin China，New York，1929，p.108.

赴外國傳教運動」的形成和發展，來華從事教會教育工作的傳教士的專業素質，整體上有了一個更大比例的提高。他們不僅受過正規的高等教育，有較好的專業準備，而且在神學理論和宗教信仰問題上也比早年來華的人物開明得多。

第四是教會教育的培養目標也有了一定程度的修改，即由過去的專門培養傳播上帝福音的「使者」，逐漸轉向兼而培養世俗社會所需要的實用知識人才。用狄考文的話說，就是此一時期的教會學校，「不僅要培養傳教士，還要培養教員、工程師、測量員、機械師、手藝人等」，以此迎合和駕馭正朝中國社會湧來的「西方文明與進步的潮流」[68]。緣此，教會學校的教育層次也發生了變化。比較而言，早期教會教育基本上是一種初級塾學性質的教育，所謂教會學校主要是附設於教堂或傳教士住所附近的讀經班或識字班。而六〇年代以後的教會教育，不僅正規小學教育有了相當程度的發展，而且教會中學和帶有高等教育性質的教育機構也先後出現在中國的土地上。據有關材料所顯示，在一八七五年左右，教會中學就占整個教會學校數的百分之七，到十九世紀末，這種比例上升到百分之十左右。隨著教會中學的出現和發展，高等層次的教會教育機構也開始於十九世紀七、八十年代間萌生於中國社會中。

第五是辦學經費來源的變化。教會學校的辦學經費，初創時多由外國差會撥付和募捐，此外還有來自中國方面的收入，如地租、捐款等。聖約翰大學一八七九年創建時，施約瑟（Samuel Lsaac Joseph Schereschewsky）主教在美國募集美金二萬六千元，美國監理會董事部在三年內捐助美金六千元，以後教會每年均有數千元美金津貼學校費用。隨著教會教育的發展，教會學校招生對象改變，學校一方面擴大學額，一方面收取較高學費，使學生繳納的學雜費收入成了教會學校經費的又一主要來源，而教會津貼所占比例逐漸減少。

---

68 Calvin W.Mateer，The Relatton or Protestantstant Missions in China，See ＂Records or the Gene ral Conference or the Protestant missionaries of China held at shang hai.May，10-24，1877.＂

二、教會學校的辦學特點

與中國傳統教育相比，教會學校具有自己的辦學特點。

宗教科目和學校宗教生活問題，是教會學校的靈魂，外國傳教士的命根子。各教會學校都把宗教課作為主課，並規定宗教課如不及格不能升學或開除學籍。根據一八九五年《中國教育指南》的記載，北京貝滿女學堂的課程有：四書、女兒經、算術、地理、歷史、生物學、生理學等，但最主要的科目是《聖經》，一切其他學科都是圍繞著這個中心科目來進行教學的。學校把新、舊約聖經的歷史和道理都非常仔細地教給學生。其他與《聖經》有關的書，如《真理權衡》、《基督教信仰的論證》等，也是學生必讀的書。

製造特定的外語環境是許多教會學校所追求的目標，也是其強化教學管理的措施之一。除在課程設置中加強外語比重外，在教學實施過程中都盡量以外語為手段，教會學校主要是用外文進行教學。如天主教的徐匯女中、徐匯師範等，除國文外，各科教學都用法文，課本用法國原版本，甚至連中國史地也用法文講

上海聖約翰大學門景

授。上海聖約翰大學將所有教科書、參考書（包括中國歷史、中國地理等）都用英文編印。在課堂教學中，不僅美籍教師用英語講課，華人教師（除了請老夫子用中文講國文課外）也要用英語講授，學生必須用英語做習題，回答教師的提問，同學之間必須用英文交談。學校中一切佈告、來往公函、會議發言、會議記錄等一切文書檔案全用英文。

外籍傳教士進校任教，多由國外教會直接派遣，他們占學校教師的大多數。中小學教職員的任用條件比較苛刻，天主教會辦的中小學，主要任用天主教修士，其次是外籍教師，最後是中國教師，主要是天主教會所辦高一級學校的畢業生。基督教教會中小學教職員必須是本教派基督徒、大學畢業的基督徒、本校畢業生。對於女教師，則又多一項規定，無論天主教還是基督教，都要求女教師應

是未婚女子，並抱獨身主義。

為了推動教會學校的發展，改變各自為政、各行其是的狀況，外國在華教會還致力於建立全國性的聯合組織的工作。

一八七七年五月，在華基督傳教士一百二十六人於上海舉行了第一次傳教士大會，會上組成了「學校教科書委員會」，狄考文、韋廉臣（Alexander Williamson）、林樂知（Young John Allen）、丁韙良（William Alexander Parsons Martin）、傅蘭雅（John Fryer）、黎力基（Rudolf Lechler）等人為委員，負責編纂、出版教會學校的教科書。該委員會曾先後編纂了算學、泰西歷史、地理、倫理、教會三字經、耶穌事略五字經、福音史記課本、舊約史記課本等教科書，中國有「教科書」名稱，即自此肇始。

一八九〇年，在華基督教傳教士舉行第二屆全國代表大會，會議決定將「學校教科書委員會」改組為「中華委員會」，推選狄考文為會長，並規定每三年召開一次全國大會。

中華教育會的成員，初期僅數十人，後發展至近二百人。該會在中國各地還設有分會。中華教育會的宗旨是「探求及研究中國教育事業，加強從事教學工作人員教授上的互助」。[69]其任務有編寫教科書、擬訂教育指南進行教育調查、舉辦各種講習會、演講交流會、檢查教會學校的工作情況等。除了中華教育會外，美國控制的世界性組織──基督教青年會還於一八八五年在華設立分會，並漸次推廣。

教會學校從一開始就是西方教會作為傳教、進行文化滲透的一種重要手段，其主要目的首先是以傳教、訓練教民和培養傳教士的助手。教會辦學的主要目的還在於造就知識幹部，藉以控制中國的各個領域，以及使中國「基督教」化。總之，西方各國教會辦學的本意是在採取軍事、政治、經濟等手段的同時，輔以教育手段，從而達到它們完全控制中國的目的。

---

69 中華教育會：《中華基督教育季刊》，第一卷第一號。

三、教會學校的社會影響

在談到教會學校對中國社會的影響時，可以得出以下幾點認識：

首先，教會學校是中國近代史上非正常狀態的文化交流的產物。西方列強以軍艦大砲強迫中國政府與之簽訂的不平等條約，為西方文化在中國的傳播、滲透提供了有利的條件和強大的保護。不平等條約給予各國教會在華辦學的權利。一九〇六年，清政府《學部咨各督撫為外人設學無庸立案文》頒布，也對教會學校的發展起了保護作用。總之，教會學校的出現是近代中國淪為半封建、半殖民地的一種現實反映。

其次，是非對等的文化交流。近代時期的中西文化交流固然增進了西方世界對中國社會和中國文化的了解，但也應該看到，在這一文化交流中，更主要的是西方文化在中國大規模地輸入、滲透，猛烈地撞擊著中國的傳統文化和社會，從而對中國的歷史進程產生深遠和巨大的影響。此時，根植於自然經濟和宗法社會並已進入發展爛熟階段的中國傳統文化，所面對的絕不再是過去那些粗蠻古樸、很快就被中原文明所同化的馬背上的征服者，而是社會文明高度發達、必將對中國文化傳統的根本價值取向大大觸動的新對手。在近現代中西文化交流中，西方文化占據著主導和支配的重要地位。這種失衡的中西文化交流把教會學校推上了歷史的舞臺；文化交流的非正常狀態，使得教會學校在中國得以出現；文化交流的非對等，使得教會學校在中國進行西方文化的滲透成為必然。從西方傳教人員在中國的政治活動、教育言論和教育實踐中，充分暴露了教會學校的侵略本性。毛澤東在一九四九年八、九月間寫的評論美國國務院白皮書和艾奇遜的五篇文章中，對於以美國為首的外國侵略者在中國的辦學活動的本質，作了深刻的揭露。我們這裡說的帝國主義的教會教育，實際都是對中國人民進行的「文化上的侵略和壓迫」，都是「為了侵略的需要」，為了愚弄中國廣大人民和造就服從他們的知識幹部——西方資產階級需要的買辦和熟習西方習慣的奴才，從而影響中國，加速中國的半殖民地和半殖民地化過程，造成一些「為帝國主義服務的洋奴」[70]。

---

70 參見《毛澤東選集》第四卷《「友誼」，還是侵略？》等文章。

在充分認識到教會學校的侵略性的同時，我們也需注意：雖然教會是維護西方宗教意識形態的堡壘，但不能把西方教會與教會辦的學校完全等同起來，簡單地視之為傳教士自我封閉的神學陣地。相反，教會學校為基督教本身的理性化和世俗化開闢了道路。

教會學校在中國晚清史上的積極作用至少有這樣幾點：

第一，它加速了舊中國傳統文化的保守、腐朽成分的崩潰。教會學校在中國出現，迫使人們承認另一種文化的存在。透過教會學校這一特殊的代表西方文化的「窗口」，使人們重新評價中國傳統文化有了一個新的參照系，改變了國人過去那種盲目自大的態度，而且促使人們認識到變革的必要性和迫切性。

第二，它衝擊了中國舊式教育制度，使舊式的學塾和書院讓位於新式的學校。在某種意義上說教會學校開中國新式教育風氣之先河。

第三，它帶來了一些西方教育思想，如培養通才的價值觀念、知識結構和素質的要求，反映了新興工業社會的要求。教會學校的教學方法反映了資本主義自由競爭的原則，倡導個人獨立鑽研，主張學術自由。

第四，它的學科設置打破了中國封建書院制度的狹隘性、片面性和神祕性，開設了文、理、醫、工、農等各科，培養了中國近代化進程中的技術和文化骨幹。它重視實用的特點，在推動中國新式女子教育、職業教育和體育教育的發展方面，起了良好的作用。

第十四章

新人耳目的聲光化電
——晚清時期的科學技術

　　在中國漫長的古代社會發展過程中，中國人民以卓絕的聰明才智，取得了眾多的科技成果，一直為世人所稱道，為世界的科學技術的發展進步作出了不可磨滅的貢獻。到了古代社會晚期，由於封建制度的沒落和阻滯，中國的科技發展也受到重大影響，出現嚴重的衰退。一八四〇年西方殖民者用大砲轟開了中國的大門，伴隨著侵略的深入，西方的科學技術知識也逐步在中國傳播，先進的中國人在學習西方先進的科學技術的同時，積極探索、努力鑽研，取得了許多重要的科技成果，無論是對中國的科技發展，還是對中國傳統社會的進步，都起到不可忽視的作用。

第一節·
晚清時期
的自然科學

　　在近代以前，中國在許多自然科學領域中已經取得了不少重大的成果，隨著西方列強的侵略和西方近代科學知識的傳入，中國傳統的自然科學研究遇到了前所未有的外來衝擊，出現了兩種發展趨勢：一部分中國傳統的自然科學在新的歷史條件下，通過學習和借鑑西方的研究成果與方法，得到了繼續向前發展的新機會，在一些方面取得了較大的成就與突破。另外一些傳統自然科學研究，由於各種複雜因素的作用，在近代歷史發展過程中慢慢走向衰敗，最終被西方傳入的近代科學所取代。在這樣的過程中，中國的自然科學發展進入了近代階段。

一、數學

　　數學是中國傳統科學一向重視的學科之一。由於它與中國的古代農業生產有著十分密切的關係，自古以來就受到歷代科學家的重視，並取得了傑出的成績。近代以後，這一傳統得到了延續，中國學者在傳統數學的基礎上進行研究，取得了一些成果，既在前人研究的基礎上有所創新，又填補了某些數學研究的空白領域，其中有的相當於微積分的內容，有的相當於某些無窮級數的研究。加之西方古典高等數學傳入中國，使中國數學走向中西匯合的道路，從而接近近代數學的

研究。整個晚清時期的數學領域，中國學者人才輩出，著述如林。其中取得重大成就的有：羅士琳（1789-1853）、項名達（1789-1850）、顧觀光（1799-1862）、徐有壬（1800-1860）、戴煦（1805-1860）、李善蘭（1811-1882）、汪曰楨（1812-1881）、華蘅芳（1833-1902）。

　　首先，在傳統的數學研究方面，中國學者總結了前人的研究成果，不斷加以創新提高，使一些近乎失傳的數學研究成果重新煥發了活力，並達到了一個新的高度。例如，羅士琳曾用了十二年時間，對幾乎成為絕學的元代數學家朱世傑的《四元玉鑑》進行整理挖掘，寫成《四元玉鑑細草》二十四卷。他在原書的基礎之上，補作解高次方程演算過程的具體步驟，較好地解決了原書內容艱深一般人不易理解的問題，使人們能夠比較便利地領會和應用。經過他的努力，朱世傑的《四元玉鑑》終於以新的面貌重新出現在世人面前，對傳播解高次方程的數學知識，發揮了較大的推動作用。同時，他的研究工作也引起了當時一些學者的注意與興趣，「一時知算如徐有壬、黎應南，並與商榷。」[1]此外，羅士琳還繼阮元之後，編著了《續疇人傳》六卷，補充了《疇人傳》所沒有收入的以及在其成書之後湧現的四十四位中國數學家的傳記，對總結以往的研究成果，推動數學研究向前發展做了十分有意義的工作。項名達撰寫《勾股六術》一書，討論直角三角形的勾、股、弦各邊互求之法，分有術解和圖解兩部分，在舊有的數學研究基礎上稍加變通而成，使原來紛繁複雜的三角和較諸術，變得簡潔明了，有條不紊，為初學者在數學方面少走彎路，直入其間創造了條件。另外，徐有壬作《測圓密率》三卷，主要闡述三角函數和反三角函數的冪級數展開式問題，以明安圖的還原術和借徑術入算，設有矢、弦、切大小互求十八術，發展了前人關於三角函數的級數展開式的研究成果。戴煦在前人研究的基礎上，把自己進一步鑽研的成果寫成了《外切密率》四卷，主要討論了正切、餘切、正割、餘割四線和弧度之間的相互關係，正確創立了正切、餘切、正割、餘割四個級數展開式。有了這四個展開式，再加上前人對正弦、餘弦、正矢、餘矢展開的研究，儘管這些都是用幾何方法推導的，但是與現今推導出來的結果完全一致，都是正確的。中國數學家

1　李儼：《中國算學史》，252 頁，北京，商務印書館，1955。

長期以來關於「方圓互通」的研究大體上有了滿意的結果。

除了繼前人的數學研究成果，晚清時期中國數學家最大的成果在於對新的數學領域的探索研究，並取得了很多重大成果，使中國數學研究與近代數學研究水平進一步接近。項名達並不滿足前人的工作，在計算橢圓的周長方面，創立了「零整分遞加」法，將橢圓周分為若干等分，過分點向長、短軸作垂線，連接兩點作為橢圓分弧的弦，用勾股定理及橢圓性質求得分弧的弦長，當分點無限增多時，分弧之弦的總和即是橢圓的周長。這是中國數學家第一次提出求橢圓周長的正確方法，與西方近代數學用橢圓積分法所得相同。在西方的微積分傳入中國之前，便以其獨到的思維方式，達到了微積分的思想。戴煦又對西方傳入的古典數學知識進行比較深入的研究，「凡西人所述三角八線之術，皆能通其精蘊」，並且「吐其庸近之言，求最上乘」[2]，有選擇地吸取西學中的精華，從中獲得啟示，推動自己的研究工作。在對西方傳入的對數領域研究過程中，他借鑑中國傳統的冪級數展開式的研究方法，於一八四五年和一八四六年寫出了《對數簡法》和《續對數簡法》二書，創立了指數為任意有理數的二項式展開式，簡化了對數表造法。而且戴煦經過獨立研究創造的這個指數為任意有理數的二項定理，與牛頓二項定理基本上是一致的。後來，戴煦的主要數學研究成果合刊為《求表捷術》，此書一經刊出，就轟動了中國數學界。顧觀光、鄒伯奇、夏鸞翔、左潛等數學家，都從中獲得啟示，各自作出不同程度的研究成果。同時，此書發行後，被在華外國學者譯成英文遞交英國數學學會，引起了西方數學家的重視。

李善蘭也是一位具有獨創性的近代數學家，在一些數學研究中，匠心獨運，取得了不少成果。他在自己的數學著作《方圓闡幽》中，論述了他獨立創造的「尖錐術」。他用十條「當知」論述了「尖錐術」原理，並以圓為例說明「尖錐術」的內容。這些「當知」就是命題，有的實際上已經相當於定理。例如在第四條「當知」中指出：「當知諸乘方皆可變為面，並皆可變為線。」如果用現代數學的術語加以表述，可以這樣說明：n 為任何正整數，x 為任何正數，x 的 n 次

2　閔爾昌：《碑傳集補》卷三十二，《清代碑傳全集》上冊，15 頁。

方的數值可以用一個平面來表示，也能用一條直線段來表示。第十條為「當知諸尖錐既為平面，則可並為一尖錐」，說明同高的許多個尖錐可以合併為一個尖錐，這相當於定積分的某些原理。在《弦矢啟秘》裡，他用「尖錐術」論證了「正弦求弧背術」、「正切求弧背術」、「正割求弧背術」，運用了「尖錐術」證明了正弦、正切、正割的冪級展開式。這是李善蘭在到上海之前，也是在西方微積分傳入中國之前，他通過自己研究創造了相當於積分算法的「尖錐術」，並在圓面積、冪級數、對數原理方面予以正確應用。雖然他所創立的尖錐求積術，其理論還不夠嚴謹，「但在微積分學未有中文譯本之前，他的精心妙悟是具有啟蒙意義的。」[3]正是由於他的數學研究已經接近了西方先進的微積分學的發展水平，才使他能夠比較順利地翻譯西方近代數學著作。除了以上成果，李善蘭還就「垛積術」進行了研究，「垛積術」是組合數學出現之前其內容屬於組合數學範疇的一個研究領域。李善蘭的《垛積比類》四卷就是研究這一問題的一部重要著作，書中有圖、有表、有法，而圖、表是其他書籍中所沒有的。在此書中，李善蘭歸納出聞名中外的「李善蘭恆等式」，使他的數學研究達到了中國傳統數學在這一領域研究的最高峰。

華蘅芳也是在數學方面具有比較突出貢獻的學者之一。他所著的《開方別術》，大大簡化了中國古代的開方方法，論證了「並諸商為一商」的開方理論和方法，被李善蘭譽為「空前絕後之作」。他的《積較術》中提出的一些見解，與日本從外國獲得的「推差新法」相似，但成書卻早十餘年。另外，在其他一些研究方面，華蘅芳也取得了一定成績。這表明，即使沒有西方微積分的傳入，中國數學家也能通過自己的努力，使傳統數學逐步由初等數學向高等數學轉變。儘管中國數學家在數學研究中取得了不少成績，但是中國的數學研究畢竟因為長期的封建社會的停滯等原因，大大落後於西方，因此，近代中國在數學領域仍然是以學習西方數學、傳播西方數學知識為其進步的主要內容。

一八四〇年，通過在華傳教士和中國學者的翻譯，繼明末清初耶穌會士輸入

3　錢寶琮主編：《中國數學史》，319 頁，北京，中國科學出版社，1980。

一些近代數學成果之後，在中國歷史上又出現了一個西學傳播的高潮。中國數學家和其他學者不僅在翻譯介紹西方數學成果方面付出大量勞動，為西方近代數學知識的傳播作出巨大貢獻，而且在此過程中又對近代數學的某些領域進行發展和改進。李善蘭通過翻譯西方數學著作，掌握了不少西方的近代數學，也了解了西方的數學思想，中西數學在他的後期研究工作中得到了會通。一八六〇年後，他的數學研究的方向轉向圓錐曲線、級數和數論方面，先後著有《橢圓正術解》二卷、《橢圓新術》一卷、《橢圓拾遺》三卷以及橢圓曲線在彈道學方面的應用《火器真訣》一卷、《尖錐變法解》一卷、《天問或算》一卷、《考數根四法》一卷等著作，其中很多內容屬於中西會通的精心之作。例如，《尖錐變法解》就是李善蘭掌握了微積分方法與自己早期創立的尖錐術在對數上作比較寫出來的。華蘅芳的數學代表作《學算筆談》以通俗簡明的語言和形象具體的例題，介紹了西方近代數學基本知識和代表當時最新成果的微積分數理及其解法，還介紹了由淺入深、循序漸進的學習數學的方法。這些都反映了中國數學家在學習、介紹、研究近代數學方面的重要活動與成績。到近代後期，中國教育界則進一步將近代數學引入學校教育，一些西方數學著作被改編為教材，使近代數學教育在相當大的程度改變了傳統的自學與師友相傳授的狹隘傳播方式。

二、物理學

中國人在幾千年前就懂得和運用了物理學的原理，在漫長的歷史發展過程中，也曾經取得過輝煌的成就。然而到了十五、十六世紀以後中國的物理學研究已經開始落後於西方，而且差距越來越大。西方經典物理和現代物理學直到晚清時期才被介紹到中國來。儘管如此，在近代中國物理發展史上，仍有一些學者在研究中取得了一定的科學研究成果。鄭復光、鄒伯奇等人在光學、力學等方面的研究，就是其中比較典型的事例。

鄭復光長期致力於光學研究，經過十餘年的刻苦鑽研，於一八四六年發表了中國近代第一部系統的光學著作《鏡鏡詅痴》。這部著作一共分為五卷，約七萬

多字，計分「明原」、「類鏡」、「釋圓」、「述作」四個部分，三十二篇，另附有火輪圖說約三千餘字，對輪船的製作方面進行論述。在這部著作中，他不僅從理論方面對幾何光學的基本原理進行了論證，而且著重介紹了各種類型的光學儀器、器具的製作方法，達到了一定的水平。例如，他提出了「變顯限」理論，即在凸、凹兩透鏡疊用時的情形。經過他的反覆實驗，得出了不同的凸與凹應有不同的「變顯限」的值，他求的數據和觀察到的原理，基本符合伽利略式望遠鏡的光學理論。當然，在一些方面，如關於透鏡前面鏡光線相交的說法等等，此書的解釋也存在與科學原理不相符合之處，但是就全書而言，它以獨特的表述方式，敘述了與西方近代幾何光學本質上一致的結論，從而將中國古代光學研究水平推進到一個新的高度。除了《鏡鏡詅痴》這部光學著作外，鄭復光還撰寫了《費隱與知錄》一書，對歷來認為怪異瑞祥的自然現象進行研究，就二百多個事例，分門別類，推本求源，用物性、熱學、光學等科學原理加以說明，對破除迷信發揮了積極作用，得到當時的一些有識之士的稱讚。鄒伯奇曾著《格術補》一書，用數學的方法敘述了平面鏡、透鏡、透鏡組等等成像的規律，同樣是中國光學研究的重要成果之一。

在力學方面，鄒伯奇發表了一些著作，對求物體的幾何重心的有關問題進行論述，比較有代表性的為《磬求重心術》、《求重心說》。在這些著作中，他運用數學方法，對質量分布均勻的幾何形的物體的重心進行推導計算，方法是正確的。他還論述了立體型的重心求法。他首先將立體分為兩類：第一類是有容圓的，「凡立體各形等邊、等面者，其容圓心即為重心」；第二類是「面、邊不等的」，如方臺、方亭、芻甍、芻童等，「剖為長方、長

鄒伯奇像

圓、立錐、塹堵各形求之」。就是說把立體分解為長方體、圓柱體、正錐體、直角楔形等，先分別求出它們的重心，然後再求整體的重心。這些分解體的重心是可求的，而且有理論依據，並列舉了各種例子，說明幾何重心的求法。但在具體做法上仍各有不同，一是四率比例法，二是懸吊法，三是幾何法。雖然這不是當

時的世界最高水平，但是在中國的力學發展史上不失為突出成就。

雖然在近代中國曾經產生像鄭復光、鄒伯奇那樣的在物理學某些領域作出貢獻的科學家，但是中國的物理研究畢竟是落後西方太多太久了，整個近代的中國物理學基本上還是以學習、介紹西方物理學為主要任務。在這個過程中，物理學也作為一門重要學科被列入中國普通教育之中，同時一批留學生在十九世紀末二十世紀初被派往國外學習，奠定了日後中國近代物理學起步的基礎。

三、天文學

天文研究以其與農業生產的十分密切的關係，成為中國最早的自然科學之一。在其長期的發展過程中逐步形成具有鮮明民族特色的天文研究，在曆法和天象觀測方面遠遠領先於當時歐洲各國，在宋、元時期中國古代天文學發展到了最高峰。明代以後，中國的天文學研究陷入停頓局面，雖有耶穌會士傳入一些西方的天文學知識，但是無法改變這種遲滯的趨勢。

近代以後，西方的天文學知識輸入國內，對中國傳統的天文學產生強烈衝擊，傳統天文學的研究受到很大影響，但是仍然在一定程度上繼續向前發展。這以顧觀光的研究工作最為突出。他先後撰寫了《周髀算經校勘記》、《讀周髀算經書後》等論著，對成書於西元前一百年左右的中國古代天文學名著進行了訂正，更正了其中二十七處文字錯誤。同時還發表了他自己的看法，對原書中的天文學觀點進行質疑。在《周髀算經》一書中，「蓋天說」被認為是宇宙的基本形式。按照這種學說，天被想像為半球形的蓋子，大地被想像為倒扣的碗，天地之間相距八萬里，北斗星居天的中央，人居地之中，雨水落地，流向四個邊緣，由此而形成了「天圓地方」的說法。對此，顧觀光並不贊成，他認為天本是渾圓的，只是因為古人觀察天象的工具及方法有局限，才使得他們認為天是平圓的。所以他們不得不以地球的北極作為天下的中央，而將表示周徑里數的內衡、外衡依次環繞著這個中央。他還認為，即使古人的理論有案可考，也純屬古人觀測天象作的設想，並非意味著必須用這種平圓理論來測量天地。他的探討，對人們一

向深信不疑的古理發表了不同見解，有助於後人對中國古代天文學的重新研究。他還寫成了《開元占經魯曆》，十分詳細地將中國歷代的曆法與西曆、回曆加以比較，探討運用新的方法來計算古曆法中閏年誤差日的數值。在此書中，他用數學的「演積術」推斷出西元七一八年由瞿曇悉達編的天文曆法書《開元占經魯曆》，從上元庚子到開元二年的積年少數了三千〇六十年。他還指出了清代李銳用「何承天調日法」計算朔日餘數出現的錯誤，並創立了一種以日法中的朔日餘數輾轉相減的辦法，使日法在百萬數以上都可以求。除了顧觀光在傳統天文學研究取得比較突出的成就以外，其他一些中國學者在對傳統的天文學研究方面也做了不少有益的工作，在各個方面使傳統的天文研究趨於完善。這些研究使中國學者重新「發現」中國編制曆法時所採用的計算方法，特別是高次內插法的採用，是可以使實際的計算十分精確的。

在致力於傳統天文研究的同時，中國學者對西方近代的天文學知識也進行了介紹學習，對傳播近代天文知識起到了積極的作用。魏源在《海國圖志》一書當中除了介紹西方政治、經濟、軍事、科學技術情況以外，還對哥白尼學說進行了簡短的介紹，翻譯了幾篇關於哥白尼學說的文章，附錄了地球沿橢圓軌道繞太陽運行的圖。鄒伯奇作為一名多才多藝的科學家不僅在物理、數學方面有所建樹，在天文學研究也是頗有成就的。他生活的年代正是中國學術界對哥白尼學說有爭議的時期。他支持哥白尼學說，製作了一架太陽系表演儀，太陽在中心，有八顆行星圍繞太陽運轉，其中海王星是一八四六年發現的，在他製作的儀器上已經有個環形物套在球外，外形與土星相仿。這一儀器製作於徐建寅續述《談天》之前。可見其對近代天文學研究的最新成果的重視與學習。他還計算了從辛酉年（1861）起的若干年內五大行星的運動情況，其中包括水星「遠日之期」的預報，金星離日四十度為最明的預報，三顆以上行星會聚的時間和位置的預報，與實際情況大致是相符的。

中國近代的天文知識輸入相對較早，但是近代天文研究事業卻起步甚晚，因為作為這一事業需要昂貴的儀器設備和專業人才，這是貧弱的清政府無法做到的。這樣，中國國內的天文臺在近代基本上都是外國殖民者建立的，中國天文事業的發展帶有明顯的半殖民地半封建色彩。直到清政府滅亡後，中國採用西元紀

年，袁世凱的北京政府才由教育部派人接管了清朝的欽天監，在此基礎上建立了「中央觀象臺」，負責編寫新的曆書，由高魯主持這項工作，常福元協助其工作。一九一五年，中央觀象臺用「中國天文學會」的名義出版《觀象叢報》，月出一冊，每冊的前半部分是以天文為主，也包含氣象、地磁、地震的文章，後半部分是氣象記錄。雖然這本雜志的多數文章是根據國外資料半編半譯而成的，但是它的出版在一定程度上起了普及天文知識的作用，在社會上產生了一定的影響。一些人正是由於它的影響走上天文研究之路的。同時，由於它的發行，開始了中國和外國在天文出版物方面的交流，中國天文研究機構先後收到國外近百種交換的刊物，內容涉及天文、氣象、地磁、地震等方面，打開了中國天文學與國際交流的渠道。除了編歷和出版刊物以外，中央觀象臺還組織了古觀象臺開放展出和設置天文陳列館，在一定程度上增強中國民眾對天文知識的興趣，為近代天文研究做了有益的推動。

四、地理學

在地學方面，近代以來，由於外國侵略的不斷加緊，中國的邊疆領土不斷遭到外族侵略，加之學習西學的需要，全面了解包括西方各國在內的世界地理成為十分迫切的工作。因此，在複雜的社會因素作用下，近代中國地理學研究的進化、發展以較快的速度進展，並且取得了一定的成就。無論是在對中國地理、世界地理的介紹研究，還是在近代地質科學的研究都建樹頗多，人才輩出。如張穆（1805-1849）、何秋濤（1824-1862）、楊守敬（1839-1915）、曹廷傑（1850-1926）、張相文（1867-1933）等，分別在不同的領域中作出了貢獻。

對邊疆地理的研究和對西方各國地理政情的介紹，是近代早期中國地理研究成果比較集中的一個部門。邊疆地理研究的加強是近代邊疆危機直接刺激的產物。對中國邊疆地理的研究，尤其是對西藏、蒙古、東北的地理研究，可以在歷史和事實上為國家在邊境問題交涉上提供有力的歷史依據，抵制英國在西藏，沙皇俄國在東北、西北的蠶食與擴張，具有十分明顯的反對侵略的特徵，因此成果

頗多。主要的著作有張穆的《蒙古游牧記》、黃沛翹的《西藏圖考》、曹廷傑的《東北邊防輯要》等。張穆雖然英年早逝，但是他在地理方面的成就頗豐，受到學界很高的評價。張之洞在其《書目答問》一書中，將張穆與清代諸多著名學者相提並論，稱：「地理為史學要領，國朝史學皆精於此。顧祖禹、胡渭、齊召南、戴震、洪亮吉、徐松、李兆洛、張穆，尤為專門名家。」在對歷史地理的研究方面，張穆的《延昌地形志》不僅反映了北魏一代疆域的盛衰、建置的變化以及恆山、代州以北地區的地理狀況，而且對原來人們奉為研究北魏地理的權威著作《魏書‧地形志》的性質和存在錯誤作了辨析，指出，該書「純乎東魏之志而已」。另外，他還對《水經注》進行了研究，提出了許多發現和創見。然而，張穆對地理學貢獻最重要的部分，是對中國北部邊疆和西北史地的研究。他的《蒙古游牧記》是清代有關北部邊疆和系統記載蒙古民族地域分布的第一部地方誌，記述了東起大興安嶺東側的松遼平原，西至青海高原、新疆準噶爾盆地等西部的廣大地區。書中記載的內容十分豐富，包括自然、人文、經濟、社會、歷史等多方面內容，對河流、湖泊等自然地理方面內容的記載尤為詳細。他的著作既吸收了前人的研究成果，又增加了各種新的內容，是研究清代蒙古以及西北地區地理情況的一部極有價值的著作。曹廷傑研究邊疆地理與張穆等人有相同的動機，目睹沙皇俄國在中國東北的擴張與暴行，為抵制沙俄侵略而作。他利用公務閒暇之餘，或「躬親考驗」，進行調查；或「薈萃群書」，進行考訂，終於在一八八五年完成了《東北邊防輯要》、《西伯利東編紀要》兩部書的寫作。此二書用大量歷史資料，較詳細地闡述了東三省的歷史地理沿革，特別是論述了明清以來東北的疆域及其管轄情況，從而有力地說明黑龍江流域自古以來就是中國領土的一部分的事實，揭露了沙俄侵略黑龍江流域的歷史。它們的重點在於介紹東北的山川險要，為加強防守，抵禦侵略，提供有益的參考。他稱：「凡彼東海濱省所占吉江二省地界，兵數多寡，地理險要，道路出入，屯站人民總數，土產賦稅大概，各國在彼貿易，各種土人數目、風俗及古人用兵成跡，有關於今日邊防與夫今日吉江二省邊防，可以酌量變通，或證據往事，堪補史書之闕者，皆匯入其中。」[4]

---

4 曹廷傑：《上希元棠文》，《曹廷傑集》上冊，62-63 頁，北京，中華書局，1985。

除此以外，他還寫了《東三省輿地圖說》（又名《東三省地理志》）等著作，研究東北地理以及俄國在西伯利亞的軍事布置等問題，同樣還是為了東北防務。而且這些邊疆地理著作中多數都附有較好的地圖。

鴉片戰爭以後，清朝政府「天朝大國」的虛驕心理在一定程度上受到打擊，一批有識之士開始著手了解西方，在這種情況下，一批介紹外國情況的地理著作便誕生了。魏源的《海國圖志》，徐繼畬的《瀛寰志略》，何秋濤的《朔方備乘》，鄒代鈞的《西征紀程》、《中俄界記》、《日本地記》、《蒙古地記》等書，就是其中的代表作。魏源的《海國圖志》主要是根據林則徐的《四洲志》和自己收集的歷代史志中有關外國的資料彙集而成，全書內容比較豐富，並附有地圖七十三幅，可以說是一本世界地圖集。徐繼畬的《瀛寰志略》是在廣泛參考國內已有的介紹西方的書籍的基礎上，通過大量接觸來華外國人，認真而全面地收集各國資料，「稿凡數十易，五閱寒暑」於一八四四年成稿，一八四八年在福建雕版印行。全書以地圖為綱，每幅圖後附有文字說明，依圖立說，全面介紹了世界各大洲數十個國家和地區的地理情況。全書共分為十卷，在內容編次上，卷一至卷三為地球基礎知識和亞洲各國概況，其中包括東亞、東南亞、西南亞的主要國家和地區。卷四至卷七較大的篇幅重點介紹了歐洲的英、法、俄、意、荷、比、葡、奧等十餘個國家的地理情況。卷八敘述非洲各國，卷九、卷十介紹美洲各國。對各國情況的介紹，內容有詳有略，大致包括地理位置、疆域政區、山脈河流、地形氣候、經濟物產、人種風俗、歷史沿革以及政治制度等方面。它是中國近代早期比較全面概括的世界地理著作，資料新穎，內容準確，對開闊國人眼界產生了積極意義。何秋濤的《朔方備乘》原名為《北徼彙編》，主要參考圖理琛所著的《異域錄》以及艾儒略、南懷仁等人有關論述，對沙皇俄國的歷史、地理等情況作了比較深入細緻的介紹、考證，是一部了解俄國內情以及中俄關係和中國北疆事務的歷史地理專著。當時的咸豐皇帝對何秋濤所著之書甚為讚賞，為此書起名為《朔方備乘》。雖然這些邊疆地理和介紹西方各國的著作當中的內容有很大一部分屬於歷史的範疇，表明中國的地理學在當時的發展並不充分，但是作為一個研究領域，它又在原有的基礎上進一步發展進步了。此外，一批對傳統地理研究的總結性成果也在近代產生，從另外一個方面表明中國傳統地理研究的進

步。在這方面，楊守敬、熊會貞師生二人作出了突出的成績。在傳統歷史地理研究方面，楊守敬的地理學，王念孫、段玉裁的文字學以及李善蘭的算學，被稱為清代「三絕學」。楊守敬最擅長歷史地理學，《隋書地理志考證附補遺》是他的代表作。魏晉南北朝是中國歷史上的大分裂時期，改朝換代異常頻繁，州郡廢置極為複雜，而這段時間的地理記載又相對薄弱。後來的《隋書‧地理志》的內容實際上已經包括上述時期的地理，彌補了南北朝時期正史地理志的不足，是研究這一時期沿革地理的重要依據，很受學術界重視。楊守敬曾「三復其書」，發現其中的錯誤很多，便決定對其進行修正補充。經過細緻的工作，擴充和豐富了《隋書‧地理志》的內容。原文五萬字，經過註釋，達到了三十三萬字，同時其間的錯誤與脫漏之處也得到了較好的糾正與補充，並對一些他人註釋中的錯誤之處予以更正，成為研究這一時期沿革地理的權威之作。一九〇四年楊守敬又與熊會貞撰成《水經註疏》八十卷，一九〇五年師生二人又編著了《水經注圖》。這些成果的問世，成為中國自乾隆年間酈學興起以來所達到的最高學術成果。即使在今天，他們的著作仍然是人們研究《水經注》必不可少的參考書。此外，他們還在歷史地圖的編繪方面作出了巨大貢獻。到一九一一年，他們次第刻成了《歷代輿地圖》，這是中國歷史上第一套朝代完整的歷史地圖。這套地圖通貫古今，繪有城址、山川、古蹟、民族、邊防及鄰近諸國，內容十分豐富，具有多方面的學術價值。所有地圖的繪製採用經緯度製圖法，以黑紅二色表示古今地名，使用的比例尺較大，比以往任何歷史地圖詳細精確。此外，在地圖繪製方面，鄒代鈞編譯和繪製了各國地圖，繪圖過程中均採用近代新法，並按照中國統一的比例尺繪製，以便量算圖上距離。國內的地圖，以胡林翼所編的地圖為底本，而參考當時出版的新圖；國外地圖，以德國人繪製的地圖為藍本，而參考英、法各國地圖。後因經費不足，僅印行了各省、各國地圖共六十八幅，是中國第一份新法繪製的詳細的中外地圖。一八九六年，鄒代鈞與陳三立、汪康年等人共同發起創立了中國輿地學會，專門研究中國和世界地圖的編繪。

近代中國的特殊歷史環境為傳統的地理研究創造了有利的條件，使得這方面研究成果十分豐碩，在傳統地理研究取得較大發展的同時，近代地學在中國也得到一定的發展。隨著近代教育的開展，地理作為一門普通教育課程在新式學堂中

開設，近代地理逐步被引進到中國的教育當中。張相文在一九〇一年編成中國第一部《初等地理教科書》以及第一部《中等本國地理教科書》，以後又在此基礎之上，編著了中國第一部《地文學》以及第一部《最新地質學教科書》。這些書的出版，很快得到全國學界的推崇，為發展中國現代地理學奠定了初步的基礎。一九〇九年九月，在張相文的倡導之下，中國第一個研究地學的近代學術團體「中國地學會」在天津成立，張相文任會長。一九一二年，地學會的會址遷至北京。地學會以《地學雜志》為會刊，在這個刊物上發表了大量近代地學文章，介紹國內外地學研究狀況與成果，廣泛傳播近代新地學知識。地學會還同英、德、法、美、荷、比、日等國的地學會進行學術交流，在一定程度上開闊了國內同行的眼界，提高了學會的研究水平。一九一三年六月，在章鴻釗、丁文江等人的發動籌備下，北洋政府工商部在北京設立了地質研究所，章鴻釗任該所所長。研究所設於原京師大學堂地質學門舊址，招收中學畢業生就讀，修業期限為三年。這是中國第一個培養地質專業人才的高等學校，培養了中國第一代開發礦藏的地質人才。中國不少著名的地質學家如葉良輔、謝家榮、王竹泉、譚錫疇、李學清、朱捷等，均是這個地質研究所培養的。大量的地質學人才的培養，也為一九二二年成立的中國地質學會的產生創造了條件。經過中國地學界的不懈努力，中國的地理研究已經在極大程度上突破了傳統的輿地學範圍，有力地推動了中國舊地學向新地學發展。

五、醫學

　　鴉片戰爭以後，西學東漸對中國許多傳統的自然科學部門都產生了重大的影響，在一些研究領域中出現了極為明顯的中西並存的狀況，醫學領域中的這一現象也是十分突出。

　　中國傳統的中醫研究在近代仍然取得了一定的成果，出現一些專門研究的著作和造詣頗深的醫家。一八五二年，王士雄根據長期的醫療臨床經驗，在總結前人治療溫病成果的基礎之上，認真研究探索，撰寫了《溫熱經緯》一書。書中涉

及中風、咳嗽、吐血、中暑、痢疾、陰症、老人、小兒、婦女等病症，以及用藥、製劑、處方、煎服、延醫等治療方法，刊行之後，極為風行。一八六二年，他又重新審訂了一八三七年的舊著《霍亂論》，對原著加以增刪，改名為《隨息居重訂霍亂論》。書中就霍亂的病情、治法、醫案、藥方四個方面闡述了霍亂的症狀和防治辦法。此書得到社會上的高度重視，「醫者奉為圭臬」。晚清時期的吳尚先吸收前人和古典醫籍中有關外治的論述，並彙集民間的外治方法，集二十年的行醫經驗，數易其稿，寫成理療外治專著《理瀹駢文》（初名《外治醫說》）。這部著作以駢體文形式寫成，對中國傳統的中醫外治方法進行了比較系統的總結，創立了若干外治的方法，其中包括藥貼（膏藥）、溫熱、水療、蠟療等多種治法，為中國醫學採用綜合治療法作出了貢獻。孫文植作《外科傳薪集》，對中醫外科常用的驗方、外用藥、膏藥的配製和用法以及外科器械的使用，作了比較詳細的記載，並對王洪緒的《外科全生集》作了註釋、補充和修正，一百多年來一直為中醫外科醫家們所推崇。費伯雄也是近代著名的中醫專家，著有《醫醇剩義》、《醫方論》、《怪疾奇方》以及《費批醫學心悟》等著作。其從醫一生，主張師古而不泥古，不趨奇立異，善於變通化裁古方，創製新方，有較高的臨床造詣，尤其是對慢性病有深刻闡述，是近代以善治虛勞名世的醫家。

在近代中國的醫學方面，發展較快的是西醫。在鴉片戰爭以前，一些傳教士為了配合傳教活動，開始在中國設立醫院，翻譯了一些近代醫學著作，近代醫學開始在中國出現。鴉片戰爭以後，西醫在中國得到進一步的發展，西醫的醫院、診所業務日益增多，外國資本還直接在中國興建藥廠、藥房。如一八五三年英商首先在上海建立了老德記藥房，一八六八年德商又辦起了科發藥房，一八八六年英商創辦屈臣氏藥房等，中國的西藥市場幾乎全部為外商所壟斷。

隨著西醫的發展傳播，中國人也逐步掌握了西醫的知識和技術，開始了自己的西醫活動。他們有的曾在外國醫院工作過，逐漸掌握了西醫治療術，能夠獨當一面。像廣東人邱浩川曾經給英國醫生皮爾遜充當助手，並給數以萬計的中國人接種過牛痘，寫了一本《引痘略》。又如曾在外國醫院工作過的關韜學會了做比較複雜的外科手術。另外，還有一些人通過到國外留學，學習了西醫知識，成為取得了一定成績的學者。例如，黃寬於一八四六年赴美國留學，後又在英國愛丁

堡大學學習醫學，成為中國最早接受美英教育的醫務人員。他在一八五七年回國後，曾入李鴻章幕府，擔任海關醫務處醫官。伍連德曾赴英國留學，獲得醫學博士學位。一九〇八年回國後，任天津陸軍醫學校副監督，後奉命到東北辦理防治鼠疫事宜，只用了四個月時間就完成了任務，得到各國醫學界的普遍讚揚，並獲得俄國沙皇和法國總統頒發的勛章。一九一一年，在中國瀋陽召開了有十一國參加的國際鼠疫會議，這是在中國歷史上召開的第一次國際學術交流會議。會上，伍連德被推選為主席和萬國鼠疫研究會會長。辛亥革命後，他又多次主持防疫工作，為中國早期防止疫病傳染工作作出了貢獻。金韻梅也是一位頗有造就的醫學家，一八八五年以第一名的身分由美國紐約大醫院附屬女子醫科大學畢業，曾在《紐約醫學雜志》發表醫學論文，獲得好評。一八八八年歸國，先後在成都、廈門等地開業，一九〇七年至一九一五年任北洋女醫院院長，為中國培養了不少女醫生。

與此同時，中國自辦西醫方面的教育事業也開展起來。一八六五年，北京同文館中設立醫學科，聘請外國教習如英人德貞等講授解剖、生理、化學等課程，但每班人數不多，而且不能實習，沒有臨床經驗，因此，同文館培養的醫學生並無顯著成績。一八八八年，李鴻章在北洋海軍系統內設立了天津總醫院，附設醫學堂，一八九一年改名北洋醫學堂，為中國官辦醫學專門學校的開始。一九〇二年，天津創辦北洋軍醫學堂。一九〇三年，京師大學堂設立醫學館，一九〇六年，改為京師專門醫學堂。辛亥革命以後，北京、杭州、江蘇、江西、湖北、河北、山西等地也都設立了醫學專門學校，西醫教育逐漸推廣開來。

西醫隊伍的不斷擴大，西醫教育的不斷推廣，也促進了中國醫學研究的發展，在發展過程中逐漸形成學術團體。一九一五年，中華醫學會在上海成立，顏福慶為會長，並出版中英文並列的學術性雜志《中華醫學雜志》，由伍連德擔任總編輯。中華醫學會的成立，對於近代醫學在中國的傳播，以及中外醫學的交流發揮了重要的作用。

西醫在發展和傳播的過程中不可避免地與傳統中醫發生了激烈的衝突。一些人主張中西醫結合，並將這種思想積極付諸實施，走上了非常有意義的探索之路。一八四四年，陳定泰運用西洋生理解剖圖，考證王清任的《醫林改錯》中的

一些說法和古傳臟腑經絡圖，指出以往存在的失誤，是近代較早將中西醫的內容相結合的例子。唐宗海主張對待中西醫應該「不存疆域異同之見，但求折中歸於一是」，認為中西醫各有所長，亦各有所短，應當相互取長補短，實行「中西匯通」，以促進醫學進步。他所著的《中西匯通醫經精義》（1892 年成書）一書，吸收了一些西方解剖生理學知識，用以印證和說明中國古典醫理。張錫純著《醫學衷中參西錄》（1909），對中西醫學術溝通做了大膽嘗試，在使用藥物方面主張中藥、西藥不應該相互牴觸，而應該相濟為用，這樣可以提高療效。因此，在臨床上，他採用了中藥、西藥配合治療的方法。例如，治療肺結核當時普遍採用的方式是服用或注射西藥阿斯匹林，但副作用不小。張錫純採用了阿斯匹林治療，結合中藥玄參、沙參以及生石膏等進行輔助的方法，不失為一種獨特的思路。此外，惲樹珏在中西醫結合的問題上，主張「改進中醫」，既反對在此問題上頑固地迷信國故、尊經崇古，對中醫抱有故步自封的態度，又反對全盤否定中國傳統醫學的民族虛無主義的做法。他倡議用現代科學的方法研究中醫，「取西國學理補助中醫」，而不是簡單地中西醫「漫然雜糅」。但是，在這一時期，中國醫學工作者以及有關人士在中西醫結合的實踐方面始終都沒有取得重大成績，客觀上是當時的社會、歷史條件和科技水平的限制，主觀上也有「中西醫匯通」學派的自身缺陷。這些提倡「中西醫匯通」的人絕大多數都是中醫出身，對西醫缺乏系統的了解和研究，因此在匯通過程中不免有牽強附會之處，往往都是採用的偏重中醫的態度，使實際工作的成效受到了制約。儘管如此，他們的嘗試畢竟為後人開闢了一條積極的探索之路，對提高中國整體的醫療水平起了積極的作用。

六、植物學

在植物學方面，吳其濬[5]前後共用了七年時間，於一八四七年寫成《植物名

5　吳其濬（1789-1847），字瀹齋，別號雩婁農，河南固始人。嘉慶進士，授翰林院修撰，官至湖南等省巡撫、總督。長於博物學，著有《植物名實圖考》及《長編》。

實圖考》一書。全書七萬餘字，凡三十八卷，分十二大類，記載植物達一千七百四十一種，每種植物的記載著重敘述其名稱、形色、味道、品種、產地、生活習性與用途等內容，並附圖一千八百多幅，涉及的學科門類有植物學、農學、藥學、林學、園藝學等方面，內容非常詳實豐富。所附之圖都以實物為依據，精心繪製而成，圖形清楚，線條流暢，形態逼真，堪稱精品。吳其濬的《植物名實圖考》，既綜合了以往的學術研究成果，又不為前人舊說所限制，發展了前人的研究成果。與明代李時珍所撰寫的著名的《本草綱目》相比，《植物名實圖考》所收錄的植物增加了五百一十九種，而且繪圖更加精美準確，成為中國近代第一部藥用植物誌。作為近代清代最重要的一部植物學、藥物學的代表作，《植物名實圖考》出版後，深受國內外科學界的重視。一八七〇年，德國人布瑞施奈德在他所著的《中國植物學文獻評論》一書中認為，《植物名實圖考》是中國植物學著作中有價值的作品，「刻繪尤為精審」，「其精確程度往往可資以鑑定『科』或『目』，甚至『種』。」並在這本書中採用了一些《植物名實圖考》中的圖。明治維新後，即使在日本西學大盛之時，也對吳書大加推崇。至今很多國家圖書館都藏有此書，許多現代植物學家在考慮植物的中文名稱時，仍需要利用此書或依據此書定名。

第二節·
晚清時期
的應用科學與技術

中國社會進入近代以後，隨著國內外政治、經濟、文化等形勢的重大變化，

中國的科技發展也深受時代影響，出現了不少重要的科技革新與發明。

鴉片戰爭引起了中國社會的轉折，也引起了中國科技發展的變化。「清王朝的聲威一遇到不列顛的槍炮就掃地以盡，天朝帝國萬世長存的迷信受到了致命的打擊，野蠻的、閉關自守的、與文明世界隔絕的狀態被打破了。」[6]外國人槍炮的重創使中國朝野中的一些人放棄了妄自尊大的虛驕心理，開始走上學習西方的道路。這種學習西方也只能從人們所見到的和所需要的出發，學習對象理所當然首先就是「堅船利炮」即兵器。十九世紀六〇年代

丁拱辰著《演炮圖說》書影

起，洋務事業最先興辦的是軍事工業。洋務派興辦軍事工業，對軍工技術的需求變得十分迫切，一些與軍事有關的發明與革新就應運而生，並成了這一時期發明和研究的主要方向。

在新式火炮的製造技術方面，著名工藝師丁拱辰、龔振麟作出了極為突出的貢獻。在鴉片戰爭期間，他們都參加了清政府改進武器的工作。丁拱辰發明了滑車絞架，這種絞架能夠使炮身上下左右轉動，改變射擊角度和方位，靈巧堅牢，操縱便捷，在廣東省河內砲臺安裝，新修的戰船上也都安設，使用起來非常合用。他還發明了實心彈和通心彈，改進了砲彈的鑄造工藝，減輕了彈體重量，增加了射程。龔振麟在兵器製造方面突出的貢獻是發明了鐵模鑄炮法和樞機炮架。中國以及世界各國在當時的鑄炮方法普遍採用的是泥模。泥模的最大缺陷是只能一次性使用，用後即告報廢，而且泥模不易乾透，這樣在鑄造過程中往往不能保證隨時開工，直接影響鑄造的質量和效率。龔振麟發明的鐵模鑄炮法，可以反覆使用鐵模，而且不受氣候條件影響，隨時隨地可以開工，生產出來的火炮質量也大大提高，因此備受歡迎。鐵模鑄炮法是龔振麟首創，國外直到三十年後才使用鐵模鑄炮法。另外，舊式炮的炮架十分笨重，只能直擊，不能左右提轉、前後移

6　《馬克思恩格斯選集》第二卷，2頁。

動，在很大程度上限制了大砲在作戰中威力的發揮。龔振麟參照了英國炮架以及林則徐從廣東帶來的磨盤炮架，對二者的長處予以吸收，創造出一種新型的樞機炮架。這種炮架分兩層，下層安輪子，上層中心貫以鐵柱，炮耳以後仍列梯階。使用這種炮架使向來難以操縱的大砲，只需一兩個人便可隨意變換角度和方向，可以普遍用於戰艦、砲臺、城關的攻守，提高了大砲的作戰能力。此外，他們還在中西結合的基礎上寫成有關火器製造與運用的著作，在一定程度上推廣了他們的發明與製造。丁拱辰著有《演炮圖說》、《演炮圖說輯要》，歸納了各種西方火炮、輪船、砲彈的製造方法，炮位的安放，測量各種火炮射擊遠近高低的方法，各種火炮的類型及其應用，以及砲臺、炮位的建造與安置等問題。龔振麟著有《鐵模鑄炮圖說》、《樞機炮架圖說》、《鐵模製法》、《鐵模鑄炮法》、《鐵模全圖》，對自己的各種發明以及具體的製造方法予以詳細的說明，是世界上最早論述鐵模鑄造法的科技著作之一。

除了在火炮研究方面中國工藝師取得了重大成就以外，在其他武器的研製方面也有一些人有所建樹。丁守存等人試製成功的新式地雷，解決了中國傳統的地雷必須採用人工起爆的問題，實行了自動起爆，使中國地雷製造技術向前邁進了一大步。同時他還發明了石雷、石炮，在軍火製造方面取得一定的成績。在研製火藥方面，中國雖然是製造和使用火藥最早的國度，但是在技術上一直停留在配製黑色火藥的階段，沒有重大突破。近代以後，中國先是引進了國外製造硝酸棉火藥的技術，而製造這種火藥需要大量強水（即三大強酸，此處主要是指硝酸），這是中國當時無法生產的，全部靠進口。西方國家乘機抬高價格，乘機向中國勒索白銀。為了「自製強水，以塞漏卮」，華蘅芳、徐建寅等人分別在龍華火藥廠、江南製造總局等機構精心研製出中國自己的強水，「所費視外國購者值三分之一耳」，[7]從此，中國軍隊的火藥大部分能夠自己生產，打破了外國在這方面的壟斷。後來，國外在軍火生產中廣泛使用了無煙火藥，為了大量向中國傾銷軍火，在無煙火藥的技術上列強對中國實行情報封鎖。漢陽兵工廠曾經以重金聘請外國技術人員研製無煙火藥，但是這些人不願讓中國人掌握製造無煙火藥的技

7　錢基博：《徐壽傳》，《清代碑傳全集》下冊，1516 頁。

術，中途撤走，造成「洋工離廠，成藥無期」的局面。在這種情況下，徐建寅擔負了研製無煙火藥的艱巨任務，他不顧個人安危，「日手杵臼，親自研煉」，經過數月努力，到一九〇一年春，終於研製成功無煙火藥。他所製成的棉質無煙火藥，「試驗其力，可與外洋之藥相仿」。以後他又負責將無煙火藥投入生產，在漢陽鋼藥廠監造無煙火藥，不幸因火藥爆炸，以身殉職。

　　洋務派學習西方先進科技的主要內容為「堅船利炮」，與製造軍火幾乎處於同等重要地位的還有造船技術。在造船方面，中國科學家經過數十年時間和幾代人的努力，取得了不少成績，在中國造船史上寫下了光輝的一頁。為了抵禦侵略，林則徐在一八四〇年就提出造船建議，並仿造過戰船；魏源主張國人自行設廠造船，並在他所著的《海國圖志》一書中刊印了造船資料；鄭復光曾撰寫了造船專書《火輪船圖說》，並與丁守存一起對輪船製造作過專門研究。但是，都沒有能夠製造出近代蒸汽輪船來。曾國藩創立安慶軍械所後，徐壽、華蘅芳

徐建寅像

等人著手研究製造蒸汽輪船。他們僅憑藉在安慶江邊見到的外國輪船而略知其機器運轉梗概，又依據零星片段的資料，參考了一八五五年上海墨海書館出版的《博物新編》初集中「熱論」一章中有關蒸汽機的文字和略圖，與全體設計人員通力合作，經過幾個月的苦心設計，終於在一八六二年製造出中國第一臺蒸汽機。此後他們又在工匠的配合下，陸續完成了船體結構的設計和有關數據的測算，解決了許多設計過程中出現的難題，於一八六四年，成功地建造了中國歷史上第一艘機動木質輪船。一八六六年，這艘輪船正式下水試航。曾國藩「甚喜此船，因錫名『黃鵠』，後在大江中屢次來往。」[8] 「黃鵠」號輪船重二十五噸，長五十五尺，高壓引擎，單汽筒，時速約四十里。整個設計製造工作，都是由中國科技人員來完成，沒有外國人參與。「推求動理，測算汽機，蘅芳之力為多；造

8　張靜廬：《中國近代出版史料初編》，11 頁。

器置機皆出壽手，不假西人。」[9]以後，他們又於一八六八年八月，在上海的江南製造總局研製了一艘輪船「恬吉」號（後改名「惠吉」號），比「黃鵠」的性能更加優越，製作更加精良。經過他們的努力，中國自己的造船事業終於邁出了寶貴的第一步。在徐壽、華蘅芳之後，一批經過專業訓練的造船人才開始在中國造船行業中崛起，為中國的造船業發展作出了貢獻。魏瀚就是其中突出的一員。魏瀚於一八六七年二月，考入左宗棠創辦的福州船政局前學堂學習造船，畢業後開始在船政局擔任技術工作。後來，他又與陳兆翱等人赴法留學造船，學習成績優異，得到人們的讚許。回國後，魏瀚被派在福州船政局工程處「總司製造」，相當於總工程師的職務。在他的帶動下，一批出色的造船專家如陳兆翱、鄭清濂、李壽田、吳德章等人來到船政局，工程處成為以中國自己的工程技術人員代替洋員辦公所而設立的一個技術性機構，充當了船政局的技術指導中心。在全體工程人員的努力下，福州船政局第一艘巡洋艦「開濟」號於一八八○年十月開始試製，經過兩年多的時間，完成了該軍艦的製造。這艘軍艦長二十六點五八丈，寬三點六丈，馬力二千四百匹，排水量二千二百噸，為「中華所未曾有之巨艦」。同時，他們還建造了三艘快船，使中國造船水平進了一大步。他們在造船過程中，努力將目標瞄準世界先進科技水平，力爭縮小與世界造船先進國家之間的差距。一八八七年底，福州船政局第一艘鐵甲艦「龍威」號在魏瀚的監製下入水。這艘軍艦是仿造法國一八八五年建成的、堪稱最新式和最先進的雙機鐵甲兵船「柯襲德」艦船樣式，經過魏瀚等人進行精心研究，在較短時間製造出來的，代表了中國船政科技人員自造船舶的最高水平，受到了國外同行的稱讚。但是，由於中國基礎工業的薄弱，無法供應造船所需的各種關鍵材料，中國生產的各種大型輪船所需的優質鋼材、鋼甲以及汽機、推進器等重要部件大多數是選用外國的成品進行裝配的，這在很大程度上限制了中國造船業的正常發展。

在軍工技術發明方面，一些旅居海外的華人在一些領域中取得的優異成績也值得注意。這些發明同樣是中國近代科技不可缺少的一個重要組成部分。例如，馮如在飛機的設計、研製方面取得的重大成就，就是中國對世界航空業的重要貢

9　趙爾巽：《清史稿》第 46 冊，13 930 頁。

獻之一。二十世紀初，美國人萊特兄弟發明了世界上第一架飛機。使旅居美國的馮如受到啟發，認為「當此競爭時代，飛機為軍事上萬不可缺之物。倘得千數百萬飛機分守中國港口，微特足以固吾圉，並足以儷強鄰矣。」[10]為此，他在一九〇七年九月變賣了自己的金玉作坊，又在舊金山華僑中募集資金，籌集了千餘美元，開始研製飛機。幾經艱苦努力，他終於在一九〇九年製成第一架飛機。這架飛機的機翼、方向舵、螺旋槳、內燃機等大小部件全部仿製萊特式飛機。同年九月二十一日，馮如在美國奧克蘭駕機試飛，結果飛行距離達二千六百四十

馮如像

英尺，比萊特兄弟於一九〇三年發明的飛機首次試飛航程長一千七百八十八英尺。這次試飛的成功，翻開了中國飛機設計製造和航空史的第一頁。接著，他又進一步擴大自己的事業，與旅美華僑黃梓材等人發起創立廣東機器製造公司，公開招股。一九〇九年十月公司成立，黃梓材任總經理，馮如任總機械師，這是中國人創辦的第一個飛機製造公司。不久，馮如又研製了一架新飛機。這架飛機性能更好，機翼長二十九點五英尺，翼寬四點五英尺，內燃機為三十馬力，螺旋槳轉速每分鐘一千二百轉。一九一〇年十月，國際飛行學會在舊金山舉辦飛行比賽。馮如駕機參賽，飛行高度七百多英尺，時速六十五英里，航程二十英里，打破了一年前在法國理姆斯舉行的第一屆國際飛行比賽中高度冠軍拉塔姆的五百〇八英尺、速度冠軍柯蒂斯的四十七點二英里的紀錄，榮獲優等獎。經過張元濟的工作，馮如放棄了國外的重金聘請，毅然決定報效祖國。一九一一年二月，馮如將廣東機器製造公司改名為廣東飛行器公司，然後偕同助手，攜帶製造飛機的機器和自製的兩架飛機回國。辛亥革命中參加革命，後在一次試飛當中以身殉職。與此同時，清政府也在著手籌建空軍，在北京南苑設立了一個航空機構，向日本購進一批器材，派人在五里甸試制飛機，又派在英國納生布敦工業學校留學的浙

---

10 轉引自沈渭濱主編：《近代中國科學家》，256 頁，上海，上海人民出版社，1988。

江人厲汝燕，進入布列斯托飛機製造廠附設的航空學校學習飛行。

十九世紀七〇年代以後，隨著對西方世界了解的加深，以及在洋務派興辦軍工企業過程中出現的資金短缺、原材料不足、人才匱乏、交通運輸落後等始料不及的一系列困難，洋務派逐步懂得了「必先求富而後能強」的道理，主張創辦投資少、利潤高、資金周轉快的民用企業，以便為軍事工業提供足夠的資金和健全的國民經濟的基礎依託。因此，他們從強調「自強」轉而倡導「求富」，在興辦軍事工業的基礎之上，又進而大力創辦民用企業。在甲午戰爭之前，洋務派大約舉辦了二十多個民用企業，涉及航運、採礦、冶煉、紡織、電信等工業交通運輸業。甲午戰爭以後，中國民族資本發展出現了一個小的高潮，辛亥革命推翻了封建帝制，為民族資本主義發展創造了有利條件，各類近代企業的形成發展為各種應用科學和技術的傳播推廣造就了客觀的需求與動力。加之，十九世紀末二十世紀初，中國一些知識分子提出的「科學救國」、「實業救國」等思想主張的作用，近代應用科學與技術得到了一定的發展進步。

在這些民用科技當中，鐵路建設取得的成就比較突出。中國的鐵路事業開展較晚，直到一八八一年，出於運輸煤炭的需要，清政府在唐山至胥各莊修建了一條長十多公里的鐵路。同時，還製造了一輛火車，這臺機車雖然使用的是進口卷揚機上的鍋爐，車輪及車身鋼材也是進口的，但是仍然是近代技術史上在中國製造的第一輛機車。在此後的鐵路興修的過程中，隨著實踐經驗的不斷積累，一些中國工程師開始走上獨立主持鐵路的設計工作，並取得了相當大的成績，贏得了國際同行的尊重。在這些工程師當中，詹天祐是其中的佼佼者。

詹天祐（1861-1919），字眷誠，廣東南海人。一八七二年，他作為清政府派出的第一批幼童官費留美的學員之一，在容閎的帶領下赴美國留學。經過數年學習，一八八一年他獲得了耶魯大學雪費爾科學學院的土木工程科學士學位。同年秋，回到中國。一八八八年，受聘為中國鐵路公司工程師，參與修築津塘鐵路（天津至塘沽一線）。一八九一年，清政府決定修建關東鐵路（含關內段），詹天祐升任為分段工程師。一八九二年，鐵路修至灤河，在造橋工程中，英、日、德籍工程師籌劃相繼失敗，詹天祐承擔了修橋任務。他仔細地研究了灤河河床的地

質構造，掌握了第一手資料並吸取以往外籍工程師失敗的教訓，採用壓汽沉箱法修築橋墩，在中國鐵路修築史上首次採用這種方法，並獲得成功。由於在工程中的傑出表現，一八九四年詹天祐被選為英國土木工程師學會會員，「這是外國人第一次吸收中國人參加其有較大代表性的學術團體」，[11]為中華民族贏得了榮譽。一九〇二年，詹天祐主持修建新城高碑店至易縣西陵梁各莊的謁陵專用線，即京漢鐵路新易支線，這是中國工程師第一次獨負全責修

詹天祐像

建鐵路。在這條鐵路的施工過程中，他突破了原來的「路基需要風乾一年才能釘道」的築路陳規，在保證質量的前提下，一邊墊路基，一邊鋪鐵軌，在別人認為不可能完工的時間期限中完成了施工任務。一九〇五年，由北京通往張家口的京張鐵路開始興修。在直隸總督、督辦鐵路大臣袁世凱的舉薦下，清政府任命詹天祐為京張鐵路總工程師兼會辦，一九〇七年又進一步任命其為總辦。接任之後，詹天祐立即建立起一支由北洋武備學堂附設鐵路工程班學員、山海關鐵路學堂畢業生以及在修築關內外鐵路中共事多年的熟練工人等組成的工程技術隊伍，並擬定了選線方案。在艱苦的實地勘探工作基礎之上，通過反複比較研究以後，詹天祐確定京張鐵路的線路，即由南口關溝穿過，經自古以來就有「天險」之稱的居庸關、八達嶺一帶通往張家口，長約二百公里。消息傳出，在外國工程界引起了很大震動，他們對中國人能否勝任這樣的艱巨工程產生相當大的懷疑。有人更是直接加以譏諷，認為「中國工程師能建築鐵路通過南口者，此人尚未出世」。外國人持如此態度，除了其固有的輕視中國的心理之外，工程的巨大難度也是他們作出這種判斷的重要理由。京張鐵路雖然不長，但是路段地形十分艱險複雜。按照歐美人的設計，僅南口關溝段要在懸崖絕壁上修起一條陡險的鐵路，穿過八達嶺需要開鑿一條長達二千多米的隧道，工程的艱險在當時世界上也是少見的。面對外國人的懷疑和諷刺，詹天祐以興修京張鐵路的成功向世界證明了中國能修這

11 茅以升：《中國傑出的愛國工程師——詹天祐》，《人民日報》，1961-04-17。

段鐵路的工程師不僅已經出世，而且完全可以勝任。整個鐵路工程的難度最大的是關溝段，解決這一路段的關鍵問題是鐵路爬高和開鑿越嶺隧道。詹天祐在其他工程技術人員的配合下，精心設計和成功實施了一系列創造性的築路、開洞方案。南口至八達嶺高低相差一百八十尺，按照一般設計要求，火車爬山時每升高一尺，至少有一百尺的線路。而整個南口關溝段的長度僅為三十三里，在短距離內將鐵路大大抬高，如果採用一般做法，勢必要增加長度和彎度。根據實際可能，詹天祐大膽地推翻了以往成例，採用了千分之三十三的爬高坡度，即每修築一千米線路就墊高三十三米。為了克服由此引起的上下陡坡的困難，他採用兩輛機車推挽列車的辦法，既有效地減少了鐵路的長度和彎度，又保證了行車的安全與速度。在青龍橋車站附近，修築了一條「人」字形鐵路，也用很陡的坡度使火車先往西走一段，升高一層，然後再往東走一段，再上升一層，因而在原來有限迴旋餘地的半山中，將鐵路抬高，同時也就將隧道的高度提高，減少了隧道的長度。這樣，八達嶺的隧道長一千〇九十一點米，比外國工程師的設計減少了一半，還取消了鶸幾梁、九里橋等地的隧道，大大節省了工程用款、縮短了工期。在隧道開鑿時，他改變了傳統開鑿隧道僅從兩端施工的做法，採用中部鑿井法，從山頂打下兩口豎井，到達路基高度，再分兩頭向洞口開鑿。這樣就有六個工作面可以同時施工，僅用十八個月時間就打通八達嶺隧道，使工期縮短了一半。一九〇九年九月，京張鐵路全線竣工。它的全部工程都是由中國人自己修建的，施工期不滿四年，共用工程款六百多萬兩，這是當時成本最低的鐵路幹線之一。

　　在冶金技術方面，中國企業逐步學習並掌握了西方近代冶金技術，在生產中採納運用。最早採用這些技術的企業，是洋務派興辦的各種冶煉工廠。江南製造總局在一八九〇年開始設立煉鋼廠，建立了一座十五噸酸性平爐，每日可出鋼三噸，是中國最早的煉鋼平爐之一。一八九三年，張之洞在湖北建成漢陽鐵廠，廠中建有一百噸高爐兩座，八噸平爐一座。一八九四年五月，中國第一座近代煉鋼高爐在漢陽鐵廠開爐生產。一九〇八年二月，漢陽鐵廠、大冶鐵礦、萍鄉煤礦合併為「漢冶萍煤鐵廠礦公司」。各廠礦分別進行了改建，設備有一百噸高爐兩座，二百五十噸高爐一座，五十噸平爐六座，還配有軋機以及機械化礦山設備等，初步形成了一個鋼鐵聯合企業。這些冶金設備以及技術水平在當時世界上是

比較先進的，但是由於受封建官僚機制的制約和帝國主義國家的控制傾軋，這些先進設備與先進技術在當時沒有充分發揮其應有的效益，中國的鋼鐵生產能力依然十分落後。除了冶煉鋼鐵外，其他有色金屬在十九世紀末二十世紀初轉而採用近代方法進行生產。

在機器製造方面，一八六五年設廠的江南製造總局，從美國引進成套的機器設備，除了作為動力機械的鍋爐、蒸汽機以外，還有打眼、鉸螺絲、鏇木、鑄彈、製造槍炮等工作機械，並設有汽錘車間，為中國近代機械工業的形成奠定了基礎。在建築方面，隨著近代建築形式和近代建築技術在中國的傳播，中國工程科技人員和工匠逐漸掌握了西方近代建築藝術形式和施工方法，在一些開放的都市建造了一批具有新式風格的近代建築。近代上海建築業領袖之一的楊斯盛於一八八〇年創立了中國最早的近代建築營造企業「楊瑞記營造廠」，並於一八九三年成功地建造了當時規模最大、式樣最新的西式建築上海江海關新關，得到社會的稱讚。以後在中國建築師的設計下，又有一些近代建築在中國土地上矗立起來，如清政府陸軍部大樓等等。通過這些建築活動，中國建築界逐步學習並掌握了西方近代建築科技和施工方法，使中國近代建築業漸漸由傳統走向近代。另外，在化工、紡織、印刷、製革、農產品加工、民用事業等方面，中國近代逐步開始引進有關的機器設備進行生產，但機器的普及以及生產水平都不是很高，只有少數行業的機器運用和水平達到一定水準，其餘大多數企業主要以手工生產為主，輔助以一定的機械工具。

近代以後，隨著一些西方的消費娛樂方式逐步被中國人所接受，一些與此相關的科技發明和生產也有出現。例如，西方攝影傳入中國後，中國科學家對照相機的工作原理以及製作方法有了比較深入的了解，在這方面取得了一定的成果。鄒伯奇在對有關光學知識進行了深入研究後，在科學原理的指導下，發明了顯示影像的暗箱，並於一八四四年研製成功攝影器，在此基礎上做成了中國最早的一架照相機。據現存的照相玻璃底版來看，雖距今已有一百多年，但影像仍然十分清晰，可見技術和工藝還是比較先進的。同時，他還對自己發明的照相機的結構和照相過程作了詳細的論述，寫成比較完整的幾何光學著作《格術補》，成為中國歷史上關於濕版照相術的一篇重要文獻。在這篇文章中，既有學習西方照相術

的精華之處，又有他自己的因地制宜的獨到發明，反映出當時中國科學界在光學理論研究和攝影器具製造方面的水平。

第三節·
近代科技
與晚清社會

恩格斯說過：「人類知識和人類生活關係中的任何領域，哪怕是最生僻的領域，無不對社會革命發生作用，同時也無不在這一革命的影響下發生某些變化。」[12]中國近代科技的發展歷程受到了中國近代半殖民地半封建社會性質的制約，在發展過程中留下極其明顯的時代烙印。洋務運動、戊戌變法、辛亥革命等重大歷史事件無一不對中國近代科技的內容和結構產生十分顯著的影響，通過科技發展的內容與狀況，就可以比較清楚地看到這些政治運動的性質與特點。但是科學技術是構成生產力的極其重要的因素，它在為生產力發展不斷提供新的生產工具、開闢新的生產資料領域、給勞動者以新知識和新技能的武裝的同時，必然要對社會生產關係的變革產生無法估量的強大作用，必然要對社會的政治、經濟、文化乃至社會各個部門發生影響，使它們逐步向適應社會生產力發展的方向發展演化。近代科技這種突出的作用在中國近代歷史發展過程中也得到了充分的表現。

---

12 恩格斯：《英國狀況·十八世紀》，《馬克思恩格斯選集》第一卷，17 頁。

一、近代科技與社會政治、經濟的變革

近代科學技術在中國的發展傳播，在很大程度上影響著中國的政治、經濟狀況，推動了中國社會的向前發展。鴉片戰爭以後，隨著清朝政府閉關自守政策的破產，以及國內日漸強烈的學習西方呼聲的影響，中國出現了一批近代廠礦企業。這些企業為近代科技提供了客觀需要和物質載體，使近代科技得以引進、生存和發展。同時，隨著越來越多的近代科技被運用到生產、生活中去，這不僅極大地提高了生產效率，而且使社會結構發生了重大變化，使中國近代的社會政治、經濟形態發生了巨大轉變。

近代科學技術的重大社會作用在經濟方面的表現十分顯著，對中國經濟的很多重要領域產生了直接和間接的影響，使中國近代經濟形態發生了巨大的變化。雖然近代科技是以中國近代企業的發展為發展動力和載體的，但是在另一方面，中國近代企業無一不是以近代科技成果作為其技術基礎的。如果沒有近代科技的發展傳播，就不可能有各種各樣的近代軍用工業、民用工業、交通運輸等部門，可見兩者是相互依賴相互促進的。隨著近代科技在生產、生活等領域中較為廣泛地加以運用，一些新興產業如近代軍工生產、近代機器製造、近代交通運輸、機器紡織等應運而生，這使中國近代經濟的構成出現了以前所沒有的近代資本主義工業成分，在一定程度上改變了中國傳統的封建小農經濟的性質，使中國經濟內部開始出現資本主義經濟成分，推動了中國經濟向前發展。近代科技在中國的大量引進和運用不僅使中國經濟出現了新的生產部門和新的經濟成分，而且使傳統的生產方式在它的作用下發生巨大變化。由於近代科技指導下的以機器為主要生產工具的集約化生產方式相對中國傳統的手工業小生產模式而言，具有十分明顯的優勢。一些原來與中國小生產形式相適應的部門行業受到比較強烈的衝擊，有些行業因此走向萎縮，還有一些手工業生產部門面對衝擊，開始採用近代生產方式，使企業逐步走向近代化，實現了由傳統生產方式向近代生產方式的轉化。近代科技的影響並不僅僅局限於這些部門，對當時占據中國經濟絕對優勢地位的農業的影響也是不可忽視的。隨著機器在紡織、繰絲、卷煙、榨油等部門的使用，生產效率得到提高，對原材料的需求也相應增加，使農業生產當中的經濟作物占

農作物的比重呈逐年上升趨勢，並隨市場的變化而變化。這樣，原來自給自足的小農經濟模式受到破壞，近代經濟形態發生了重大變化，其間科學技術的運用，也是顯而易見的。

在政治方面，雖然自然科學以及應用技術本身並不具備階級和政治屬性，但是它通過作用於經濟領域，影響社會經濟結構的變化，間接地或迂迴地作用於政治，推動社會政治發展演化。近代科技促進了中國先進階級的產生。建立於近代自然科學基礎之上的大機器生產企業，作為中國近代社會的新生事物，它改變了中國傳統的封建生產方式，在這些近代企業當中一些人逐漸成為出賣勞動力的生產者，為中國的新興階級無產階級和資產階級的產生創造了條件，這使中國近代社會的階級構成發生了很大的變化。此外，近代科技不僅促進了新興階級的產生，而且還在一定程度上加速了中國社會各階級的分化和調整，對新興階級的隊伍和力量的壯大起到了積極的推動作用。在科技發展和運用過程中，一些傳統的經濟部門逐步發生變化，從事這些部門生產的人員或破產，或轉化為新式產業部門的勞資雙方，使中國民族資產階級和產業工人隊伍得到了較大的發展，逐漸成為中國近代政治舞臺上的重要的新生力量，並在政治舞臺上扮演越來越重要的角色。

二、近代科技的發展與社會進步思潮的形成

近代西方科技知識的傳播發展，不僅對中國科技的發展起了積極推動作用，對中國的政治、經濟的改變產生了重大影響，而且促進中國人在思想方面的進步。

這種近代科技知識作用下的思想進步最突出的表現，是近代中國人自然觀的進步。中國傳統對宇宙的認識基本停留在中世紀「天圓地方」、「天動地靜」的有機自然觀的水平。這種觀念不是將宇宙當作外在物進行研究，而是將人類當作自然界的一個有機構成，著眼於闡述它們之間的相通相應，即所謂「天人感應」與「天人合一」。這樣，形成了一種倫理化的自然觀，以觀察自然始，以回歸人

事終，強調「天不變，道亦不變」形而上學的宇宙觀，長期禁錮著人們的頭腦，維護了封建地主階級的統治。到了近代，隨著近代天文、地理、古生物等科學知識的傳播，過去被視為必然的傳統自然觀受到越來越多的懷疑和挑戰，逐漸被動搖和否定，近代科學的自然觀漸漸占據主流。中國的思想家開始運用科學做武器，對傳統自然觀進行批判，並在此基礎上提出新的自然觀，作為闡明新的政治改革主張的理論基礎。李善蘭接受了哥白尼、開普勒、牛頓等人的科學理論，便對「天動地靜」、「天圓地方」的傳統觀念，作了有力的批判。郭嵩燾依據所學的化學知識，對宇宙的構成有了比較新的認識，他說：「本質不變者凡六十三種（按：指當時發現的六十三種化學元素），養氣、炭氣、輕氣三者為大綱。」[13]以唯物的態度來對待宇宙的構成問題，在關於宇宙物質性特徵的認識上，遠遠比傳統的認識更為科學，反映了當時人們在這一問題上達到了一個新的高度。

近代科技還使人們在人類起源問題上的認識得到很大改變，生物進化論逐步為社會所接受。譚嗣同通過從《地學淺釋》一書當中獲得的古地質學有關地球、生物不斷進化的新知識，指出：「究天地生物之序，蓋莫先螺蛤之屬，而魚屬次之，蛇龜之屬又次之，鳥獸又次之，而人其最後焉者也。」[14]說明包括人在內的一切生物都是由低級到高級不斷進化而來的。嚴復譯述英國赫胥黎名著《天演論》也是在接受達爾文生物進化論思想以後，比較完整、準確地介紹這一學說的基本內容的。《天演論》一方面向中國人介紹了當時先進的生物學知識，在傳統學術之外又打開了一個新的科學領域；另一方面，又向當時的人們宣傳了一種嶄新的、進化論的自然觀和社會觀。這一著作以近代科學知識為依據，反覆說明世界上一切生物都處在「天演」即進化的過程之中，並非萬古不變。物種進化的原因並非所謂「造物主」的神力，而是由於萬物自身經過「物競」、「天擇」的途徑實現的。以此雄辯地證明，「天道變化，不主故常」，「不變一言，決非天運」，宇宙間的萬事萬物都處在變化不居的狀態之下，人們一向信仰的「天不變，道亦不變」是毫無根據的。可見在近代科學的作用下，中國部分知識分子已經能夠用

---

13 郭嵩燾：《郭嵩燾日記》第三冊，221 頁。
14 《譚嗣同全集》上冊，131 頁。

科學的方法說明自然現象的規律性及其發展歷史，近代唯物論的自然觀在他們思想中初步形成了。

　　近代科學的傳入還極大地動搖了傳統的價值觀念，推動了社會觀念的更新。中國封建價值觀念中存在著十分明顯的重倫理、輕科學，重政術、輕生產，重傳統、輕創新，重守成、輕改革的傾向，具有所謂重道輕器、重本輕末、重義輕利的特點。因此，在中國幾千年的歷史發展過程中，科學技術長期處於低下的地位，人們往往對科學技術不加重視，甚至簡單地斥為「奇技淫巧」而加以否定。鴉片戰爭後，以先進科技為後盾的英國的「堅船利炮」不僅轟開了清朝政府長期閉鎖的國門，而且也使中國傳統的價值觀念在科學技術越發顯現的巨大威力衝擊下，發生了改變。無論是魏源主張的「師夷長技以制夷」，還是後來馮桂芬學習「諸國富強之術」的呼聲，都比較清楚地表現出先進士人對近代科學的重視和追求。隨著時間的推移，中國學習西方的範圍逐漸從主要是學習軍事技術進而吸取西洋的器數之學，用機器來殖財養民。當時的人們已經認識到，兵法、造船、製器以及農漁牧礦諸務，「皆導源於汽學、光學、電學、化學。」也就是說，近代生產及其技術的發展，都是以自然科學的發展為理論依據的，要想自強求富，就必須掌握科學技術。自然科學的地位被提到了一個相當高的位置。傳統的崇尚「義理」、鄙薄「技藝」的價值觀念在自然科學傳播的作用下，受到了猛烈的批判，逐步動搖直至最終被取代。馮桂芬認為，中國「名實必符不如夷」。鄭觀應指出：務「虛」不務「實」，「循空文而高談性理」，是中國落後西方的重要原因。一些進步人士還大膽破除傳統思想中諱言「功利」的禁戒，著書立說，言富言利。在王韜、馬建忠、鄭觀應、薛福成以及後來的維新派代表人物的著作、言論當中，「興利」、「言富」的字句比比皆是。可見，資產階級的功利主義價值觀念在科技的推動下，逐步為社會所認可，傳統的重義輕利價值觀念的地位日漸衰落。

三、近代科技對教育改革的促進

近代科技的引進和發展對近代中國的教育也產生了重大的影響。它既改變了近代中國教育的內容，又促進了近代教育制度的確立。

隨著洋務運動的開展，近代企業和新式軍隊的出現，近代科學的成果不斷在這些部門中加以運用，這樣對具有近代科學知識和掌握專門技術的人才的需求越來越強烈，如何適應近代科學發展，建立培養社會所需要人才的教育機構和體製成為當時一些人議論的中心。為了緩解人才供應的嚴重不足，洋務派除了向國外派出留學生，學習軍事、造船、工程等專業知識以外，還在國內興辦了一些洋務學堂，如京師同文館、上海廣方言館、福州船政學堂、北洋武備學堂，等等，培養洋務活動所急需的專門人才。雖然這些學校還帶有濃厚的封建性，不能稱為完全意義上的近代學校，但是已經衝破了兩千多年來傳統的經學教育制度，傳播了近代的自然科學、工藝學和農藝學，培養了中國第一代新式知識分子、技術人員和熟練工人，為清末近代新教育制度特別是實業教育和師範教育系統的建立奠定了基礎。

近代科學的發展，對專業人員的大量需求，而舊的科舉制度造就的卻是大量的無用之人，無法滿足社會對各種專業人才的需要，使人們對舊的科舉制度的種種弊端認識更加深刻。深通洋務的李鴻章就痛感科舉制度弊病太深，無法培養適應辦洋務新政需要的人才。他多次上奏抨擊科舉弊病，主張於科舉考試稍加變通，另開洋務一科，以造就通曉「西藝」的人才。從十九世紀六〇年代起，一些進步人士把研習西方科學技術知識和改革科舉制度，乃至整個傳統教育聯繫起來，西學開始向科舉滲透。雖然他們並不主張廢除科舉，只是希望在科舉當中增加某些自然科學的科目，但是，這種變通將科學引入了科舉，加速了科舉制度的衰落。一八八七年，清政府允許各省監生報考算學。一八八八年在順天府鄉試中，總理衙門將各省送到的監生及同文館學生三十二名，試以算學題目，取中舉人一名。自然科學與傳統四書五經同考，這是近代中國科舉考試史上的第一次，也是封建傳統教育變化的一個開端。但是考試科目仍然有四書五經，新人才的選拔還是受到很大限制，此後不斷出現要求破格錄用一些科舉考試成績不佳而自然

科學造詣較深的人物的現象，反映了自然科學在社會上得到一定的重視。到了甲午戰爭以後，這種對近代科學的呼喚，對腐朽科舉制的譴責，達到十分強烈的程度。甲午戰爭中，中國敗於區區島國日本，「天下愕眙，群起而求其所以然之故，乃恍然於前此教育之無當，而集矢於數百千年通用取士之經義。」[15]庚子事變以後，「慨世者恆言：『去科舉，停資格，廢八股，斬豚尾，復天足，逐滿人，撲專制，整軍備，則中國必強。』」[16]同時，在晚清末期，由於近代工商業的進一步發展，各種要求具有近代科學知識與技能的高級人才的部門職位大量出現，人們通過近代教育並掌握科學技術，同樣也可以獲得較好的工作以及較高的社會地位，科舉制的威信在人們心中一落千丈。在諸多因素的共同作用下，清政府被迫於一九〇五年廢除科舉。

近代自然科學知識的發展傳播，客觀上為中國造就了一批新型的知識分子，對中國社會的發展變化產生了積極推動作用。在創辦近代工業和引進自然科學及其成果的同時，一批直接從事這些工作的先進中國人，在科學知識的薰陶和啟發下，發生了很大變化。他們不僅在政治觀點和哲學觀點方面，而且在科學知識素養方面都同傳統的士大夫有明顯的區別。徐壽掌握了唯物自然觀和科學的治學方法，一生「無談星命風水，無談巫覡讖緯，其見諸行事也，婚嫁喪葬概不用陰陽擇日之法，四時祭祖專奉祖先而不祭外神，治喪不用僧道旌醮以及樂工鼓吹，營葬不用堪輿家言，居恆與人談議，所有五行生剋之說，理氣膚淺之言絕口不道，總以實事實證引進後學。」[17]嚴復通過在英國留學，系統地學習了西方近代自然科學和哲學知識，不僅自己的思想產生深刻變化，而且還第一次完整地將西方哲學和科學方法介紹到中國，使中國人對西學的認識大大提高了。辛亥革命的重要領袖人物以及主要骨幹包括青年留學生在內的新式知識分子，絕大多數都受過近代科學的洗禮，並自覺運用科學武器，對封建思想賴以生存的理論基礎進行批判，推動了資產階級民主革命，加速了腐朽的清王朝的滅亡。這些都是科技推動了教育更新，而教育變革又為造就社會新型人才提供重要保證的證明。

---

15 嚴復：《論教育與國家之關係》，《嚴復集》第一冊，166 頁。
16 林琴南：《致蔡元培函》，《蔡元培選集》，80 頁。
17 程培芳：《徐雪村先生傳》，《清代碑傳全集》下冊，1515 頁。

四、影響社會習俗變化的重要因素

近代自然科學的引進改變了中國的政治、經濟、思想，也在一定程度上影響著近代中國人的生活習慣，使傳統的生活方式發生了變化，朝著文明、健康邁進了一步。

作為科學的對立面，中國傳統社會習俗當中的迷信思想首當其衝地受到強烈的批判。隨著近代自然科學的大量引進和被越來越多的人理解，許多自然現象得到了正確的解釋和說明，使得長期以來的鬼神、風水、宿命觀念賴以存在的證據一一被批駁，這些迷信錯誤思想以及陳腐舊俗在科學的面前徹底敗下陣來。比如，鄭復光在《費隱與知錄》當中對歷來以為異怪瑞祥的自然現象作了收集和研究，分別用物性、熱學、光學等原理加以說明，對迷信思想產生了一定的衝擊。此後，隨著洋務運動、戊戌變法、辛亥革命等社會變革的日益深化，人們的眼界大大開闊，思想也得到了解放，對舊有的迷信的不科學的習俗批判越來越多，最終匯成五四運動追求「科學」的浪潮。

近代科學技術改變了社會，也改變了人們的生活，也使人們的日常生活方式發生了一定的改變。近代科學運用於日常生活，使原來較為單調的生活內容得到豐富，而且在它的幫助下，生活設施變得更加舒適與便捷，使傳統的生活方式無法抵禦近代生活方式的強大吸引力，逐漸發生改變。剪辮易服、洋樓電燈、水暖煤氣、火車、輪船、自行車、照相機等新事物的湧現，改變了國人在衣、食、住、行等方面傳統的生活習慣，提高了人們的生活質量。在娛樂方面，一些近代發明的以科技為後盾的娛樂方式也是人們十分歡迎的。一八九八年，江西九江城內放映「美國電光影戲」配以留聲機，觀者皆稱聞所未聞，見所未見，無不鼓掌稱奇。近代科技不僅為人們的生活增加了新的內容，而且使原先的一些生活習慣產生變化。近代科技提高了社會生產力和生產效率，也加快了人們的生活節奏，人們開始有意識地追求科學、衛生、有效率的生活。戊戌維新運動期間，熊希齡、譚嗣同等人在湖南倡立的延年會，就是要改革無謂耗費時間的不良習俗，注重時效，崇尚質簡，使「一日可成數日之功，一年可辦數年之事」。這種追求辦事效率、力戒繁文縟節的做法，體現了近代科技影響下人們追求簡潔、高效的新

趨向。另外，戒除鴉片、廢除纏足、改良婚喪祭葬等風俗革新當中，除了強烈的政治意味外，還有一個十分明顯的共同的理由，即上述傳統風俗不科學、不衛生。可見，科學技術對改良風俗、推動人們的日常生活的發展進步作用同樣不可忽視。

第十五章

近代文化傳播
業的確立

　　十九世紀後半期到二十世紀初，是中國近代傳播業確立的時期。在這一時期，出現了一批近代化報刊和近代出版機構，打破了儒家經學一統天下和注經式的信息傳播方式，使西學得以在中國傳播。同時，近代圖書館也伴隨著封建藏書樓的衰落而產生，擴大了讀者範圍，逐步使藏書向社會公開。作為獨立的文化教育機構，博物館事業繼外國人在中國先行創辦之後，中國人也自己創辦了博物館。近代文化傳播業中的幾種主要傳播工具已步入中國社會，進而促成了中國近代文化傳播業的確立。

近代報刊
在中國的出現

出現在唐朝的邸報不唯是中國，也是世界上最早的報紙。中國具有世界上最悠久的報紙編輯出版歷史，但中國近代化報刊卻沒有較早地產生，而且不是在這片具有悠久辦報歷史的國土上自行產生，而是隨著西方列強入侵中國的活動而出現的，是由外國人「引入」的。最先用中文出版的近代化報刊和最先在中國境內出版的近代化報刊，都是由來華的外國人創辦的。在此半個世紀之後，才出現了中國人自己創辦的近代化報刊。

一、中國近代報刊的發端

十九世紀初，處於資本主義自由競爭階段的歐美資本主義國家迅速發展起來。英國在經歷了產業革命之後成為世界上頭號資本主義國家，它迅速地對外推行以商品輸出為特徵的侵略活動。到十九世紀三〇年代，英國等資本主義國家頻繁叩敲中國這個封建帝國的大門，源源不斷地向中國偷運進大量鴉片洋貨等舶來品。

西方資本主義對中國進行物質入侵的同時，也大肆進行文化滲透。在南洋和中國東南沿海城市，外國傳教士聚集於此，從事傳教活動，並準備在中國境內創

辦報刊。

馬禮遜（Robert Morrison）可稱得上是外國人創辦中文近代化報刊的始作俑者。馬禮遜作為倫敦布道會的傳教士於一八〇七年九月來到中國，因為「在中國境內從事翻譯印刷等等工作之困難，以及居無定所」，只好轉移到馬來半島西岸的馬六甲。一八一五年八月五日，馬禮遜在另一個英國傳教士米怜（William Milen）和中國人梁發的幫助下，在馬六甲創辦了《察世俗每月統紀傳》，這是外國人創辦的第一個以中國人為對象的中文近代化報刊。

《察世俗每月統紀傳》，月刊，米怜主編，木版雕印，每期五至七頁，每期印數最初為五百冊，後增至二千冊，主要免費在東南亞華僑居住地區分發，還有一部分在中國境內發行。逢廣東省府鄉試時，運至廣州，與宗教書籍一併分送。《察世俗每月統紀傳》為純宗教性刊物，其中絕大部分篇幅直接宣傳基督教教義。由馬禮遜、米怜等人翻譯成中文的《新約》、《舊約》是其主要內容。它還側重於對基督教教義基本原理的介紹，並大量刊載《聖經》故事，以多種形式通俗地宣傳基督教教義。同時還介紹了一些新學科知識，從第二期始，該刊陸續發表了《論行星》、《論侍星》、《論彗星》、《論日蝕》等文章，圖文並茂，既科學地解釋了許多天文現象，但又給科學披上了神的外衣。該刊還闢有「全地各國紀略」專欄，介紹世界各國的人口、語言、政治制度狀況等。所有內容，均具有濃厚的宗教色彩，與宗教宣傳密切結合。《察世俗每月統紀傳》於一八二一年十二月停刊，歷時七年，共出版七卷八十多期。

《察世俗每月統紀傳》停刊之後，外國入侵者又相繼在南洋、港澳和廣州等地出版了一批近代化的中、外文報刊。其中較重要的和有代表性的先後有以下幾種：

1. **《蜜蜂華報》**（*A Abelha do China*）　一八二二年九月創辦於澳門，是葡萄牙當局在澳門創辦的第一份葡文報紙，也是在中國境內出版的第一份外文報紙。安東尼奧（Frey Antonio）主編，一八二四年停刊。

2. **《特選撮要每月統紀傳》**　一八二三年七月創刊於印度尼西亞巴達維亞（今雅加達），是第二份中文近代化刊物。英國傳教士麥都思（W.H.Medhurst）

主編，旨在傳道勸世，一八二六年停刊。

3. 《廣州紀錄報》（*Canton Register*）　一八二七年十一月創刊於廣州，是中國境內出版的第一份英文報紙，創辦人為美商伍德（W.W.Wood），初為半月刊，後改為週刊。為商業性報紙，也常報導中國政治、經濟等方面的情況及外商在華的活動情況。一八三九年遷至澳門出版，一八五八年停刊。

4. 《東西洋每月統紀傳》　一八三三年創刊於廣州，是在中國境內出版的第一份近代化中文刊物，馬禮遜主編，月刊，木刻印刷。內容分宗教、政治、科學、商業、雜俎等，以介紹西方的科學文化知識為主，其政治傾向完全為外國殖民主義勢力侵華服務。一八三四年間曾一度停刊，一八三五年復刊，一八三八年十月停刊。

除此之外，鴉片戰爭前比較有影響的報刊還有《依涇雜說》，一八二八年創辦於澳門的中文報紙，創辦者和主編難以考證；《天下新聞》，一八二八年創刊於馬六甲的中文報紙，主編為吉德（S.Kidd）和麥都思等，主要刊載中外新聞、歐洲新聞、科學、歷史、宗教等方面的內容，首創用白報紙活版印刷；《中國叢報》（*The Chinese Repository*），一八三二年創辦於廣州的英文月刊，由美國傳教士裨治文（E.C.Bridgman）創辦，一八五一年停刊，共出版二十卷；《澳門鈔報》（*Chronica de Macao*），一八三四創刊於澳門的葡文報紙；《各國消息》，一八三八年創刊於廣州的中文報紙等。

從一八一五年到鴉片戰爭這段時間，是外國侵略者在中國辦報的第一階段，也是他們在中國內地大量辦報的準備階段。正是在這時，出現了第一份用中文出版的近代化報刊和第一份在中國境內出版的近代化報刊。

在這批中外文報刊中，以中國人為讀者對象的中文報刊的主編大部分是外籍傳教士。由於當時外國侵略者尚未在中國站穩腳跟，他們還不敢赤裸裸地鼓吹列強的侵略政策和反動主張，而是以宗教報刊的面目出現。《察世俗每月統紀傳》就宣稱其「以闡發基督教義為唯一急務」，所刊文章也帶有濃厚的宗教色彩，甚至還極力鼓吹中外友好。而以外商、傳教士和外交官員為讀者對象的外文報刊，其宗旨是為侵略者提供有關中國的政治、經濟、軍事等各方面的信息，它們作為

侵略者輿論工具的真實面目就暴露無遺，更加直接和公開地表露他們的侵略意圖。如《中國叢報》就公開叫囂武力侵華，一八四〇年當英國決定發動侵華戰爭時，它宣稱「時間已到，中國必須屈服或挫敗」，甚至還向本國政府提供具體侵華方案。

另一方面，這批中外文報刊在廣泛報導中國歷史與現狀，探求侵華策略的同時，也為國人了解外人意圖提供了豐富的材料。如林則徐在廣東禁煙備戰期間，就曾派人從外文報刊上選譯出一部分新聞和評論，編成《澳門新聞紙》，對了解敵情起了一定作用。魏源等進步知識分子也曾組織編譯外文報刊資料，成為《海國圖志》等書的重要材料來源。

鴉片戰爭之後，外國人辦報活動進入了一個新階段，逐漸達到高潮。他們獲得了在中國任意辦報的權利，在領事裁判權的庇護之下，其辦報活動區域由華南沿海逐漸擴展到華中、華東和華北。從十九世紀四〇年代到九〇年代，外國人先後在中國創辦了一百七十餘種中外文報刊，約占同期中國報刊總數的百分之九十以上，幾乎壟斷了中國的報刊業。

在這一階段，中國報業的一個顯著特點是商業性報刊的迅猛發展並取代傳教士報刊而成為報業主流。

《德臣報》（*China Mail*）和《字林西報》（*North China Daily News*）是較有代表性的外文商業報紙。前者於一八四五 年二月由英商肖銳德（Andrew Shortreds）和德臣（A.Drxon）共同創辦於香港，後者於一八五〇年由英商奚安門（H. Shearman）創辦於上海。這類報紙的讀者對象為外國商人。其最主要的內容是商業行情、船期和廣告，但也都有鮮明的政治傾向，明目張膽地維護本國在華利益，為其殖民政策作辯護。如《字林西報》經常就中外關係、中國政局和其他時政問題發表見解，在一定程度上反映了英國政府的立場，被視為英國駐滬領事館和租界當局的喉舌，最終發展為英美諸國在華總的言論機關。

此後，從六〇年代開始，上海、天津、漢口、福州等地相繼出現了一批中文商業性報刊，主要有上海的《上海新報》（1861 年創刊）、《申報》（1872 年創刊）、《新聞報》（1893 年創刊），天津的《時報》（1886 年創刊）和漢口的《字

林漢報》（1893 年創刊）等。其中最有代表性和最成功的是《申報》。《申報》由英商美查（Ernest Maior）等人創辦，初創時為雙日刊，不久即改為日刊，《申報》標榜辦報的目的只是「行業營生」，所以特別注重可讀性和新聞報導，還用大量篇幅刊登廣告，內容廣泛，形式多樣，頗受讀者歡迎，訂數不斷上升，由剛創刊時的六百份上升到辛亥革命時期的二萬多份。同時，《申報》作為外商所辦報紙，也為外國侵略者提供了為其侵略行徑辯護的講壇，在一定程度上充當了他們侵華活動的輿論工具。

與此同時，傳教士在大批辦報的活動中，也力圖使辦刊宗旨有所改變。此類報刊中主要的有一八五三年創刊於香港的《遐邇貫珍》、一八五七年創刊於上海的《六合叢談》、一八六二年創刊於上海的《中外雜志》、一八六八年創刊於上海的《教會新報》（《萬國公報》的前身）、一八七二年創刊於北京的《中西聞見錄》等。這些報刊雖為傳教士所辦，但已不像鴉片戰爭前那樣熱衷於「闡發基督教義」，而是逐漸向商業類和綜合性時政類過渡。其中影響最大的是《萬國公報》。《萬國公報》的前身《教會新報》原系宗教性報刊，以宗教性的

《萬國公報》

內容為主。洋務運動興起後，主筆林樂知（Young John Allen）認清形勢，開始增加非宗教內容。一八七四年九月，《教會新報》改稱《萬國公報》，其辦刊宗旨是「為推廣與泰西各國有關的地理、歷史、文明、政治、宗教、教學、藝術、工業及一般進步知識」，逐漸演變成以時事報導和評述為主的綜合性刊物。《教會新報》等傳教士報刊的轉變表明，傳教士可以不用宗教為幌子評述中國時政了，可以直接干預中國政治，為殖民者侵吞中國公開搖旗吶喊了。

從《察世俗每月統紀傳》創刊到十九世紀末，外國人在中國創辦了百種以上的報刊，壟斷了中國報界，也開了中國近代化報刊的先河，形成了中國報刊近代化的最初格局。從實質上講，它們都是西方列強侵華的輿論工具，其目的在於維護他們的在華利益。但就客觀效果而言，這些報刊所傳播的科學文化知識，對於

開闊中國人眼界，啟迪中國人心智起了一定作用，促進了中西方文化交流；同時，外報把西方近代報刊觀念引入中國，對中國早期改良主義思想家的辦報活動產生了直接影響，在報刊內容、版式與機構設置方面，對當時和稍後一個時期的報刊工作頗有借鑑作用；近代報刊的生產設備與技術通過這些外報引進中國，這些都為中國人自辦近代化報刊提供了條件和有益的借鑑。鴉片戰爭之後，中國人開始創辦近代化報刊，到十九世紀九〇年代，中國人辦報出現了第一次高潮，中國近代報業的主角開始由中國人自己擔當。

二、華人創辦的最早一批近代報刊

兩次鴉片戰爭後，城市資本主義在中國有了一定的發展，再加上西方文化思想對中國知識分子影響的不斷加強，使中國人創辦近代化報刊具備了初步條件。洋務運動和社會改革思潮則直接推動了中國人創辦的近代化報刊的出現。

在第一次鴉片戰爭期間，中國先進的知識分子就開始意識到近代報刊的作用，林則徐可說是中國提倡近代報刊的第一人。一八三九年他奉命禁煙抵廣州後，就派人蒐集當時在澳門出版的各種外國報刊，精選譯員進行翻譯，利用外國報刊來了解敵情。魏源也非常重視外國報刊，在其名著《海國圖志》中即闢有專門部分譯錄外報材料。魏源還把「譯報」和「治愚」結合起來，其目的在於利用譯報來反對外國侵略。

到十九世紀五〇年代，中國人開始進行創辦近代化報刊的嘗試，首先在香港出現了中國人自己創辦的第一份近代化報刊《中外新報》。一八七二年，內地最早的中國人創辦的近代化報刊《羊城采新實錄》開始在廣州出版。翌年，在漢口又出版了《昭文新報》。從十九世紀五〇至七〇年代，在香港、廣州、上海和漢口等地出現了最早的一批由中國人自己創辦的近代化報刊。這些報刊中較有影響的有：

1. **《中外新報》**　伍廷芳創辦於一八五八年，初辦時，日出一小張，新聞占

三分之一，其餘皆為廣告；一八七六年後，日出兩張，分類紀事，一為「京報全錄」，二為「羊城新聞」，三為「中外新聞」。

2.《華字日報》 陳靄亭創辦於一八六四年，篇幅及所設欄目與《中外新報》相似，黃平甫、王韜、潘蘭史、賴文山等先後擔任主筆。該報標榜「以世界知識灌輸於國人，以國內政務報告於僑胞，使民智日開，而益奮其愛國之念」為「唯一宗旨」。

3.《昭文新報》 艾小梅創辦於一八七三年八月，初為日報，後改為五日刊，裝訂如書冊狀，用白鹿紙印刷，係「仿香港、上海之式而作」[1]。內容以奇聞軼事、詩詞雜作為主，數月後即停刊。它是中國內地最早的由中國人創辦的近代化報刊之一，甚至有人認為它很可能是中國人在國內創辦的第一份報紙[2]。

4.《循環日報》 一八七四年創刊於香港，首任主編王韜，中華印務總局出版。它是第一批中國自辦報刊中歷時最長、影響最大的報紙。《循環日報》是中國報刊史上第一家以政論為主的報紙，也是清末第一份公開宣傳變法的報紙。《循環日報》創刊時每期兩張四版，用洋紙兩面印刷，除週日外每日發行。王韜將《循環日報》的宗旨規定為「強中以攘外，諏遠以師長」[3]。即要學習西方的先進科學技術，振興中華，抵禦外侮，變法自強。《循環日報》的最大特點是每天在頭版頭條刊載一篇政論文章，這些文章大多由王韜執筆。王韜任《循環日報》主編十年（1874-1884）間，《循環日報》比較系統地宣傳了強中攘外、變法自強的思想，嚴厲地批判了封建頑固派，對洋務運動所暴露出來的弊端也予以揭露，為推動社會改革作了多方面的努力，成為中國首

《循環日報》

1　《漢口創設昭文新報館》，《申報》，1873-06-21。
2　方漢奇主編：《中國新聞事業通史》第一卷，470 頁，北京，中國人民大學出版社，1992。
3　王韜：《上潘偉如中丞》，《弢園尺牘》，206 頁，北京，中華書局，1959。

家以政論著稱的報紙。

這時期中國人創辦的其他報刊有：

1. **《匯報》** 一八七四年六月在上海創刊，創辦人容閎，管才叔、朱蓮生等人先後任主編。後曾於當年九月和翌年易名為《報》和《益報》。其在編輯方面有一大特點，即每期報首刊載當日新聞要目，首開國內報紙刊載新聞提要之先河。

2. **《新報》** 一八七六年十一月創刊於上海，創辦者為在上海經商的「各口諸幫」。《新報》名為商辦，實則是官商結合，由上海道臺控制。該報自稱為適應「入仕經商」需要而創辦，致力於溝通中外情況，增進相互了解，但聲明「國政則不可議也」[4]。《新報》的一個顯著特點就是為了爭取外國讀者，曾一度將新聞稿用中文和英文並列在一起。一八七七年六月後，因未取得預期效果，遂停載英文稿。

3. **《維新日報》** 一八七九年創刊於香港，陸驥純、陸建康曾先後主持編輯工作。

4. **《述報》** 一八八四年四月創刊於廣州，用賽連紙單面印刷，由廣州海墨樓石印書局承印。《述報》是中國最早出版的石印日報，也是中國人在廣州創辦的第一家日報。

5. **《粵報》** 創刊於一八八五年，創辦人為香港匯豐銀行買辦羅鶴明，報館兼營印刷業。

6. **《廣報》** 一八八六年六月創刊於廣州，創辦人鄭其照，林翰瀛、肖竹朋等先後擔任主筆。《廣報》是廣州第二家中文日報。《廣報》的銷售範圍很廣，省內發行至佛山、大良、陳村、江門、香山等地，省外發行至香港、澳門、上海、梧州等地，甚至新加坡、越南、舊金山、菲律賓都有《廣報》銷售。一八九一年，《廣報》被兩廣總督李瀚章查封。

---

4 《論新增報館》，《新報》，1882-05-20。

十九世紀下半葉，是中國人創辦近代化報刊的起步時期，這些報刊主要集中於香港、上海、廣州和漢口等開放的城市，其他地方則很少有。這是這一階段報刊在地域分布上的一個特點。

這一階段報刊的第二個特點是，其創辦者多為亦官亦商，或亦紳亦商，甚至尋求洋人庇護。這是由當時政治環境所決定的。清廷統治下的中國，沒有任何言論出版自由，中國人辦報，毫無法律保障，非有一大員作後臺老闆或直接參與辦報，否則便無法生存。鴉片戰爭後，由於清政府對報刊出版實行「禁止華人而聽西人開設」[5]的政策，這些中國人所辦報紙為取得治外法權之保護，就打出洋人的旗號，或在外國租界內辦報，以逃避清廷的壓迫。

第三，這批中國人最早創辦的近代化報刊具有一定的愛國傾向和某種反封建色彩，為推進中國社會進步起過好的作用。但由於它們的創辦者所具有的嚴重局限性，使得這些報刊致力於洋務運動的推動，在一定程度上表達了發展資本主義經濟的某些要求，卻很少反映出他們的政治要求。在辦報活動中，畏首畏尾，謹小慎微，同時對辦報缺乏足夠的熱情，這也反映了中國資產階級的軟弱性和動搖性。

總之，作為剛剛誕生的中國資產階級的輿論工具，這時期的報刊囿於當時特殊的政治經濟環境，發展維艱，歷盡艱辛。另一方面，這些早期報人對報刊實踐工作所作的探索及辦報思想對於近代中國報刊的發展起了奠基作用，為近代中國的第一次辦報高潮打下了基礎。

三、中國人辦報的第一次高潮

戊戌變法前後，中國出現了第一次辦報高潮。這個高潮的產生背景就是維新變法運動。在「百日維新」期間，光緒皇帝「准許自由開設報館」，「報紙一律

5　鄭觀應：《盛世危言·日報》，《鄭觀應集》上冊，347 頁。

免稅」，這樣，全國報刊風起雲湧，徹底打破了外報長期壟斷中國新聞界的局面。據不完全統計，一八九五年到一八九八年，中國出版的中文報刊有一百餘種。其中絕大部分為中國人所辦，特別是維新派以及與它有聯繫的社會力量創辦的報刊，數量最多，影響最大。在這些維新派報刊中最著名的和最有代表性的是強學會的三家報刊（《萬國公報》、《中外紀聞》、《強學報》）、《時務報》、《知新報》、《湘學新報》、《湘報》、《國聞報》等。

（一）強學會的三家報刊

1. **《萬國公報》**　資產階級維新派創辦的第一家報紙，創刊於一八九五年七月，康有為、麥孟華任主編。《萬國公報》為雙日刊，每期均有編號，但無出版時間，委託京報房用木版雕印，並僱用賣京報的人免費分送京師官紳士夫。闢有上諭、外電、譯報、各報選錄、評論等欄目，所載論說基本上是為發揮康有為在上清帝書中提出的變法主張，涉及工農商學兵各個方面。《萬國公報》的出版，在京師引起強烈反響，在一般士大夫中頗受歡迎。

2. **《中外紀聞》**　一八九五年十一月資產階級維新派在國內的第一個具有政黨性質的政治團體強學會在京師成立。強學會成立伊始，即「先以報事為主」，將《萬國公報》更名為《中外紀聞》，作為強學會的機關報於一八九五年十二月出版。梁啟超、汪大燮任主筆，雙日刊，木活字竹紙印刷，註明出版時間，但無編號。《中外紀聞》主要轉載閣抄，編譯西電西報，介紹西方國家的政治經濟情況，意於廣開民智，改變士大夫不通外國政事風俗的閉塞狀況。京師強學會的成立與《中外紀聞》的出版，在封建頑固派中引起巨大恐慌，御史大夫楊崇伊等人強烈要求清政府予以查禁。一八九六年一月《中外紀聞》被封禁，共出十八期，只存在了一個月零五天。

維新派《強學報》

3. **《強學報》**　一八九五年十一月上海強學會成立後，第二年一月，其機關報《強學報》即創刊。徐勤、何樹齡為主筆，五日刊，鉛字排印，竹紙印刷，裝訂成冊，創刊號共八頁。《強學報》「專錄中國時務，兼譯外洋新聞，凡於學術治術有關切要者，鉅細畢登」。其宗旨在於「廣人才，保疆土，助變法，增學問，除舞弊，達民隱」。《強學報》在出版了兩期後，與《中外紀聞》同時被查禁。

（二）《時務報》

一八九六年夏天以後，資產階級改良派再度集結，把變法維新運動推向新的高潮。從當年八月到一八九八年九月，是改良派報刊宣傳活動的鼎盛時期。這期間改良派的主要機關報即《時務報》。

《時務報》正式創刊於一八九六年八月，汪康年任總理，負責館內事務，兼外間酬應，梁啟超任總主筆，主持報中文字。《時務報》為十日刊，每期約三萬字，設恭錄諭旨、奏摺要錄、京外近事、域外報譯等專欄。其發行對像是同情變法的官吏、具有資產階級傾向的地主階級知識分子和一般的資產階級、小資產階級知識分子。《時務報》的出版，在廣大讀者中引起強烈反響，受到廣泛歡迎。在初創時期，發行量僅為四千份，半年後即增至七千份，一年後即達一點三萬份，最多時達一點七萬份，創下當時國內報紙發行量之最高紀錄。「百日維新」期間，光緒帝令《時務報》改為官辦，並派康有為督辦。一八九八年九月停刊，共出版六十九期。

（三）《知新報》與《湘學新報》、《湘報》

1. **《知新報》**　資產階級改良派在華南地區的重要機關報刊，是在康有為親自領導下於一八九七年二月在澳門創辦的。康廣仁、何廷光任總理，撰述為梁啟超、徐勤、何樹齡、劉楨麟等。初為五日刊，後改為旬刊、半月刊，出版後大部分寄回國內發行。闢有論說、上諭、京外近事、各國情況、農事、工事、商事、

礦事、西電、西著摘譯等欄目，報導中外交涉新聞、京師和各省新聞，還有詩文和雜錄等。《知新報》很重視政論宣傳，比《時務報》更加注意有關變法新政的報導。梁啟超在籌辦此報時就要求「多載京師各省近事，為《時務報》所不敢言者」。其言論比內地報刊尖銳、大膽，在戊戌政變後，成為一家敢於揭露政變性質和敢於同後黨正面交鋒的輿論機關。《知新報》從一八九七年二月到一九〇一年一月，共存在了四年時間，出版一百三十餘期，是戊戌變法時期出刊時間最長的維新派報刊。但由於地處澳門一隅，偏離全國政治中心，且主編並不為維新派一流人物，沒有能夠成為具有全國影響的維新派機關報。

2. **《湘學新報》** 一八九七年四月創刊於長沙，創辦人為江標，唐才常任主編，旬刊，每期線裝一冊，近二萬字，木刻連史紙印，自第二十一期始更名為《湘學報》。其宗旨在於介紹新學、開民智、育人才、圖富強，「思以體用賅貫之學，導湘人士」[6]。《湘學新報》每冊設史學、掌故學、輿地學、算學、商學、交涉學六個欄目，為講求實學、新學的綜合性學術刊物。《湘學新報》雖看重講求學術，但也刊載一些新聞報導，除刊錄有關維新變法的諭旨、章奏和省內外維新團體和個人的章程、稟稿、公牘外，還轉載《申報》、《循環日報》等國內外報刊的新聞與評論。

3. **《湘報》** 是改良派在湖南創辦的另一份重要報刊，創刊於一八九八年三月，譚嗣同、唐才常創辦，熊希齡主編，是湖南省第一份近代化日報。《湘報》四開鉛印，毛邊紙單面印刷。設有論說、奏疏、電旨、公牘、本省新政、各國時事、雜事、商務等專欄，以「開風氣，拓見聞」為宗旨，從創刊時起，就以救亡禦侮、變法維新為主旨，進行慷慨激昂的政治宣傳。《湘報》重視時事評論，堅持把論說放在首位，同時也重視新聞。與同時期維新派各報相比，《湘學報》更富民主性和群眾性，產生了廣泛的社會反響，成為湖南維新變法的輿論中心，被稱為「全國最好的一張維新報紙」[7]，是戊戌變法時期日報中的「巨擘」[8]。戊戌

---

6 江標：《湘學報敘》，《湘學新報》第一冊，1897-04-22。
7 The Chinese Peroidcal Press，1800-1912，轉引自《新聞學論集》（6），138 頁，北京，中國人民大學出版社，1983。
8 梁啟超：《中國各報存佚表》，張靜廬輯註：《中國出版史料補編》，68 頁，北京，中華書局，1957。

政變失敗後，一八九八年十月，這份以言論激進著稱的維新派日報在頑固派守舊勢力的逼迫下停刊，歷時七個月，出刊一百七十七期。

《湘學新報》和《湘報》是維新派在華中地區最主要的輿論陣地。

（四）《國聞報》

在戊戌維新時期的資產階級改良派報刊中，嚴復等人創辦於天津的《國聞報》占有十分重要的地位。

《國聞報》創刊於一八九七年十月，日報，毛邊紙單面印刷，每期八版，前四版為新聞與評論，後四版為廣告。嚴復、夏曾佑、王修植、杭慎修曾先後任主編。開設的欄目有上諭恭錄、路透電報、本館論說、本館照錄、國聞要錄、本埠新聞、京師新聞、日本新聞等。《國聞報》在創刊時即確定了「以通外情為要務」的辦報方針，後來逐漸把報導重點轉移到國內新聞上，特別是中國北方地區的政治事件上。《國聞報》最大的特點就是新聞多、消息快，對國內外新聞十分重視。所刊社論多半出自嚴復之手，鼓吹維新變法，主張中國應學習西方資本主義國家的科學與民主，力求自強。由於此報地處京津地區，其主持人的學識水平也為當時一流，有一定的政治地位。《國聞報》是維新派在中國北方唯一的輿論陣地，也是北方地區辦得最好的一家日報。戊戌變法失敗後，《國聞報》賣與日本人，雖然報紙仍在繼續出版，但其性質已經改變，其有價值的生命力業已終結。

戊戌變法前後這一次辦報高潮具有以下幾方面的特點。

第一，在辦報區域方面，突破了早期國人辦報集中於沿海大城市的局限，擴大到內地城市，形成了上海、武漢、長沙和天津等幾個新聞輿論中心。廣州、重慶、成都、杭州等地均出現了如《渝報》、《蜀學報》、《經世報》等報紙，甚至在一些內地小城市也出現了國人所辦較重要的報刊，如桂林的《廣仁報》、蕪湖的《皖報》、衡陽的《俚語報》、溫州的《利濟學堂報》等。

第二，這一時期，維新派報刊占了重要地位，但同時也湧現了一批專業性報

刊。如中國最早的數學報刊《算學報》（1897 年七月創刊於溫州）、中國最早的醫學報刊《利濟學堂報》（1897 年一月創刊於溫州）、中國最早的農業科學知識報刊《農學報》（1897 年五月創刊於上海）、中國第一家婦女報刊《女學報》（1898 年七月創刊於上海）等。

第三，在報刊業務方面，也有了較大改進。重視政論的作用，寓評論於新聞報導之中，注意新聞採訪工作，有了配合文字報導的新聞圖片。

維新派報刊是中國人辦報第一次高潮的主體。這次高潮的出現，打破了外報在中國輿論界的壟斷地位，使中國報刊成為社會輿論的中心，最早吹響了資產階級民主思想啟蒙運動的號角，辦刊區域得以擴展，一批科技報刊開始出現，在報刊業務方面又進行了改革，在中國革命史和中國報刊史上占有重要地位。

四、戊戌政變後資產階級的辦報活動

（一）戊戌政變後資產階級改良派的辦報活動

戊戌政變後，康有為、梁啟超被迫逃亡海外，但他們並未停止其報刊活動。他們先是在日本創辦了《清議報》、《新民叢報》，後來又在國內創辦了《時報》、《大公報》、《京話日報》等報刊。

1. **《清議報》**　一八九八年十二月在日本橫濱創刊，旬刊，連史紙印刷。發行兼編輯人員署「英國人馮鏡如」，實際主編為梁啟超。《清議報》的宗旨是「主持清議，開發民智」，抨擊「逆後賊臣」，擁護光緒皇帝，宣傳西方政治道德觀念，進行思想啟蒙。梁啟超以任公、飲冰室主人、少年中國之少年等筆名在《清議報》發表了大量論著及詩歌散文，是該報的主要執筆人。《清議報》的發行量一般在三四千份，這在當時算是銷路很廣了。一九〇一年十二月，在該報出版第一百期後，報館失火，《清議報》宣告停刊。

2. **《新民叢報》** 《清議報》停刊後不久，梁啟超又於一九〇二年二月在橫濱創辦了《新民叢報》。《新民叢報》為半月刊，每期一百二十頁，約五萬字，白報紙西式裝訂。《新民叢報》以「開民智」、「造新民」為宗旨，開闢有論說、時局、史傳、學術、小說、名家叢談等欄目。該刊一經出版，即風行海內外，最高發行量曾達一點四萬份，行銷朝鮮、越南、加拿大等國家和地區及國內許多省市，是當時頗具影響力的一份報刊。《新民叢報》大量介紹了西方學說，其涉及面很廣，為正在尋求救國真理的知識分子提供了豐富材料。以後，隨著主編梁啟超思想的倒退，《新民叢報》的格調亦越來越低，最後成為改良派攻擊革命派的主要陣地，在讀者中的威信也逐漸下降。一九〇七年十一月停刊，歷時六年，共刊行九十六期。

3. **《時報》** 一九〇四年六月創刊於上海，是改良派在國內創辦的一份機關報。這份大型日報是在康有為、梁啟超直接籌劃下創辦的。一九〇三年前後，由於革命浪潮的興起，康、梁便乘機派人回國辦報，《時報》正是在這種背景下誕生的。《時報》的經理和主筆分別由康有為之弟子狄楚青和羅普擔任。設有時評、報界輿論、外論擷華、介紹新著等欄目，在內容和體例上都力求創新，編排務求秩序顯醒。它還著力於報刊業務改革，首創對開四版，雙面印刷。一九二一年出售給黃伯惠。

4. **《大公報》** 一九〇二年創刊於天津，創辦人為英華，以「敢言」著稱，是一份歷史悠久且具有廣泛影響的時事政治性日報。

5. **《京話日報》** 一九〇四年八月由彭翼仲創辦於北京，是以市民為讀者對象的小型日報。它標榜以「輸進文明，改良風俗，以開通社會多數人之智識為宗旨」，猛烈抨擊官場腐敗，宣揚反帝愛國、社會改良和君主立憲。一九〇六年九月被清政府查封。

除上述幾家重要報刊外，在一九〇〇年前後，改良派在海內外還創辦和控制了三十多家報刊，大力鼓吹保皇立憲。

（二）資產階級革命派報刊的興起

　　一八九四年十一月，民主革命的先行者孫中山建立了第一個革命團體興中會，揭開了中國資產階級民主革命的序幕。一九〇〇年一月，興中會機關報《中國日報》在中國香港創刊，孫中山親自領導了這份資產階級革命派首家報紙的籌備工作。陳少白任社長兼總編輯。

　　《中國日報》同時出日刊和旬刊兩種，目的是「兼收日報、期刊之長」。開設的欄目有論說、國內新聞、外國新聞、香港新聞、中外時事、中外電報等。所載文章大張旗鼓地宣傳孫中山的革命主張，猛烈抨擊清政府的黑暗統治，同時還經常介紹西方的自由平等及人權學說，報導革命黨人的活動。

《中國日報》

　　《中國日報》的出版，使興中會的宣傳活動從依靠口頭演說、散發傳單和小冊子的初級階段進入利用大眾傳播媒介廣泛開展的階段，被稱為「中國革命提倡者之元祖」[9]。

　　《中國日報》創刊不久，革命派又在世界各地創辦了許多革命報刊。在中國香港創辦了《世界公益報》（1904 年 1 月創刊，鄭貫公主編）、《廣東日報》（1904 年 3 月創刊，鄭貫公主編）、《有所謂報》（1905 年 6 月創刊，鄭貫公主編）等；在日本創辦了《開智錄》（1900 年 12 月創刊，創辦人為鄭貫公、馮自由、馮斯欒）、《譯書彙編》（1900 年 12 月創刊，胡英敏負責）、《國民報》（1901 年 5 月創刊，秦力山主編）等；在美洲地區創辦了《隆記檀山新報》（1881 年創刊，1903 年 12 月起成為興中會機關報）、《圖南日報》（1904 年創刊於新加坡，由陳楚楠和張永福創辦）、《大同日報》（1902 年創刊於舊金山，原為改良派的喉舌，

9　《代派中國日報廣告》，《民報》，第 19 期，1908-02-25。

1904 年起，成為革命派在美國第一個宣傳機關）、《仰光日報》（1903 年創刊，由當地華僑領袖陳甘泉、莊銀安等創辦）等。

同時，革命派在國內利用租界的特殊條件，創辦了一批頗有影響的報刊，主要集中在上海的外國租界。

《大陸》是革命派在國內創辦的第一個革命報刊，一九〇二年十二月創辦於上海，戢元丞任主編，主筆秦力山、楊廷棟、雷奮等，以發表政論為主，內容廣泛。

《大陸》之後，革命派又相繼在上海創辦了《民國日報》（1903 年 8 月創刊，章士釗主編）、《俄事警聞》（1903 年 12 月創刊，王小徐、蔡元培先後任主編）、《中國白話報》（1903 年 12 月創刊，林白水主編）、《二十世紀大舞臺》（1904 年 10 月創刊，陳去病主編）等。

這一時期，資產階級革命派在國內具有重大影響的輿論陣地是《蘇報》。

《蘇報》，一八九六年六月由胡璋創辦於上海，胡璋經營期間，內容多為市井瑣事，趣味低級。一九〇〇年陳范接手後，開始具有進步政治傾向，一九〇二年開始成為一份傾向民主革命的報紙。一九〇三年五月，陳范聘請章士釗擔任《蘇報》主筆，章太炎、蔡元培擔任主要撰稿人。《蘇報》在章士釗主持下，革命言論日趨激烈，所載文章矛頭直指清王朝統治者，引起強烈震動。鄒容《革命軍》出版後，《蘇報》立即載文推薦，不久，又在顯著位置摘要發表章太炎的《駁康有為最近政見書》。《蘇報》的這些革命宣傳活動，引起清政府的極度恐慌。一九〇三年六月三十日，清政府通過上海租界巡捕房，包圍了報館，章士釗、蔡元培脫險，章太炎被捕，鄒容於次日自行投案，七月七日，《蘇報》被租界當局查封。

同盟會成立後，革命派在國內一些主要城市先後創辦了五十餘家報刊。創刊於上海的有《神州日報》（1907 年 4 月創刊，同盟會在國內創辦的第一張大型日報）、《民呼日報》（1909 年 5 月創刊）、《民籲日報》（1909 年 10 月創刊）、《民立報》（1910 年 5 月創刊）等，均為于右任創辦。創刊於港穗地區的有《日日新

報》（1906 年 2 月創刊，黃世仲任總編輯）、《東方報》（1906 年 7 月創刊）、《社會公報》（1907 年 12 月創刊，黃伯耀任總編）等。創刊於武漢地區的有《大江報》（1910 年 12 月創刊，詹大悲主編）、《大漢報》（1911 年 10 月創刊，胡石庵主編）等。

（三）革命派報刊與保皇派報刊的論戰

在二十世紀初，革命派報刊與保皇派報刊展開了一場激烈論戰，這場論戰主要在革命派報刊《民報》與保皇派報刊《新民叢報》之間展開。

《民報》是一九〇五年十一月在日本東京創刊的中國第一份資產階級政黨報刊，是同盟會第一家，也是最主要的機關報。胡漢民、章太炎、汪兆銘曾先後擔任主編。其宗旨為：顛覆現今之惡劣政府，建設共和政體，土地國有，維持世界真正之平和，主張中國日本兩國之國民的聯合，要求世界列國贊成中國之革新事業。

《民報》創刊伊始，就以戰鬥者的姿態首先向改良派發起攻勢。在第一期上發表了陳天華《論中國宜改創民主政體》和汪精衛《民族的國民》，批駁康有為、梁啟超的「君主立憲」主張。康、梁也立即在《新民叢報》上發表了一系列文章進行反駁。歸結起來，雙方主要圍繞以下幾個問題進行論戰：革命還是保皇；實行民主共和制還是君主立憲制；要不要改變封建土地所有制，平均地權等問題。論戰的焦點是要不要用革命手段推翻清政府。一九〇七年冬，這場論戰以革命派取得勝利、改良派慘敗而告終，《新民叢報》也被迫宣布停刊。

從一八一五年到辛亥革命前夕，是中國近代報刊產生和初步發展時期。其間先由外國人來華創辦了近代化報刊，然後出現了中國人自己創辦的近代化報刊，形成了以維新派報刊和革命派報刊為主體的兩次辦報高潮。中國近代化報刊的出現，對於近代文化傳播事業的確立與發展起了積極作用。

第二節 ·

近代出版機構
的創辦

　　鴉片戰爭以後，機械印刷術逐漸傳入中國並流傳開來，雕版印刷日漸為鉛印等機器印製所代替，這就為近代出版業的形成奠定了技術基礎。同時，西方文化也伴隨著血腥與硝煙滾滾東來，而中國民眾則在民族危亡關頭幡然猛醒，救亡圖存，於是中西文化就在十九世紀中葉形成了一場廣泛的衝突。外國教會、封建官僚和具有資產階級民主思想的中國知識分子，都想通過書刊來宣傳自己的政治主張，舊的出版體系顯然不能適應新的形勢，於是，清政府辦起了官書局，私坊刻書也逐漸分化，新式印刷出版機構便應運而生。

一、十九世紀四〇至六〇年代中國境內的出版業

　　鴉片戰爭後，各國傳教士紛紛湧入中國各省活動。他們除興建學校、開辦醫院外，還創設了不少出版機構，其中較主要的有墨海書館、美華書館、格致書院、益智會和廣學會等，他們利用政治、經濟和印刷技術上的優勢，在很大程度上控制了中國的出版事業。

　　1. 墨海書館（London Missionary Press）　英國傳教士在上海最早設立的編譯

出版機構，也是上海最早擁有鉛印設備的機構，先後由麥都思和偉烈亞力（A.Wglie）主持。該館除出版宗教書籍外，還出版了多種自然科學書籍，成為早期向中國輸入西洋知識的媒介。

2. 美華書館　美國傳教士創辦的出版機構，其前身是成立於一八四四年的花華聖經書房，一八四五年遷至寧波，更名為美華書館。李提摩太（Timothy Richard）、費啟鴻負責，主要印刷基督教書刊。此外，還出版數十種自然科學書籍，如偉烈亞力口譯、李善蘭筆述的《代數學》、丁韙良（William Alexander Parsons Martin）譯的《格物入門》等。一八八六年出版的《萬國藥方》是最早傳入中國的介紹西洋醫藥的譯本。

3. 廣學會　基督教在中國設立的歷史最久、規模最大的出版機構。一八八七年創立於上海，編譯出版了大量宗教和政治、歷史、自然科學書籍。其中影響最大的當屬《泰西新史攬要》（李提摩太譯，一八九五年出版）和《中西戰紀本末》（為《萬國公報》發表的有關甲午戰爭各種報導的彙編，1896 年至 1900 年出版，共三編）。

外國傳教士在中國的出版活動，從其主觀上講是為了傳教，進行文化侵略，但在客觀上將近代化機械印刷術傳入了中國，促使了中國近代出版業的形成。同時，他們出版的書刊開闊了人們的眼界，傳播了西方先進的科學知識和新思想。

而此時的中國民族出版業，基本上仍停滯在古老的雕版印刷上，並由地主階級所壟斷。

在第二次鴉片戰爭之前，中國出版了一批反映中外戰爭的出版物。如反映鴉片戰爭的《中西紀事》（夏燮編）、《夷氛聞記》（梁廷枏著）等。同時，外國的入侵和清政府的連連敗績，使部分地主階級士大夫開始覺醒，迫切要求進行政治改革。其中主要的代表人物為林則徐、魏源和徐繼畬等人。他們著書立說，建議清政府學習西方的長處，加強沿海與邊疆防務，以抵禦外國的侵略。

《四洲志》是林則徐輯譯活動中影響最大的一部書，根據英人慕瑞（Hugh Murray）的《世界地理大全》編譯而成，一八四一年出版。該書介紹了世界五大

洲三十餘國之地理、歷史、政治、風俗等方面的情況，是近代中國第一部世界地理志。《海國圖志》是魏源於一八四一年根據《四洲志》和其他許多文獻編纂而成的，書中廣泛介紹了世界各國的歷史、地理，主張學習西方國家的科學技術。《瀛寰志略》是徐繼畬編著的一部介紹世界各國歷史地理知識的著作。一八四六年徐氏擔任福建巡撫時，收集中外各種圖書資料編纂研究成書。該書對世界各地尤其是東南亞及南亞各國史地沿革、風土政情、社會變遷敘述詳確，受到社會關注。

太平天國時期的出版活動，在中國出版史上具有重要的意義。在中國歷史上第一次出現了農民革命政權刻印的圖書，打破了封建統治者對出版事業的壟斷。太平天國出版活動的著作人，前期以洪秀全為主，其作品主要有《原道救世歌》、《原道醒世訓》、《原道覺世訓》等文獻，是太平天國革命早期的理論綱領。楊秀清、蕭朝貴、馮雲山也有《天父下凡詔書》、《反清檄文》、《太平軍目》等著作刊行。在太平天國後期，洪仁玕的《資政新篇》是太平天國出版事業的重要成就，為中國農民革命擺脫封建羈絆提出了改革設想，為太平天國繪製了新的藍圖。同時，太平天國革命中後期還提出出版儒家經典的問題。

十九世紀四〇至六〇年代，是中國近代出版業形成時期的第一階段。從技術上講，雕版印刷和鉛印並存並逐漸使鉛印占主導地位，從出版事業的主體來講，外國傳教士在中國的出版活動和太平天國的出版事業的興起，打破了中國出版史上一千多年來一直被儒家經典統治的局面，是中國出版史上新的變革時期。

二、洋務派創辦的翻譯出版機構

十九世紀六〇年代，洋務派在大力興辦近代軍事工業、民用工業，創辦新式學校之外，還設立了翻譯出版機構，其中最著名、對中國出版業影響最大的是北京同文館和江南製造局翻譯館。

同文館於一八六二年成立於北京，是清末最早的洋務學堂，館內設印刷所，

譯印數理化文史方面的書籍。在從一八六二年成立到一九〇一年併入京師大學堂的近四十年間，同文館編譯的西書有《萬國公法》、《全體通考》、《化學初步》、《化學闡原》、《拿破崙法典》、《公法會通》、《格物測算》等數十部。從事翻譯的外國人員有丁韙良、畢利干（M.A.Billeguin，法國人）、駱三畏（S.M.Russcll，愛爾蘭人）、德貞（Dr.Dudgeon，英國人）。中國的譯員有汪鳳藻、鳳儀、慶常等。

在同文館的譯作中，有幾部書影響最大，包括《萬國公法》（丁韙良譯，1864 年出版）是北京同文館出版的第一部書，也是中國最早的一部論述國際關係的譯著。《化學指南》和《化學闡原》（畢利干譯）是中國最早介紹化學知識的書，在中國化學史上起過重要作用。《星軺指掌》（1876 年出版）是第一部外交學中譯本。《富國策》（1880 年出版）是第一部資產階級經濟學中譯本。《英文舉偶》（1879 年出版）是第一部英文文法中譯本。

作為中國近代最早的譯書機構，同文館對於後代譯書風氣的形成、翻譯人才知識結構的造就和譯書出版經驗的積累，都做出了重要貢獻。在同文館之後，又湧現出一些譯書機構和新式學堂，其中出書最多、歷史最久的是江南製造局翻譯館。

江南製造局是曾國藩、李鴻章於一八六五年在上海創辦的新式軍用企業。當時徐壽、徐建寅父子曾在其中供職，對艦炮槍彈多有發明，他們為「探索根柢」，要求「將西國要書譯出」，刊印傳播，得到曾國藩允准。一八六七年，翻譯館成立，由徐壽負責。

江南製造局翻譯館從一八六八年開始譯書，起初選擇譯書都係該局急用者，而不在乎各門學科的系統性，重點是工藝製造和自然科學，特別是關於武器與船舶製造學方面的書。以後譯書範圍逐漸擴大。江南製造局翻譯館在其存在的四十多年（1868 年至 1912 年）中，共譯刊了二百餘種書籍，內容涉及軍事應用技術、工藝製造、鐵路、醫學、自然科學理論等。軍事應用技術方面的有《製火藥法》（1873 年傅蘭雅、徐建寅合譯）、《克虜伯砲彈》和《克虜伯炮操法》（1872年金楷理、李鳳苞合譯）等。工藝製造與礦業方面的有《汽機發軔》（1868 年偉

烈亞力、徐壽合譯)、《冶金錄》(1879 年傅蘭雅、趙元益合譯)、《寶藏興焉》(1884 年傅蘭雅、徐壽合譯)、《井礦工程》(1870 年傅蘭雅、趙元益合譯)、《銀礦指南》(1871 年傅蘭雅、應祖錫合譯)等。西醫方面有《儒門醫學》(傅蘭雅、趙元益合譯)、《內科理法》(舒高第、趙元益等譯)等。鐵路方面的有《行軍鐵路工程》(1886 年傅蘭雅、汪振聲合譯)、《鐵路匯考》(1899 年傅蘭雅、潘松合譯)等。江南製造局翻譯館在注重應用技術類書籍的翻譯出版活動的同時,也翻譯出版了一批自然科學基礎理論方面的書籍。數學方面的有《微分溯源》、《三角數理》、《決疑數學》(分別於 1874 年、1877 年、1880 年由傅蘭雅、華蘅芳合譯)等。物理學方面的有《奈端數理》(李善蘭、偉烈亞力、傅蘭雅合譯)、《電學全書》(傅蘭雅、徐建寅合譯)、《通物電光》(傅蘭雅、王季烈合譯)、《聲學》(傅蘭雅、徐建寅合譯)、《光學》(金楷理、趙元益合譯)等。化學方面的有《化學鑑原》、《化學考質》、《化學術數》、《化學工藝》(由徐壽、傅蘭雅、汪振聲等譯)等。

江南製造局翻譯館的主要翻譯人員,外國譯者有傅蘭雅(John Fryer)、偉烈亞力、金楷理(Carmm Krerer)、林樂知等,中國譯者有徐壽、徐建寅、華蘅芳、李鳳苞、李善蘭、趙元益等,翻譯方法主要是由外國人口譯,中國人筆錄。

洋務派的翻譯出版活動給中國出版業帶進了一絲新鮮空氣,向中國輸入了一大批近代西方的自然科學基礎理論及新成果,推動了中國近代科學的研究,促進了中國近代出版事業的發展。

三、資產階級改良派和革命派的出版活動

資產階級改良派的出版活動主要是通過譯書、著書來引進西學,發表變法言論,宣傳改良主張,不過,與洋務派相較,改良派出版活動的特點在於譯書與著書並重。

一八九五年到一八九八年,是改良派出版活動最活躍的時期。他們在全國遍

設學會、學堂、書局、報館等機構，大大便利了資產階級民主思想的傳播。

嚴復是資產階級改良派的宣傳家、翻譯家，他致力於系統翻譯西方名著，其譯作有《群己權界論》、《穆勒名學》、《群學肄言》、《原富》、《法意》、《天演論》等。其中《天演論》影響最大，最負盛名。《天演論》是英國生物學家赫胥黎《進化論與倫理學》（*Evolution and Ethics*）的前半部。一八九五年譯成，一八九八年正式出版。《天演論》的翻譯出版，對當時中國社會鼓吹變法圖強和維新運動起了積極作用，為資產階級改良派和民主革命派提供了理論依據。

成立於一八九七年的大同譯書局是維新派的出版機構，由梁啟超創辦，康廣仁任經理。該書局的譯書範圍是各國變法之書、學堂各種功課、憲法書、章程書和商務書。大同譯書局除翻譯出版外國著作外，還出版了改良派代表人物的著作，如康有為的《新學偽經考》、《孔子改制考》、《春秋董氏學》、《日本書目志》、《四上書記》、《五上書記》、《六上書記》，梁啟超的《中西學門徑》，徐勤的《春秋中國夷夏辨》，麥仲華的《經世文新編》等，都由大同譯書局出版。

廣智書局是改良派另一個文化事業機構，一八九八年由馮鏡如等創辦，出版翻譯日人所著師範教育、社會科學著作。梁啟超的許多著作也通過該書局刊布，如《戊戌政變記》、《意大利建國三傑傳》、《康南海傳》、《南海詩集》等。

改良派的著述與出版活動在中國出版史上占有不可磨滅的一頁，作為資產階級民主革命出版事業的前奏曲，大大便利了資產階級民主思想的傳播，在社會上起了思想啟蒙的作用。戊戌政變失敗後，康有為、梁啟超亡命海外，其出版方面的影響遂被革命派的強大聲勢所取代。

資產階級革命派代表人物孫中山、章太炎、鄒容、陳天華等，為開展資產階級革命思想的宣傳工作，積極從事出版工作，在國內外掀起了出版革命書籍的熱潮。

早在一八九五年，資產階級革命派即開始從事圖書出版事業，主要是翻印明末遺民遺老所著的小冊子，如王秀楚的《揚州十日記》、朱子素的《嘉定屠城記》以及黃宗羲《明夷待訪錄》中的《原君》、《原臣》各篇單行本等，因為它們大

都宣揚反清復明，社會影響不大。進入二十世紀之後，革命派的圖書出版有了較大發展。

革命派出版活動主要分兩個方面，一是翻譯出版了西方哲學、政治學、歷史學等著作，二是編印出版大量宣傳小冊子。

一九〇一至一九〇四年是資產階級民主革命思想的傳播階段，革命派除創辦《蘇報》、《大陸》等報刊外，翻譯出版了外國各類著作二百多種。主要的譯作有《路索民約論》（法國盧梭著，楊廷棟譯，上海文明書局 1902 年印）、《萬法精理》（法國孟德斯鳩著，譯書彙編社 1900 年譯印）、《自由原理》（英國彌勒約翰著，馬君武譯，譯書彙編社 1903 年印）以及《美國獨立戰史》、《佛國革命戰史》等。同時，資產階級革命派還大量印行了革命宣傳小冊子，如鄒容的《革命軍》、陳天華的《猛回頭》、《警世鐘》、章太炎的《駁康有為論革命書》、黃世仲的《辯康有為政見書》等，其中最有影響、最受歡迎的是《革命軍》和《猛回頭》。

《革命軍》，鄒容著，章太炎序，一九〇三年由上海大同書局印行，全書二萬多字，以滿腔激情頌揚革命，號召推翻清朝的封建專制統治，建立「中華共和國」。此書一經出版，立即引起轟動，各地競相翻印，發行一百多萬冊，是當時銷量最大的革命書籍。《猛回頭》，陳天華著，一九〇三年出版，全書共四章，作者以激昂的愛國熱情，寫出了民族危機和亡國沉痛，號召反對帝國主義，推翻清朝專制統治，學習西方，建立資本主義制度。此書出版後，屢屢再版，受到讀者廣泛歡迎。

資產階級革命派的宣傳小冊子構成了中國近代出版史上一道獨有的風景線，這類小冊子共出版了一百三十餘種，正如有人所說：「革命出版物，風起雲湧，盛極一時，在壬寅（清光緒二十八年）上海蘇報案前後，已漸入於革命書報全盛時期矣。」[10]

---

10 馮自由：《革命逸史》初集，11 頁，北京，中華書局，1981。

四、商務印書館與近代出版業

中日甲午戰爭後，由於外國資本的大量輸入，資本主義在中國逐漸發展起來。洋務運動的挫折和弊端，使官辦和官督商辦的企業難以維持，國內的商辦工廠民營企業應運而生，民族資本主義出版企業逐漸發展起來，與官辦書局、教會出版機構成鼎足之勢。而此時，由於民族危機日深，各種派別人士紛紛著書立說，大力宣傳自己的政治觀點和主張，再加上隨著科舉制度的改革與廢除，新式書院和新型學堂的紛紛興起，新型教科書開始出現並逐漸繁榮起來。另外，此時凸版、平版和凹版印刷技術取代了雕版印刷，使中國近代出版事業發展到一個新時期。

中國近代新式的出版機構分布在全國各大城市，而上海一地彙集數量最多，到一九○六年，加入「上海書業商會」的出版企業達二十餘家，如商務印書館（1897 年創辦）、廣智書局（1898 年創辦）、文明書局（1902 年創辦）、會文學社（1903 年創辦）、有正書局（1904 年創辦）、小說林書社（1904 年創辦）、彪蒙書室（1905 年創辦）等。其中，商務印書館是歷史最悠久、規模最宏大、影響最深遠的近代出版發行機構。

商務印書館於一八九七年創辦於上海。是年，夏瑞芳與鮑咸恩、鮑咸昌、高鳳池三位接受過西方啟蒙教育的青年人集資三千七百五十元開辦了一個小印刷廠，以承印外商商業文件為主，並為英美聖經會及廣學會等印刷宗教書籍。一九○一年，夏瑞芳邀請南洋公學譯書院院長張元濟參加創業，於是一個民辦出版機構——商務印書館就在世紀之交崛起了。一九○一年，商務印書館改組為股份公司，夏瑞芳任總經理。一九○九年設董事局，張元濟任董事局主席，後改稱董事長。一九○二年八月，由於新學興辦，急需教科書，商務印書館的業務中心轉為出版學校用書。翌年重建印刷所，添設編譯所和發行所，蔡元培和張元濟先後任編譯所所長。以後規模逐漸擴大，在全國各主要城市設三十餘處分館，成為當時全國規模最大的一家近代化印刷出版企業。

在出書範圍上，商務印書館逐步朝著全方位的出版結構邁進，從中小學教科

書開始，盡可能有計劃地、高質量地編印工具書、整理古籍、翻譯西書以及各個學科、各種層次的著作。

商務印書館聲譽的樹立是從教科書的出版開始的。一九○二年編譯所以日本明治三十七年教科書為藍本，開始編輯小學教科書。當年《最新國文教科書》第一冊出版，不久即行銷十餘萬冊，商務印書館遂成為全國教科書出版之冠。以後，商務印書館又編輯出版了一大批新式教科書，如《算術》、《格致》、《修身》、《地理》、《歷史》、《國文》、《動物學》、《植物學》、《礦物學》、《物理學》、《化學》、《生理學》、《代數學》、《平面幾何》、《立體幾何》等，此外，還出版了《最新教師參考書》和《女子教科書》。

商務印書館還很注重工具書的出版，一九○二年印行了《華英音韻字典集成》，一九○四年出版了鄭其照編的《華英字典》，這些都是較早自編的外語字典。以後又陸續出版了《大清帝國全圖》、《中德字典》、《物理學語彙》、《化學語彙》、《英華大字典》等。這就為商務印書館的出版物結構中的工具書特色奠定了基礎。

出版西方學術著作和文學著作也是商務印書館在社會上產生巨大影響的原因。這方面重要的書籍有嚴復譯的《天演論》、《群己權界論》、《群學肄言》、《社會通詮》、《法意》等。林紓翻譯的外國小說也大都由商務印書館出版，影響最大的當屬《巴黎茶花女遺事》和《黑奴籲天錄》。

商務印書館創立不久，即在社會上產生了強烈而廣泛的影響，自身實力也不斷增強，組織健全，制度完備，人才濟濟，設備先進，技術高超，甚至在海外也設有分館。到辛亥革命前夕，其股本由原來的二十萬元增至一百餘萬元。

商務印書館之所以能在短時期內取得如此輝煌成就，是由於它能夠合乎社會潮流，順應民心，注意配合中國文化發展勢頭；敢於和善於引進西方先進技術，不斷進行技術改造，從而增加了自身的實力；它有夏瑞芳、張元濟這樣傑出的出版管理人才，在經營管理方針上能極力仿效西方資本主義企業，在謀求盈利中注重企業的發展，實行先進的、新型的管理制度和方法；它還十分注重培養人才，

提高職工素質，規定青年職工要入補習學校或夜校讀書學習，每次招收青工，都舉辦訓練班，提高其業務技術水平。商務印書館是中國第一家具有近代意義的出版企業，在中國出版印刷史上創立了許多第一：首次使用紙型印書，首次使用著作權印花，首次開展圖書、文具和印刷機械等多種經營，首次引進彩色膠印機等。總之，它採用新型印刷技術出版新型版式和開本的書刊，按商業方式發行出版物，在企業內部運用先進的企業管理方式，陸續在海內外建立了九十多個分支機構，形成了一個龐大的出版網絡。商務印書館的建立與發展，開創了中國出版事業和印刷事業的新紀元，不僅對中國的社會進步起到了積極的推動作用，對中國近現代出版事業的發展也產生了深遠的影響。

商務印書館之後，中國近代出版發行機構廣泛建立，出版事業得到很大發展，逐漸形成了中國近代出版業。

商務印書館大樓舊址

文明書局是在商務印書館成立後不久創辦的近代出版機構。文明書局由俞復、廉泉、丁寶書等於一九〇二年創辦，初稱文明編譯印書局。最初將無錫三等學堂所編《蒙學讀本》印刷出版，後來根據清政府所頒布的學堂章程編印了多種教科書，與商務印書館、中國圖書公司同為辛亥革命前最早編印教科書的出版機構。辛亥革命前，文明書局出版的教科書有：《蒙學中國地理教科書》（張相文編）、《生理衛生》（華文祺編）、《博物學大意》（杜就田編）、《植物學》（王季烈編）、《初等小學讀本》（丁福保編）、《初小體操教科書》（蔡雲編）等。文明書局出版的譯著有：井上圓了的《哲學妖怪百談》、村井知至的《社會科學》、阿猛查登的《利俾瑟戰血餘腥記》等。文明書局還出版了大批文學、古代筆記、家庭常識、醫藥衛生、畫冊等方面的書籍。

除商務印書館、文明書局之外，還有有正書局（1904 年狄楚青創辦）、廣益書局（1900 年魏天生等創辦，初稱廣益書室，1904 年改稱廣益書局）、神州國

光社（1908 年黃賓虹和鄧實創辦）等大小規模不等的出版機構。

　　鴉片戰爭之後，中國出版業經歷了由外國翻譯機構、官辦出版機構擴大到民辦出版機構的過程，由翻譯西書到出版資產階級改良派和革命派著作的轉變；到十九世紀和二十世紀之交，終於出現了以商務印書館為代表的近代化出版機構。各出版機構都相繼採用了新的印刷技術，新式大型印刷機的採用、各種字體符號的設計成功和新的印刷方法的使用與推廣，標誌著中國近代出版印刷業已初具規模，進入嶄新的近代化時期。

第三節·
近代圖博業
的開創

　　鴉片戰爭以後，由於外國勢力的入侵，中國的封建制度逐漸崩潰，封建藏書樓日益衰落，而中國資產階級改良派為「啟迪民智」，力主設立公共藏書樓。再加上外國傳教士在上海等地建立了幾所教會圖書館，也對中國近代圖書館的產生起了一定的促進作用。資產階級革命派也非常重視圖博業的作用，將圖書報刊的流通與其革命活動結合起來，致力於「開新」的變革，倡辦各種形式的藏書樓，知識分子成為當時藏書樓的主要讀者對象。到二十世紀初葉，公共圖書館的創建逐漸形成了一定規模，中國近代圖書館業逐漸得以確立。與此同時，中國近代的博物館業也伴隨著外國人在中國土地上創辦博物館而拉開了序幕。到一九〇五年，中國人自己創辦了第一個近代形態的博物館——南通博物苑，標誌著中國當

代形態博物館業的形成。

一、近代圖書館的產生

中國近代圖書館，是隨著舊式藏書樓的衰落和西方先進技術的出現，經資產階級改良派的促進而逐漸誕生的。

（一）舊式藏書樓的衰落和圖書館思想的萌芽

十九世紀中葉以後，隨著外國勢力的侵入和中國民族資本主義經濟的發展，封建政治制度和自然經濟日趨瓦解，這就直接導致了舊式藏書樓的衰落。

在舊式藏書樓衰落過程中，太平天國運動起了不可忽視的作用。太平天國運動動搖了江南地主階級的藏書家隊伍，加速了舊式藏書樓的衰落過程。在太平天國革命初期，對儒家典籍一概毀棄，在革命過程中，也有意無意地毀壞了一些文物典籍，如鎮江金山寺文宗閣所藏的《四庫全書》即被付之一炬。此後，中國一直動盪不定，戰亂頻繁，戰禍殃及許多藏書之地，使許多藏書毀於兵燹，有的散失，有的被盜，封建藏書樓開始衰落。

由於鴉片戰爭後封建的自然經濟遭到破壞，有些農村中的地主階級在頻仍戰爭的摧殘之下逐漸破產，已無力維持藏書樓的局面，不時把藏書典當出賣，或以書抵債，或賣書以供揮霍，有些封建官吏宦途失意，以書變賣充公或折求盤纏，致使部分圖書流入城市，這樣，改變了封建地主官僚獨占圖書的局面。

大藏書家的出現和藏書公開為近代圖書館的產生奠定了基礎。在清代，出現了幾個藏書宏富的藏書家，主要有浙江陸心源的「宋樓」、丁丙的「八千卷樓」、山東楊以增的「海源閣」和江蘇瞿鏞的「鐵琴銅劍樓」等。這些大藏書家的出現，使藏書相對集中，中小藏書家相對減少，使舊式藏書樓的原有結構發生了動搖。而到了二十世紀初葉，這些大藏書家又相繼公開自己的藏書，供本族人和社

會公眾查閱。所以，在舊式藏書樓衰落的同時，也孕育著它們向社會公開的趨勢。

伴隨著舊式藏書樓的衰落，開明士人和資產階級改良派對創建圖書館的要求開始出現。近代社會的發展使中國人民對清政府的愚民政策日益不滿，增長知識、關心政治、要求參政的社會意識逐漸形成，特別是以康有為、梁啟超為代表的改良主義者倡議創建圖書館的呼聲反映了國人對近代圖博業的要求。

林則徐、徐繼畬等開明士人最早注意到近代圖書館的作用。他們通過《四洲志》和《瀛寰志略》等書，把英美各地的大圖書館、藏書樓介紹進中國。此後，早期改良主義者提出了創建公共藏書樓的主張。馬建忠、王韜、鄭觀應等人在他們的著作中，比較了舊式藏書樓與圖書館的得失，指出了舊式藏書樓的局限，鼓勵人們把藏書向社會公開，向民眾開放，或集資共同創建新式圖書館。他們還熱情向國人介紹西方圖書館事業和圖書館藏書技術，說明外國圖書館借閱制度的簡便，這對於中國封建藏書樓封閉甚嚴的做法無疑是一種衝擊。隨著維新派關於維新變法思想的日趨成熟，他們對於全面創辦公共藏書樓的思想主張也更為明確，並為創辦公共藏書樓大造輿論。維新派代表人物康有為、梁啟超等人關於圖書館有不少論述。如梁啟超在《變法通議・學校總論》中有「七曰藏書」，《論學會》的十六項工作中有「七曰咨取官局書籍，概提全分，以備儲藏；八曰盡購已翻西書，收庋會中，以便借讀」[11]。一八九六年，梁啟超在《時務報》創刊號上介紹「泰西育人才之道，計有三事：曰興學校、曰新文館、曰書籍館」。他在《戊戌政變記》中提到強學會應辦的五件事中，便有「開大圖書館」[12]一事。這些主張都反映了中國人對於近代圖書館追求的呼聲和變化軌跡。

（二）外國教會圖書館的示範作用

在中國舊式藏書樓日漸衰落的過程中，外國傳教士為更好地進行宗教和文化

---

11 梁啟超：《飲冰室合集》文集之一，33 頁。
12 梁啟超：《飲冰室合集》文集之一，127 頁。

侵略活動，在中國建立了教會藏書樓和圖書館，這就使國人更為直觀地了解到外國藏書樓和圖書館的社會作用，促進了中國圖書館事業的形成。外國教會在中國創建的藏書樓和圖書館中影響較大的有：

1. 徐家匯天主教藏書樓　一八四九年創辦，是眾多教會圖書館中規模較大的一所。起初專供耶穌會會士研究參考，後來，其他教徒或社會人士由教會人士介紹，經藏書樓主管同意，也可入內閱覽。

2. 上海圖書館　一八四九年創辦，原名工部局公眾圖書館，到一八五一年發展成為上海圖書館。其經費來源主要是公共租界內中國人的稅款和借書會員納費。藏書不多，且大多為外文，有「洋文圖書館」之稱。

3. 亞洲文會北中國支會圖書館　一八七一年由偉烈亞力創建，藏書大多為有關東方的歷史、宗教、語言、科學、藝術等中西文圖書，是當時「中國境內最好的東方學圖書館」[13]。

此外，還有聖約翰大學圖書館和格致書院藏書樓等。這些藏書樓和圖書館的建立及活動從藏書結構、服務方式、經費來源等不同側面都對處於草創階段的中國圖書館業有著程度不同的潛移默化的啟示作用，甚至這些藏書樓和圖書館內的藏書直接豐富了中國近代圖書館的館藏，如徐家匯天主教藏書樓的藏書後來歸上海圖書館保存，格致書院藏書樓的藏書後來由上海市立圖書館接收。

（三）戊戌維新對近代圖書館事業形成的促進

一八九五年中日甲午戰爭後，維新變法運動興起，維新派極力宣傳要救國就要維新，在文化上主張廢除科舉八股、開辦新式學堂、辦報紙、辦書局。強學會成立後的兩件事就是辦報紙和圖書館。強學會「書藏」（圖書集中的地方）的讀者對象為一般民眾，其主要任務是啟迪民智。強學會的「書藏」是中國近代圖書

---

13 〔日〕山口升：《歐米人在支那之文化事業》，轉引自謝灼華主編：《中國圖書和圖書館史》，225 頁，武漢，武漢大學出版社，1987。

館的雛形。

維新派創辦公共藏書樓的活動，得到了清朝開明官員的支持。一八九六年，刑部侍郎李瑞棻在《奏請推廣學校設立譯局報館摺》中提出，「與學校之益相須而成者蓋有數端」，其中首要的一項就是創建藏書樓。同年，時任工部尚書的孫家鼐也奏辦官書局，要求設立藏書院。

強學會之後，全國各地的維新組織學會紛紛建立，一八九六年至一八九八年，全國共成立學會近百個，其中大多創建了「書樓」。「書樓」的目的在於宣傳維新，推行改革，藏書內容一改舊式藏書樓經史子集的內容而以新學、西學為主。從讀者對象來講，學會書樓分向社會公眾開放和只供會員閱覽兩種，讀者對象逐漸擴大到一般知識分子和部分市民，其性質已具備供社會公眾共同使用的近代圖書館的特點。學會書樓打破了封建藏書樓的封閉性，吸收並採用了一些西方近代圖書館的管理技術和管理制度。學會書樓是由舊式藏書樓向近代圖書館轉變過程中的重要階段，是近代圖書館的先聲。

在學會書樓出現的同時，一些私人藏書家也將其藏書進行擴充整理後向社會公眾開放，公共藏書樓在近代圖書館事業史上也占有重要地位。在安徽和浙江等省都辦起了比較重要的公共藏書樓，其中影響最大的是浙江的古越藏書樓。它的出現標誌著中國的藏書建設已進入一個新階段，即由封建藏書樓發展至近代圖書館的時代。

古越藏書樓是接受西方教育救國思想的浙江山陰鄉紳徐樹蘭於一九○二年創辦的，兩年以後公開開放。徐樹蘭創辦古越藏書樓的目的在於存古和開新，即在存古的基礎上實行開新。古越藏書樓對中國近代圖書館事業的貢獻表現在三個方面：（1）採用了近代圖書分類新方法，在圖書編目法方面有所突破。它將藏書按「學部」、「政部」分類，一九○四年印行了《古越藏書樓書目》，在圖書分類、編目和書目體系、類目名稱上都有所創新，突破了舊式藏書以經、史、子、集四部分類法。在編目方法上，著錄詳明，有分析、互著、參見。（2）在管理方法和管理制度上，接受了西方圖書館的管理方法和制度，其借閱方法分讀者登記借還書和閱覽廳閱覽兩種；為管理圖書等財產，藏書樓設有書目冊和器具冊

等。（3）古越藏書樓在社會公眾中的廣泛影響使社會各界人士逐步了解和認識到圖書館的社會作用，從而促進了近代圖書館事業的發展。

學會藏書樓和公共藏書樓的創建，已擺脫了封建藏書樓單純藏書的功能，而演變為服務於社會、服務於公眾的創辦宗旨，這就逐漸推動了近代面向社會的公共圖書館的興起。

（四）辛亥革命前夕圖書館事業的發展

一八九六年，「圖書館」一詞經梁啟超由日本介紹到中國，一九〇二年，清政府頒行的《學堂章程》中，提到「大學堂當附屬圖書館一所」，這是中國官方文件中首次出現「圖書館」一詞。

二十世紀的前十年，是新式圖書館迅速發展的時期。這一時期，公共圖書館、學校圖書館、專業圖書館和私人圖書館都得到不同程度的發展。中國首部圖書館法《京師圖書館及各省圖書館通行章程》也於一九〇九年十二月由學部奏請擬定，對設立圖書館的目的、藏書範圍、職責、管理制度、圖書管理與流通等都作了規定。

各省公共圖書館的創建真正奠定了中國近代圖書館事業的基礎。一九〇四年，長沙知識界創辦湖南圖書館兼教育博物館。一九〇六年湖南巡撫龐鴻書擬定章程，撥給經費，委派官員，創設湖南圖書館，這是中國最早的一個公共圖書館。此後湖北、吉林、黑龍江、河南、山東、陝西、雲南等省也相繼建立了省級公共圖書館，它們均在一定程度上向社會開放。京師圖書館也在李瑞棻、羅振玉和張之洞的奏請下於一九〇九年開始籌建。

學校圖書館也同時產生了。學校圖書館以京師大學堂圖書館為代表。京師大學堂圖書館的前身是該學堂藏書樓，創辦於一八九八年十一月。《京師大學堂章程》第一章中指出：京師大學堂為各省表率，體制尤當崇宏，今設一大藏書樓，廣集中西要籍，以供士林濟覽而廣天下風氣。一九〇二年，張百熙奏陳恢復京師大學堂，並於是年設立藏書樓，分別提取各省的官局書籍或購買民間舊本，時務

新書，已譯未譯西書，歸入藏書樓。京師大學堂圖書館是北京大學圖書館的前身。

這一時期也出現了一批私人圖書館，其中最著名的要算一九○四年商務印書館編譯所所長張元濟創建的圖書室（1909 年定名為涵芬樓），即東方圖書館的前身。涵芬樓首批重要藏書是收入紹興徐樹蘭熔經鑄史齋五十餘櫥藏書。後來，「凡遇國內各家藏書散出時，總是盡力蒐羅；日本歐美各國每年所出新書，亦總是盡量購置」[14]。涵芬樓以收藏古籍善本著稱，由於集中收購了幾個藏書家流散的藏書，因而擁有許多精品。

近代圖書館與舊式藏書樓的根本區別，在於圖書館聯繫眾多的讀者，向讀者開放，而藏書樓則採取封閉的體制，與社會隔絕。在此時，對社會公眾開放已成為變革後的舊式藏書樓和新建圖書館的主要活動方式，也是社會公眾對藏書機構的共同要求。在近代圖書館的產生過程中，資產階級維新運動起著至關重要的作用，它敲響了延續幾千年的中國封建藏書樓的喪鐘，揭開了中國近代圖書館事業新的篇章，為中國近代圖書館事業的興起開闢了道路。到二十世紀初，以湖南圖書館和京師圖書館為代表的新式圖書館的創建，標誌著中國近代圖書館事業的最終確立。

二、近代博物館的出現

博物館在中國具有悠久的歷史淵源，但具有近代性質，作為獨立的文化教育機構意義上的博物館，卻是在十九世紀後半葉隨著中國社會的近代化的展開而萌芽並產生的。保存和研究歷史文化遺物，在中國有著悠久的歷史。從商代起，王室官府和貴族已經開始重視對文物的蒐集和保存。這一悠久歷史是近代以來中國博物館產生和發展的前提，也是中國博物館的歷史淵源。到十九世紀中葉以後，

---

14 張元濟：《在德國捐贈東方圖書館書籍贈受典禮上的講話》，轉引自陳建民：《智民之夢──張元濟傳》，202頁，成都，四川人民出版社，1995。

這種歷史淵源加上外國人在中國創辦的博物館的影響，就逐漸形成了中國近代博物館產生的客觀條件。

鴉片戰爭後，隨著資本主義科學文化在中國的傳播，西方的博物館作為一種新事物被介紹進中國。一八四九年出版的徐繼畬《瀛寰志略》中就提到普魯士、西班牙、葡萄牙等國的「軍功廠」和「古玩庫」。此後，中國外交官員、洋務人員和留學生也都將西方各國的博物館情況寫進他們的遊記和隨筆中，用「畫閣」、「古物樓」、「積寶院」、「博物院」等名目來描述外國博物館的陳列展覽和文物模型。雖然這些人對博物館的認識還僅僅停留在一般風物人情的角度來了解，還不是對博物館的專門考察和研究，但這些介紹使中國人耳目一新，開闊了人們的眼界，使人們逐步認識到博物館這一新生事物的社會意義，促動了建立博物館的社會要求的產生。

同時，西方資本主義勢力在中國建立了一批新式博物館，作為為西方資本主義國家服務的文化教育宣傳機構。一八六〇年，上海徐家匯耶穌教會法籍修道院院長達維（A.A.David）在華北地區開始採集大批生物標本，一八六八年，神甫韓伯祿（P.Habde）和白耳（P.Belal）建立了一所博物院，開了外國人在中國建博物館的先河。這座博物館主要收藏中國植物標本和東南亞等地物產標本。這所博物院初名徐家匯博物院，西文名稱為 Museum of Natural History。一九三〇年由於舊院舍不敷使用，便在震旦大學內另建新院舍，並更名為「震旦博物院」。一八七四年，英國亞洲文會的傅蘭雅、偉烈亞力在上海創辦了格致書院，內設考古、動植物、古生物、地質等研究組織，長期蒐羅中國秦漢古物、甲骨、石器等文物，其中鳥類標本最多，具有博物館的性質。一九〇四年，法國人在天津法租界建立了華北博物館，藏品主要是地質及礦產標本。同年，英國浸禮會教士在濟南創建廣智院，陳列品主要是動物、鳥類的標本和有關地理、人文風俗、科技模型、歷史文物等物品。

外國人在中國創辦的這些博物館就其實質來講是他們掠奪中國文物資源的工具，且大都不對社會公眾開放。這樣，一些資產階級知識分子出於政治上的要求，便萌生了建立中國人自己的博物館的想法，把創辦博物館作為「新政」的一

項內容，與廢科舉、立學堂、廣譯書、派留學生、設報館等主張一起提出來加以鼓吹。一八九五年強學會上海分會的章程中就明確提出要開設博物館的主張，對古今中外自然科學類的標本物品「博覽兼收，以為益智集思之助」。梁啟超在其論學會的文章中提出「大陳各種儀器，開博物院，以助試驗」。這些維新人士關於建立博物館的主張，得到了光緒皇帝的支持。一八九八年七月，清廷諭令總理衙門詳定獎勵章程，其中就具體規定了獎勵民間舉辦博物館的辦法。

由於「百日維新」的失敗，維新派創建博物館的主張未能變為現實。但經此變動，使博物館在中國產生的社會條件趨於成熟。至一九〇五年，終於出現了中國人自辦的博物館。

在康有為、梁啟超之後，倡議創辦博物館呼聲最高的是清末立憲派代表人物張謇。一九〇三年，張謇赴日本考察實業和教育，在日期間，參觀了日本的博物館和博覽會，深有感觸，回國之後即大倡創立博物館。一九〇五年，他先後寫了《上南皮相國請京師建設帝國博物館議》、《上學部請設博覽館議》等文章，對創建博物館的必要性、文物標本的集、保管、陳列及建築等問題提出了一系列具體意見，反映了當時國人關於創辦博物館事業的迫切要求。但張謇的呼籲並沒有得到清政府的重視，於是，他便自己在家鄉南通籌建博物館。一九〇五年，中國人自己創辦的第一個博物館——南通博物苑終於建成了，張謇也就成了中國博物館事業的創始人。

南通博物苑由中館、南館、北館三座主要建築構成。中館是苑內最早的建築，屋頂有下臺，上置觀測儀器，每天預報天氣。南館是主要陳列館，樓下陳列動物、植物、礦物標本，樓上陳列歷史文物。張謇通過各種渠道蒐集文物、標本和鳥獸花木，既注重本地的，也兼採外地以至外國的。南通博物苑經過張謇十年苦心經營，到一九一四年，藏品達二千九百七十多號，共計二萬餘件。館外有「藥圃」和「花敘」，廣植各種植物，並建有池塘養水禽及水族等，在形式上仍是以中國舊有園藝和苑囿以及舊物保管庫為主，但也結合了西式博物館的因素。

南通博物苑是中國人自己創辦的綜合性博物館的開端，因為其在早期附屬於南通師範，其主要任務是配合學校教學，故而南通博物苑也是中國較早的學校博

物館。南通博物苑的建立，在中國博物館史上開風氣之先，對中國博物館事業的發展做出了卓越的貢獻，在宣傳先進自然科學和祖國優秀文化遺產方面起過積極作用。

南通博物苑促進了中國博物館事業的初步建立。一九〇五年，學部侍郎嚴修在其家鄉天津的城隍廟，開辦了教育品陳列室，陳列理化儀器、博物標本等諸多展品，供人觀覽。一九〇六年，北京成立師樂善園（俗稱三貝子花園，後更名萬牲園），並設農事試驗場和自然標本陳列室，一九〇八年開始對外開放。同年，在山東泰安也創設了教育博物館，將從日本購得的多種教育用品一一陳列，任人觀覽。兩江總督端方也在北京琉璃廠海王村創辦了陶齋博物館，展出個人收藏品。在南通博物苑創建前後也出現了一批反映民族工商業發展的陳列館（所），雖然它們在體制、內容等方面還有不完善的地方，但也構成了中國博物館事業建立初期的一道風景線。主要單位有：一九〇二年天津考工廠陳列館，一九〇六年改名為勸工陳列所，展品分本省、外省及國外參考三部分。一九〇四年河南省城的勸工陳列所，凡舊有生產，新造各貨均羅列其間。一九〇五年直隸省的國貨陳列館和山東省立圖書館的金石保存所。一九〇六年湖南省商品陳列館，南京的江南商品陳列所。一九〇七年至一九〇九年，奉天、江西、江蘇、貴州等地均設置了類似的陳列所（室）。

值得一提的是，一九一〇年農工商部籌辦南洋勸業會，內設教育、工藝、器械、武備、衛生、農業等專館，展出名勝古蹟模型、文物及從海外引進的新奇物品，設四十個陳列館，在當時引起強烈反響。這些商品陳列館同南通博物苑等博物館一起形成了中國最早的一批博物館群體。作為中國近代博物館事業的起始點，這些商品陳列館和博物館大都不公開或半公開，設備簡陋，在文化、教育、宣傳上所起的作用並不大。但是，以南通博物苑為代表的這批最早的博物館的出現，使近代文化傳播業增添了一種新工具和一道新途徑，對中華民國成立後至二十世紀三〇年代中國博物館事業的進一步發展起了奠基作用。

第十六章

晚清社會的移風易俗

　　習俗風尚是指人們在長期社會實踐中形成的生活方式、生活習慣及社會風氣。在漫長的歷史發展中，中國形成了各種各樣的風俗習慣，從而構成了傳統文化的一部分。作為一種文化現象，中國歷史上流傳下來的習俗風尚，其中一部分反映了中華民族的優良傳統，還有一部分卻反映著封建倫理道德觀念和宗教迷信等對人們言行的支配，不可避免地帶著落後性。到了晚清，由於中國社會發生了重大的變化，這個時期的社會風俗也相應變遷，出現了前所未有的移風易俗。晚清時期的移風易俗一方面受到外來西俗的影響，另一方面也來自中國內部新興資本主義因素的驅動。本章內容涉及衣、食、住、行、器用、各種禮俗及年節時令等方面，既包括人們的物質生活，也包括其精神生活，力圖比較全面地反映晚清社會習俗文化的變遷。

第一節·

生活習俗
的變遷

生活習俗的範圍甚廣，大凡人們的衣食住行、生老病死、婚葬嫁娶、社會交往等，都囊括其中。由於篇幅的限制，本節於生活習俗不可能面面俱到，只能擇要而述。所論及的只限於衣食住行及器用等物質生活習俗的變遷。

一、長袍、馬褂和洋裝

晚清時期服飾文化變化的內容主要體現在三個方面：一是對清代前期及傳統服飾的改造揚棄；二是滿漢服飾文化的相互影響和補充；三是吸收融合西方外來服飾文化的有關成分，發展完善傳統服飾，使服飾文化的改進與社會的文明進步相一致。從總體上看，在清代後期，帝后的服飾變化不大，基本上承襲前期的法定內容，但文武百官乃至庶人百姓的服飾卻都有程度不同的變革。這種變革在近代政治、軍事中心的北京和經濟、文化繁榮發達的南京、上海等地，表現得尤其突出和劇烈。一九一一年辛亥革命爆發，廢除帝制以後，剪辮髮、易服飾，西裝革履與長袍馬褂並行不悖，更是一次服飾風尚的大變革。

中國近代服飾文化的變革是與中國近代社會的開放和進步相一致的。在近

代，傳統服飾的寬衣博帶、長裙雅步都已顯得落後，與日益加快的生活節奏很不協調。這種寬大的衣服妨礙勞作，早已有人提出要進行改良、變通。服飾上森嚴的等級區分，既不符合近代平等觀念，壓抑了普通民眾對大眾化服飾的追求，又因搞得十分煩瑣而令人難以適從。滿族服裝則成為近代反清鬥爭攻擊的目標之一，中國服飾的近代化勢在必行。

晚清貴族夫人與各國駐華公使夫人合影

中國人最早著洋服，大約是在鴉片戰爭以後的沿海殖民地半殖民地城市，如香港、廣州在十九世紀五〇年代即有少數人模仿洋人打扮。有很多姑娘天足上穿著歐式鞋，頭上包著鮮豔的曼徹斯特頭巾，一些為外國商人當買辦的華人也偶有穿洋服者。這一時期的文人筆記以及《點石齋畫報》對此都有反映，但從整體上看此期穿著洋裝者為數極少。士大夫中尚無此種現象。連駐英公使郭嵩燾為避風寒臨時披了洋人衣服，也被作為一條罪名遭到彈劾。直到十九世紀末，剪辮易服呼聲高漲，才有少數人帶頭穿起了洋服。維新派把「斷髮」、「易服」提高到強國的高度，發出了改良社會風俗的呼喊。但是，這一時期真正改變的並不是官民服飾而是軍服、警服。改革的過程參照了西洋和日本製服，一改長衫裹腿，在外觀上令人耳目一新。

二十世紀初，當時青年穿西服的人漸多。這一時期一些開明知識分子認為，

既有西裝的形式，就應講求西裝的精神。西裝的精神在於發憤踔厲，雄武剛健，有獨立氣象，無奴隸性質。不僅如此，衣服裝束與外國人相同了，則酬酢交往易相融洽，沒有隔閡；來往考察事務，向外國人學習，沒有猜忌凌辱之患。一句話，穿了西服，可振工藝，可善外交，可以強兵，可以強種。[1]這種說法幾近乎「西裝萬能論」，不無偏頗之處，但同時也反映了國人在服飾追求上求新趨變的心理。在西服熱中，二十世紀初的在校學生特別是大城市某些中小學統一製作的新校服格外引人注目。甚至連邊遠地區的情況也有所改變，一九〇三年胡漢民任教習所在的廣西梧州中學允許在歲時年節學生可以「披洋衣，揖孔孟。」[2]可見穿洋衣的人已不在少數。一九〇六年胡適進讀的上海中國公學，在裝束上更反映一個多彩的時代。學生教員中間，有穿西服的，有著日本和服的，也有人依然長衫馬褂，後垂髮辮。

滿族婦女穿洋服者在國內也已經出現。一九〇三年，清朝駐法國巴黎的公使裕庚卸任回國，帶著西洋婦女裝束的夫人及兩位女兒回到國內，並受到慈禧太后的召見。[3]其女德齡姐妹成為慈禧的御前女官，凡遇外事活動，她們總是身著洋服，在一片旗裝的宮人中格外顯眼。這在滿族婦女尤其在貴族婦女中儘管是一個特例，但卻反映出西方服飾潮流對滿族社會的影響。

隨著時間的推移，在中國傳統服裝與西式服裝並存融合的基礎上，西裝雖沒有更大的普及，但洋式襯衣、絨衣、針織衫、西褲、紗襪、膠鞋、皮鞋等都漸漸普及推廣。男子的大襟長衫、對襟唐裝、折腰長褲和女子的斧口衫、大襟短衫等成了常服式樣；在滿裝基礎上加以改造的長袍馬褂和旗袍又流行起來。中國服飾中的西方因素在不斷地增加。

在服式改革中值得稱道的是中國男式禮服中山裝的創製。中山裝由孫中山首創，對於他設計時參考的基樣有幾種說法，有的說是根據日本的學生裝，有的說是日本鐵路工人服，有的說是一種在南洋華僑中流行的「企領文裝」。不管哪一

1　《剪辮易服說》，《湖北學生界》，第三期，1903 年三月。
2　《胡漢民自傳》，《近代史資料》，1981 年第二期。
3　德齡：《清宮二年記》，6-11 頁，珠海，珠海出版社，1995。

種，都不是東方的傳統服式，在很大程度上受到西裝服式的影響。孫中山結合中國人的特點加以改造，使其顯得莊重、實用，富有中國氣派，很快得到流行。這點最能說明中國近代服裝的中西合璧特點。

二、中西餐並行的飲食文化

鴉片戰爭以後較長的一段時間裡，中國社會的飲食習慣並未發生明顯的變化，但隨著西方文化的進一步滲入，西方的一些飲食也逐漸傳入中國，並在一定範圍內引起反響，出現了中西餐並行的局面。

十九世紀五〇至六〇年代，士大夫們對西方飲食更多地表現為隔膜和新奇。一八六六年（同治五年），初次遊歷泰西的青年學人張德彝剛登輪船，曾充滿欣羨地記錄了西餐食品和食法，但吃過以後卻產生了反感。他在日記中寫道：「蓋英國飯饌，與中國迥異，味非素嗜，食難下嚥。甜辣苦酸，調合成饌。牛羊肉皆切成大塊，熟者黑而焦，生者腥而硬。雞鴨不煮而烤，魚蝦味辣且酸，一嗅即吐。」[4]以致於同行的中國人一聽到開飯的鈴聲「便大吐不止」。在張德彝的日記裡，把巧克力譯為「炒扣來」，稱「其味酸苦」；紅葡萄酒「味酸而澀，飲必和以白水方能下嚥」；「麵包係發麵無鹼，團塊燒熟者，其味多酸」；而「必耳酒」（啤酒）「其色黃，味極苦」。這些評價都反映了中國人對西餐的最初印象。

十九世紀七〇至八〇年代，情況有所改變，人們開始對「裝飾之華麗，伺應之周到」的西菜館有了興趣。一八七六年（光緒二年），葛元煦注意到，開設在上海虹口一帶的西餐館有「華人間亦往食焉」，[5]到後來竟發展到「裙屐少年，往往異味爭嘗，津津樂道」[6]。到清末，食西餐成了有錢人的時尚。「光宣之交，滿清貴族，群學時髦，相率奔走於六國飯店」，而中產階級饗宴親朋好友，也往往

4　張德彝：《航海述奇》，7頁，長沙，湖南人民出版社，1981。
5　葛元煦等：《滬游雜記‧淞南夢影錄‧滬游夢影》，30頁。
6　同上書，132頁。

到「六國飯店、德昌飯店、長安飯店，皆西式大餐矣」[7]。這時，張德彝式的議論便很少見到了，說明西餐已逐漸融入中國的飲食文化之中。

西式飲食在十九世紀中葉以後開始在一些沿海通商城市流行。十九世紀八〇至九〇年代，上海等地就出現了一些西餐館。一八八一年，法租界裡開設三家麵包房，所用原料來自美國的舊金山。英國人則在上海經營奶牛牧場，每天生產一千公升鮮奶和二百磅奶酪，用於供應租界區裡的外國僑民。另外，從歐洲運來的蔬菜、奶製品使洋人繼續保持著自己的飲食習慣。居住在上海的士紳葛元煦介紹說，「外國菜館為西人宴會之所，開設外虹口等處，拋球打牌皆可隨意為之。大餐必集數人先期預定，每人洋銀三枚。便食隨時，不拘人數，每人洋銀一枚。酒價皆另給，大餐食品多取專味，以燒羊肉、各色點心為佳」。「外國酒店多在法租界。禮拜六午後、禮拜日西人沽飲，名目貴賤不一。或洋銀三枚一瓶，或洋銀一枚三瓶。店中如波斯藏，陳設晶瑩，洋婦當爐，彷彿文君嗣響。」[8]「外大橋的禮查、法大馬路的密采照、南京路口的匯中為早，全滬不下十餘所，食品清潔、室無纖塵、又無喧嘩囂雜之聲的這類餐館。」[9]海昌太憨生在《淞濱竹枝詞》中寫道：「番菜爭推一品香，西洋風味睹先嘗，刀叉耀眼盆盤潔，我愛香檳酒一觴。」[10]在名稱上中國化了的西菜館很多，如「一品香」、「一家春」、「海天香」、「一枝香」、「醉和春」，等等。由於吃西餐不必拘泥禮節，場地潔淨，故官場、商場應酬多擇西餐館。

在晚清，天津、北京的西餐館也相繼開設，名聲愈來愈大。翻閱這一時期的《大公報》，常可看到「品升樓」、「德義樓」等「番菜館」的廣告，稱它們專辦「英法大菜」，「請得巧手外國廚房精調西菜」[11]。北京的西餐飯店檔次很高，像六國飯店、德昌飯店、長安飯店等，以致官商各界人士每每出入其間。北京的西式食品店也很多。光、宣之際，即有醉瓊林、裕珍園、得利麵包房等三十餘家西

---

7 胡樸安編：《中華全國風俗志》下篇，卷一，2 頁。
8 葛元煦等：《滬游雜記‧淞南夢影錄‧滬游夢影》，30 頁。
9 顧柄權：《上海風俗古蹟考》，412 頁，上海，華東師範大學出版社，1993。
10 同上書，413 頁。
11 《大公報》，光緒二十八年五月二十五日、八月二十三日。

式食品店，天津、上海、廣州、漢口等城也有類似的情況。

與西餐相應的是，西方的飲料食品在清末開始流行。一八五三年，英國人在上海開設的老德記藥房就已經生產冰激凌、汽水了。十九世紀六〇年代初英人埃凡在上海開設埃凡洋行，生產啤酒。一九〇一年俄德哈爾濱啤酒公司和一九〇四年青島英德麥酒（啤酒）廠的設立，是中國內地大規模釀造啤酒的開端。而一九一五年創辦的北京雙合盛啤酒廠，則是中國人自己創辦的第一家啤酒廠。南洋華僑張振勳一八九四年在煙臺創設的張裕釀酒公司是中國人採用西法釀造葡萄酒的嘗試，獲得了成功。晚清時期輸入中國的西式酒類品種比較豐富，如葡萄酒、香檳酒、啤酒、雪利酒、威士忌等西式酒類先後輸入進來，最初的叫法也五花八門，如啤酒被譯成「比爾酒」、「必耳酒」，白蘭地譯成「卜藍地酒」，香檳被譯成「商班酒」等。最早接觸西方飲食文化的人差不多在自己的筆記、日記裡對此都有所提及。

在晚清以「洋」為排場的時尚中，帶有西方風味的食品漸漸受到中國人的歡迎，豐富了中國人的日常生活，不僅外國飲料、食品充斥一些地方的市場，而且使煙酒、糖果、罐頭等食品業成了熱門行業，發展迅速，從而引起了中國飲食習俗的較大變化。

三、大屋頂建築與西式洋房

中國傳統居家建築包括皇家建築和民居建築兩大部分。兩者具有明顯的等級差別。皇家建築（宮殿建築）是中國古代建築中的傑出代表，中國的許多建築特點都是在宮殿建築中才得以充分體現。不過這部分建築從理論到法式都嚴守中國造園蓋殿的傳統風格，沒有多少新變化。在民居方面，北京的四合院、西北高原的窯洞、南方的天井院落、西南少數民族的吊腳樓和土樓、北方草原的氈包等，都是中國傳統民居的典型形態。這類民居在一些城市中受西方建築風格的影響，無論在式樣還是建築材料上都有很大變化，然而散落在廣大鄉間集鎮以及偏遠地區的縣城、少數民族地區的民居建築都無大的變化。

修建於晚清的建築

　　西式房屋建築作為西方文化的一種外在表現，體現著西方社會文明和城市近代化的程度，高樓大廈是它與低矮式建築的明顯區別。如廈門鼓浪嶼的歐式建築群，上海淮海路一帶四坡頂法國文藝復興式建築，英租界裡希臘式、意大利王宮式的花園洋房，漢口、哈爾濱、青島等地方外國人修建的風格不一的幢幢外國洋房，形成了和中國千百年建築傳統迥然不同的風韻。西方近代住宅的優點是節約地皮，玻璃門窗通風與採光條件好，安裝自來水與煤氣管道，生活比較方便。而中國的城市民居，一般都比較矮小，不太注意採光和通風。《漢口日報》一九〇五年六月十日有一篇論衛生的文章將中西住屋作了一番比較：中國路政不修，囂隘，行其道則塵沙蔽空，入其室則黑暗世界；而西人洋樓高矗，窗闥洞開，足以收納空氣，「比之華民住屋，真有天堂地獄之分」。中國房屋可以說都是「廟宇式」的。所謂廟宇式不僅指其外觀像廟宇，而且還包含有在居室設計上神事較人事更重要，為死者計過於為生者計的弊端，即先要把祖先神龕安置在正屋中央，兩旁尚須安設許多神的龕位，適合供奉香火和祭祀。此外還得合於做紅白喜事，往往把堂屋做得很大，以便能夠安放下若干桌酒席或者布置靈堂。總之，把居住的安適方便擺在不太重要的位置，這與中國人的宗法觀念、家族制度都是有關的。此外，中國在民居建築上與西方的差別還表現在中國有廣闊的土地，在都市化程度低下的情況下，無須向高空發展來節省地皮。那時建築材料、建築技術都還難以造出高層樓房。封建統治者給住宅也立下了許多規矩，如紫禁城周圍的民

間住宅不准超過皇宮的高度，而且規定庶人屋舍不得過三間等等。可見在居室建築上也蘊含豐富的文化和社會內容。可以說，中西文化在建築上的差異既有民族差異也有時代差異，更有社會發展程度的差異。因此，中國居室建築方面的近代化，既有技術方面的進步如磚石鋼骨混凝土混合結構的傳入，更有封建宗法觀念及等級觀念的鬆弛。

在近代，一方面受西俗的影響，一方面由於都市化程度的提高，在一些通商口岸，中國人也開始建築西式或半西式住宅，出現「多仿西式」的風尚。在天津，小洋樓漸漸興起，與傳統的四合院並存，成為當地居室建築的新潮流；在上海除興建了大量西式建築外，還出現了在西洋建築風格影響下的中國新式民居──里弄房屋。從這種居室建築布局來看，里弄房屋每個居住單位仍按中國傳統的設計：主房居中，左右對稱兩個廂房，房前設置天井。而它的外觀則完全是外來的建築風格，樓房式樣，一樓一底，單調平直。里弄是南京路一帶沿街市房。受上海的影響，漢口、南京、福州、天津、青島等地也相繼在租界、碼頭、商業中心附近建成了里弄住房。與樓式建築相適應，與西式建築相配套的設施如自來水等也被引進。中國城市居民飲水向來汲於江河或井水，後來西僑將自來水引入中國，華人亦積極仿效。以廣州為例，過去由於「井泉不潔」，且「取水艱難」，時虞瘟疫與火災。自一九〇七年八月十六日自來水正式開水使用，當月食水用戶有六百家，至年終達七千五百家。「各戶報裝食水者，一洗從前藏納垢污之苦，更免傳染疾病之虞，並由公司組織模範消防隊，聞警馳救，靈捷逾於常時，紳民稱便。」[12]西式居室建築的引進也帶動了相關行業的發展。晚清時期，鋼鐵、水泥、機制磚瓦、玻璃陶瓷、建築五金都成了極有前途的行業。同時，注重建築的裝飾也是晚清公共建築與民居的重要特點。晚清不少建築施以磚雕、石刻、木裝修、油漆飾面、水磨石、馬賽克、石膏花飾、金屬飾件等，為城市建築增添了色彩，晚清民居也就是在這些方面一變而從新了。

---

12 《申報》，1909-12-25。

四、多元化的交通通信

晚清時期，中國的交通、通信方式開始發生重大變化。這種變化主要受到西方先進的交通、通信方式傳入的推動和影響。以下作具體闡述。

（一）近代公路的修築與汽車等交通工具的引進

在機械化的交通工具出現以前，中國城鄉的道路以土面路和碎石面路為主，交通工具以畜力車、人力車為主。舊時北京街面塵土瀰漫，行路艱難。有人這樣形容：「晴天三尺土，下雨一街泥。塵土捲地起，奇臭陰溝來。行路難，難於上青天。」[13]作為國家首善之地的北京，其道路的落後尚且如此，其他地方就可想而知了。

一九一〇年上海的南京路

近代化的道路首先在開放的通商口岸出現。一八六二年（同治元年），上海修了第一條近代碎石子馬路 —— 靜安寺路，以後一條又一條馬路相繼修成。一八六五年，上海的主要道路幹線安裝了煤氣燈照明，並以中華省會大鎮之名分

---

13 胡樸安編：《中華全國風俗志》下篇，卷一，49頁。

識道裡，其街路甚寬廣，可容三四輛馬車並馳，地上用碎石鋪平，雖久雨無泥淖之患。天津租界的馬路始建於一八六一年，華界的馬路則是一八八三年開始興建的。一九〇四年，北京城內東華門大街修築第一條碎石馬路，近代道路始見於北京。此後幾年裡，報刊報導各地修路的消息非常多，晚清城市道路建設邁出了新的步伐。

隨著公路的修建，新的交通工具逐漸多了起來，與牛馬車等舊式交通工具同時並存。十九世紀六〇年代末傳入中國的東洋人力車，很快在一些城市出現，成為頗受歡迎的代步工具。在清末的北京、上海等城市，東洋人力車已經大量使用。與此同時，上海街頭出現腳踏車。一八七六年葛元煦在《滬游雜記》裡記有這種腳踏車，並議論說：「快若馬車，然非習練兩三月不能純熟。究竟費力，近不多見。」[14] 可見自行車在當時尚屬奢侈稀有之物，是趨時慕新的人才騎用的。機動車的傳入時間稍晚。一九〇一年，第一批汽車出現在上海；一九〇六年，比利時商人在天津鋪設有軌電車；一九〇八年，上海的有軌電車開通，一九一四年才出現無軌電車。

（二）鐵路與火車、輪船的傳入

中國有鐵路及火車始於一八六五年。這年，一個叫杜蘭德的英國商人，在北京宣武門外修了一條一里多長的觀賞鐵路，試行小火車以開闊人們的眼界。此後，修鐵路之議沸沸揚揚，反對之聲亦甚囂塵上。一八七四年，英國人在上海修築淞滬鐵路，運行不久因發生火車軋死人事件，致使民情洶洶。清政府花了二十八萬兩白銀贖回該段鐵路，拆毀並拋入吳淞灣了事。十九世紀八〇年代，修鐵路的呼聲再次高漲。李鴻章在開平煤礦唐山至胥各莊一線率先修了一條運煤的專用鐵路，同一時間，劉銘傳在臺灣修了從基隆到新竹的鐵路，於是一南一北兩條鐵路，便成為洋務運動在發展近代交通方面做出的主要「政績」。

---

14 葛元煦等：《滬游雜記・淞南夢影錄・滬游夢影》，17 頁。

十九世紀末二十世紀初，中國出現鐵路建設的一個高潮。不過多數鐵路是列強以資本輸出的形式興建的。到一九〇九年，吳淞、京奉、東清、京漢、膠濟、粵漢、正太、滇越、安奉、滬寧、潮汕、京綏、滬杭甬、津浦、吉長等二十多條鐵路幹線被各列強奪取。他們不但取得築路權、管理經營權、借款優先權、合辦權，還取得沿線開礦、伐林、徵收捐稅等鐵路修築營運以外的權利。迄一九一一年，中國修成鐵路九千六百一十八點一里，其中被列強控制的就達八千九百五十二點四八里，占鐵路全長的百之九十四點一。

唐山至胥各莊鐵路通車情形

西方近代新式輪船是以蒸汽機為動力的。十九世紀六〇年代，蒸汽機原理傳入中國後，徐壽、華蘅芳等人開始進行仿製。一八六五年，他們利用自己設計製造的蒸汽機建造了中國第一艘蒸汽動力船「黃鵠」號。此後，江南製造局於一八六七年開始建造艦船，一八六八年首先造成「惠吉」號，到一八八五年共造成艦艇十五艘。福州船政局自一八六九年建成第一艘兵輪「萬年青」號，到一九〇七年共建成各式艦船約四十艘。所有這些艦船都是以蒸汽機為主動力的，因而都屬於近代蒸汽動力艦船。清後期的中國海軍就是以這種蒸汽動力艦船以及大量購自外國的軍艦為基礎組建起來的。

在航運方面，一八七二年，中國輪船招商局的成立，標誌著晚清輪船航運業

的開始。一八七七年，輪船招商局收買美國旗昌輪船公司，使自己的運輸船隻從十二艘增至三十多艘，實力大為增強。招商局的船隻不但往來於上海、天津、煙臺、香港、廣州以及長江各口，而且還相繼開通至長崎、橫濱、新加坡、檳榔嶼、安南、呂宋等攬載貨運的固定航線。

輪船招商局興辦獲利，很快吸引了更多的人投資近代航運業。此後又有大達內河輪船公司、政記公司、吉林官輪局、松黑兩江郵傳局、寧紹商輪公司、肇興、廣信等公司躋身近代輪船航運業。晚清的水路交通近代化終於邁出了重要的一步。

（三）近代郵電通信的發展

十九世紀中期以後，旅居在中國的外國人率先搞起「領事郵政代辦所」，處理在華外國人、外商的郵傳業務。它是為適應帝國主義侵略中國的需要而設立的。十九世紀六〇年代以後，清政府海關兼辦郵政，上海、天津、漢口、廣州、鎮江、福州等二十四處設有海關的城市，在十九世紀末基本上都設立了海關郵局。一八九六年，清政府批准興辦大清郵政，一九〇六年成立郵傳部，作為「新政」的內容之一，郵政業務在全國各地得到長足的發展。清末民初，從沿海到內地，從城市到鄉村，郵政事業逐步向普及化的方向前進，郵件數量日益增加，大大便利了人們的信息交流。

行駛在香港水面的火輪船

電線電報出現以後，各國又爭相把它移入中國。一八六二年，俄國公使提出把他們的東方電線延伸到天津。一八六三年，英國公使也提出架線要求。一時間，各國公使、領事以及在中國官府任職的外國顧問紛紛主張在華架設電線，開展電報傳遞信息業務。這些要求被清政府朝野官員視為「驚民擾眾，變亂風俗」的洪水猛獸而斷然拒絕了。

一八七四年，日本侵略臺灣，負責南洋各口通商事務的沈葆楨認識到了電報在軍事上的重要作用，積極主張架設電線，奏請清政府在福建與臺灣之間架線以利「消息常通」。這個建議獲得清廷批准，但是線路卻遲遲未能開通。一八八〇年，原先對電線電報持反對態度的李鴻章也積極起來，認識到「電報實為防務之必須之物」[15]，奏請在上海與天津之間架設電線，十九世紀八〇年代初成立電報招商局。一八八一年，天津到上海間的第一條電報線竣工敷用。此後，滬粵沿海各口陸線、長江水線、東北線、西南線、陝甘線等主要幹線均於九〇年代初建成竣工。到一九〇八年，全國電報線路長達九萬八千九十七里，大中城市設電報局總數達到三百九十四處。就連北京，也於一八八三年開通了電線，一條引入總理衙門作為官用專線，另一條擇地安置以為民用，原先設在通州的電報局隨即搬家入城，分成商局和官局，於一八八四年正式開張營業。

電話傳入中國，首先是從各列強占領的租界內開始的。一八八二年二月，由大北公司上海站建成的第一個電話交換所在上海租界內開放通話。一九〇七年，上海成立電話局，到一九一〇年，上海已經擁有上萬門電話交換設備。上海有電話之後，青島、漢口、煙臺、天津都陸續開通電話。一九〇三年，北京始有電話，次年

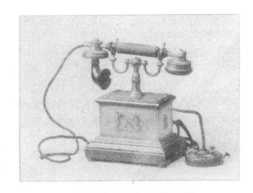

晚清時期引進的電話機

---

15 《洋務運動》第六冊，335 頁。

面向社會的電話局在東單二條開業。一九一一年前，京城共有四家電話所，裝機總量在三千三百門左右[16]。自一九〇〇年到一九〇六年，南京、蘇州、上海、天津、武漢、廣州、北京、瀋陽、青島、太原等大中城市，都已出現了由中國人自行開設的市內電話。一些大城市之間還有了長途電話業務往來。另外，無線電通信設備也在近代中國開始出現。當然，無線電、電話、電報的民間使用率是很有限的。

五、五彩斑駁的生活器用

器用的範圍非常廣泛。除衣、食、住、行範疇的器用之外，還包括室內器用、照明器具、計時計量器具等內容。本部分主要介紹室內器用、照明器具、計時計量器具的更新。

室內器用，多種多樣，各地風格不一。如在南方，人們睡覺休息時多用床，除木製床較為普遍外，也有用銅、鐵製作的床。富有人家的床製作精良，工藝講究，而一般百姓用的則很簡單。在北方，一般人家多睡炕，上至達官貴人，下至黎民百姓，大致如此。有的人家除設炕外，還要另生爐火。在「洋爐子」未時興以前，人們用的是沒有煙筒的煤球爐子及木炭火盆。二十世紀初，西式火爐傳入，逐漸得到推廣。這種火爐在當時被稱為「洋爐子」，爐體設有出煙口，可與煙筒銜接，通向戶外。煙筒通常用馬口鐵皮製成。「洋爐子」使用方便，供暖充足，而且安全性較高，很快流行起來。洋爐取代土爐，是北方城市居民室內取暖器用的一大變化。至於室內其他用具如桌、椅、櫃、箱、案、几、凳等，都是中國傳統家庭所必備的器用。

鴉片戰爭以後，外來的西式室內器物對中國人產生了深刻的影響。一八六一年馮桂芬之子馮芳緝在英國人家中做客，親眼目睹了與中國民族風格截然不同的

---

16 參見曹子西主編：《北京通史》第八卷，334頁，北京，中國書店，1994。

西式室內陳設，大發感慨地說：「英吉利人頗有意思。室華而廣，精美絕倫。一室遍鋪地席床椅，皆襲香牛皮褥內鼓以氣，且柔且涼，坐臥之，幾不能捨去。大鏡方丈者兩壁對映，望之如重房疊戶，莫窮之際。其餘華貴器皿，尤不勝紀。」[17] 另一家英國人則「樓廣且潔……近以文石桌椅床塌，無不美麗奇巧，簟褥用皮而中鼓以氣，高厚柔軟勝於絮。陳設銅磁各皿，並燦爛奇目」。[18] 從欣羨到享用只是一個時間過程。晚清的達官貴人追求西式家具的不在少數，花園洋房居室布置一如洋式，連慈禧、光緒的生活裡也有了鋼琴、沙發等西式家具器皿。除此之外，近代公共浴室中使用的西式浴盆、淋浴設備，夏令消暑用的電扇等這類給人們物質生活帶來舒適和方便的器物都屬於晚清傳入的外來物。

在照明器物方面。在中國使用最普遍的傳統照明器具是油燈。油燈出現在古代，用植物油或動物油作燃料。人們把油放在瓦杯及罐中，用細繩作芯，製成油燈。據徐珂的《清稗類鈔》記載，清代民間流行的油燈有「雲母燈」、「料絲燈」、「西瓜燈」、「書燈」等。此外還有蠟燭，也是使用較廣的照明器物。

鴉片戰爭以後，在西方物質文明東漸的影響下，照明器具有了很大改善。首先是新式煤油燈的出現。新式煤油燈和舊式煤油燈的不同除了表現在構造、形狀上外，主要的區別是所用燃料不同。新式煤油燈以「洋油」，即用工業方法從石油中提煉出的煤油為燃料。十九世紀五〇、六〇年代，外國商人便在上海等通商口岸推銷煤油。煤油燈的優越性，再加上商家的廣告宣傳與獎勵銷售，使煤油燈成為暢銷貨。上海租界當局還修了地下管道，接通煤氣，用於照明之用。人們把這種燈稱為「煤氣燈」或「地火」，煤氣燈不僅用於住戶，而且被安裝在新修的馬路及橋梁上，為城市夜色增添了新的景觀：「初設僅有路燈，後於行棧、鋪面、茶酒戲館以及住屋，俱用煤氣燈。火樹銀花，光同白晝，上海遂成為不夜之城。」竹枝詞讚道，「不用蘭膏只用燈，自來燈火滿街明。晚從黃歇浦邊望，萬點光中不夜城」。[19]

---

17 《清代日記匯抄》，287 頁，上海，上海人民出版社，1982。
18 同上書，284-285 頁。
19 顧柄權：《上海風俗古蹟考》，273、274 頁。

晚清時期的物質生活變化是迅速快捷的。當煤氣燈尚未在中國城鄉普及的時候，另一種新的照明器具——電燈，亦被引進，並很快被國人所接受。上海是最先使用電燈的城市。一八八二年，外國人立德在上海「首在租界創設電燈」，並設廠於乍浦路，成立上海電光公司。十九世紀九〇年代後，公共租界工部局成立了電氣處，統籌規劃上海的電氣業，加快了電燈使用的推廣。據公共租界工部局的報告，一八九三年，上海安裝白熾電燈六千三百二十五盞，次年達到九千〇九十一盞[20]。繼上海之後，北京、天津也相繼出現了電燈。北京使用電燈照明，初用於皇宮禁苑，次及於外國使館，再及於普通居民。一八八八年，李鴻章建議宮苑內安裝電燈等近代化生活設施。西苑內設二十馬力發電廠，兩年後正式發電並命名為「西苑電燈公所」。同時又成立「頤和園電燈公所」負責園內照明。一九〇三年，外國洋行在東交民巷開辦發電廠，專供使館區用電。一九〇四年，「京師華商電燈有限公司」成立，近代民用電力事業始在北京開辦。天津最早把電燈用於照明的是德商開辦的世昌洋行。一八八八年，世昌洋行首先為荷蘭領事館的大樓裡安裝了電燈，二十世紀初，天津租界當局建立起發電廠，專為租界供電。中國的電氣事業最初掌握在外國人手裡，後來中國人也辦了一些電燈廠，擴大了電燈的使用範圍，使一些中小城市也有了電燈照明。然而廣大農村仍處於落後狀態，不僅無電燈，而且連新式煤油燈也不多見。

傳統燃火之用的有火石以及類似近代火柴的「火寸」。《清異錄》記載：「夜中有急，苦於作燈之緩，批杉條，染硫磺，置之待用，一與火遇，得焰穗然，呼引光奴。今有貨者，易名火寸。」[21]火寸雖與火柴相似，但僅能引火而不能生火，使用極不方便。火柴在晚清時的俗名叫自來火，因來自外洋，又名「洋火」。一八五五年瑞典生產出世界上第一批安全火柴。十餘年後，火柴傳入中國。一八八〇年美查洋行在上海創設中國最早的一家火柴廠，此後歐美、日本在中國興建了一批火柴廠。並輸入大量火柴產品，占領中國市場達半個世紀之久。外國人建的火柴廠產量高，競爭力強，如一九〇六年日本設於長春的日清燐寸株式會

20　孫毓棠編：《中國近代工業史資料》第一輯，上冊，199頁。
21　《清稗類鈔》第12冊，6041頁。

社，日產火柴約一百箱，到一九一九年產量達二萬箱。儘管從十九世紀九〇年代後，上海、漢口、南京、長沙、九江、重慶等城市也出現了中國自己的火柴廠，如一八九四年建立的湖北聚昌和盛昌火柴公司，就是中國自辦的兩家官商合辦的火柴廠，但是這些工廠一般規模有限，無力與外國火柴廠展開競爭。近代中國多用「洋火」確是歷史事實。

在計時器物方面。在西方鐘錶傳入之前，中國主要使用日晷、漏壺等舊式計時器計時。明末時，西方鐘錶始輸入中國，因其按時自鳴擊打，人們又稱之為「自鳴鐘」。當時主要是掛鐘和座鐘。由於數量稀少，國人對其計時價值仍無認識，只把它列入「樂器」一類。晚清時期，西方鐘錶進口日漸增多，掛鐘、座鐘、懷錶、手錶等陸續出現在中國一些較開化的地區，成為日漸重要的計時工具。上海的法國租界工部局大樓及城南董家渡天主堂安裝的大型自鳴鐘，「四面置鐘盤一，報時報刻，遠近咸聞」。[22]鐘錶成為一些商店必備的商品。在上海，「西人所開洋貨行以亨達利為最著，專售時辰寒暑風雨各式鐘錶、簫鼓絲絃、八音琴、鳥音匣、顯微鏡、救命肚帶及一切要貨，名目甚繁」。[23]當時的中國經濟落後，國人購買力低下，手錶之類新式計時器造價頗高，價格昂貴，普通人民是享用不起的，民間計時仍以傳統的計時器具為主。

中國傳統縫補衣服歷來依靠手工。一八二九年，法國人巴爾托洛美・契蒙耶發明了世界上第一架縫紉機，把縫製衣服從手工勞動中解放出來。十九世紀六〇至七〇年代，外國人把縫紉機帶入上海。葛元煦對最早傳入中國的縫紉機作過如下描述：「器僅尺許，可置几案上。上有銅盤銜針一，下置鐵輪，以足蹴木板，輪自轉旋。將布帛置其上，針能引線上下穿過。細針密縷，頃刻告成，可抵女紅十人。然只可縫邊，不能別用。」[24]此後美國商人向中國輸出了一批縫紉機。為了壟斷技術，他們只出口機器，不出口零件，以致機器壞了無法修理。

在文化器用方面，「文房四寶」（筆、墨、紙、硯）一直是中國傳統的文化

---

22 葛元煦等：《滬游雜記・淞南夢影錄・滬游夢影》，16 頁。
23 同上書，28 頁。
24 同上書，29 頁。

器用。然而在晚清，隨著西方文化的傳播，西洋式的文具，如鉛筆、鋼筆、墨水、西式紙張等在中國開始流行。清末時，美國脫華門、犀飛利、派克等牌子的鋼筆相繼在中國出現，但由於價格昂貴，使用者多為洋行買辦、官僚及富商等。後來，學堂興起，開設外文及數、理、化等課程，鋼筆遂流行於學堂學生中間。宣統年間，「有仿西法製墨水以供書寫者」[25]，可見墨水不僅已被國人使用，而且已經開始生產。「文房四寶」中變化最大的是紙張。西方近代造紙法在清末被引入中國。一八八二年，曹子塙等人在上海創辦機器造紙局，是為中國第一家商辦造紙廠。至一九一〇年，成立的商辦造紙廠共達二十三家。除商辦者外，清政府也創辦了一些官督商辦、官商合辦的造紙廠。湖廣總督陳夔龍在一九〇八年奏請設立武昌白沙洲造紙廠時說：「中國造紙舊法，極為繁瑣，功程需時。近來東洋新法，多用藥水煮製，無論何項腐敗棄物，均可化為有用。若不設法仿造，勢難與之爭衡。」[26]該廠與比利時鷹德司太爾廠合作，購買第一流的造紙設備，採用新式技術生產。所生產的紙張，無論從數量還是從質量上講，都非舊式造紙業所可比。無怪有人慨嘆：「近數年風氣漸，南來所見，以西洋箋為夥，過此以往，恐無復人用國中紙墨者。」[27]

印刷術是中國古代「四大發明」之一，是我們先民對人類文明作出的偉大貢獻。然而到了近代，西方資本主義國家的印刷技術卻超過了中國。輸入的新式印刷機價格低，效率高，很快為國人所接受，成為許多出版機構、報館的主要設備。於是，一批新式出版物，如報紙、刊物、書籍紛紛問世，流行海內。這些印刷品與舊式書籍有很大不同，是中國圖書業更新的重要標誌。

六、剪辮與放足

辮髮、纏足與八股文並稱為中國封建社會的三大陋習，在清代，曾被西方國

25　《清稗類鈔》第12冊，6018頁。
26　汪敬虞編：《中國近代工業史資料》第二輯，上冊，616頁。
27　黃濬：《花隨人聖摭憶》，270頁。

家認為是中國野蠻和落後的標誌。西方人到了中國，看見中國人種種落後習俗，「始大笑悼之」，「復蟲鄙百端，擬以豚」。中國人在外國，拖辮髮，著滿裝，躑躅於市，行人莫不曰「拖尾奴才」、「豚尾奴」、「半邊和尚」，等等[28]，甚至惡毒地詛咒說：「世界人類由下等動物而進化，中國人不十年必盡退化為禽獸。」[29]所有這些既刺激了中國人的民族自尊心，也產生了對自身愚昧落後的一種「自覺」或「自省」。因此，以剪辮、放足為標誌的移風易俗活動，就成為近代先進中國人改變自己外在形象的重要舉動，而剪辮、放足也成為近代生活習俗變遷的最顯著標誌之一。

髮式對於人們具有一定文化意義。不同的髮式可以反映出人們的性別、年齡、職業、地位的不同，因此，不同的民族有不同的髮式習俗。中國傳統髮式到清代發生了重大變化。滿族貴族入主中原後，為了加強對漢族和其他民族的統治，用同化風俗的辦法剷除漢人的民族意識，消弭反清鬥爭，頒布剃髮令。結果，此令一下，遭到漢族和其他民族的強烈反對，「留頭不留髮」、「留髮不留頭」的鬥爭席捲全國。這些抗爭都隨著清朝對全國統一的完成而逐漸平息，天長日久，人們剃髮蓄辮漸漸成了習慣，安之若性了。

有趣的是，本來是漢族臣服滿族標誌的辮子，在外國人面前，卻又成為中國人的民族標誌了。而這種民族標誌，在西力東漸的近代，主要是作為「落後」、「不開化」的標誌而體現的。對內，辮髮又成為中國封建道德和傳統的象徵，剪辮子又具有向清王朝及封建主義傳統挑戰的性質。清末排滿運動、反清革命興起，辮子作為漢族屈從滿族，臣民尊奉君上的標誌，成為爭取「出奴隸之籍，脫牛馬之羈」的人們再度攻擊的目標。「革命，革命，剪掉辮子反朝廷！」[30]流傳在江蘇沭陽一帶的這首民謠表明，剪辮就是對清朝統治和封建主義傳統的一種否定。

剪辮除有政治因素外，長辮不利於近代社會生活，也是導致剪辮運動興起的

28 鄒容：《革命軍》，《辛亥革命前十年間時論選集》第一卷，下冊，662 頁。
29 重堪：《自治篇》，《浙江潮》，第六期，1903 年八月。
30 程英編：《中國近代反帝反封建歷史歌謠選》，547 頁，北京，中華書局，1962。

原因。在生活節奏加快的情況下，拖著一條長辮子，行禮不便於脫帽，健身不便於鍛鍊，做工時不便於開機器，練兵時不便於操演，每天還得花時辰去梳頭髮，打辮子；勤洗更費時間，不勤洗又不衛生，弄得衣裳沾滿油漬，還繁殖細菌和蝨子，傳播疾病。正如康有為在戊戌變法時指出：「歐美數十年前，人皆辮髮也，至近數十年，機器日新，兵事日精，乃盡剪之，今既舉國皆兵，斷髮之俗，萬國同風矣。」[31]可見，繼續保留滿洲式的辮子不符合世界趨向短髮的潮流，即使恢復宋明束髮於頂的主張也是逆潮流而動的。

由於辮髮不便於民，不宜於時，所以晚清除了太平天國恢復「漢官威儀」，康、梁奏請斷髮易服和革命派「割辮反清」等幾次帶有政治色彩的剪辮風潮外，一般開明人士也發出了剪辮的呼聲。原先對剪辮採取嚴厲鎮壓政策的清廷終於在倒臺的前夕，為大勢所迫，於一九一一年十二月七日准資政院請，允許官民自由剪髮了。

辛亥革命爆發後，辮子陸續革掉。民軍所到之處和革命浪潮波及到的地方，人們紛紛行動起來，剪去辮子。剪辮幾乎成為衡量人們政治傾向的標誌：「不剪髮不算革命，並且也不算時髦，走不進大衙門去說話，走不進學堂去讀書。」[32]廣東省宣布獨立時，「無論老弱少壯之男子以及士農工商，罔不爭先恐後，紛將天然鎖鏈剪去。是日堤岸一帶之剪辮店，自朝至暮，擠擁非常，操此業者，幾致食亦無暇……統計是日剪辮者，盡有二十餘萬人」[33]。在臺灣，「日本人竊踞臺灣時，曾不斷勸誘中國人剪去辮子，但聽從者占極少數。一直到了民國前一年十月，辛亥革命成功的消息傳來，一夜之間，所有的人都把辮子剪掉了，讓日本人大吃一驚」[34]。在浙江海寧鄉下，「鎮上茶館裡，就有五六個年輕朋友，專門乘人不備，代人剪辮，惹起許多口舌。有的人，辮子被剪掉了，抱頭痛哭；有的人破口大罵；有的人硬要剪辮子的人賠償損失」[35]。在當時的浙江鄞縣還流傳著這樣

31 康有為：《請斷髮易服改元摺》，《康有為政論集》上冊，368 頁。
32 忍盦：《辛亥革命在貴陽》，《越風》，第二十期，1936 年十月。
33 大漢熱心人輯：《廣東獨立記》，《近代史資料》，1961 年第一號。
34 臺灣省文獻會主任委員林衡道語，據臺北中央社 1978 年七月三日報導。
35 嚴諤聲：《剪辮子》，《新民晚報》，1961-10-11。

一首剪辮詩：「城市少年好事徒，手持快剪伺於途，瞥見豚尾及鋒式，道旁觀者拍手呼。」[36]民國元年正月初，北京剪辮子的人已占多數，少數不剪辮子的人不敢出門。據成都將軍玉昆的調查，全國各省剪辮子情況比北京更甚，四川政界多半剪掉了辮子。[37]面對這樣的現實，不用說全國人民，就是頑固保守的滿洲貴族也剪掉了辮子。例如當張勳所率領的辮子軍復辟的時候，就發生張勳與清宗室成員溥淪關於辮子的爭論。張勳指斥溥淪剪掉辮子為不肖之子。溥淪反駁他說：「前已有旨……」[38]可見剪辮子已成為無法阻擋的歷史潮流。曾在清廷中居一人之下萬人之上的袁世凱也已剪掉了辮子，足見這場剪辮運動影響的深遠。

纏足是古代中國的一種陋習惡俗，風行年深日久。到了晚清時期，隨著西方生活方式及價值觀念的輸入，要求改革傳統陋習的呼聲隨之高漲，放足成為一種時代潮流。

太平天國革命的興起，對纏足陋習給以猛烈的衝擊。太平天國的領導人提倡婦女天足。天朝當局下令不准婦女纏足，違者斬首，當時在太平軍控制的地方也確實屬行禁纏。然而，太平天國的婦女政策有著兩重性，既有解放的一面，又有束縛的一面，未能把纏足惡習徹底革除。此後，還有鄭觀應等開明人士為反對纏足而奔走呼號。總之，從鴉片戰爭後到同光之際，反對纏足陋習的舉動已有所進展。到了光緒末年，反對纏足的活動進入高潮——由個人呼籲發展為團體活動，由少數人的覺悟轉變為民眾普遍的覺悟，形成所謂清末天足運動。

清末發生的反對纏足、崇尚天足的運動是由一批維新志士最先發起的。早在一八八三年康有為就在老家廣東南海聯合一些開明鄉紳創立不纏足會。一八九六年康有為、康廣仁又在廣州成立粵中不纏足會，提倡婦女不纏足。該會成立之初，會員便達萬人以上。與此相呼應，在廣州附近的順德，賴弼彤、陳默庵也創立了戒纏足會。一八九七年六月三十日，梁啟超與汪康年等人在上海發起組織不纏足會。該會初設於時務報館內，後移大同書局。據梁啟超等人擬定的簡明章

---

36 《鄞縣通志》，文獻志第四。
37 參見王東方：《辮髮風雲》，147 頁，北京，中國人民大學出版社，1995。
38 同上。

程，上海不纏足會發展到全國許多地區，總會設在上海，各省設分會，各州縣市集可酌設小分會。不纏足會設立後，會務相當發達，一時遠近響應，幾個月內，湖南、潮州、福州、嘉定等地都有不纏足會出現。

到了一八九八年戊戌變法期間，為了在全國範圍內迅速取締纏足陋習，康有為寫了《請禁婦女裹足摺》上奏。他寫道：「奏為請禁婦女裹足，以全肌膚……方今萬國交通，政俗互校，稍有失敗，輒生譏輕，非復一統閉關之時矣。吾中國蓬蓽比戶，藍縷相望，加復鴉片裹纏，乞丐接道，外人拍影傳笑，譏為野蠻之矣。而最駭笑取辱者，莫如婦女裹足一事，臣竊深恥之。」[39]可見，維新派是把裹足這一惡俗提高到有失國家之尊嚴和挽救民族危亡的高度來看的。光緒帝採納了這種的主張，於這年八月十三日發出上諭禁止纏足。

不久政變發生，維新變法失敗。康有為、梁啟超等從事的不纏足運動暫告停頓，但是經過他們的宣傳，纏足有害、天足多益的觀念已經為世人所知，天足運動已成歷史潮流。此後更多的知識分子、名流學者投入到天足運動之中。私塾、學校教育中出現了宣傳不纏足的熱潮，也促使了天足運動的蓬勃開展。

以慈禧太后為首的清朝統治者雖然鎮壓了康、梁的變法運動，但是不久他們又不得不重新豎起康、梁等人提倡的反對纏足的旗幟。一九〇一年慈禧太后下達了勸禁纏足的懿旨。接著，地方上的封疆大吏如四川總督岑春煊馬上響應勸止纏足。張之洞本來就提倡天足，此時更是熱心從事勸導禁纏的活動。

在清末天足運動中，教會與傳教士的努力起到了相當大的作用。一是積極從事天足宣傳。最早出版的專門勸導放足的出版物大都與教會有關，如一八九四年出版的《勸放足圖說》、晚清基督教刊物《中西教會報》都刊載了大量抨擊纏足、宣傳天足的言論，報導了不少有關不纏足活動的消息。二是組織不纏足會，直接參與天足運動的實踐活動。先是在教會內部設立天足會，凡是入教者不許纏足，而後又廣泛地向社會上宣傳不纏足的好處。外國教會反對纏足陋俗，自有他

---

39 康有為：《請禁婦女纏足摺》，《戊戌變法》第二冊，242 頁。

們特殊的目的和用意，無論如何，他們的反對都是革除這種陋俗的一種外來助力。

第二節 ·
禮俗變遷
與年節時令

一、禮俗的變遷

中國歷來號稱禮儀之邦。無論是個人生活中的生養、壽誕、成年、婚嫁、喪葬、祭祀，還是社會交往中的相見、互助、贈答、慶弔、做客、待客，都有相應的禮儀。對於這些禮儀及其相關之事，各階層民眾都很重視，人相習，代相傳，這樣就形成了中國特有的多種多樣、包羅廣泛的禮俗。

禮俗本身具有較強的傳承性和穩定性，又有較強的時代性和發展性。某一社會的禮俗，它既是前代舊俗的延續和發展，又是當代新俗的展示和表現。在晚清時期的中國社會，封建社會意識形態以及與之相適應的生活方式雖然已逐漸沒落，但在很長時間內仍占統治地位。因此，與封建主義相適應的中國傳統禮俗，大部分得以在近代社會中保存和延續下來。與此同時，隨著西方近代工業文明的傳入和擴散，西方生活方式及社會禮俗也逐漸在晚清時代的中國社會生根發芽，使中國禮俗面臨著一個新舊相雜並且交替的局面。下面將擇其要者，將受西方影響較深、變革幅度較大的禮俗加以敘述。

（一）婚姻禮俗的變遷

婚禮是標誌與慶賀結婚的重要民間禮儀形式。舊式婚禮有相親、下定、完聘、迎娶等四個主要程序，均由父母主持，通過媒人操縱來完成。相親是男女兩家家長的議婚之舉，男女青年本人則絕大多數不到迎娶時分見不了面。相親的內容，除了了解家境、人品、相貌之外，主要是卜合屬相或年庚，商議聘禮及嫁妝。下定即男女兩家互通婚帖，正式訂婚；男家往往同時餽贈女家些錢、物，或為聘禮的一部分，或為額外的訂婚禮物。此後，到迎娶前或迎娶時，男家必須交足聘禮，此即完聘；不完此禮，就不能迎娶新娘。

迎娶是婚禮中最後的，也是最隆重、最繁瑣的程序。屆時，新郎有的親自前往，有的在家迎候。這一程序中，從男家赴女家迎娶、新娘上轎啟程及下轎進男家門，到新郎新娘拜堂、客人鬧房、新婦回門，又有許多新的儀式。《清稗類鈔》對此有一些描述：迎娶之日「置馬鞍於門限，令婦跨過。院中設香案，置斗粟、插弓矢、銅鏡、秤桿於內，南向拜之」。「自新婦至門至入房，俱有一人在旁唱喜歌，手提籃盛胡桃、銅錢、碎草，亂撒之，謂之『下親』」。「新婦輿至門，新郎抽矢三射，云以去煞神」；「食水餃，餃不熟，即熟亦諱言之。生者，取生育之義也。」「及夕，新郎代新婦取花插之窗，必在窗之紙，愈低，則得子愈早。」[40]這裡講述的是晚清滿蒙漢八旗的婚嫁之俗，各地的婚姻禮俗因各地風俗習慣不同而略有出入，但繁瑣、講究等級、父母包辦、含有許多迷信色彩等弊端，則是普遍存在的。

在晚清的舊式婚姻禮俗中還有一些儀式，明顯地反映著封建包辦買賣婚姻的特徵。例如，廣州婚禮中有檢驗與宣告新娘是不是處女的儀式。在見到表示新娘是處女的喜帕之後，賀客始道祝賀，二新人方往交拜等禮。反之，新娘則被認為失貞，男家多當即退之，追索聘禮。[41]這一禮俗體現了封建倫理道德對婦女的要求；它的形成又與婚姻買賣性質、私有制及其觀念和封建宗法家族制度有關。迎

---

40 《清稗類鈔》第五冊，1990 頁。
41 同上書，2001-2002 頁。

娶中還有許多用意是為了祈祝新娘早生子、多生子的儀式。

晚清社會品官士庶的婚禮各依官方規定的婚禮制度而行。但同治、光緒時期西式婚禮漸有影響，一時出現新陳並雜的局面。

晚清時期，在經濟較為發達的地區出現了婚姻論財不問門第的現象。咸同時文人議論說：「風俗之壞，其起甚微，皆視鄉先生為轉移。乾嘉之前，之子，雖擁厚貲，士大夫絕不與通慶弔。」而道光以後，「士人一登科第，擇鄉里之富厚者，廣送朱卷，不問其出身奚若……甚且結為婚姻」。[42]婚姻論財不問門第當是社會經濟發展、商人社會地位提高的一種表現，也是社會風氣變化的一個反映。

十九世紀五〇至六〇年代，少數與外國人交往密切的士大夫中有用西禮結婚的現象。曾經目睹過這種場面的人有過這樣的記錄：「前日為春甫婚期，行夷禮」。「其法，牧師衣冠北向，立其前，設一几，几上置婚書條約。新郎新婦南向立，牧師將條約所載一一舉問。儐相為之代答。然後望空而拜，繼乃夫婦交揖，禮成即退，殊為簡略。」[43]值得注意的是，這裡的「西禮」實際上已做了變動，一是不由新郎新娘自答牧師提問而由「儐相代答」；二是不像西方婚禮那樣夫婦「互吻」而是「望空而拜」、「夫婦交揖」。可見那些傳入的西方禮俗與中國文化民俗差距過大的地方已經適當地中國化了。

十九世紀末二十世紀初，一些先進的資產階級知識分子和進步青年激烈抨擊傳統的結婚禮俗，呼籲改革。不少人還以實際行動反抗舊禮俗，走出家庭，自由擇偶戀愛，舉行新式婚禮。在他們的呼籲和帶動下，文明結婚形式在大城市及沿海通商口岸開始流行。《清稗類鈔》載：「光宣之交，盛行文明結婚，倡於都會商埠，內地亦漸行之。」[44]文明結婚，除婚禮地點不在教堂、不用牧師主婚外，許多儀節大致從西式婚禮中移植過來，雖然雜有中國傳統婚禮的某些內容，但在精神和形式上基本上是西方化的。對此徐珂編輯的《清稗類鈔》有較為詳細的記

42 沈守之：《借巢筆記》，轉引自陳登原：《中國文化史》下冊，297 頁，上海，世界書局，1935。

43 《清代日記匯抄》，259 頁。

44 《清稗類鈔》第五冊，1987-1988 頁。

載：「禮堂所備證書（有新郎、新娘、證婚人、介紹人、主婚人姓名），由證婚人宣讀，介紹人、證婚人、男女賓代表皆有頌辭，亦有由主婚人宣讀訓辭、來賓唱文明結婚歌者。」[45]文明結婚儀式歸納起來有如下一些程序：先是奏樂，司儀人入席，面北而立。接著是男賓入席，面北立；女賓入席，面北而立。男族主婚人入席，面南立；女族主婚人入席，面南立。男族全體入席，面西立；女族全體入席，面東立。證婚人入席，面南立；介紹人入席，面南立。糾儀人入席，面北立。男女儐相引新郎新婦入席，面北立。男儐相入席，面北立；女儐相入席，面北立。奏樂，證婚人讀證書。證婚人用印，介紹人用印，新郎新娘用印。證婚人為新郎新婦交換飾物。新郎新婦行結婚禮，東西相向立，雙鞠躬。奏樂，主婚人致訓辭，證婚人致箴辭。新郎新娘謝證婚人，鞠躬。新郎新娘謝介紹人，鞠躬。男女賓代表致頌辭，贈花，雙鞠躬。奏樂，新郎新娘致謝辭，雙鞠躬。女賓代表唱文明結婚歌，證婚人介紹人退席，男賓女賓退席。新郎新娘行謁見男女主婚人及男女族全體禮。向男女主婚人及各尊長鞠躬。男族女族全體行相見禮，東西相向立，雙鞠躬。男女儐相引新郎新娘退席，男女兩家主婚人及男族女族全體退席，糾儀人司儀人退席。準備茶點，舉行新婚宴慶。以上是文明結婚禮儀的基本過程。

徐珂在《清稗類鈔》中總結文明婚禮有三個長處：第一，既遵父母之命，媒妁之言，同時又徵得男女雙方當事人的同意，婚約始定；第二，訂婚後，男女立約，先以求學自立為誓言；第三，婚禮節儉，結婚之日，當由男女父母各給以金戒指一枚，禮服一套。這類婚禮，簡潔便利，花費亦少，同時也能表現人們開明的思想傾向，所以受到社會上新派人物的歡迎。以一九〇七年為例，僅《上海女子世界》就刊登了三則舉行新式婚禮的消息。當然，在風氣比較保守的地方以及廣大的內陸腹地農村，男女婚嫁仍以傳統婚禮形式居多，用西禮結婚者不多見。但是，在通商口岸及沿海城鎮「文明結婚」的流行，畢竟反映出中國婚禮變革的趨向，代表著中國近代社會婚俗變化的主導方向。

---

45 同上書，1987 頁。

（二）喪禮的變遷

在中國這樣一個高度重視人生現實的國度裡，人們重視生，同樣也重視死，由此形成了一套獨特的喪葬禮俗。晚清社會的喪葬禮俗因民族信仰、生活習慣、物質生活水平等因素的不同而不同。廣大漢族聚居地區以土葬厚葬為主，少數民族則有水葬、天葬、火葬、懸棺葬以及土葬等形式。以漢族的舊喪葬禮俗為例，其儀禮，一般有停屍、入殮、弔喪、下葬等程序，每個程序又都包括多種儀式。

人死後，家人即把他停放在一定的地方，守屍而哭，為他沐浴、整容、更衣、供奉、點燈，並焚送紙紮轎馬及紙錠冥錢等物品。同時，喪家須將門神用白紙封起來，或懸紙馬紙錢之類物品於門前，作為治喪的標誌；並請陰陽先生擇尋墓地和推算殮、葬日時等等。死者的近親晚輩們則分赴家族、戚友家報喪。

由陰陽先生推算或當地禮俗例行的入殮日、時辰到後，即將死者殯殮入棺。隨屍入棺的，還有被褥、錢幣、米、鹽及死者生前心愛之物。放置妥當後，如果死者的至親都已到齊，則可蓋棺加釘。加釘時，親屬們要高呼死者，讓他「躲釘」。

入殮後，即陳設靈堂，接受親友等人弔祭，正式追悼亡人，這叫弔喪。這時，死者的親屬均須穿好喪服（或稱孝服），這叫成服。舊時代的孝服，在古代斬縗、大功、小功、緦麻五服制的影響下，仍然分成不同的等級。嫡長子地位特殊，孝服最重，除上述親生子女輩的穿戴外，行禮時還要外罩麻製衣，頭戴麻製帽，帽前懸幾個小棉絮球。[46] 此外，死者的其他親屬如堂侄、侄孫、女婿、外甥、外孫等，也有各自的孝服，輕重有別。

成服後，孝子孝女按長幼順序在靈旁守靈。賓客來弔，要贈賻儀（香燭紙寶或錢、物等）。弔祭的過程有家祭與客祭。家祭時，死者的家人按照長幼順序先後或合跪靈前、隨著贊禮者的呼叫叩頭、獻祭文祭品及鼓樂等等。客祭則由來客叩頭獻祭，孝子或晚輩哭拜謝禮。然後，主人以宴席款待賓客、執事等人。

---

46 胡樸安編：《中華全國風俗志》下篇，卷五，9頁。

此外，許多地區還有「做七」或稱「燒七」之舉；許多喪家並請僧道設齋會、做道場，以安慰、超度死者和禳除災祟，使後人平安、發祥。

下葬之日，在送葬的隊伍中，孝子或前或後緊挨棺材，扶而後能起，杖而後能行，以示極度的恭敬與悲痛。死者的其他親友也來送葬，女性一般走在最後。如果延有僧道，則由他們手執法器，在前引導。到葬地後，或請顯者祭祀土地，或由僧道誦經。至吉時，將棺材、隨葬物放入墓穴，然後填土堆墳，焚燒冥器冥錢等。葬後三日，喪家上墳，設祭哭奠，稱為復三、復墓等。至此，喪葬事畢。

鬼靈信仰和風水迷信是近代舊式喪葬禮俗的主要思想基礎。而這種迷信意識及做法，又直接與近代科學文明相抗衡。如將死者之柩久停不葬，這對人們的衛生和健康當然不會有利。為了維護祖宗在地下的安寧和自家墳地的風水，民眾曾經極力反對興築鐵路和開發礦山。這種社會心理的阻力，又使近代交通運輸事業和採礦業在興起階段受到嚴重阻礙。

清末時期在西俗東漸影響下的移風易俗給中國的喪葬傳統帶來了一定的變化，厚葬之風在一些地區還是有所遏制。有的地方不請僧道設壇誦經而請西洋樂隊吹奏；有的地方舉行追悼會以寄託對死者的哀思。「光宣間，有所謂追悼會者出焉。會必擇廣場，一切陳設或較設奠為簡，來賓或可不致賻儀。」[47]另外，追悼會的議程大致是搖鈴開會，報告開會宗旨，宣讀祭、誄之文，鞠躬致禮，演說，奏哀樂等。刪繁就簡當是清末喪葬變化中最具新意的一個趨向。

中國傳統喪禮發生最大變化是在辛亥革命之時。南京臨時政府廢除了清王朝實行的喪禮制度，肯定了新式喪禮，在喪葬習俗方面實行改革。由於南京臨時政府存在的時間較短，未來得及制定出一套完備的喪禮制度，但它還是在喪葬方面採取了一系列破舊立新措施。這無疑為新喪禮的建立奠定了基礎。民國初年的新式喪禮對喪服未作規定，一般照舊。至於參加弔唁的來賓，則按《民國服制》的規定，男子左臂佩黑紗，女子胸際綴黑紗結。弔儀，具輓聯、挽幛、香花等為

---

47 《清稗類鈔》第八冊，3544 頁。

禮，商埠有送花圈者，但非初喪即送，宜於安葬時送之。靈堂前供亡人影像一張，並陳列香花等件，及親友所贈之輓聯、挽幛、香花等。喪儀次序為：奏樂、唱歌、上花、獻花、讀祭文、向亡者遺像行三鞠躬禮。來賓致祭，一鞠躬。演說亡人事實。舉哀、奏樂、唱歌、謝來賓。發引用檀花提爐、盆花、輓聯、挽幛、花圈、亡人照影、祭席。主人隨之，後為靈柩，接著是來賓送葬者。[48]然而，這僅是一種文字上的規定，在部分地區和部分人中實行。實際上，即使在民國以後相當長的時間裡，在中國民間仍然流行著傳統的喪葬禮儀，甚至可以說舊式喪禮甚至比新式喪禮還要盛行。但是無論如何，辛亥革命最終使新式喪禮具有了合法地位，導致了中國傳統喪葬習俗的根本轉變。

（三）社交禮俗的變遷

中華民族是一個非常講究禮貌和儀節的民族。「禮儀之邦」不僅是中國人的自詡之詞，而且也為世界各國所公認。社交禮俗是一定社會中人們相互交往關係的外在表現，直接反映著社會關係的時代內涵。因此，晚清時期的社交禮俗除反映傳統文化背景下人們之間的交往方式之外，還反映著這一時期中西社交禮儀文化融合的時代內容。

在鴉片戰爭以後相當長的一段時間裡，傳統的社交禮俗，包括稱謂、見面禮等仍在社會上占著主導地位。人們見面要行作揖、拱手、跪拜、請安等禮。滿族貴族最講究「請安」，把書信中「敬請福安」、「即候臺安」等吉祥用語行為化，變成「打千」、「蹲兒安」，而且細分成單腿跪的「打千」和雙腿的「跪安」。民間往往互請對安，而長幼、尊卑則不能對請，於是又衍化出「接安」。所謂「接安」，是長對幼、上對下的在禮儀上的動作。晚輩與長輩請安，長輩含笑點頭示意，以表示高興，而這種示意卻不可施諸下人。當奴僕與主人請安時，主人要伸右手一接，遇老年奴僕還要伸雙手如捧物狀，這兩種動作都含有受禮之意，後者還含有請起的意思。年輕的主人對老僕要作攙扶狀，兄弟之間請安亦如此。如果

---

48 鄧子琴：《中國風俗史》，344-345 頁，成都，巴蜀書社，1988。

去人家做客，遇上年老僕婦與之請安，不能躬身攙扶，則以抱拳以代之，凡此種種，都叫做「接安」。[49]

跪拜本是互相致意的姿勢，但是在封建時代成為敬重、臣服的一種禮節，以體現封建社會的等級尊卑。跪拜禮十分繁瑣，根據行禮的不同場合，以及行禮雙方的不同身分，而使用不同的跪拜方式。有些地方還流行著「磕響頭」的陋俗。跪拜禮主要是對尊長而言，最隆重的跪拜禮儀是行三跪九叩大禮。這種跪拜禮一般在覲見帝王或舉行大祀時才用。平輩相見不用跪拜，一般用作揖、拱手方式即可。跪拜禮是封建社會等級制度的具體體現，是君權及封建特權的一種象徵。

與跪拜禮相適應的，還有一整套稱謂用語。這套稱謂同樣是封建等級制下人際關係的反映。如清代官場視官品等級大小，有「大人」、「老爺」等稱謂。對官員普遍尊稱「大人」，始於清代雍正初年，但最初只是屬僚對督撫的稱呼。隨著清代吏治的日益腐敗，社會中媚上的心理也越來越普遍，因而擴大了「大人」等稱呼的範圍。至於「老爺」、「大老爺」稱呼，在明代應用範圍尚有限制，到清代，範圍日益擴大。「乾隆時，內而九卿，外而司道以上，俱稱大老爺。自知府至知縣，亦稱大老爺。咸、同以降，至光、宣間，知府無加銜者，以至知縣，皆稱大老爺，佐貳六品以上，即大老爺，舉貢生監無不老爺，甚至市儈捐六品銜，亦大老爺矣。」[50]一人當官之後，其親屬在稱謂上也享受尊稱：「自身為大人，子可稱少大人，孫可稱孫少大人。自身為大老爺，子可稱少老爺，孫可稱孫少老爺。若自身為太爺，則子孫亦僅稱少爺、孫少爺而已。晚近以來，富室固沿是稱，即稍有體面者亦然。」[51]相應的，婦女的稱謂也有「太太」、「老太太」、「少太太」、「奶奶」、「少奶奶」、「孫少奶奶」等，真是「一人得道，雞犬升天」。

步入近代以後，許多進步人士對體現封建等級關係的禮儀、稱謂，不斷地提出批判。在維新變法時期，梁啟超即主張進行禮制改革。他說：「今欲求變法，必自天子降尊始。不先變去跪拜之禮，上下仍習虛文，所以動為外人訕笑也。」

---

49 參見金寄水、周沙塵：《王府生活實錄》，193頁，北京，中國青年出版社，1988。
50 《清稗類鈔》第五冊，2175頁。
51 同上書，2176頁。

他主張廢除跪拜之禮，無異於否定君權，否定封建等級制度，不能不引起封建守舊派的反對。所以清末守舊文人葉德輝斥責說：「此言竟欲易中國拜跪之禮為西人鞠躬，居然請天子降尊，悖妄已極。」[52]可見破除封建舊禮俗難度之大。二十世紀初，資產階級革命派在發動政治革命的同時，也對舊禮俗展開了批判。他們尖銳地指出：「叩頭也，請安也，長跪也，匍匐也，唱諾也，懇恩也，極人世可憐之狀，不可告人之事，而吾各級社會中，居然行之大庭，視同典禮。」[53]他們用近代的平等思想抨擊舊禮儀的不平等實質，指出讓人下跪是對人格的污辱和蔑視，是奴隸儀式，應該廢除。他們把改革禮俗的主張付諸實行，在革命黨人內部首先實行新式的禮節和稱謂，用握手、鞠躬取代了長揖和跪拜，用「先生」、「同志」取代了「老爺」、「大人」等俗陋稱呼。

辛亥革命推翻了封建帝制，同時也否定了舊時代的跪拜禮及稱謂，代之以鞠躬禮。一九一二年三月，民國政府明令祭孔時「除去拜跪之禮，改行三鞠躬，祭服則用便服」[54]。不久，又明令廢除社交中實行的叩拜、相揖、請安、拱手等舊禮節，改行鞠躬禮為主。同年八月十七日，民國政府公布了《禮制》，共二章七條，用法律的形式，確立了新式禮節的合法地位。該《禮制》全文如下：

第一章　男子禮

第一條　男子禮為脫帽鞠躬。

第二條　慶典、祀典、婚禮、喪禮、聘問，用脫帽三鞠躬禮。

第三條　公宴、公禮式及尋常慶弔、交際宴會，用脫帽一鞠躬禮。

第四條　尋常相見，用脫帽禮。

第五條　軍人、警察有特別規定者，不適用本制。

第二章　女子禮

第六條　女子禮適用第二條、第三條之規定，但不脫帽。尋常相見，用一鞠躬禮。

---

52 《翼教叢編》卷五，6頁。

53 《箴奴隸》，《國民日日報彙編》第一集，1904年十月。

54 《丁祭除去拜跪》，《申報》，1912-03-05。

第七條　本制自公布日施行。[55]

在廢除跪拜禮節的同時，南京臨時政府也革除了「大人」、「老爺」等舊式稱謂。一九一二年（民國元年）三月二日，孫中山以臨時大總統的名義發布《令內務部通知革除前清官廳稱呼文》，內稱：

官廳為治事之機關，職員乃人民之公僕，本非特殊之階級，何取非分之名稱。查前清官廳，視官等之高下，有大人、老爺等名稱，受之者增慚，施之者失體，義無取焉。光復以後，聞中央地方各官廳，漫不加察，仍沿舊稱，殊為共和政治之玷。嗣後各官廳人員相稱，咸以官職，民間普通稱呼則曰先生、曰君，不得再沿前清官廳惡稱。為此令仰該部遵照，速即通知各官署，並轉飭所屬，咸喻此意。[56]

行鞠躬禮，使用「先生」、「君」的稱呼，所反映的是近代社會人與人之間的平等關係，對它的提倡和推廣，反映出民國政府在禮俗方面的變革。《民國禮制》公布後，社會上一時競相效法，以致連書信的落款也由過去的「頓首」、「百拜」等改為了「立正」、「脫帽」、「免冠」、「鞠躬」、「舉手」等詞，真是「趨新一時」，「名目繁多」。[57]

鞠躬禮與一切新生事物一樣，也不是馬上就被人們普遍接受的。清朝的遺老遺少仍堅持在紫禁城裡用跪拜禮去覲見他們的小皇帝。曾公布了《民國禮制》的袁世凱為了祭孔、復辟帝制，又下令恢復了跪拜禮。而在民間，有的人認為鞠躬禮「誠為簡便」，但「尋常慶弔三鞠躬，禮神謁聖亦三鞠躬，未免禮無差等」。[58]說明跪拜舊習仍在一些地方頑固地存在著。但另一方面，脫帽、鞠躬、握手、鼓掌等新禮俗逐漸成為中國通常的「文明儀式」、「文明禮」，反映著近代社會禮俗變遷的進步趨向。

---

55 《東方雜志》第九卷第四號，1912 年九月。
56 《孫中山全集》第二卷，155 頁。
57 《規定書信後禮式》，《時報》，1912-09-11。
58 《夏口縣志》（民國）卷二，風土誌。

二、晚清時期的年節時令

經過人們長期的觀測、計算和多次改革而形成的比較完整系統的陰陽曆，即中國傳統曆法，是古代中國人的一大成就。傳統曆法除了日依據天象外，年、月的長度也都根據天象的演變來確定，曆月的平均值大致等於朔望月（月球繞地球運行一週的時間），曆年的平均值大致等於回歸年（地球繞太陽運轉一週的時間）。它注重月相的變化，每月以月相為起訖，又照顧一年二十四個寒暑節氣，這給人們的生活和農業生產都帶來很多便利。

與傳統曆法的成立相適應又形成了中華民族獨具特色的歲時令節。晚清的歲時令節，從總體上看仍然沿襲自古以來民間形成的節慶習慣，保持著古樸多彩的風貌。就全國多數地區而言，以下節令流行較為普遍：

1. 正月　初一為「元日」，又稱「年」、「春節」，是一年中最重要的節日；初二日致祭財神；初五日為「破五」；初八日在北方為諸皇下界，焚香祭祀；立春日舉行迎春儀式，俗稱「打春」；十三日至十七日為燈節，以十五日為正燈，又稱元宵節。

2. 二月至四月　二月初二日為「龍抬頭」日，春分日致祭宗祠，清明節掃祖墳祭祖。

3. 五月至七月　五月初五日為端午節，又稱端五節、端陽節，因是日出嫁之女歸寧，所以也稱女兒節，是人們在夏季過的一個大節；七月初七日閨閣少女乞巧；七月十五日中元節。

4. 八月至十一月　八月十五日為中秋節，時值秋月正圓。長期以來，漢族人民把月圓當作團圓的象徵，把中秋節當作親人團聚的日子，稱之為「團圓節」。二十七日為孔子誕辰；九月九日為重陽節；十月初一日祭祖掃墓；冬至日為朝廷效天令節。

5. 十二月　初八日臘八節，二十三日祭灶，三十日晚為除夕。是日入夜，「天光愈黑，鞭炮益繁，列案焚香，接神下界。和衣少臥，已至來朝，旭日當

窗，爆竹在耳，家人叩賀，喜氣盈庭」[59]。

這些節日是中國社會風俗中的重要內容，也是中國人精神生活的重要組成部分，具有延續傳統、寄託精神、教化淳風、休閒娛樂等積極作用，在社會生活中起著重要作用。

傳統的曆法和節日是封建農業文明的產物，因此它不適應近代工業社會的落後性也是非常明顯的。傳統曆法的缺點表現在，由於平年每年平均比回歸年約少十天二十一小時，需要每三年置一閏，五年二閏，十九年七閏。閏年十三個月，比平年多二十九天或三十天。年與年之間日數相差太大，給人們生活帶來一些不便。這與世界通用的陽曆比較，就更顯其缺陷。例如法律上同是一年徒刑，閏年則要多坐一個月牢。所以有人在比較了中、西曆之後說：西曆「一歲之日有定數，一月之日有定數，歲整而月齊，於政治上得充分便利，關會計出入無論矣，凡學校、兵役、罪懲，均得齊一」。[60]清末已有改曆的呼籲，梁啟超於一九一○年撰寫《改用太陽曆法議》一文，主張既採用太陽曆代替陰曆。認為陰曆的弊病和不足在於「陰曆不足以周今日之用而已。陰曆緣有朔望以為之限，不得不有大建小建，而歸餘於終，則置閏以濟其窮。而閏月之為物，則使國家行政及人民生計，生無量之窒礙也。」[61]他認為陰曆的缺陷主要在閏月上，使國家預算、歲收、靠月薪生活的公職人員、教師等都會受到影響。清政府亦準備在宣統三年預算成立後頒行「更用陽曆」，欽天監已派人專門討論改用陽曆問題。[62]中國傳統的節日也存在著浪費時間、錢財、精力，強化封建迷信等弊端。如舊曆書中有許多陰陽禍福、吉凶生剋的迷信，規定某日是黃道吉日，某日是黑道凶日，有何吉神，有何惡煞，宜幹什麼，忌幹什麼。這是愚昧意識的表現，是中華文化中的糟粕，應予摒棄。因此，隨著中國社會的不斷發展和進步，一些不適合近代社會生活的節令必然受到社會變革和移風易俗的衝擊，不利於國際交往、不同於世界各國通用的曆法的傳統曆法也必然提上改革日程。

---

59 富察敦崇：《燕京歲時記》，96頁，北京，北京古籍出版社，1983。
60 錢單士厘：《癸卯旅行記》，49頁，長沙，湖南人民出版社，1981。
61 《飲冰室合集》文集之二十五，1-2頁。
62 參見《申報》1911年一月七日、15日。

太平天國的農民領袖對傳統曆法進行了第一次革命性的衝擊。他們所頒行的《天曆》有如下改革內容：廢除帝王年號紀年法，以太平天國國號紀元，兼用干支；仿照西法設立星期；廢除了舊曆書中的凶吉宜忌等迷信；規定了六大新節期，每年正月十三日太兄升天節（耶穌受難日）、二月初二日報爺節、二月二十一日登極節（即復活節）、三月初三日爺降節、七月二十七日東王升天節、九月初九日哥降節。這些規定具有強烈的反傳統性，反映出起義者的叛逆精神，不足之處是宗教色彩過於濃厚，很難在民間推廣。

　　南京臨時政府成立後，審時度勢，於一九一二年一月二日宣布全國改用陽曆，以求與國際上通行曆法相一致。這是中國曆法史上一大重要改革。

　　改曆命令頒布以後，立即遭到思想保守的人們的反對。他們認為中西風俗、歷史迥異，改從西曆，影響到保存國粹和遵從農時[63]。在日常生活中，儘管「正朔已更，舊曆宜廢」，但民間於歲時伏臘，仍只知中曆不知有西曆，究其原因，中國傳統習俗在其中起了很大作用。一是中國舊曆，有二十四節氣之設，與農事緊密相關，農民為適時耕作，需要舊曆；二是歲時伏臘，傳統節日，以及每月朔望焚香祀神，都是按舊曆年月日固定時間的；三是算命術士等人認為與人的命運禍福關係極大的生辰八字、干支屬相、黃道吉日，等等，都是按舊曆來推算的；四是根據習慣，民間債務多以舊曆年關為結算期限。這些原因中，既有不合理的，如天時迷信與禁忌等糟粕；也有合理的，如二十四節氣與農時等精華。因之既難以全部保留又難以全部代替，於是在民國以至今日，出現了一種舊曆與公曆並行使用的局面。一九一二年一月，南京臨時參議院根據民國改曆的精神和國民的風俗習慣，議決編曆辦法四條，規定「新舊二曆並存」，「新曆下附星期，舊曆下附節氣」、「舊時習慣可存者，擇要附錄，吉凶神宿一律刪除」。[64]此後，中西曆並存，通俗以陽曆為「官曆」、夏曆為「民曆」，「新舊參用，官民各分」。歲時令節，既按夏曆進行農事活動和過傳統節日，又按陽曆進行政治活動和新節日紀念，甚至過年也是「新曆之新年，係政治之新年，舊曆之新年，乃社會之新

63 《臨時政府公報》，第十號，1912-02-08。
64 孫中山：《命內務部編印曆書令》附參議院原議，《孫中山全集》第二卷，54頁。

年」。[65]在這裡，中曆西曆並行不悖，相互補充，分別發揮其優越性，在人們的社會活動和日常生活中各自起著特殊的作用。這種現象，堪稱中西文化和新舊習俗融合的典範。當然從另一角度也有「你愛摩登，可遵新曆；我是老朽，且從夏制」[66]的說法，反映著傳統習慣的頑強性。

但不管怎樣，改曆後，必然引起歲時節日習俗的變化，已成為無可更改的事實。首先，就是一些有意義的新式節日、紀念日相繼出現在人們的政治生活和日常生活中。在中國傳統的歲時禮俗中增添有意義的節日的建議。梁啟超就曾在《清議報》印行一百冊之際和癸卯年（1903）元旦時，兩次提出此問題。他認為「東西各國，每年必有一二日之大祝典，為國民榮譽之紀念」，如美國的七月四日、法國的七月十四日等開國成功紀念日。這種慶祝活動，可以使人記已往，振現在，勵將來，受到愛國主義教育，增添強國、勇猛、進步、自立的氣氛。而中國向來無此風氣，號稱一年中普天同慶的節日，也不過是元旦這一天。而元旦不過地球繞日一週而復、毫無意識之天象，沒有什麼特殊的或重要的值得紀念的意義。他認為，中國人對於前人的事業，則只有考據而無紀念，因此歷史的思想極薄弱，而愛國、愛團體、愛事業之感情也因此不生。[67]梁啟超批評舊曆元旦的慶祝有些過激，但他能從愛國、愛團體、愛事業的角度，提倡學習西人設立富有意義的慶祝節日，都是很有見地的。進入民國以後，有這種認識的人多了起來，逐漸匯成了政府的共識，在傳統歲時節日以外，逐步增加了不少有紀念意義的新式節日，為中國的節日習俗增添了異彩。

中國古代用「干支」紀年，即用十個「天干」和十二個「地支」相配合，成六十個干支，用以紀年。六十年一輪迴，周而復始。用來計算、表示六十年以上時間，如此循環使用很容易混淆，於是又配以帝王號或帝王的年號一併使用。從西周開始用帝王號紀年。明清兩代，每個帝王只用一個年號，年號也成了帝王稱號。這種以帝王年號紀年的方法，帶有濃厚的專制主義色彩。太平天國農民起義

---

65 黃遠庸：《舊曆新年發筆》，《遠生遺著》卷四，117 頁，轉引自嚴昌洪：《中國近代社會風俗史》，246 頁。
66 姚穎：《京話》，轉引自上書，247 頁。
67 《敬告中國國民》，《飲冰室合集》文集之十四，22-27 頁。

的英雄們在其創製的《天曆》中開以國號紀元的先河，否定了封建帝王的「正朔」。

資產階級維新派和革命派登上政治舞臺後，也都提出了自己的紀年方案，以否定封建帝王的「正朔」，表明自己的政治立場。

維新派提出的是「孔子紀年」。康有為等主張變法應當「改元」，在《中外紀聞》刊《中西紀年比較表》，表示學習西方以耶穌降生紀年的意向。一八九五年（光緒二十一年），康有為在上海辦《強學報》，以「孔子卒後二千三百七十三年」與光緒年號並署，並刊《孔子紀年說》。這一主張遭到張之洞等人的強烈反對。「百日維新」期間，康有為上《請尊孔聖為國教主教部教會以孔子紀年而廢淫祠摺》，建議仿效世界各國以教主紀年。戊戌政變後，康、梁逃到海外，仍鼓吹「孔子紀年」的主張，但和者甚少。

資產階級革命派既反對使用君主年號，又不贊成康有為等人的「孔子紀年」，提出用中華民族之始祖黃帝降生為紀年。一九〇三年（光緒二十九年）劉師培在《國民日日報》上發表《黃帝紀年論》一文，詳細闡明了這一主張，並以當年為「黃帝降生四千六百一十四年」。這一主張得到不少人的贊同。其他革命刊物亦有以此法紀年者，如黃節在《國粹學報》撰文以「黃帝八年之第一甲子」紀年，《江蘇》等刊物以一九〇三年為黃帝紀元四千三百九十四年。因黃帝為傳說中人物，古籍記載生卒年代各有不同，而革命派持論的角度各異，如有的主張從黃帝降生算起，有的則主張從黃帝即位算起，因此，使黃帝紀年出現不少歧異。宋教仁以新創紀年各說不當，主張以黃帝即位元年癸亥紀元，並推定一九〇四年（光緒三十年）為黃帝紀元四千六百〇二年，且署於日記中。《民報》和其他革命報刊多採宋說。武昌起義時即以此紀年發布文告和印行《中華民國公報》，其他獨立各省大多亦採用此紀年。

然而在討論新國家的紀年法時，黃帝紀年遭到異議。署名「老圃」者發表文章《論黃帝紀元》指出：「自革命以來，各省民軍皆用黃帝年號，此為一時權宜計，固足以喚起國民之種族思想。然為永久計，若欲以此為民主國之紀元，則與新民國之民主主義大相刺謬。」因為「中國所謂黃帝，無論其功德如何，要為專

制政體之皇帝」，共和政府「方排斥之不暇，寧有崇拜之理！」更因黃帝「年遠代湮」，無確定生年，用作紀年，無可徵信。[68] 這種看法為當時一般黨人的共識，所以便有了「以黃帝紀元四千六百零九年十一月十三日為中華民國元年元旦」的改元決定。改用陽曆，採用國號紀元，停止使用黃帝紀年，結束了中國自古以來以帝王為轉移的紀年方式，體現了民主共和的精神。但又未能採用世界通行的西元紀年，反映了其改革的不徹底性。

---

68 老圖：《論黃帝紀年》，原載《中國革命記》第 12 冊，轉引自《歷史教學問題》，1959 年第四期。

參考書目

經典著作

馬克思恩格斯選集.1-4 卷.北京：人民出版社，1995

列寧選集.北京：人民出版社，1995

毛澤東選集.1-4 卷.北京：人民出版社，1991

其他書目

鴉片戰爭.1-6 冊.上海：上海人民出版社，1957

洋務運動.1-8 冊.上海：上海人民出版社，1961

戊戌變法.1-4 冊.上海：神州國光社，1953

辛亥革命.1-8 冊.上海：上海人民出版社，1981

清朝野史大觀.上海：上海書店，1981

徐珂.清稗類鈔.1-1二冊.北京：中華書局，1984

孫毓棠編.中國近代工業史資料.第一輯.北京：科學出版社，1957

汪敬虞.中國近代工業史資料.第二輯.北京：科學出版社，1957

李文治.中國近代農業史資料.第一輯.北京：三聯書店，1957

張靜廬.中國近代出版史料初編.北京：中華書局，1957

張靜廬.中國近代出版史料補編.北京：中華書局，1957

鴉片戰爭時期思想史資料選輯.北京：中華書局，1963

張枬等編.辛亥革命前十年間時論選集.北京：三聯書店，1977

清末籌備立憲檔案史料.北京：中華書局，1979

舒新城.中國近代教育史資料.北京：人民教育出版社，1983

朱有瓛.中國近代學制史料.第一輯.上海：華東師範大學出版社，1983

上海通社編.上海研究資料.上海：上海書店，1986

清代碑傳全集.上海：上海古籍出版社，1987

陳學恂主編.中國近代教育史教學參考資料.北京：人民教育出版社，1993

姚遷主編.太平天國壁畫.北京：文物出版社，1982

龔自珍著，王佩諍校.龔自珍全集.北京：中華書局，1959

魏源.海國圖志.咸豐三年古微堂刻本

王筠.說文釋例.同治四年刊本

王筠.說文解字句讀.四川尊經書局光緒十三年石印版

朱駿聲.說文通訓定聲.上海積山書局光緒十三年石印本

曾國藩全集.長沙：岳麓書社，1986、1987

馮桂芬.校邠廬抗議.光緒二十三年豐城余氏刊本

王韜.弢園文錄外編.北京：中華書局，1959

容閎.西學東漸記.長沙：湖南人民出版社，1981

薛福成.出使四國日記.長沙：湖南人民出版社，1981

俞樾.諸子平議.北京：中華書局，1956

崇彝.道咸以來朝野雜記.北京：北京古籍出版社，1983

夏東元編.鄭觀應集.上冊.上海：上海人民出版社，1982

張文襄公全集.北京：中國書店，1990

康有為全集.第 1、二冊.上海：上海古籍出版社，1987、1990

湯志鈞.康有為政論集.北京：中華書局，1981

梁啟超.飲冰室合集.北京：中華書局，1989

皮錫瑞.經學通論.北京：中華書局，1982

皮錫瑞.經學歷史.北京：中華書局，1981

王先謙.葵園四種.長沙：岳麓書社，1986

孫中山.孫中山全集.北京：中華書局，1986

王栻編.嚴復集.北京：中華書局，1986

王國維.觀堂集林.北京：中華書局，1984

徐維則.東西學書錄.光緒二十五年刻本

蘇輿.翼教叢編.光緒二十四年武昌重刻本

顧燮光.譯書經眼錄.民國十六年刊本

章太炎全集.上海：上海人民出版社，1985

黃遵憲著、錢仲聯箋注.人境廬詩草箋注.上海：上海古籍出版社，1981

柳亞子文集.上海：上海人民出版社，1985

高平叔編.蔡元培全集.第一卷.北京：中華書局，1984

魯迅全集.北京：人民文學出版社，1981

劉師培.劉申叔先生遺書.民國二十五年寧武南氏鉛印

徐世昌.清儒學案.1-4 冊.北京：中國書店，1990

葛元煦等.滬游雜記・淞南夢影錄・滬游夢影.上海：上海古籍出版社，1989

〔法〕史式徽.江南傳教史.上海：上海譯文出版社，1983

黃夏年主編.楊仁山集.北京：中國社會科學出版社，1995

〔英〕呤唎著、王維周譯.太平天國革命親歷記.北京：中華書局，1961

富察敦崇.燕京歲時記.北京：北京古籍出版社，1983

龔書鐸.中國近代文化探索.北京：北京師範大學出版社，1988

顧長聲.傳教士與近代中國.上海：上海人民出版社，1981

顧長聲.從馬禮遜到司徒雷登–來華新教傳教士評傳.上海：上海人民出版社，1985

杜石然等編.中國科學技術史稿.北京：科學出版社，1982

丁偉志等.中西體用之間.北京：中國社會科學出版社，1995

倪海曙.清末漢語拼音運動編年史.上海：上海人民出版社，1959

譚汝謙主編.中國譯日本書綜合目錄.香港：香港中文大學出版社，1980

郭湛波.近五十年中國思想史.北京：人文書店，1936

莫東寅.漢學發達史.北平：北平文化出版社，1949

王曉平.近代中日文學交流史稿.長沙：湖南文藝出版社，1987

宋伯年主編.中國古典文學在國外.北京：北京語言學院出版社，1994

清末文字改革文集.北京：文字改革出版社，1958

呂叔湘等編.馬氏文通讀本.上海：上海教育出版社，1986

湯志鈞.近代經學與政治.北京：中華書局，1989

丁文江等編.梁啟超年譜長編.上海：上海人民出版社，1983

王友三主編.中國宗教史.濟南：齊魯書社，1991

阮仁澤主編.上海宗教史.上海：上海人民出版社，1984

郭朋等.中國近代佛學思想史稿.成都：巴蜀書社，1992

劉巨才.中國近代婦女運動史.北京：中國婦女出版社，1989

陳東源.中國婦女生活史.上海：上海書店，1939

袁英光等.中國近代史學史.南京：江蘇古籍出版社，1989

胡祥逢等.中國近代史學思潮與流派.上海：華東師範大學出版社，1991

陳恭祿.中國近代史資料概述.北京：中華書局，1982

李儼.中國算學史.北京：商務印書館，1955

沈渭濱.近代中國科學家.上海：上海人民出版社，1988

李喜所.近代留學生與中外文化.天津：天津人民出版社，1992

陳景磬.中國近代教育史.北京：人民教育出版社，1979

陳學恂.中國近代教育大事記.上海：上海教育出版社，1981

嚴昌洪.中國近代社會風俗史.杭州：浙江人民出版社，1991

嚴昌洪.西俗東漸記.長沙：湖南出版社，1991

胡樸安.中華全國風俗志.上海：上海書店，1986

顧柄權.上海風俗古蹟考.上海：華東師範大學出版社，1993

吳貴芳主編.上海風物誌.上海：上海文藝出版社，1982

姚公鶴.上海閒話.上海：上海古籍出版社，1989

王東方.辮髮風雲.北京：中國人民大學出版社，1995

高洪興.纏足史.上海：上海文藝出版社，1995

陳登原.中國文化史.上海：世界書局，1935

鄧子琴.中國風俗史.成都：巴蜀書社，1988

白壽彝.白壽彝民族宗教論集.北京：北京師範大學出版社，1992

金宜久主編.伊斯蘭教史.北京：中國社會科學出版社，1990

張豈之.近代倫理思想的變遷.北京：中華書局，1993

談社英.中國婦女運動通史.南京：南京出版社，1936

薛人仰.中國教育行政制度史略.上海：中華書局，1939

郭延禮.中國近代文學發展史.北京：北京教育出版社，1995

中央美術學院美術史系編.中國美術簡史.北京：高等教育出版社，1990

許道明等.中國電影簡史.北京：中國青年出版社，1990

再版後記

本套叢書第一版出版於二〇〇〇年，若再上溯到一九九五年項目正式起動，則距今已有十五年之遙。十五年前的中國，改革開放正進入重要階段。隨著國家現代化建設事業的不斷推進，深層次的文化問題愈益受到普遍關注。人們也越來越意識到，所謂現代化，首先就是人的現代化；而所謂人的現代化，離不開人的道德文化素養的提升，所以，歸根結柢，現代化的實現有賴於文化的現代化。也因是之故，一九九七年黨的十五大報告即提出了建設「有中國特色社會主義的文化」的宏偉目標。報告不僅強調「社會主義現代化應該有繁榮的經濟，也應該有繁榮的文化」，而且強調有中國特色社會主義的文化，「它淵源於中華民族五千年文明史，又植根於有中國特色社會主義的實踐」。學術反映時代。明白了這一點，便不難理解，隨著文化問題自二十世紀八〇年代後期以來的持續升溫，其時中國文化史的研究也發展到了一個新的階段：關注對中國文化總體史的探究。這也正是本叢書當年創意的緣起。

本叢書的作者多是來自京內外高校和科研院所的中青年學者。當年既沒有什麼科研經費，也沒有什麼津貼，大家的合作主要是出於共同的學術興趣。整套叢書寫作長達四年之久，尤其是最後一年，幾乎每週末都需要開會討論問題。但大家心態平和，似乎都樂此不疲。當然，說到底，這還要感謝當年比較寬鬆的學術環境，因為那時侯高校沒有如今這樣沉重的量化考核的壓力，作者得以避免產生浮躁的心態和陷入急功近利的怪圈。當年參與本叢書編寫的作者，今天多成了有成就的學者和各單位的學術骨幹，大家有時聚首，說起來都很懷念那一段共事的時光。

由於種種原因，本叢書出版後沒有為更多讀者所熟知，也沒有產生應有的社會效益。二〇〇九年，北京師範大學出版社找到我，認為這套「文化通史」依然有著重要的學術價值，值得向廣大讀者推介，希望能夠將之再版。這一動議讓我看到了北京師範大學出版社對學術與市場雙向的判斷力，和助益學術的執著追求。所以，我當即表示欣然同意。

　　現在本叢書即將出版，我們想利用這個機會，對北京師範大學出版社的大力支持深表感謝。策劃編輯饒濤、李雪潔同志為本叢書出版付出了很多的辛勞；碩士研究生明天、李豔鳳、鞠慧卿同志為本叢書的圖片選取，也做了大量的工作，在此，一併申致謝意。

鄭師渠

於北京師範大學

二〇〇九年五月十五日

亮點書系．中國文化通史 A1001018

中國文化通史·晚清卷　下冊

主　　編　鄭師渠

版權策畫　李　鋒

發 行 人　陳滿銘

總 經 理　梁錦興

總 編 輯　陳滿銘

副總編輯　張晏瑞

編 輯 所　萬卷樓圖書股份有限公司

排　　版　菩薩蠻數位文化有限公司

印　　刷　維中科技有限公司

封面設計　菩薩蠻數位文化有限公司

出　　版　昌明文化有限公司

桃園市龜山區中原街 32 號

電話　(02)23216565

發　　行　萬卷樓圖書股份有限公司

臺北市羅斯福路二段 41 號 6 樓之 3

電話　(02)23216565

傳真　(02)23218698

電郵　SERVICE@WANJUAN.COM.TW

大陸經銷

廈門外圖臺灣書店有限公司

電郵　JKB188@188.COM

ISBN 978-986-496-171-9

2018 年 1 月初版

定價：新臺幣 500 元

如何購買本書：

1. 劃撥購書，請透過以下郵政劃撥帳號：

帳號：15624015

戶名：萬卷樓圖書股份有限公司

2. 轉帳購書，請透過以下帳戶

合作金庫銀行　古亭分行

戶名：萬卷樓圖書股份有限公司

帳號：0877717092596

3. 網路購書，請透過萬卷樓網站

網址　WWW.WANJUAN.COM.TW

大量購書，請直接聯繫我們，將有專人為您

服務。客服：(02)23216565　分機 610

如有缺頁、破損或裝訂錯誤，請寄回更換

國家圖書館出版品預行編目資料

中國文化通史. 晚清卷 / 鄭師渠著.-- 初版.
-- 桃園市：昌明文化出版；臺北市：萬卷
樓發行, 2018.01

　冊；　公分

ISBN 978-986-496-171-9(下冊：平裝)

1.文化史 2.中國

630　　　　　　　　　　　107001808

本著作物經廈門墨客知識產權代理有限公司代理，由北京師範大學出版社（集團）有限公司授權萬卷樓圖書股份有限公司出版、發行中文繁體字版版權。